新工科·普通高等教育汽车类系列教材

汽车发动机原理与应用

主　编　张全逾　侯树梅
副主编　高亚男
参　编　卢得芳　李海南　吕云飞　栗超凡
主　审　司鹏鹉

机械工业出版社

本书讲述了汽车用汽油机和柴油机的工作原理及其应用,主要包括发动机的性能指标、发动机的换气过程、发动机增压技术、发动机燃料与燃烧、汽油机混合气的形成与燃烧、柴油机混合气的形成与燃烧、柴油机燃料喷射与雾化、汽车发动机新型燃烧方式、发动机的特性、发动机的排放与噪声、发动机试验。

本书可作为汽车服务工程或车辆工程普通本科相关专业的教材,也可作为汽车服务工程技术等职业本科专业的教材,还可作为从事汽车发动机设计、制造与运用的工程技术人员的参考读物。

本书配有 PPT 课件,采用本书作为教材的教师,可登录 www.cmpedu.com 注册并免费下载。

图书在版编目(CIP)数据

汽车发动机原理与应用/张全逾,侯树梅主编.—北京:机械工业出版社,2024.3

新工科·普通高等教育汽车类系列教材
ISBN 978-7-111-75187-8

Ⅰ.①汽… Ⅱ.①张… ②侯… Ⅲ.①汽车-发动机-理论-高等学校-教材 Ⅳ.①U464.11

中国国家版本馆 CIP 数据核字(2024)第 042508 号

机械工业出版社(北京市百万庄大街 22 号　邮政编码 100037)
策划编辑:宋学敏　　　　　　责任编辑:宋学敏　章承林
责任校对:张雨霏　王　延　　封面设计:张　静
责任印制:张　博
北京华宇信诺印刷有限公司印刷
2024 年 7 月第 1 版第 1 次印刷
184mm×260mm·19 印张·465 千字
标准书号:ISBN 978-7-111-75187-8
定价:59.80 元

电话服务　　　　　　　　　　网络服务
客服电话:010-88361066　　　机　工　官　网:www.cmpbook.com
　　　　　010-88379833　　　机　工　官　博:weibo.com/cmp1952
　　　　　010-68326294　　　金　书　网:www.golden-book.com
封底无防伪标均为盗版　　　　机工教育服务网:www.cmpedu.com

前　言

为了顺应我国科技发展和产业转型升级，满足企业对能够从事科技和试验成果转化、能够解决现场较复杂问题和进行较复杂操作的高层次技术技能型人才的迫切需求，《高等职业教育改革实施措施》提出，开展本科层次职业教育试点，以充分对接企业人才需求。在此契机下，我们编写了本书。

本书在教学内容选取上以理论知识必需、够用为度，突出基本原理的应用和实践，强调发动机台架试验的设计、操作及数据分析应用，同时融入汽车发动机新技术及企业实际应用，力求书中的发动机性能指标参数是企业最新技术数据，从而实现教学内容和岗位工作内容的对接。

本书的内容主要包括发动机的性能指标、发动机的换气过程、发动机增压技术、发动机燃料与燃烧、汽油机混合气的形成与燃烧、柴油机混合气的形成与燃烧、柴油机燃料喷射与雾化、汽车发动机新型燃烧方式、发动机的特性、发动机的排放与噪声、发动机试验。

本书由河北石油职业技术大学张全逾和侯树梅任主编，高亚男任副主编。张全逾编写第一、二、三、九章，侯树梅编写第五、六、七章，高亚男编写第四、八章，卢得芳和李海南编写第十章，吕云飞和栗超凡编写第十一章。全书由张全逾统稿，由司鹏鹍担任主审。

本书的编写参考了国内外许多工厂、研究所及大专院校的研究材料，以及国内相关内燃机刊物中的一些论文，在此对这些文献的作者一并表示感谢。

由于编者水平所限，书中难免有不当之处，欢迎广大读者批评指正。

编　者

常用符号表

拉丁字母符号

A/F——空燃比
a——加速度
B——小时耗油量
b_e——有效燃油消耗率
b_i——指示燃油消耗率
Δb——喷油泵循环供油量
c——声速，比热容
c_m——活塞平均速度
c_p——比定压热容
CA——曲轴转角
C_D——空气阻力系数
D——气缸直径，汽车动力性因素
E——调速器起作用时作用在推力盘上的推力
A——活塞面积，汽车正面投影面积
F_K——汽车牵引力
F_f——汽车行驶的滚动阻力
F_i——汽车上坡所受坡道阻力
F_w——汽车行驶受到的空气阻力
F_j——汽车加速时受到的加速阻力
f——频率，滚动阻力系数
g_{100}——汽车百公里油耗
H——焓
h——比焓
h_μ——燃料低热值
h_m——混合气热值
i——气缸数
i_0——主减速器传动比
K——转矩适应性系数
L_0——理论空气量
Ma——马赫数
m——质量
m_a——汽车总质量
m_e——发动机比质量
m_r——残余废气量
$\dot{m}$——质量流量
n——发动机转速
n_k——增压器压气机转速
n_T——增压器涡轮转速
n_{Ttqmax}——发动机最大转矩对应转速
n_P——发动机最大功率的相应转速
p——压力
p_a——进气终了压力
p_b——膨胀终了压力
p_k——增压压力
p_{me}——平均有效压力
p_{mi}——平均指示压力
p_0——环境压力
p_r——残余废气压力
p_t——循环平均压力
p_T——涡轮进口废气压力
p_w——饱和蒸汽压力
p_z——最高燃烧压力
p_v——真空度
P_L——升功率
Q——热量
R——调速器推力盘运动时所受的摩擦力
R_m——通用气体常数
r——轮胎半径
S——活塞行程，熵

T——热力学温度
T_a——进气终了温度
T_b——膨胀终了温度
T_c——压缩终点温度
T_k——增压空气温度
t_n——调速器稳定时间
T_0——环境温度
T_r——残余废气温度
T_T——涡轮进口废气温度
T_{tq}——有效转矩

T_z——最高燃烧温度
T_{tqP}——发动机最大功率对应的转矩
U——热力学能
V——容积，体积
v——流速，质量体积，比体积
v_a——车速
V_c——压缩容积
V_s——气缸工作容积
V_k——燃烧室容积
W——循环功

希腊字母符号

α——过量空气系数、转角
Φ——发动机适应性系数，燃空当量比
γ——残余废气系数
κ——等熵指数
δ_1——瞬时调速率
δ_2——稳定调速率
ε——压缩比，调速器灵敏度
π_k——增压比
π_T——涡轮机膨胀比
$\eta_{ad\text{-}k}$——压气机绝热效率
η_e——有效热效率
η_i——指示热效率
η_m——机械效率

η_t——循环热效率
η_T——废气涡轮机效率，传动系统的传动效率
η_{Tk}——增压器效率
η_v——充量系数
θ——点火或供油提前角
λ——压力升高比
μ——转矩储备系数
μ_n——转速适应性系数
ρ——密度，初期膨胀比
τ——行程数
φ——曲轴转角，增压度

目 录

前言
常用符号表

第一章 发动机的性能指标 ………… 1
第一节 发动机的理论循环 …………… 1
第二节 四冲程发动机的实际循环 …… 5
第三节 发动机性能的评价指标 ……… 8
第四节 发动机的机械损失 …………… 13
第五节 发动机的热平衡 ……………… 16
第六节 提高发动机动力性和经济性的
　　　　途径 ………………………… 17
第七节 汽车发动机新技术及国内技术
　　　　应用现状 ……………………… 18
思考题 ……………………………………… 22

第二章 发动机的换气过程 …………… 23
第一节 四冲程发动机的换气过程 …… 23
第二节 四冲程发动机的充量系数 …… 26
第三节 提高发动机充量系数的措施 … 29
第四节 可变配气机构与可变进气管 … 32
第五节 缸盖气道稳流试验 …………… 36
思考题 ……………………………………… 40

第三章 发动机增压技术 ……………… 41
第一节 概述 …………………………… 41
第二节 废气涡轮增压器的基本结构与
　　　　原理 …………………………… 44
第三节 废气能量的利用 ……………… 50
第四节 发动机增压新技术概述 ……… 52
第五节 涡轮增压器与柴油机的匹配 … 55
第六节 改善增压发动机加速性和部分负荷
　　　　性能的主要措施 ……………… 63
思考题 ……………………………………… 66

第四章 发动机燃料与燃烧 …………… 67
第一节 发动机的燃料及使用特性 …… 67
第二节 发动机的替代燃料 …………… 70

第三节 燃烧热化学 …………………… 85
第四节 燃烧的基础知识 ……………… 87
思考题 ……………………………………… 92

第五章 汽油机混合气的形成与燃烧 … 93
第一节 汽油机混合气的形成 ………… 93
第二节 汽油机的燃烧过程 …………… 95
第三节 汽油机的燃烧室 ……………… 100
第四节 汽油机的稀薄燃烧系统 ……… 103
第五节 汽油机的电子控制 …………… 112
思考题 ……………………………………… 118

第六章 柴油机混合气的形成与燃烧 … 119
第一节 柴油机的燃烧过程 …………… 119
第二节 可燃混合气的形成与燃烧室 … 125
第三节 影响燃烧过程的运转因素分析 … 132
思考题 ……………………………………… 134

第七章 柴油机燃料喷射与雾化 ……… 135
第一节 燃料喷射与雾化过程 ………… 135
第二节 传统机械式泵-管-嘴系统 …… 145
第三节 柴油机喷油泵结构参数的选择 … 148
第四节 柴油机喷油器结构参数的选择 … 158
第五节 柴油机的电控燃油喷射系统 … 162
思考题 ……………………………………… 176

第八章 汽车发动机新型燃烧方式 …… 177
第一节 均质混合气压缩着火 ………… 177
第二节 汽油机的 HCCI 燃烧 ………… 179
第三节 柴油机的 HCCI 燃烧 ………… 183
第四节 柴油机的其他新型燃烧方式 … 189
第五节 均质混合气引燃 ……………… 194
思考题 ……………………………………… 196

第九章 发动机的特性 ………………… 197
第一节 发动机工况、性能指标与工作过程
　　　　参数的关系 …………………… 197
第二节 发动机的负荷特性 …………… 199
第三节 发动机的速度特性 …………… 202
第四节 柴油机的调速特性 …………… 207

第五节 发动机的万有特性 …………… 210
第六节 发动机有效功率和燃油消耗率的
大气修正 ………………………… 214
第七节 发动机与汽车性能的匹配 ……… 215
思考题 ……………………………………… 224

第十章 发动机的排放与噪声 …………… 225
第一节 排放物及危害 …………………… 225
第二节 排放污染物的机内、机外净化
技术 ……………………………… 229
第三节 排放法规及测试方法 …………… 240

第四节 柴油机的噪声 …………………… 256
思考题 ……………………………………… 263

第十一章 发动机试验 ……………………… 264
第一节 发动机试验的种类及有关标准 …… 264
第二节 功率与燃油消耗率的测量 ………… 265
第三节 发动机其他参数测量 ……………… 274
第四节 发动机台架试验 …………………… 277
第五节 发动机台架实验室 ………………… 284
思考题 ……………………………………… 292

参考文献 …………………………………… 293

第一章　发动机的性能指标

发动机的性能指标涉及很广泛的内容，主要包括动力性能指标、经济性能指标及运转性能指标等。

衡量一台发动机的质量主要是对上述性能指标进行评定，但在评定时不仅要考虑性能指标，还要从可靠性、耐久性、结构工艺、生产实际条件及使用特点等方面进行综合评定，并把各种性能有机结合。

本章主要阐述发动机的动力性、经济性及运转性能指标，并通过分析找出影响因素及提高性能的一般规律。

第一节　发动机的理论循环

发动机的实际工作循环是由进气、压缩、燃烧-膨胀和排气四个行程组成的，它是周期性地将燃料燃烧产生的热能转化为机械能的往复过程。其中，工质存在质和量的变化，全部过程在热力学上是不可逆的。发动机先通过进气行程将新鲜空气或空气与燃料的混合气（下面统称为新鲜充量）吸入气缸内，再通过活塞的压缩行程，将新鲜充量的温度、压力提高到一个合适的水平，使燃料以点燃或压燃的方式开始燃烧并释放热能，气缸内的气体工质因被加热，其温度和压力得到进一步的提升，同时膨胀推动活塞做功实现由热能到机械能的转化，最后通过排气行程排出已燃废气。在能量的转化过程中，工质的温度、压力、成分和流动状态等时刻发生着非常复杂的变化，难以进行细致的物理和化学分析，实际循环还存在机械摩擦、换气、散热、燃烧等一系列不可避免的损耗，其物理、化学过程十分复杂，为了描述发动机中实际进行的热力过程，需要根据发动机工作过程的特点，将实际循环简化，即建立发动机的理论循环，以便于分析研究影响发动机循环效率的主要因素。

一、三种基本理论循环

发动机的理论循环旨在将非常复杂的实际工作循环过程加以抽象简化以便进行定量分析，即在不失其基本过程特征的前提下，忽略一些相对次要因素，以使其既近似于实际循环，又简化了繁杂的物理、化学过程。通过对理论循环的研究，能够确定影响发动机热能利用完善程度的主要因素，从而找出提高发动机性能的基本途径。空气标准循环作为发动机理论循环的代表之一，其简化条件如下：

1) 假设工质为理想气体，其比热容为定值。
2) 假设工质的压缩和膨胀是绝热等熵过程。
3) 假设工质是在闭口系统中进行封闭循环的。
4) 假设工质燃烧为定压或定容加热，放热为定容放热。
5) 假设循环过程为可逆循环。

发动机有三种基本理论循环，即定容加热循环、定压加热循环和混合加热循环。发动机的理论循环常用示功图来说明，如图 1-1 所示。

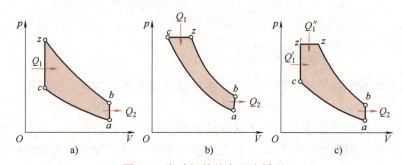

图 1-1 发动机的基本理论循环

a）定容加热循环 b）定压加热循环 c）混合加热循环

理论循环可用循环热效率和循环平均压力来衡量和评定。

二、循环热效率和循环平均压力

1. 循环热效率 η_t

η_t 是工质所做循环功 W（J）与循环加热量 Q_1（J）之比，用以评定循环的经济性。其计算公式为

$$\eta_t = \frac{W}{Q_1} = \frac{Q_1 - Q_2}{Q_1} = 1 - \frac{Q_2}{Q_1}$$

式中　Q_2——循环放热量（J）。

根据工程热力学公式，混合加热循环热效率为

$$\eta_{tm} = 1 - \frac{1}{\varepsilon^{\kappa-1}} \frac{\lambda\rho^{\kappa}-1}{\lambda-1+\kappa\lambda(\rho-1)} \tag{1-1}$$

式中　ε——发动机的压缩比，$\varepsilon = V_a/V_c = (V_s + V_c)/V_c = 1 + V_s/V_c$，其中，$V_a$ 为气缸总容积，V_c 为压缩容积，V_s 为气缸工作容积；

ρ——初期膨胀比，$\rho = V_z/V_{z'} = \varepsilon/\delta$，$\delta = V_b/V_z$ 为后期膨胀比；

λ——压力升高比，$\lambda = p_z/p_c$；

κ——等熵指数。

定容加热循环（$\rho = 1$）热效率为

$$\eta_{tV} = 1 - \frac{1}{\varepsilon^{\kappa-1}} \tag{1-2}$$

定压加热循环（$\lambda=1$）热效率为

$$\eta_{tp}=1-\frac{1}{\varepsilon^{\kappa-1}}\frac{\rho^{\kappa}-1}{\kappa(\rho-1)} \qquad (1-3)$$

由以上公式可知影响循环热效率的因素，具体如下：

(1) 压缩比 ε 随着压缩比 ε 的提高，上述三种循环的 η_t 都提高。当 ε 较低时，随着 ε 的提高，η_t 增长很快；但当 ε 较大时，即使再增加 ε，效果也不明显，可以参照图1-2所示的曲线变化趋势。

(2) 等熵指数 κ 等熵指数 κ 对 η_t 的影响如图1-3所示。随着 κ 的增大，η_t 将提高。κ 的取值取决于工质的性质，如双原子气体：$\kappa=1.4$，多原子气体：$\kappa=1.33$。

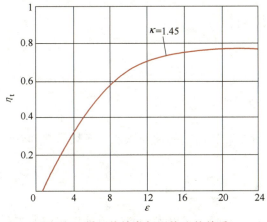

图1-2 循环热效率与压缩比的关系

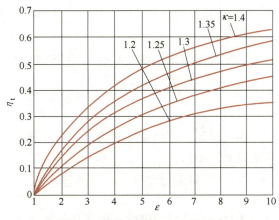

图1-3 等熵指数 κ 对 η_t 的影响

(3) 压力升高比 λ 在定容加热循环中，随着循环加热量 Q_1 的增加，λ 成正比增加。若 ε 保持不变，则工质的膨胀比不变，循环放热量 Q_2 也就相应增加，而 Q_2/Q_1 不变，η_t 也不变。

在混合加热循环中，当循环总加热量 Q_1 和 ε 不变时，若 λ 增大，则 ρ 减小。如图1-4所示，当折线从 z—b 移至 z'—b' 时，Q_2 会减少，η_t 则提高。

但是 λ、ε 的增加会造成最高燃烧温度 T_z 和最高燃烧压力 p_z 急剧上升，因而受到材料耐热性和强度的限制。

(4) 初期膨胀比 ρ 在定压加热循环中，若 ε 保持不变，随着循环加热量 Q_1 的增加，ρ 增加。由式（1-3）可知，η_t 下降。

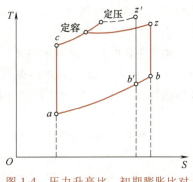

图1-4 压力升高比、初期膨胀比对循环热效率、循环平均压力的影响

在混合加热循环中，当循环总加热量 Q_1 和 ε 保持不变时，若 ρ 增加，则意味着等压加热部分增大（图1-4），η_t 同样下降。

2. 循环平均压力 p_t

p_t（kPa）是单位气缸工作容积所做的循环功，用以评定发动机的循环做功能力。其计算公式为

$$p_t = \frac{W}{V_s} \tag{1-4}$$

式中　W——循环所做的功（J）；

　　　V_s——气缸工作容积（L）。

根据工程热力学公式，混合加热循环的平均压力为

$$p_{tm} = \frac{\varepsilon^\kappa}{\varepsilon-1} \frac{p_a}{\kappa-1}[(\lambda-1)+\kappa\lambda(\rho-1)]\eta_{tm} \tag{1-5}$$

式中　p_a——进气终了压力（kPa）。

对于定容加热循环（$\rho=1$），其平均压力为

$$p_{tV} = \frac{\varepsilon^\kappa}{\varepsilon-1} \frac{p_a}{\kappa-1}(\lambda-1)\eta_{tV}$$

对于定压加热循环（$\lambda=1$），其平均压力为

$$p_{tp} = \frac{\varepsilon^\kappa}{\varepsilon-1} \frac{p_a}{\kappa-1}\kappa(\rho-1)\eta_{tp}$$

由此可见，p_t 会随压缩始点压力、压缩比、压力升高比、初期膨胀比、等熵指数和热效率的增加而增加。

三、三种基本理论循环的比较

不同活塞式发动机的工作原理是不同的，因此对不同形式的发动机必须采用相应的工作循环，以得到最大的热效率。

对于汽油机而言，ε 的最大值由汽油机所用的燃料确定。因此可按 ε 一定来比较不同理想循环的热效率，如图1-5所示。

由图1-5可知，定容加热循环2—3的平均加热温度 T_{m1V} 最高，而定压加热循环的 T_{m1p} 最低，混合加热循环的 T_{m1m} 则介于两者之间，即

$$T_{m1V} > T_{m1m} > T_{m1p}$$

按工程热力学中的等效卡诺循环热效率公式有

$$\eta_{tV} > \eta_{tm} > \eta_{tp}$$

即在压缩比 ε 相同时，定容加热循环的热效率最高。由此可知，汽油机应按定容加热循环工作。

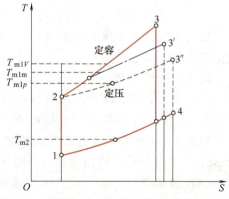

图1-5　ε 相同时不同理想循环的热效率

对于柴油机而言，在工作条件一定时，其压缩比基本是确定的。但柴油机的压缩比一般较高，其压缩终了压力也较高，为了避免其工作粗暴、噪声及振动，必须控制其最高压力。因此，应以一定的最高压力为条件来比较三种基本循环，如图1-6所示。

由图1-6可知

$$T_{m1p} > T_{m1m} > T_{m1V}$$

按等效卡诺循环热效率公式有

第一章 发动机的性能指标

$\eta_{tp} > \eta_{tm} > \eta_{tV}$

即在最高压力一定的条件下,定压加热循环的热效率最高。由此可知,高增压柴油机及车用高速柴油机应按定压加热循环工作。

通过理论循环的热力学研究,可以达到以下目的:

1) 用简单公式来阐明发动机工作过程中各基本热力参数间的关系,明确提高以理论循环热效率为代表的经济性和以循环平均压力为代表的动力性的基本途径。

2) 确定循环热效率的理论极限,以判断实际发动机工作过程的经济性和循环进行的完善程度以及改进潜力。

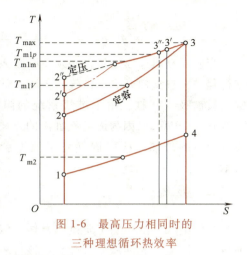

图1-6 最高压力相同时的三种理想循环热效率

3) 有利于比较发动机不同热力循环方式的经济性和动力性。

第二节 四冲程发动机的实际循环

四冲程发动机的实际循环由进气、压缩、做功和排气四个行程组成,如图1-7所示。

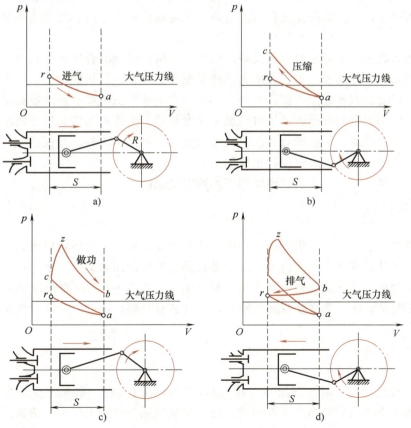

图1-7 四冲程发动机的示功图
a) 进气行程 b) 压缩行程 c) 做功行程 d) 排气行程

5

一、进气行程

为使发动机连续运转，必须不断吸入新鲜工质，吸入新鲜工质的行程即为进气行程。在该行程中，进气门开启，排气门关闭，活塞从上止点向下止点运动，在气缸内形成真空，新鲜工质被吸入气缸。由于进气系统的阻力，进气终了时的气缸内压力小于大气压力，为 0.075～0.09MPa。因为流进气缸内的工质受到气缸壁、活塞顶等高温机件及上一次循环残余废气余热的加热，所以进气终了温度会升至 370～400K。进气行程在图 1-7 中用曲线 ra 表示。

二、压缩行程

为使吸入气缸内的工质迅速燃烧，以产生较大压力，使发动机做功，必须在做功行程之前将工质压缩，此即压缩行程。在该行程中，进、排气门均关闭，活塞由下止点向上止点运动。压缩行程在图 1-7 中用曲线 ac 表示，它是一个复杂的多变过程，其间有热交换和漏气损失。

三、燃烧过程

在燃烧过程中，活塞位于上止点前后，进、排气门均关闭。燃烧过程的作用是将燃料的化学能转化为热能，使工质的温度和压力升高。燃烧越靠近上止点，放出的热量越多，热效率也就越高。

汽油机的燃烧过程接近定容加热循环，因为汽油机的可燃混合气在火花塞点火之前已基本形成，火花塞在上止点前点火，火焰迅速传至整个燃烧室，工质的温度、压力迅速升高。

柴油机的燃烧过程接近混合加热循环，喷油器在上止点前喷油，燃油微粒迅速与空气混合，并借助空气的热量而自燃。开始时，燃烧速度很快，工质的温度、压力剧增，接近定容加热；之后，一边喷油，一边燃烧，燃烧逐渐放缓，又因活塞下移，气缸容积加大，压力升高不多，而温度继续上升，燃烧接近定压加热。

无论是汽油机，还是柴油机，燃烧都不是瞬时完成的。

四、做功行程

在该行程中，进、排气门仍关闭。当活塞接近上止点时，工质燃烧放出大量的热能。高温高压的燃气推动活塞从上止点向下止点运动，通过连杆使曲轴旋转并输出机械能，其中部分用以维持发动机自身继续运转，剩余用于对外做功，在图 1-7 中用曲线 zb 表示。做功行程比压缩行程更复杂，除了热交换和漏气损失，其间还有补燃。因此，做功行程也是一个多变过程。

五、排气行程

当做功行程接近终了时，开始进入排气行程，排气门开启，靠废气的压力进行自由排气，活塞在到达下止点后又向上止点运动，继续将废气强制排到大气中。活塞到达上止点附近时，排气行程结束，在图 1-7 中用曲线 br 表示。表 1-1 列出了发动机实际循环各行程终点的压力和温度。

表 1-1　发动机实际循环各行程终点的压力和温度

机型	进气终了压力 p_a/Pa	进气终了温度 T_a/K	压缩终了压力 p_c/MPa	压缩终了温度 T_c/K	最高燃烧压力 p_z/MPa	最高燃烧温度 T_z/K	膨胀终了压力 p_b/MPa	膨胀终了温度 T_b/K	排气终了压力 p_r/Pa	排气终了温度 T_r/K
汽油机	$(0.8\sim0.9)p_0$ [1]	340~380	0.8~2.0	600~750	3.0~6.5	2200~2800	0.3~0.6	1200~1500	$(1.05\sim1.2)p_0$	900~1100
柴油机	$(0.85\sim0.95)p_0$	300~340	3.0~5.0	750~1000	4.5~9.0	1800~2200	0.2~0.5	1000~1200	$(1.05\sim1.2)p_0$	700~900
增压柴油机	$(0.9\sim1.0)p_k$	320~380	5.0~8.0	900~1100	9.0~13.0				$(0.75\sim1.0)p_k$ [2]	

[1] p_0 为环境压力。
[2] p_k 为增压压力。

六、理论循环与实际循环的比较

发动机的实际循环由于存在各种不可逆损失，无法达到理论循环的热效率和循环平均压力。为了解实际循环的热量分配情况，寻找其损失所在，首先应将实际循环与理论循环进行比较。这里用空气标准循环来代表理论循环，它除了不可避免地向冷源放热，还有其他损失。研究实际循环与空气标准循环的差异，就可以找出热量损失所在；分析差异的原因，则可以探求提高热量有效利用的途径。图 1-8 所示为四冲程非增压发动机实际循环与理论循环的比较（示功图），其差异是由下述几项损失引起的。

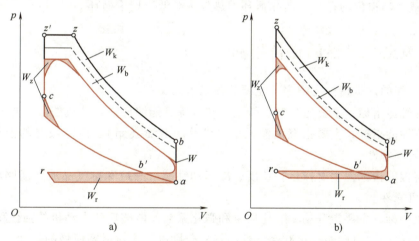

图 1-8　四冲程非增压发动机实际循环与理论循环的比较（示功图）
a）柴油机　b）汽油机
W_k—实际工质影响引起的损失　W_r—换气损失　W—提前排气损失
W_z—非瞬时燃烧和补燃损失　W_b—传热、流动损失

1. 实际工质影响引起的损失

理论循环假设工质比热容是定值，而实际气体的比热容是随温度的升高而上升的，并且燃烧后会生成 CO_2、H_2O 等多原子气体，这些气体的比热容又大于空气，导致循环的最高温度降低。由于实际循环中还存在泄漏，工质数量也会减少，这意味着同样的加热量，在实际

循环中所引起的压力和温度的升高要比理论循环低得多,其结果是循环热效率低,循环所做的功减少,如图 1-8 中的 W_k 所示。

2. 换气损失

燃烧废气的排出和新鲜空气的吸入是使循环重复进行必不可少的条件,由此而消耗的功称为换气损失。由于进、排气系统中的流动阻力而产生的损失如图 1-8 中的 W_r 所示,换气过程中因排气门在下止点前提前开启而产生的损失如图 1-8 中的 W 所示。

3. 燃烧损失

因为实际循环中的燃烧并非瞬时完成,所以喷油或点火在上止点之前,并且燃烧会延续到膨胀行程,进而产生非瞬时燃烧损失和补燃损失,如图 1-8 中的 W_z 所示。

实际循环中会有部分燃料因缺氧而产生不完全燃烧损失。

在高温下,部分燃烧产物因分解而吸热,即

$$2CO_2 + 热量 \Leftrightarrow 2CO + O_2$$
$$2H_2O + 热量 \Leftrightarrow 2H_2 + O_2$$

导致循环的最高温度下降,进而产生燃烧损失。

4. 传热损失

在实际循环中,气缸壁(包括气缸套、气缸盖、活塞、活塞环、气门、喷油器等)和工质间自始至终存在热交换,由此产生的损失如图 1-8 中的 W_b 所示。

由于上述各项损失的存在,实际循环的热效率会低于理论循环。

第三节 发动机性能的评价指标

发动机性能的评价指标有很多,主要涵盖以下几类:

1)动力性能指标,主要指功率、转矩、转速等,能够反映发动机的做功能力。

2)经济性能指标,主要指燃油消耗率,以及润滑油(脂)、冷却液等的消耗,能够反映发动机运转经济性。

3)运转性能指标,主要指运转速度、冷起动性能、噪声和排气品质,能够反映发动机的耐久性、可靠性。

4)强化指标,主要指升功率、比质量和强化系数,能够反映发动机的强化程度。

因为发动机的动力性能指标和经济性能指标分别以工质对活塞所做的功和曲轴输出功为计算基准进行计算和评价,故又分别称为指示性能指标(简称指示指标)和有效性能指标(简称有效指标)。

一、发动机的指示指标

指示指标以工质在气缸内对活塞做功为基础,不受动力输出过程中机械摩擦和附件消耗等外来因素的影响,直接反映由燃烧到热功转换的工作循环的执行效果,可用指示功、平均指示压力和指示功率来评定循环的动力性,即做功能力,而用指示热效率及指示燃油消耗率来评定循环的经济性。发动机指示指标的定义及计算方法见表 1-2。

表 1-2 发动机指示指标的定义及计算方法

指示指标	定义	计算公式	备注
指示功 W_i(kJ)	在气缸内完成一个循环所得到的有用功	$W_i = F_i ab$	F_i——p-V 图曲线闭合所占面积 a——示功图纵坐标比例 b——示功图横坐标比例
平均指示压力 p_{mi}(MPa)	发动机单位气缸工作容积的指示功	$p_{mi} = \dfrac{W_i}{V_s}$	V_s——气缸工作容积(L)
指示功率 P_i(kW)	发动机单位时间内所做的指示功	$P_i = \dfrac{p_{mi} V_s n i}{30\tau}$	n——发动机转速(r/min) i——发动机气缸数 τ——发动机行程数,四冲程 $\tau=4$,二冲程 $\tau=2$
指示热效率 η_i	发动机实际循环指示功与所消耗的燃料热量之比	$\eta_i = \dfrac{W_i}{Q_1} = \left(\dfrac{3.6\times10^6}{b_i h_\mu}\right)$	W_i——指示功(kJ) Q_1——循环加热量(kJ) h_μ——燃料低热值(kJ/kg)
指示燃油消耗率 b_i[g/(kW·h)]	单位指示功的耗油量	$b_i = \dfrac{1000B}{P_i}$	B——小时耗油量(kg/h)

发动机在标定工况下的平均指示压力及指示热效率和指示燃油消耗率分别见表 1-3 和表 1-4。

表 1-3 发动机在标定工况下的平均指示压力

发动机类别	平均指示压力 p_{mi}/MPa
四冲程自然吸气式柴油机	0.6~1.0
四冲程增压式柴油机	0.9~2.6
四冲程摩托车用汽油机	0.8~1.3
四冲程乘用车用汽油机	0.8~1.5

表 1-4 发动机在标定工况下的指示热效率和指示燃油消耗率

发动机类别	指示热效率 η_i	指示燃油消耗率 b_i/[g/(kW·h)]
四冲程柴油机	0.45~0.55	170~210
四冲程汽油机	0.35~0.45	210~215

二、发动机的有效指标

发动机的有效指标以曲轴对外输出的功为基础,代表发动机的整机性能,常被用来直接评定发动机实际工作性能的优劣。表 1-5 列举了发动机有效指标的定义及计算方法。

表 1-5 发动机有效指标的定义及计算方法

有效指标	定义	计算方法	备注
有效功率 P_e(kW)	发动机通过曲轴对外输出的功率	$P_e = P_i - P_m$ $\left(P_e = \dfrac{T_{tq} n}{9550} = \dfrac{p_{me} V_s i n}{30\tau}\right)$	P_i——指示功率(kW) P_m——机械损失功率(kW)
机械效率 η_m	有效功率与指示功率之比	$\eta_m = \dfrac{P_e}{P_i} = 1 - \dfrac{P_m}{P_i}$	—

（续）

有效指标	定义	计算方法	备注
有效转矩 $T_{tq}(\text{N}\cdot\text{m})$	发动机通过曲轴输出的转矩	$T_{tq}=\dfrac{9550P_e}{n}$	n——发动机转速（r/min）
平均有效压力 $p_{me}(\text{MPa})$	发动机单位气缸工作容积输出的有效功	$p_{me}=\dfrac{30P_e\tau}{V_s in}$	τ——发动机行程数 V_s——气缸工作容积（L） i——发动机气缸数
有效燃油消耗率 $b_e[\text{g}/(\text{kW}\cdot\text{h})]$	单位有效功的燃油消耗量	$b_e=\dfrac{1000B}{P_e}$	B——小时耗油量（kg/h）
有效热效率 η_e	发动机的有效功（J）与消耗燃料热量之比	$\eta_e=\dfrac{W_e}{Q_1}$ $\left(\eta_e=\dfrac{3.6\times10^6}{b_e h_\mu}\right)$	h_μ——燃料的低热值（kJ/kg）
机械损失功率	为了维持发动机正常运转，发动机内部消耗的功率	机械损失功率一般通过示功图法、倒拖法、灭缸法或油耗线法进行实际测定	机械损失功率主要包括内部摩擦损失功率、驱动附属机构（含扫气泵和增压器）损失功率和泵气损失功率

发动机在标定工况下的平均有效压力见表 1-6，有效热效率和有效燃油消耗率见表 1-7，机械效率见表 1-8。

表 1-6 发动机在标定工况下的平均有效压力

发动机类别	平均有效压力 p_{me}/MPa
农用柴油机	0.50~0.70
汽车用柴油机	0.70~2.00
强化高速柴油机	1.00~2.90
四冲程摩托车用汽油机	0.78~1.20
四冲程乘用车用汽油机	0.65~1.25

表 1-7 发动机在标定工况下的有效热效率和有效燃油消耗率

发动机类别	有效热效率 η_e	有效燃油消耗率 $b_e/[\text{g}/(\text{kW}\cdot\text{h})]$
高速柴油机	0.40~0.50	210~285
四冲程汽油机	0.30~0.40	270~340

表 1-8 发动机的机械效率

发动机类别	机械效率 η_m
自然吸气柴油机	0.78~0.85
增压柴油机	0.80~0.92
自然吸气汽油机	0.81~0.87
增压汽油机	0.83~0.90

三、发动机的强化指标

活塞平均速度 c_m 对发动机的性能、工作可靠性和使用寿命均有很大影响。通常 c_m 增大会使发动机的功率提高，但会使活塞组的热负荷和曲柄连杆机构的惯性负荷增大，运动件摩擦副的磨损加剧，寿命下降。同时，由于进、排气流速增大，进、排气阻力与气流速度的平方成正比例增加，充量系数 η_v 会下降。因此，随着 c_m 的提高，有必要增大气门通路断面面积，增加气门个数，选用较好的材料、较高的加工精度，采用特殊的表面处理技术，设计高热负荷下工作可靠且结构轻巧的活塞组。目前，通常认为汽油机的 c_m 不宜大于 15m/s，柴油机的 c_m 不宜大于 13m/s。c_m 的上限在很大程度上受到燃烧系统高速性能和摩擦功率随转速增长的制约。

平均有效压力 p_{me} 和活塞平均速度 c_m 都是表征活塞式发动机强化程度的重要参数，它们的乘积又被称为发动机的强化系数。对于这两个重要参数，应慎重选择。

发动机的强化指标用以评定发动机的强化程度，其定义及计算方法见表 1-9。

表 1-9 发动机强化指标的定义及计算方法

强化指标	定义	计算公式	备注
升功率	发动机每升工作容积所产生的有效功率	$P_L = \dfrac{P_e}{iV_s}$	用以衡量发动机排量利用的程度
比质量	发动机的质量与所给出的标定功率之比	$m_e = \dfrac{m}{P_e}$	表征质量利用程度和结构紧凑性
强化系数	平均有效压力与活塞平均速度的乘积	$p_{me} c_m$	表征发动机的强化程度，是发动机技术进步的一个标志

发动机在标定工况下的升功率见表 1-10。

表 1-10 发动机在标定工况下的升功率

发动机类别	升功率 $P_L/(kW/L)$
农用柴油机	8~15
汽车用柴油机	20~60
强化高速柴油机	20~70
四冲程摩托车用汽油机	50~70
四冲程乘用车用汽油机	40~90

四、发动机的其他指标

发动机的其他性能主要包括排气品质、噪声等。由于这些性能关系到人类的健康问题，必须对其制定统一标准，并给予严格控制。

1. 排气品质

由于发动机排放对大气的污染已形成公害，各国均采取对策并制定相应的控制法规，以限制发动机的排放污染。

(1) 排出有害气体 当前的有害气体排放主要指氮氧化物（NO_x）、碳氢化合物（HC）

及一氧化碳（CO）这三种危害最大的气体排放。

(2) 排气颗粒 排气颗粒指排气中除水以外的任何液态和固态微粒，其主要成分是碳粒及其吸附和凝聚的多种有机物（有机可溶成分，主要来自燃油和润滑油），其粒度一般小于 $0.3\mu m$，易于被人吸入肺部，具有致癌作用。

2. 噪声

噪声使人心情烦躁、反应迟钝，甚至诱发高血压和神经系统疾病。汽车是城市主要噪声源之一，而发动机作为汽车的主要噪声源，必须予以限制。我国机动车辆分类标准 GB/T 15089—2001 将四轮及以上车辆分为 M 类、N 类和 O 类。其中，M 类为载客机动车辆，根据车辆座位数及最大总质量又细分为 M_1 类、M_2 类、M_3 类；N 类为载货机动车辆，根据车辆最大总质量又分为 N_1 类、N_2 类、N_3 类；O 类为挂车及半挂车。针对不同类别的机动车，GB/T 1495—2002《汽车加速行驶车外噪声限值及测量方法》对汽车加速行驶时的车外最大噪声给出具体限定，见表 1-11。

表 1-11 汽车加速行驶车外噪声限值

汽车分类	噪声限值/dB(A)
M_1	74
M_2(GVM≤3.5t)，或 N_1(GVM≤3.5t)：	
GVM≤2t	76
2t<GVM≤3.5t	77
M_2(3.5t<GVM≤5t)，或 M_3(GVM>5t)：	
P<150kW	80
P≥150kW	83
N_2(3.5t<GVM≤12t)，或 N_3(GVM>12t)：	
P<75kW	81
75kW≤P<150kW	83
P≥150kW	84

注：1. P 为发动机额定功率（kW），GVM 为车辆最大总质量（t）。
　　2. 更加详细的说明请查阅 GB 1495—2002 中的表 1。

3. 结构空间

希望发动机的外形尺寸小、体积功率（P_e/V，单位为 kW/m^3）大、升体积 [$V/(iV_s)$，单位为 m^3/L] 小。

4. 总质量

要求发动机的总质量 m、比质量（m/P_e，单位为 kg/kW）、升质量 [$m/(iV_s)$，单位为 kg/L] 均小。

5. 生产成本

要求发动机的生产能耗小、材料费用低、结构设计适于组织经济批量生产。

6. 使用成本

要求发动机的可靠性和耐久性好、使用油耗低、保养费少，从而提高汽车的有效利用程度。

第四节 发动机的机械损失

发动机的机械损失消耗了一部分指示功率,使得对外输出的有效功率减少。不同类型发动机各部分的机械损失占比差别很大,表1-12给出了发动机机械损失分配的大致情况。由表1-12可知,机械损失消耗的功率占指示功率的10%~30%,故降低机械损失,特别是摩擦损失,尽可能使实际循环的指示功转变成对外输出的有效功,是提高发动机性能的重要环节之一。

表1-12 发动机机械损失的分配情况

机械损失	占机械损失的比例(%)	占指示功率的比例(%)
摩擦损失	62~75	8~20
其中:活塞及活塞环	45~60	
连杆、曲轴轴承	15~20	
配气机构	2~3	
驱动附件损失	10~20	1~5
其中:水泵	2~3	
风扇	6~8	
机油泵	1~2	
电器设备	1~2	
泵气损失	10~20	2~4
驱动机械增压器损失	6~10	—
总的机械损失功率	100	10~30

一、机械效率 η_m

有效功率和指示功率之比称为机械效率 η_m,其定义式见表1-5。

机械效率用于比较不同类型发动机机械损失的占比。总体来说,在标定工况下,自然吸气汽油机的机械效率为0.8~0.9;自然吸气柴油机的机械效率为0.78~0.85;涡轮增压柴油机的机械效率为0.80~0.92。

二、机械损失的测定

精确测量发动机的机械损失是比较困难的,当前常用的机械损失测定方法有以下4种。

1. 倒拖法

当用倒拖法测量机械损失时,需要使用配备电力测功机的发动机试验台。让发动机按给定工况稳定运转,待冷却液温度和机油温度达到正常后,切断发动机的供油,同时用电力测功机以同样转速倒拖发动机,并尽可能维持冷却液温度和机油温度保持不变。此时测功机所测得的倒拖功率即等于该工况下发动机的机械损失功率。

倒拖法的主要误差源于发动机的缸内压力和温度与实际工况不符。倒拖时缸内没有燃烧过程,缸内压力偏低,使活塞、连杆、曲轴的摩擦损失减小,加上倒拖时膨胀过程中缸内充量向气缸壁的传热损失,造成 $p\text{-}V$ 示功图上的压缩线和膨胀线不重合而出现负功面积。因此,倒拖时消耗的功率大于发动机在相同工况下运转时的实际机械损失功率。对于压缩比较低的汽油机，倒拖法的误差约为5%；对于高压缩比的柴油机，误差可达15%～20%。

2. 示功图法

示功图法利用燃烧分析仪或数据采集系统等工具，在试验台上直接测量示功图及对应工况下发动机输出的有效功率 P_e 和转速 n。通过示功图可以计算指示功率 P_i，进而得出机械损失功率和机械效率。该方法测量机械损失的误差主要取决于示功图的测试精度。

3. 灭缸法

灭缸法只能用于多缸发动机。当发动机在设定工况稳定运转后，先通过测功机测出其有效功率 P_e，再停止某一缸（如1缸）的供油或点火，并迅速调整测功机使发动机转速恢复到原先设定的转速，测量熄灭一缸后的有效功率 $P_{e(1)}$。由于有一个气缸不工作，$P_{e(1)} < P_e$，此两者之差即为被停止气缸的指示功率 P_{i1}。同理，依次使各缸熄火，即可测得对应的有效功率 $P_{e(2)}$，$P_{e(3)}$，…，于是可得各缸的指示功率为

$$P_{i1} = P_e - P_{e(1)}, \ P_{i2} = P_e - P_{e(2)}, \cdots$$

将以上各式相加可得整机指示功率，即

$$P_i = \sum_{j=1}^{i} P_{ij} = iP_e - \sum_{j=1}^{i} P_{e(j)}$$

式中 i——气缸数。

由此可得整机的机械损失功率为

$$P_m = P_i - P_e = (i-1)P_e - \sum_{j=1}^{i} P_{e(j)}$$

用灭缸法测量柴油机机械损失的误差可控制在5%左右；对于汽油机或废气涡轮增压发动机，由于熄灭一缸后的进排气条件变化明显，误差较大。

4. 油耗线法

油耗线法又称为负荷特性法，它是根据负荷特性曲线上小时耗油量 B 随负荷变化的特性来推算机械损失的，其误差主要源于 B 随负荷变化关系的线性度。通常柴油机的负荷特性曲线上 B 随 P_e（或平均有效压力）的变化规律能够较好地满足线性关系。根据指示热效率的公式，可得

$$Bh_\mu \eta_i = 3.6 \times 10^3 P_i = 3.6 \times 10^3 (P_e + P_m) \tag{1-6}$$

假设发动机的指示热效率不随负荷变化（柴油机接近该假设），则当发动机急速（无负荷空转 $P_e = 0$）时，有

$$B_0 h_\mu \eta_i = 3.6 \times 10^3 P_m \tag{1-7}$$

将式（1-7）与式（1-6）相除，可得

$$\frac{B}{B_0} = \frac{P_e + P_m}{P_m} = \frac{p_{me} + p_{mm}}{p_{mm}}$$

据此可以求出机械损失功率 P_m（或平均机械损失压力 p_{mm}），进而可得机械效率为

$$\eta_m = \frac{P_e}{P_e + P_m} = 1 - \frac{P_m}{P_e + P_m} = 1 - \frac{B_0}{B}$$

式中 B_0——急速时发动机的小时耗油量。

三、影响机械效率的因素

1. 转速

当发动机的转速提高时,各摩擦副相对运动速度增大,摩擦损失增加。同时,运动件的惯性力增大,使活塞对气缸壁的侧压力加大,轴承负荷增加,导致机械损失增加。另外,转速的增加还会使泵气损失和驱动附件损失增大。综上所述,转速 n 提高,机械损失功率 P_m 增加,机械效率 η_m 下降。如图1-9所示,通常平均机械损失压力 p_{mm} 与转速 n 大致呈直线关系,而机械效率 η_m 与转速 n 近似呈二次方关系。

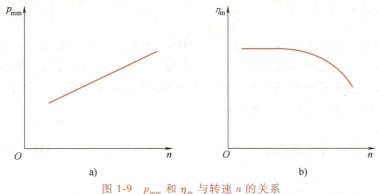

图1-9 p_{mm} 和 η_m 与转速 n 的关系

随着转速升高,摩擦损失所占的比例明显增大,并且在转速相同的情况下,柴油机的摩擦损失大于汽油机,这是因为柴油机的压缩比高、气缸压力高、运动件质量大。若想通过提高转速来强化发动机的动力性,η_m 的不断下降将成为主要阻碍之一。

2. 负荷

当发动机的转速一定而负荷减少时(柴油机是减小循环供油量,汽油机是减少混合气量),平均指示压力下降,平均机械损失压力则基本保持不变,因为平均机械损失压力主要取决于摩擦副的相对运动速度和惯性力。由机械效率定义可知,随着负荷减小,机械效率下降。

当发动机怠速运转时,有效功率为0,指示功率全部用来克服机械损失功率,此时机械效率为0。

3. 机油品质和冷却液温度

在机械损失中,摩擦损失占比最高,约为70%,而机油的黏度对摩擦损失又有重要影响。

黏度即稠稀程度,它表示流动分子之间内摩擦力的大小。机油的黏度大,其内摩擦力大,流动性差,易使摩擦损失增加;但其承载能力强,能够保持液体润滑状态。机油的黏度主要受油的品种和温度影响,温度升高,机油黏度会变小。不同牌号的机油,黏度随温度变化的程度不同。从使用要求来说,希望机油黏度随温度的变化小,以保证发动机在各种工况下都能良好工作。

机油黏度选用的基本原则:在保证发动机正常工作时有可靠润滑条件的前提下,尽量选用黏度较小的机油,以减小摩擦损失,改善起动性能。一般来说,当发动机强化程度高、轴承负荷大时,应选用黏度较大的机油;当发动机的转速高、配合间隙小时,需要流动性好的机油,因而可以选用黏度较小的机油。

由于发动机冷却液的温度直接影响机油温度,它对机油黏度和摩擦损失都有影响;此外,冷却液温度还直接影响燃烧过程和传热损失。因此,在发动机工作中应严格保持一定的冷却液温度和机油温度,即使发动机处于正常的热力状态下。提高冷却液温度对发动机性能有益,但受冷却液沸点的限制,一般水冷式发动机,其冷却液温度常为85~95℃。

发动机摩擦副之间的间隙较小,机油中的任何杂质都可能使零件表面损坏而增加摩擦损失,因而在使用中要特别注意机油滤清器的保养,并按时更换机油,以保证发动机良好的工作状态。一般机油的换油周期为5000~10000km(或6~12个月)。

第五节 发动机的热平衡

燃料在发动机气缸中发出的总热量只有25%~45%能转化为有效功,其余都以不同的热传递方式散失于发动机之外。按照热能表现为有效功和各种损失的数量分配来研究燃烧中总热量的利用情况称为发动机的热平衡,可以通过试验来确定发动机热量的分配情况。

一、发动机所耗燃油的热量 Q_T

在发动机中,热量是由燃料燃烧产生的。假设燃料完全燃烧,则每小时放出的热量 Q_T(kJ/h)为

$$Q_T = Bh_\mu \tag{1-8}$$

式中 B——发动机小时耗油量(kg/h);
h_μ——燃料低热值(kJ/kg)。

二、转化为有效功的热量 Q_E

因为

$$1kW \cdot h = 3.6 \times 1000 kJ$$

所以

$$Q_E = 3.6 \times 1000 P_e \tag{1-9}$$

式中 P_e——发动机有效功率(kW);
Q_E——转化为有效功的热量(kJ/h)。

三、传递给冷却介质的热量 Q_S

传递给冷却介质的热量 Q_S(kJ/h)包括工质与气缸壁的传热损失和通过废气及润滑油传给冷却介质的热量等,即

$$Q_S = G_S c_S (t_2 - t_1) \tag{1-10}$$

式中 G_S——通过发动机的冷却介质流量(kg/h);
c_S——冷却介质比热容[kJ/(kg·℃)];
t_1, t_2——冷却介质入口和出口温度(℃)。

四、废气带走的热量 Q_R

废气带走的热量 Q_R(kJ/h)可通过下式计算:

$$Q_R = (B+G_k)(c_{pr}t_2 - c_{pk}t_1) \qquad (1\text{-}11)$$

式中　B、G_k——小时耗油量和空气量（kg/h）；
　　　c_{pr}、c_{pk}——废气和空气的比定压热容 [kJ/(kg·℃)]；
　　　t_2——靠近排气门处的废气温度（℃）；
　　　t_1——进气管入口处的工质温度（℃）。

五、其他热量损失量 Q_L

其他热量损失量 Q_L（kJ/h）包括所有未计及的损失。由于不能分别给予它们准确的估计，一般根据下式确定：

$$Q_L = Q_T - (Q_E + Q_S + Q_R)$$

热平衡常以燃料总热的百分数表示，即

$$q_e = \frac{Q_E}{Q_T} \times 100\% \qquad q_s = \frac{Q_S}{Q_T} \times 100\%$$

$$q_r = \frac{Q_R}{Q_T} \times 100\% \qquad q_1 = \frac{Q_L}{Q_T} \times 100\%$$

则有

$$q_e + q_s + q_r + q_1 = 100\%$$

热平衡中各项数值的范围见表 1-13。

表 1-13　热平衡中各项数值的范围

类别	q_e(%)	q_s(%)	q_r(%)	q_1(%)
汽油机	30~40	25~40	30~45	5~10
柴油机	35~40	15~35	25~45	2~10
增压柴油机	40~45	10~25	25~40	2~10

根据发动机不同的运行情况，如负荷特性、外特性等所得到的热平衡试验结果可作为设计冷却系统的原始依据，也可以用于估计强化发动机高温零件的热负荷。

第六节　提高发动机动力性和经济性的途径

为了分析提高发动机动力性和经济性的各项措施，可以先分析影响单位气缸工作容积的输出功率，即升功率 P_L（kW/L）的各种因素，如下式所示：

$$P_L = \frac{P_e}{iV_s} = \frac{p_{me}n}{30\tau} = \frac{p_{mi}\eta_m n}{30\tau}$$

作为衡量发动机经济性的重要指标 b_e 由下式决定：

$$b_e = \frac{3.6}{\eta_e h_\mu} \times 10^6 = \frac{K}{\eta_e} = \frac{K}{\eta_i \eta_m}$$

通过以上两式可以概括而又明确地指出提高发动机动力性和经济性的基本途径。

一、提高平均指示压力 p_{mi}

提高平均指示压力 p_{mi} 可以采用下述 4 种方法。

1. 采用增压技术

增压就是在空气进入气缸前对其进行预压缩，以增加吸入气缸空气的密度，从而使发动机的功率按比例增长。同时，它还是改善经济性、降低比质量、节约原材料、降低排气污染的一项技术措施，并在柴油机和汽油机上广泛使用，多作为高原恢复功率的手段。但是汽油机增压会提高压缩终了的温度和压力，导致发生爆燃的风险增加，需要采取相应的措施解决。

2. 合理组织燃烧过程，提高循环指示效率 η_i

提高指示热效率 η_i 不仅可以改善发动机的动力性，也能改善其经济性。通过实际循环和理论循环的比较，可以归纳出使 η_i 趋近于 η_t 需要开展的重点工作：

1）减少循环中的传热与漏气损失。
2）合理组织燃烧，充分提高燃料的利用率。
3）提高热量利用率，使放热在上止点附近完成，减少后燃，因而需要提高燃烧速度。

实际上，提高 η_i 所涉及的问题是多方面的，其中最重要的一方面就是对发动机燃烧过程进行改进。燃烧问题一直是发动机研究的核心，诸如柴油机的不断强化和增压程度的不断提高、汽油机向高压缩比和高转速方向的发展，以及改善发动机的排气品质、控制噪声和提高经济性等的要求，都对发动机的燃烧提出了许多新的课题，有待进行深入的研究。

3. 改善换气过程

若能在同样大小的气缸容积和相同的进气状态下吸入更多的新鲜空气，从而允许加入更多的燃料，则能在同样的燃烧条件下获得更多的有用功。改善换气过程，不但能提高循环充气量以获得更多的有用功，还可以减少换气损失。因此需要对换气过程进行深入研究，分析其产生损失的原因，并从改进配气机构、凸轮型线及管道流动阻力等方面进行论证。

4. 提高空气利用率

提高空气的利用率可以有效提高发动机的动力性，尤其适用于柴油机。

二、提高发动机的转速

提高发动机的转速即等于增加单位时间内每个气缸做功的次数，因而可以提高发动机的功率输出，而发动机单位功率的质量也随之降低。但是转速的提高在不同程度上受燃烧恶化、循环充气量和机械效率急剧下降、使用可靠性变差、工作寿命减短及发动机的振动和噪声等问题的限制，因此在设法提高转速的同时，需要开展多方面的研究。

三、提高机械效率

提高机械效率可以提高发动机的动力性和经济性，主要实现方法包括：①合理选定各种热力和结构参数；②在结构、工艺上采取措施减少摩擦损失、泵气损失和风扇、水泵、机油泵等附属机构所消耗的功率；③改善发动机的润滑、冷却等。

第七节 汽车发动机新技术及国内技术应用现状

就目前而言，车用发动机的生产技术水平可以作为一个国家工业发达程度的标志之一。

随着人们对环保要求的日益严格以及石油能源短缺问题的日趋严重，对车用发动机的技术要求也在不断提高。

一、汽车发动机新技术

1. 汽油机缸内直喷技术

汽油机缸内直喷是指直接向气缸内喷射汽油。由于汽油直接喷入气缸，汽油的汽化热可以使燃前温度显著降低，不仅提高了体积效率，更减少了炽热点火和爆燃倾向，为提高压缩比，从而提高热效率和改善经济性提供了空间，因此人们一直致力于缸内直喷技术的研究。

从日本三菱汽车公司于1996年生产的戈蓝轿车搭载第一台缸内直喷汽油机4G93开始，世界主流汽车厂商陆续推出了各自的汽油缸内直喷发动机产品（表1-14）。随着现代控制技术、装备制造技术的不断发展和对缸内直喷燃烧理论研究的不断深入，汽油缸内直喷发动机初期的一些突出问题，如排放问题和催化器、喷油器等零部件问题以及整机控制策略问题等，逐渐得到了协调和平衡，热效率提高和经济性改善等缸内直喷技术的初衷优势得到了更充分的体现，并在成熟产品中得到了更广泛的应用。

表1-14 世界主要汽油机缸内直喷技术统计

品牌	技术	代表发动机	应用车型
三菱	GDI	4G93,6G74	戈蓝、凯斯玛（Carisma）
丰田	D4、D-4S	3GR-FSE 3.0L,2GR-FSE 3.5L	雷克萨斯 GS350 豪华全驱版、GS350 F-Sport
本田	i-VTEC I	2.0L i-VTEC I K20B	本田 Stream Absolute
日产	DIG	MR16DDT	骐达
菲亚特	JTS	14 JTS 2.0L,V6 JTS 3.2L	阿尔法·罗密欧 156、159,阿尔法·罗密欧 Spider
马自达	DIST	MRZ 2.0L DISI,2.0LPE-VPS	马自达 3 海外版、马自达 CX-5
大众/奥迪	FSI	EA888	大众 CC3.0L V6 FSI、奥迪 A6L 3.0FSI
通用	SIDI	2.4L SIDI LAF	君威 2.4SIDI、君越 2.4SIDI
福特	EcoBoost	2.0L EcoBoost，1.0L EcoBoost	沃尔沃 XC60 2.0T、2011 款蒙迪欧-致胜 2.0T
宝马	HPI	3.0L N55B30	进口 335i、国产 535Li
奔驰	CGI BlueDirect	M270DE16AL	ML350、S350 Blue EFFICIENCY
现代	GDI	1.6L Gamma GDI,ThetaNu 2.0L GDI	秀尔、现代 i40

目前，国外缸内直喷汽油机产品多以分层燃烧和稀燃为典型特征，而在国内市场，由于油品和其他制造技术原因，基本采用缸内喷射均质理论空燃比下组织燃烧的方法。随着整体工业水平的不断提高，汽油机缸内直喷技术将会得到更为广泛且深入的应用。

2. 柴油机电控高压喷射技术

柴油机电控高压喷射技术有效解决了喷油量与喷油正时的柔性控制问题，进而实现了喷油规律的优化，彻底突破了传统柴油机燃油供给纯机械控制的局限。由于喷油压力对柴油机的喷雾与混合气形成及燃烧过程有着直接影响，如何实现足够高的燃油喷射压力始终是柴油喷射系统的核心要求。随着技术的进步，凸轮驱动喷油泵已由最初的几十 MPa 发展到目前

单体泵近 200MPa 的峰值压力，尤其是近年来逐渐普及的蓄压式高压共轨燃油供给系统，其能够提供稳定的 200MPa 以上的恒值压力，这为柴油机满足更高排放标准提供了一个至关重要的平台。以此为基础，配以相应的电控系统，同时耦合增压中冷、排气再循环（EGR）、排气后处理技术可构成满足不同等级排放标准的达标方案。

3. 进气增压技术

发动机进气增压是指利用各种方法提高发动机的进气压力，增大循环充气量，从而实现提高输出功率的目的。进气增压技术在提高发动机动力、降低油耗、改善排放等性能方面都表现出强劲的优势。随着电控技术的发展，涡轮增压技术得到全面升级，可变涡轮增压技术、两级增压技术、复合增压技术、电辅助涡轮增压技术等先进技术的应用，可以解决传统涡轮增压器涡轮迟滞、高低速工况性能难以兼顾的问题，实现全工况范围的涡轮增压器和发动机的匹配，既能在低速时实现大转矩，又能在高速时输出高功率，同时具有良好的瞬态响应性，因而在车用发动机上得到迅速普及。

增压已被看作小排量高效汽油机提升动力的有效方法。国内汽油机涡轮增压技术多结合缸内直喷技术，可以实现高效、节能、环保的目的。

4. 发动机工作循环技术

尽管基于奥托循环（以近似等容放热模式工作）原理的发动机长期处于统治地位，对于新型发动机循环原理的探索却从未停止。

（1）阿特金森（Atkinson）循环　1882 年，英国工程师詹姆斯·阿特金森（James Atkinson）提出一种超膨胀发动机循环（以近似等压放热模式工作），称为阿特金森循环。膨胀比大于压缩比是阿特金森循环发动机最大的特点，更长的膨胀行程可以更有效地利用燃烧后废气仍然存在的高压，因此该循环的燃油效率比奥托循环高。由于早期阿特金森循环发动机的连杆机构过于复杂，其仅在船用、发电用大型发动机领域应用。

现在的阿特金森循环采用可变气门驱动技术（Variable Valve Actuation，VVA），不需要改变原机活塞、连杆和曲轴，只需要改变气门定时，因此在车用发动机上得到量产应用。一台四缸汽油机应用阿特金森循环结合 10% EGR 的试验结果表明：与不采用该循环的发动机相比，其有效比燃油消耗（BSFC）降低 15%，比氮氧化物（$BSNO_x$）和比一氧化碳（BSCO）排放减少 50%，比未燃碳氢（BSHC）排放增加 60%。一台自然吸气的柴油机在采用阿特金森循环后，其怠速工况下的 NO_x 排放降低 17.5%，满负荷工况下的 NO_x 排放降低 12.9%。

（2）米勒（Miller）循环　1940 年，美国工程师拉尔夫·米勒（Ralph Miller）提出了一种以推迟进气门关闭时刻为主要特色的超膨胀发动机循环（以近似等容放热模式+近似等压放热模式工作），称为米勒循环，其特点是结构简单、易于实现（得益于目前可变进气正时技术的发展和成熟）。米勒循环发动机在中速区域的节油效果显著，但在低速和高速区域的性能表现欠佳。在油电混合动力汽车上，如果在低速和高速区域采用电机工作，而在中速区域采用米勒循环发动机工作，则可扬长避短，使米勒循环发动机充分发挥其节油性能。由此可以推断，米勒循环发动机会在油电混合动力汽车上大有作为。

汽油机应用米勒循环主要为了进行负荷调节，而柴油机的负荷调节依靠控制喷油量，其应用米勒循环主要为了减少部分负荷进气量，降低压缩终了时缸内的温度、压力和密度，以

减少 NO_x 的排放。相关研究表明，一台汽油机在部分负荷时采用米勒循环，其油耗降低 6%；一台增压柴油机应用米勒循环，其油耗降低 2%，NO_x 排放降低 10%。

5. 新型燃烧技术及其燃料设计

随着各国排放法规日趋严格和石油供求矛盾日益突出，能同时实现高热效率和低排放的燃烧新技术取得了很大的发展和进步，如均质混合气压缩着火（Homogeneous Charge Compression Ignition，HCCI）、低温燃烧（Low Temperature Combustion，LTC）、部分预混燃烧（Partially Premixed Combustion，PPC）、反应活性控制压燃（Reactivity Controlled Compression Ignition，RCCI）等。由于上述燃烧方式主要受化学动力学控制，不论汽油机还是柴油机，单一燃料的燃烧都很难在更大范围内拓宽其高效清洁燃烧运行工况范围。因此，动态控制发动机不同工况下所需的燃料特性，可有效控制着火时刻和燃烧反应速度，拓宽运行工况范围并提高热效率。目前，燃料设计主要有三种方式，分别是汽油、含氧醇类燃料与柴油掺混燃烧，含氧生物柴油与柴油掺混燃烧，以及进气道喷射低活性燃料（如汽油、天然气、乙醇、甲醇、正丁醇等高辛烷值燃料）与缸内直喷高活性燃料（如柴油、生物柴油等高十六烷值燃料）燃烧。

二、国内车用发动机技术应用现状

1. 自主品牌乘用车发动机产销量及技术有所提高

图 1-10 所示为 2009—2022 年我国自主品牌乘用车的销量及市场份额。从 2009 年开始，我国汽车销量超越美国，成为世界第一汽车产销大国。经历十余年的发展，我国汽车市场销量依然保持世界第一，自主品牌乘用车和合资品牌乘用车产销量不断拉近。由图 1-10 可知，2022 年我国自主品牌乘用车的市场份额已经达到 49.9%，这表明我国自主品牌乘用车已经崛起。

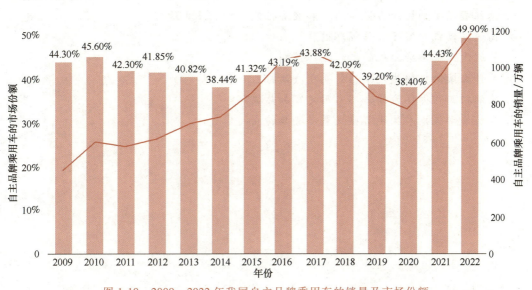

图 1-10　2009—2022 年我国自主品牌乘用车的销量及市场份额

2. 商用车发动机以自主品牌为主

目前在国内商用车发动机市场，80%以上的发动机为自主品牌，这和中国汽车工业起步初期首先上马货车有直接关系。自主品牌商用车发动机经历了从20世纪五六十年代以仿制为主，八九十年代选择技术引进，到之后主要靠自主研发的过程。现在的自主研发技术水平有了大幅提升。目前，玉柴、潍柴、锡柴、东风和上柴等企业的商用车发动机技术已经接近或达到世界先进水平。

3. 轿车发动机以外资和合资品牌为主

与商用车不同，我国轿车发动机大多是从改革开放后引进或合资开始起步的。自主品牌如奇瑞、吉利、长城和江淮等，基本都是在2000年以后发展起来的，因此和世界先进水平仍存在不小的差距。截至2015年，就轿车发动机而言，外资及合资品牌约占70%的市场份额。外资、合资企业不但在轿车发动机市场占有很大份额，其在技术上也在不断升级。

总体来说，我国发动机技术与国外先进水平仍存在差距，发动机高压共轨、燃油电喷、涡轮增压、汽油缸内直喷等发动机关键技术依旧掌握在外资企业手中，自主品牌市场份额少，仅能满足中低端市场需求，而高端产品的技术与国际先进水平相差较多。此外，发动机核心零部件技术，尤其是在动力系统、电控系统等方面，与国外也有较大差距，主要体现在产品的自主研发创新能力薄弱、在国外强大的主流技术面前力不从心（如发动机电喷系统）等方面，尽管国内很多机构已经有了很大进展，但主流产品仍由博世、德尔福、电装、西门子等外资公司掌控。

思考题

1. 总结将发动机工作循环抽象为理想的热力循环的基本方法。
2. 提高发动机实际工作循环热效率的基本途径是什么？可采取哪些基本措施？
3. 总结提高发动机动力性能指标和经济性能指标的基本途径。
4. 简述发动机的实际工作循环过程。
5. 简述汽油机与柴油机的工作循环区别。
6. 为什么柴油机的热效率显著高于汽油机？
7. 柴油机工作循环为什么不采用定容加热循环？
8. 当前发动机技术呈现哪些发展趋势和特点？

第二章 发动机的换气过程

发动机的换气过程包括排气过程和进气过程,其任务是在尽可能小的换气损失的前提下,排净缸内废气,吸足新鲜充量。用于表征换气过程完善程度的主要指标有充量系数和消耗于换气过程的泵吸功。因为在过量空气系数不变的情况下,平均指示压力 p_{mi} 与充量系数 η_v 成正比,所以换气过程的完善程度直接影响发动机的动力性、经济性和排放指标。为了适应发动机的高速化发展,同时提高发动机的动力性、经济性,需要深入进行发动机换气过程的研究。

本章重点介绍以下内容:
1) 四冲程发动机的充量系数及其影响因素。
2) 提高充量系数的措施——减少进气系统的阻力,合理选择配气相位。

第一节 四冲程发动机的换气过程

一、换气过程

四冲程发动机的换气过程包括从排气门开启到进气门关闭的全过程,占 410°~480° 曲轴转角(以下简称 CA),其可分为自由排气、强制排气、进气和燃烧室扫气四个阶段。四冲程发动机换气过程中气缸压力、排气管压力及进、排气门流通截面积的变化曲线如图 2-1 所示。

1. 自由排气阶段

从排气门开启到气缸内压力 p 接近排气管内压力 p_r 的这个时期,称为自由排气阶段。

(1) 超临界状态流动 由图 2-1 可知,排气门开启是在活塞运动到下止点前 30°~80° (CA),此时气缸内的废气压力较高,为 0.2~0.5MPa,排气管内压力 p_r 与气缸内压力 p 之比往往小于临界值 $\left[\dfrac{2}{\kappa+1}\right]^{\frac{\kappa}{\kappa-1}}$。排气流动处于超临界状态,流速为当地声速 c (m/s),即

$$c=\sqrt{\kappa RT} \tag{2-1}$$

式中 κ——等熵指数;
R——气体摩尔常数 [J/(mol·K)];

T——气体的热力学温度（K）。

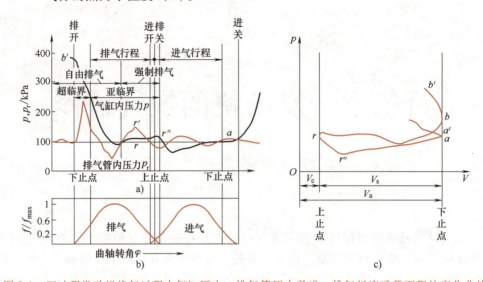

图 2-1 四冲程发动机换气过程中气缸压力、排气管压力及进、排气门流通截面积的变化曲线
a）气缸压力、排气管压力随曲轴转角的变化曲线　b）进、排气门相对流通截面积随曲轴转角的变化曲线
c）气缸压力随气缸容积的变化曲线

当 $T=700\sim1100$K（$427\sim827$℃）时，$c=500\sim700$m/s。在该阶段，废气流量与排气管内压力无关，只取决于气缸内的气体状态和气门最小开启截面积。

（2）亚临界状态流动　随着气体大量流出，气缸内压力迅速下降，气体流速小于声速，转入亚临界状态，此时的废气流量取决于气缸内和排气管内的压力差。到某一时刻气缸内压力与排气管内压力相近时，自由排气阶段结束。自由排气约在下止点后 $10°\sim30°$(CA) 结束。

自由排气阶段虽然时间不长，但因速度高，其所排出的废气量达 60% 以上。

2. 强制排气阶段

在此阶段，废气被上行活塞推出。因为要克服排气系统阻力，气缸内压力比排气管内压力高约 10kPa。流速越高，压力差越大，消耗的功也就越多。排气过程一直进行到上止点后 $10°\sim35°$(CA)，排气门才完全关闭。

3. 进气过程

为保证活塞下行时进气门有足够的开启截面积，新鲜充量可以顺利进入气缸，一般进气门在上止点前 $0°\sim40°$(CA) 开始打开，到下止点后 $40°\sim70°$(CA) 关闭，延续时间为 $220°\sim290°$(CA)。

活塞下行及进气门座处节流，导致气缸内呈负压，因此新鲜充量才能顺利流入气缸。随着气门升程增大，气流通道截面积加大，进入气缸的充量增加，使得气缸内压力上升。到进气终了时，气流动能部分转化为压力能，使气缸内压力再度提高，接近或略高于进气管内压力。

一般情况下，进气过程中的气缸内压力低于进气管内压力，其原因是进气系统存在阻力，并且气体速度越高，阻力越大。

4. 进、排气门早开、晚关，气门重叠和燃烧室扫气

（1）配气相位 进、排气门的实际开、闭时刻和持续时间称为配气相位，通常用曲轴转角表示。为了最大限度地吸进新鲜空气和排净废气，尽可能地减小换气损失，应设法延长进、排气的时间。因此，进、排气门都是提前开启、滞后关闭的。进、排气过程要比一个活塞行程长得多。四冲程发动机的配气相位如图 2-2 所示。

进、排气门早开、迟闭的原因是气门开、闭都需要一定的时间，速度不能太快。若在活塞到达下止点时，才开始打开排气门，则排气门开始开启时的气门开度极小，导致废气不能顺利流出。若在活塞达到上止点时才打开进气门，则因节流作用大而使新鲜空气不能通畅地流入气缸。在排气过程初期，由于气缸内压力来不及下降，活塞上行时有较大的阻力，消耗功增加。如果排气门在活塞到达上止点时关闭，其在上止点前的开度就会减小，从而产生较大的节流作用，加之活塞还在上行，使气缸内压力上升，排气消耗功增加。在上止点附近，废气尚有一定的流动能量，排

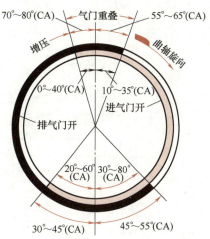

图 2-2 四冲程发动机的配气相位
（外圈表示增压机型）

气门晚关可以利用气流惯性进一步排出废气。进气门在活塞到达下止点后才关闭是为了利用高速气流的惯性，在下止点后继续充气。

（2）气门重叠和燃烧室扫气 由于排气门晚关和进气门提前打开，存在进、排气门同时开启的现象，称为气门重叠。在气门重叠开启期内，可利用气流压差和惯性清除残余废气，增加新鲜充量。特别是增压发动机，由于进气压力高和较长的气门重叠时间，可以更好地利用新鲜充量来帮助清除废气和降低燃烧室热区零件的温度，称为燃烧室扫气。

非增压机型的气门重叠角一般为 20°~80°（CA），增压机型的气门重叠角一般为 80°~140°（CA）。

二、换气损失与泵气损失

1. 换气损失

在换气过程中，不仅有工质的交换，还存在功的转换和能量损失。虽然能量损失并不大，但对换气质量有明显的影响，应予以重视。

换气损失包括排气损失和进气损失两部分。

（1）排气损失 从排气门提前打开到进气过程开始，气缸内压力达到大气压力前，循环功的损失称为排气损失，它包括以下两部分，如图 2-3 所示。

1）自由排气损失 w。因排气门早开，排气压力线从 b' 点开始离开理想循环的膨胀线，从而引起膨胀功的损失。

2）强制排气损失 x。它是活塞将废气推出所消耗的功。

为了减少排气损失可以选择适当的排气提前角，使（$w+x$）最小。减小排气系统阻力及排气门处流动损失，是降低排气损失的主要方法。

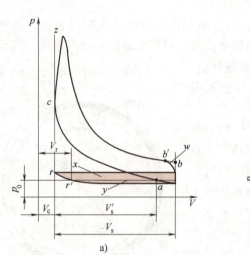
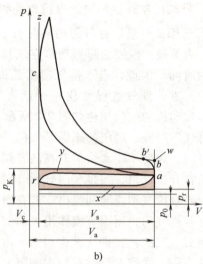

图2-3 四冲程发动机的换气损失
a) 非增压发动机 b) 增压发动机
w—自由排气损失 x—强制排气损失 y—进气损失 $w+x+y$—换气损失 $x+y$—泵气损失

（2）进气损失 y 进气损失是因为进气系统存在阻力而使进气过程中的气缸压力低于进气管压力所造成的损失，它比排气损失小。

进气损失不仅体现在进气过程所消耗的功上，还体现在进气过程中所吸入的新鲜充量的多少上。因为前者对发动机的热效率、功率影响不大，而后者对发动机的性能有显著的影响。

换气损失等于排气损失与进气损失之和，如图2-3中（$w+x+y$）所示的面积。

2. 泵气损失

泵气损失又称为泵气过程功，它是四冲程发动机在进、排气两个行程中，活塞因排气和进气所消耗或获得的功，此功可为正或负。

在实际换气过程中，由于工质流动时存在节流、摩擦等因素，产生的能量损失称为泵气损失。泵气损失等于理论泵气功与实际泵气功之差。假设在排、进气过程中，工质流动无节流、摩擦等因素，此时产生的泵气功就是理论泵气功。如图2-3b所示，$(p_K-p_r)V_s$ 所示的长方形面积为增压机型的理论泵气功。p_K、p_r 分别为压气机出口及涡轮机入口处的压力，V_s 是单缸工作容积。非增压机型的理论泵气功为零。

如图2-3a所示，（$x+y$）所示面积代表的负功就是四冲程非增压发动机的泵气损失。四冲程增压发动机的泵气损失则是图2-3b中（$x+y$）所示面积代表的功。

不能把泵气功与泵气损失混为一谈，所有减小换气损失，提高充量系数的措施都是对减小泵气损失有利的。

第二节 四冲程发动机的充量系数

一、概念

充量系数是评价发动机换气过程完善程度的指标。

充量系数 η_v 是实际进入气缸的新鲜充量与进气状态下充满气缸工作容积的新鲜充量之比,即

$$\eta_v = \frac{V_1}{V_s} = \frac{m}{m_s}$$

式中　V_1,m——实际进入气缸的新鲜充量的体积和质量;
　　　V_s,m_s——进气状态下充满气缸工作容积的新鲜充量的体积和质量。

所谓进气状态是指当时、当地的大气状态(非增压机型)和增压器压气机出口的气体状态(增压机型)。

η_v 高,代表每循环进入气缸的新鲜充量多,则发动机的功率 P_e、转矩 T_{tq} 可增加。

η_v 可用试验方法测得。利用流量计测出发动机每小时新鲜充量的流量 V_1(m^3/h),理论充量 V(m^3/h)则由下式计算:

$$V = 0.03 inV_s \tag{2-2}$$

式中　V_s——气缸工作容积(L);
　　　i——气缸数;
　　　n——转速(r/min)。

柴油机的 η_v 一般为 0.75~0.9,汽油机则为 0.7~0.85。

二、影响因素及其分析

1. 充量系数 η_v 的表达式

1) 进气门关闭时缸内气体的总质量 m_a 为

$$m_a = (V_c + V'_s)p_a \tag{2-3}$$

式中　V'_s——进气门关闭时,活塞顶至上止点的气缸容积,如图2-3所示;
　　　V_c——燃烧室容积;
　　　p_a——进气终了时气体的压力。

2) 排气门关闭时缸内残余废气的质量 m_r 为

$$m_r = V_r p_r$$

3) 充入气缸新鲜充量的质量为

$$\eta_v V_s p_s = (V_c + V'_s)p_a - V_r p_r$$

$$\eta_v = \frac{(V_c + V'_s)p_a - V_r p_r}{V_s p_s}$$

经变换推导得

$$\eta_v = \xi \frac{\varepsilon}{\varepsilon-1} \frac{T_s}{p_s} \frac{p_a}{T_a} \frac{1}{\gamma+1} \tag{2-4}$$

式中　ξ——系数,$\xi = \frac{V_c + V'_s}{V_c + V_s}$;

p_a、T_a——进气终了时气体的压力、温度；

p_s、T_s——进气状态下气体的压力、温度；

γ——残余废气系数，$\gamma = \dfrac{m_r}{\eta_v V_s p_s}$，即进气过程结束时，缸内残余废气量与缸内新鲜充量的比值；

ε——压缩比。

2. 影响充量系数的因素

影响充量系数的因素有进气状态和进气终了时的气缸压力、温度、残余废气系数、压缩比及配气相位。

（1）**进气终了压力 p_a**　p_a 对 η_v 的影响较大，其值越高，η_v 就越大。

$$p_a = p_s - \Delta p_a$$

式中　Δp_a——大气流动时，克服进气系统阻力而引起的压力损失，一般可写成

$$\Delta p_a = \lambda \frac{\rho v^2}{2} \tag{2-5}$$

式中　λ——管道阻力系数；

ρ——进气状态下的气体密度（kg/m³）；

v——管道内气体的流速（m/s）。

Δp_a 主要取决于进气系统各管道阻力系数 λ 和气体流速 v。若 λ、v 高，Δp_a 会增大，使得 p_a 下降。

汽油机中进入气缸的是可燃混合气，因而可以通过改变节气门开度来调节进入气缸的混合气量，以调节汽油机负荷。

1）当节气门位置一定时，n 增加，p_a 降低。

2）节气门开度减小时，p_a 降低。节气门开度越小，p_a 随 n 的提高而下降得越快，如图 2-4 所示。

负荷变化时，汽油机和柴油机的 p_a 变化是不同的，柴油机的 p_a 几乎不随负荷变化，而汽油机的 p_a 变化显著，从而决定了 η_v 的变化趋势，如图 2-5 所示。

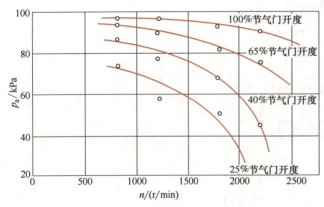

图 2-4　不同节气门开度、不同转速对应的进气终了压力

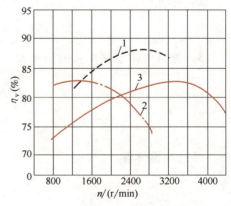

图 2-5　三种国产发动机充量系数与转速的关系

1—495Q 型柴油机　2—CA-30 型越野汽车汽油机

3—CA-72 型小客车汽油机

(2) 进气终了温度 T_a T_a 越高,充入气缸的工质密度越小,η_v 就越低。进气终了温度 T_a 高于进气状态温度 T_s。引起 T_a 升高的主要原因是高温零件加热工质及新鲜工质与残余废气混合。

转速 n 和负荷都对 T_a 有影响。例如,在负荷不变时,转速 n 越高,工质被加热的时间缩短,T_a 降低;在转速 n 不变时,负荷加大,缸壁温度升高,T_a 升高。

(3) 残余废气系数 γ 气缸中的残余废气增加会使 η_v 降低。这是因为排气系统阻力大,废气流动困难,使得排气压力提高,残余废气增加,充量系数降低。

(4) 配气相位 配气相位对 η_v 的影响主要在于进气门迟闭角的变化,迟闭角增加,新鲜充气量的容积减小,但 p_a 可能因为新鲜充气量的惯性进气而增加。因此应选择合适的配气相位,使 ξp_a 具有最大值。

(5) 压缩比 提高压缩比,可使气缸余隙减小,残余废气量减少,从而提高 η_v。

第三节 提高发动机充量系数的措施

吸气行程作为发动机热力循环的第一个行程,应尽可能提高其充量系数 η_v,以为后续的良好燃烧做足准备,这也是提高发动机性能指标十分重要的先决条件。可以按照上述有关 η_v 的影响因素的分析,从多方面采取措施来提高充量系数 η_v。

一、减少进气系统的流动损失

发动机进气系统包括空气滤清器、进气管、进气道、气门与气门座、进气压力传感器、空气流量计等。其中,气门座处的流通截面积最小,截面变化大,气流损失也最大。减小此处的流动阻力,一直是研究的重点。

1. 减少进气门座处的流动损失

为减少进气门座处的流动损失,可采取如下措施:

(1) 增加气门的数目 采用小气门并增加气门数(两个排气门,两个进气门,甚至更多)是增大进气门流通面积、降低排气损失的有效措施。上海柴油机厂生产的6135Q-1柴油机采用双气门(即进、排气门各一个)的结构时,其15min 功率为162kW,改用4个小气门(进、排气门各两个)后,其15min 功率增至194kW,功率提高近20%。η_v 的提高可使燃烧完全,令指示热效率 η_i 和有效热效率 η_e 均提高,排气温度降低,热负荷减小,从而延长了发动机的使用寿命。赛车用高比功率的发动机在采用多个小气门结构后,其功率可提高70%,转矩可提高30%。图2-6 所示为气门数对平均有效压力的影响。

(2) 改善进气门处流体动力性能,减少气门处的流动损失 适当增大气门升程,改进配气凸轮型线,在惯性力允许的情况下,使气门尽可能快地开闭。适当加大气门杆身

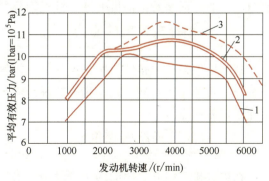

图2-6 气门数对平均有效压力的影响
1—双气门 2—四气门 3—优化四气门

与头部的过渡圆弧，减小气门座密封面的宽度，以及修圆气门座密封锥面的尖角等措施，均可改善进气门处流体动力性能，减小流动损失。

（3）采取较小的 S/D 值（短行程） 在转速不变的情况下，S/D 变小可使活塞平均速度 c_m 减小，使进气马赫数 Ma 降低。另外，由于缸径 D 的增大，还可采用大的气门直径，使 η_v 提高，如图2-7所示。

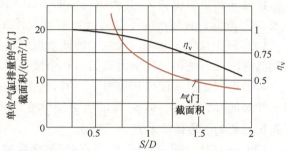

图2-7 S/D 对 η_v 的影响

2. 减小整个进气管道的流动阻力

为了提高充量系数 η_v，还要注意减小进气道、进气管、中冷器（增压发动机）、空气滤清器等的阻力。

（1）进气道 气缸盖内的进气道形状复杂，因受气门导管凸台的影响，截面形状急剧变化，进气阻力较大。对进气道除考虑尽量减小阻力外，还要保证进气道的形状能够使新鲜充量在气缸内形成涡流，以利于混合气的形成和燃烧。减小阻力和形成进气涡流是相互矛盾的，很难同时兼顾。在设计进气道时，常在专门的气道气体流动模拟试验台上进行试验。进气道应有足够的流通截面，并且表面光滑、拐弯少，多段通道连接对中。

（2）进气管 进气管应有足够的流通截面，并且表面光洁，避免急转弯和流通截面的突然变化。汽油机为了保证燃料的雾化和蒸发，需要保证进气有较高的流速，同时为满足车用汽油机经常在低负荷下工作的要求，常将进气管做得较小。在多缸机中，进气歧管的结构与布局对充量系数及充量均匀分配有较大的影响，应给予注意。

（3）空气滤清器 空气滤清器的阻力因结构而不同，其大小也随着使用时间的延长而加大。微孔纸质滤芯原始阻力最小，但积尘后，阻力增长较快。油浴式空气滤清器阻力较大，在使用中要注意清洗。空气滤清器上装有报警指示器，当滤芯积尘，阻力过大时，指示灯点亮。

二、减少对新鲜充量的加热

对新鲜充量的加热与很多因素有关，其中大部分属于运转因素。凡能降低活塞、气门等热区零件的温度和减小接触面积的措施都有利于减少对新鲜充量的加热。增压发动机的燃烧室扫气、油冷活塞及柴油机的进、排气管分别置于气缸盖两侧，都是有利措施。

三、减小排气系统的阻力

减小排气系统中排气门座、排气道、排气管、消音器的阻力，对降低排气压力 p_r、减小残余废气系数 γ 均有利。减小排气系统的阻力虽然不如减小进气系统的阻力那般有效，但在设计中仍需注意。

四、合理选择配气相位

在进、排气门开、闭的四个阶段中，进气门迟闭角和进、排气门重叠角对充量系数均有较大影响，如图2-8所示。

1. 进气门迟闭角

进气门迟闭角是利用气流的过后充气现象来增加每循环气缸充量的。当发动机转速较低（Ma 较小）时，进气门迟闭角不能过大，否则新鲜充量会被向上止点运动的活塞推回进气管。这是因为活塞到达下止点时，气缸内压力与进气管压力相近。而当发动机转速高（Ma 大）时，在活塞到达下止点时，气缸内压力远低于进气管压力，因此允许有较大的进气迟闭角，以获得较多的过后充量。

一般发动机在使用过程中，配气相位是不能改变的，充量系数 η_v 在某一转速下达到最大值。发动机只有在这个转速下工作，才能充分利用气流惯性充气。

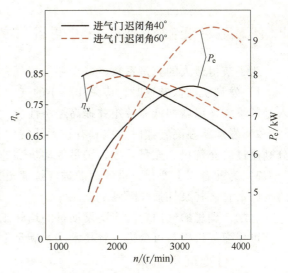

图 2-8 进气门迟闭角对 η_v 和 P_e 的影响

改变进气门迟闭角可以改变 η_v 随转速变化的趋势，用来调整发动机的转矩特性，以满足不同的使用要求。例如，进气门迟闭角加大，高转速时的 η_v 增加，有利于发挥最大功率，但对中、低速性能不利；减小进气门迟闭角虽可加大发动机中、低速时的转矩，但对高速时最大功率的发挥不利。

2. 进、排气门重叠角

高速非增压柴油机的进、排气门重叠角一般为 20°~60°。相关试验表明，该重叠角在 40°以下，基本没有燃烧室扫气作用。有重叠角比无重叠角时的充量系数 η_v 大，这是因为进气门早开、排气门迟闭，导致进气初期和排气后期的节流损失减小。

增压发动机的进、排气门重叠角大，可达 110°~140°，强烈的燃烧室扫气作用可以将余隙间的残余废气扫除干净，冷却燃烧室热区零件，减少对充量的加热，不仅有利于 η_v 的提高，还能降低 NO_x 的排放量。

3. 排气提前角

合理的排气提前角，应当在保证排气损失最小的前提下，尽量晚开排气门，以加大膨胀比，提高热效率。

4. 配气相位的选择

配气相位是否合理主要从以下几方面进行综合评定：
1）充量系数大，以保证发动机的动力性能。
2）必要的燃烧室扫气，以保证降低高温零件的热负荷，使发动机运行可靠。
3）合适的排气温度。
4）良好的充量系数特性 $\eta_v=f(n)$，以适应转矩特性的要求。
5）较小的换气损失，以保证发动机的经济性。

其中的 1）、2）和 4）由进气迟闭角决定。3）由排气提前角决定。5）由进、排气门重叠角和排气提前角决定。

发动机的最佳配气相位是通过试验确定的。

第四节　可变配气机构与可变进气管

为了获得最大的充量系数，减少泵气损失，较理想的进气系统应满足以下要求：

1）发动机在低转速时，应采用较小的气门升程和气门重叠角，防止缸内新鲜充量倒流入进气系统，以增加低速转矩并提高经济性。

2）发动机在高转速时，应具有较大的气门升程和进气门迟闭角，以减小进气阻力，充分利用过后充气提高充量系数，满足发动机高速时动力性的要求。

3）为配合以上变化，进气门的进气持续角也要进行相应调整，以实现不同工况下最佳的气门定时，将泵气损失降到最低。

总之，理想的气门定时应随发动机的运转工况及时调整。

可变配气机构与可变进气管技术基本满足上述要求。

一、可变配气机构

发动机配气相位的选取常通过多种不同的配气相位试验，从中选出兼顾发动机各种工况下性能的一种折中方法，其结果是发动机的性能潜力不能得到充分发挥。随着轿车汽油机的高速化和废气排放法规的日趋严格，配气相位固定不变的缺点日益突出，可变配气机构的研究和生产引起了人们的高度重视。

1. 可变配气相位对发动机性能的影响

发动机可变配气相位技术可以在发动机整个工况范围内，提供合适的气门开启、关闭时刻或升程，从而改善发动机的进、排气性能，较好地满足高转速和低转速、大负荷和小负荷时的动力性、经济性和废气排放要求。

可变配气相位技术已广泛应用在汽油机、柴油机上，特别是双凸轮轴的多气门发动机。图 2-9 所示为一台 2L 发动机的平均有效压力 p_{me} 曲线。在气门重叠角不变的条件下，进气门关闭角加大，p_{me} 曲线的峰值移向高速；反之，则移向低速。这说明，如果进气门关闭角可变，则不论在高速或低速，发动机动力性都能显著提高。由图 2-10 可知，对于某一发动机转速，部分负荷的燃油消耗在很大程度上受进气门关闭角中 φ_c 和气门重叠角 ϕ 的影响，最低的等值相对燃油消耗率 ε_b（变相位下的燃油消耗率 b_{eV} 与固定相位下的燃油消耗率 b_{eF} 之比）曲线是在进气门关闭角和气门重叠角较小的状况下取得的。

2. 可变配气相位机构

目前，可变配气相位机构广泛用于发动机上。它主要有电磁式、液压式和机械式三类。国外研制的可变配气相位机构有数十种，每种都有改变发动机配气相位的功能，但各有优缺点。下面介绍其中一款典型产品。

三菱公司开发的可变配气相位机构称为 MIVEC 机构，如图 2-11 所示。它安装在双顶置凸轮轴、每缸四气门的气缸盖上，并能根据发动机工作条件由发动机电控单元（ECU）自动选择高速、低速和可变排量三种工作方式。它由具有低速型面和高速型面的 2 个不同的凸轮、2 个带滚子式挺杆的摇臂、1 个操纵气门的带轴的 T 形连杆和装在该轴内的 2 个液压活塞组成。在弹簧力作用下，控制活塞 H 常被推入轴内，而控制活塞 L 常被推出轴的表面。

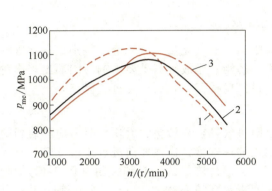

图 2-9 2L 发动机的平均有效压力 p_{me} 曲线

1—35°（CA） 2—基准相位 50°（CA）
3—65°（CA），气门重叠角不变，为 20°（CA）

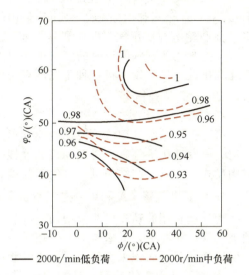

图 2-10 2L 发动机等值相对燃油消耗率曲线

在高速方式下，ECU 通过电磁油控阀将油压加到上述 2 个活塞上，从而将高速摇臂与轴结合在一起，使低速摇臂脱开，这样气门就由高速凸轮驱动。相反，在低速方式下，作用于这两个活塞的油压解除，只有低速摇臂与轴结合在一起，气门由低速凸轮驱动。当需要该缸停止做功时，油压只加给控制活塞 L，从而使两摇臂脱开，这样进、排气门都不工作。但是该系统对于配气相位的改变是阶段性的，即其改变配气相位只是在某一转速下的跳跃，而不是在一段转速范围内连续可变，只能顾及某一高速或低速工况时的性能。

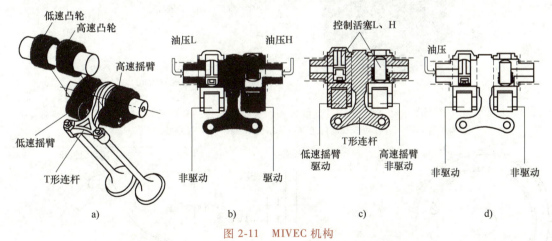

图 2-11 MIVEC 机构

a）示意图 b）高速方式、四缸 c）低速方式、四缸 d）可变排气量（MD）方式、二缸

目前，发动机常采用的各种可变配气相位技术，无论配气机构采用何种驱动方式，一般都保留了凸轮，气门的运动特性会受到凸轮型线的限制，气门正时不能实现多自由度全可变，于是出现了无凸轮轴可变配气相位机构。该机构取消了凸轮轴，通过电磁驱动或电液驱动直接对气门进行控制，能对气门正时、气门升程进行调节，从而获得发动机在各种工况下的最佳配气相位。另外，该机构还能关闭部分气缸的气门，实现发动机排量可变。如美国

Aura Systems 公司和德国 FEV 公司等采用的电磁控制全可变气门机构，美国福特公司研制的 ECV 无凸轮电控液压气门控制机构，可以对气门正时、气门升程和气门运动速度进行连续的可变控制，实现气门正时的多自由度可变，在提高发动机输出功率和转矩的同时降低燃油消耗和排放，满足发动机各种工况下理想的配气要求。

二、可变进气管

可变进气系统利用气体波动效应和惯性效应来增加进气充量。进气管，特别是自然吸气车用高速发动机进气管，对发动机的油耗、功率、转矩、排放等有重要影响，因而出现多种结构型式，大致可归结为可变进气管长度，可变进气管截面面积和可变进气涡流。

1. 可变进气管长度和可变进气管截面面积

为合理利用波动充气效果增加充气量，要求对进气管在高转速、大功率时，应配装粗短的进气管；而在中、低速与最大转矩时，配装细长的进气管，这主要通过可变进气管长度和可变进气管截面面积来实现。改变进气管的长度除了通过阀门的开启和关闭（图 2-12），使进气通过不同长度的通道，还可采用进气管长度无级可变的结构，它主要由旋转内腔件（蜗壳）和固定外壳构成，通过旋转内腔件的转动可以改变管长，如图 2-13 所示。气道截面面积的改变一般通过关闭部分进气道或其他方法来实现，如图 2-14 所示。

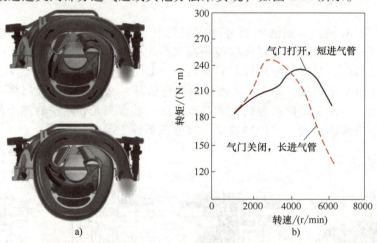

图 2-12 可变长度的进气系统结构示意图和外特性

a) 可变长度的进气系统结构示意图 b) 外特性

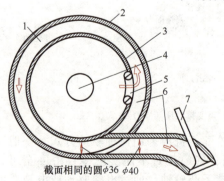

图 2-13 进气管长度无级可变机构

1—可变长度气道 2—固定外圈 3—可活动内缸
4、5—进气口 6—固定气道 7—进气门

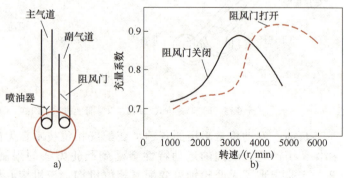

图 2-14 可关闭进气道

a) 汽油机进气系统示意图 b) 各转速下的充量系数

2. 带谐振腔的进气管

目前，上述两种可变技术在发动机上的应用已经非常普遍。除此之外，常用的可变进气管技术还有共振式进气管和带谐振腔的进气管两种类型。下面介绍日本马自达公司的可变进气谐振增压系统。

日本马自达公司成功开发了可变进气谐振增压系统，其结构原理如图2-15所示。它是利用由谐振箱容积、谐振管的长度与直径所决定的共振频率来控制的。当与发动机的气缸工作频率一致时，谐振箱会产生共振或谐振，使压力达到最大值，在此时关闭进气门，可使进气充量最大，从而获得最大转矩。图2-15就是利用转换阀来改变谐振管长度的，这样可以改善转矩及其对应的最佳转速。

若将图2-15简化为图2-16所示的可变谐振系统模型，其工作原理如下：

高速时，转换阀开启，空气首先进入总室A，经过谐振管到达B、C两室，然后经过各缸支管到各缸。因转换阀开启，B、C两室被连为一室（图2-16a），这时B、C两室受到6个气缸的共同作用，压力基本保持不变，相当于稳压箱，进气脉动仅发生在与气缸相连的进气歧管中。由于进气歧管较短，共振转速较高，可以改善高速充气（JF型发动机为3500～4000r/min）。

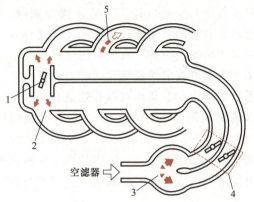

图2-15 可变进气谐振增压系统的结构原理
1—转换阀 2—短共振管
3—长共振管 4—双节气门 5—惯性增压

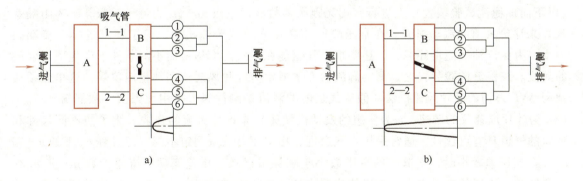

图2-16 可变谐振系统模型
a）高速 b）低速

低速工作时，转换阀关闭，谐振室B、C被隔为两室（图2-16b）。这时B室（或C室）仅由3个气缸加振，而A室则由B室和C室侧的6个气缸共同加振，故A室压力基本不变，但谐振管路增长，共振转速移向低速（JF型发动机为2000～2500r/min），从而改善了低、中速转矩。

在JF型发动机上，由于利用了高速惯性充气，再加上可变谐振进气增压，发动机可以获得从低速到高速的高转矩特性。

3. 可变进气涡流

进气涡流可变的可变进气系统主要是针对发动机在不同负荷下对进气涡流强度的要求而开发的。发动机低负荷时一般需要较强涡流，而在大负荷工况下需要弱涡流，因此希望进气涡流的强度可以根据不同的发动机工况进行调节。目前，四气门发动机一般在其中一个进气道上安装涡流控制阀，通过调节阀的开度来改变涡流比。这种方案易于实现电控并可在发动机运行工况范围内大幅度调节涡流比，同时能确保流量系数下降很少，从而可以有效地实现最佳涡流比的调节和控制，显著改善燃烧过程。例如图 2-17 所示的四气门可变涡流系统，它采用前切向后螺旋的双进气道结构。为了实现可变涡流，其在切向进气道上装有一可调节气道流通面积的阀门，通过调节流通面积来调节涡流比。

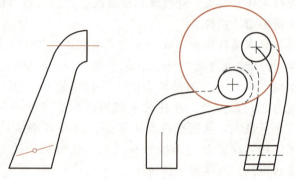

图 2-17　四气门可变涡流系统

第五节　缸盖气道稳流试验

由于四冲程发动机的换气损失主要是在气道中产生的，降低气道中的流动阻力是降低换气损失和排气可用能损失的主要措施之一。活塞式发动机气道中的气体流动是间歇非稳定的。在实际发动机中测试气体的非稳态流动损失较为困难，试验通常在稳定流动试验装置（以下简称稳流试验装置）上进行，用无因次参数流通系数 $\mu\sigma$（μ 为流量系数，σ 为阻隔系数）来评价气道的流动损失。在常压喷射的高速直喷式柴油机中，除了要求进排气流动阻力小，为保证油气能良好混合，还要求进气道能在进气阻力尽可能小的条件下产生适当强度的涡流。在稳流试验装置上，测定涡流的方法通常有叶片风速仪和动量矩仪等，这里介绍奥地利 AVL 公司的叶片风速仪法。假定气缸内的涡流是刚性涡，采用无因次参数涡流比 n_D/n（n_D 为叶片风速仪的转速，n 为假想的发动机转速）来评价涡流的强弱。为了使不同尺寸和形状的气道具有可比性，通常采用定气道进、出口压差法来测定不同气门升程 h_v 下的 $\mu\sigma$ 和 n_D/n。当压差较小时，气道中的雷诺数小于临界雷诺数，压差变动，流通参数 $\mu\sigma$ 和 n_D/n 也会变动，当压差使气道中的雷诺数达到或超过临界雷诺数时，$\mu\sigma$ 和 n_D/n 将趋于定值，达到模化状态。因此，定压差法的压差应保证气道中的流动处于模化状态，考虑到气体的压缩性和实际发动机的工作情况，进气道采用定 2.45kPa（250mmH$_2$O）压差进行稳流试验，此值相当于压比为 0.975；换气时，排气道的压力损失比进气道的高，因此排气道采用定 4.9kPa（500mmH$_2$O）压差进行稳流试验，此值相当于压比为 0.95。

一、进气道

进气道稳流试验装置如图 2-18 所示。当鼓风机工作时，流量控制阀 2 处于图 2-18 所示的状态。空气自进气道进口进入，在通过其出口流向气缸套后，流入稳压筒、孔板流量计，最后进入鼓风机进口，并通过鼓风机的出口流向大气。通过调节流量控制阀1的开度，可以调节一定气门升程 h_v 下的流量。保持气道压差 Δp 为 2.45kPa（250mmH₂O），测定某一 h_v 下通过孔板流量计的质量流量 m_v 和叶片风速仪的转速 n_D，即可算出该 h_v 下的 $\mu\sigma$ 和 n_D/n。改变 h_v，调节流量控制阀1的开度，即可测出定 Δp 下不同 h_v 的 m_v 和 n_D，从而得到 $\mu\sigma$ 和 n_D/n 随 h_v 变化的曲线。

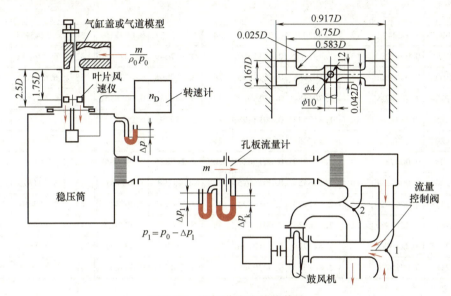

图 2-18 进气道稳流试验装置

1. 流通系数 $\mu\sigma$ 的计算

$$\mu\sigma = m_v/m_t \tag{2-6}$$

式中 m_v ——流过气道的实际空气质量流量（kg/s）；

m_t ——在 Δp 压差下理论上无损失地流过气道自由控制截面 $A_p = d_v^2 \pi/4$ 的空气质量流量（d_v 为气门座内径，单位为 m）（kg/s）；

μ ——流量系数；

σ ——阻隔系数，它是气门与气门座间的流通截面 A_v 与自由控制截面 A_p 之比。

$$m_v = a_0 \varepsilon A_0 \sqrt{2\rho_1(p_1-p_2)/0.00981} = \eta \sqrt{\rho_1 \Delta p_k} \tag{2-7}$$

式中 a_0、ε、A_0 ——孔板的流量系数、压缩系数、孔的截面积（m²）；

η ——孔板流量计系数，$\eta = a_0 \varepsilon A_0 \sqrt{2/0.00981}$；

Δp_k ——孔板前后压差，$\Delta p_k = p_1 - p_2$（kPa）；

ρ_1 ——孔板前空气密度，$\rho_1 = \rho_0 T_0 p_1/(T_1 p_0)$（kg/m³），其中 T_0、ρ_0、p_0 分别为大气温度（K）、密度（kg/m³）、压力（kPa）；T_1 为孔板前温度，假定与 T_0 相等。ρ_0 可由下式计算得出：

$$\rho_0 = \rho_n \frac{T_n}{p_n} \frac{p_0 - \varphi_0 p_{D0}}{T_0} + \varphi_0 \rho_{D0} \tag{2-8}$$

式中 ρ_n ——干空气在 $T_n = 273K$、$p_n = 101.35kPa$ 时的密度（kg/m³），取值为 0.131784；

p_{D0}、ρ_{D0}——T_0 下的饱和水蒸气压力（kPa）、密度（kg/m³）；

φ_0——大气相对湿度（%）。

不同温度下饱和水蒸气的压力和密度见表 2-1。

表 2-1 不同温度下饱和水蒸气的压力和密度

$t/℃$	p_{D0}/kPa	ρ_{D0}/(kg/m³)	$t/℃$	p_{D0}/kPa	ρ_{D0}/(kg/m³)	$t/℃$	p_{D0}/kPa	ρ_{D0}/(kg/m³)	$t/℃$	p_{D0}/kPa	ρ_{D0}/(kg/m³)
0	0.610967	0.000494	12	1.402045	0.0010866	24	2.983221	0.0022191	36	6.44517	0.0042528
1	0.65678	0.0005292	13	1.497202	0.0011559	25	3.167649	0.0023486	37	6.276438	0.004477
2	0.705633	0.0005666	14	1.597951	0.0012293	26	3.360906	0.0024841	38	6.626655	0.0047125
3	0.757724	0.000606	15	1.704684	0.0013068	27	3.564954	0.0026258	39	6.993549	0.0049582
4	0.813151	0.000648	16	1.817597	0.0013893	28	3.779793	0.0027757	40	7.37712	0.005214
5	0.872207	0.0006924	17	1.937083	0.001475	29	4.005423	0.0029317	41	7.780311	0.0054831
6	0.935089	0.0007397	18	2.063043	0.0015657	30	4.242825	0.0030958	42	8.20116	0.0057624
7	1.001601	0.0007896	19	2.196459	0.0016615	31	4.49298	0.003267	43	8.641629	0.006053
8	1.072429	0.0008424	20	2.337723	0.0017624	32	4.754907	0.0034475	44	9.102699	0.0063547
9	1.147672	0.0008988	21	2.486835	0.0018685	33	5.030568	0.003635	45	9.585351	0.0066707
10	1.227525	0.000958	22	2.643795	0.0019796	34	5.319963	0.0038318	46	10.088604	0.007001
11	1.312186	0.0010203	23	2.808603	0.0020968	35	5.624703	0.0040387	47	10.615401	0.0073445

$$m_t = A_p \rho \sqrt{\frac{2\Delta p}{0.00981 \rho_m}} = 14.2784 A_p \rho \sqrt{\frac{\Delta p}{\rho_m}} \quad (2-9)$$

式中 ρ——等熵情况下气道出口（气门口）的空气密度（kg/m³），$\rho = \rho_0 \left(\dfrac{p_0 - \Delta p}{p_0}\right)^{1/\gamma}$，其中 γ 为比热容比，取 1.4；

ρ_m——气道内空气平均密度（kg/m³）。

AVL 公司通过稳流试验得到 18 个不同结构和大小、不产生充量旋转的进气道 $\mu\sigma$ 随相对气门升程 h_v/d_v 变化的范围，其中，气门座内径 d_v 在 32~150mm 之间，如图 2-19 所示。此范围可作为设计和改进进气道时比较 $\mu\sigma$ 的参考。

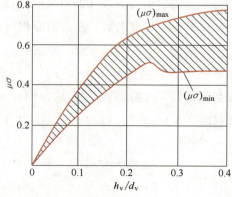

图 2-19 18 个不产生充量旋转的进气道 $\mu\sigma$ 随相对气门升程 h_v/d_v 变化的范围

2. 涡流比 n_D/n 的计算

$$\frac{n_D}{n} = \frac{n_D}{m_v} \frac{\rho V_s}{30} \tag{2-10}$$

式中　n_D——叶片风速仪的转速（r/s）；

　　　n——假想的发动机转速（r/s），它是由试验缸套内的平均轴向流速作为活塞平均速度 c_m 推算得出的；

　　　V_s——活塞排量（m^3）。

3. 平均流通系数 $(\mu\sigma)_m$ 和平均涡流比 $(n_D/n)_m$

为了评价发动机在整个进气过程中气道的平均阻力与缸内平均涡流强度，定义了平均流通系数 $(\mu\sigma)_m$ 和平均涡流比 $(n_D/n)_m$。假定吸气过程在上止点至下止点之间进行，则

$$(\mu\sigma)_m = \left\{ \frac{1}{\pi} \int_0^\pi \frac{1}{(\mu\sigma)^2} \left[\frac{c(\alpha)}{c_m}\right]^3 d\alpha \right\}^{-\frac{1}{2}} \tag{2-11}$$

$$(n_D/n)_m = \frac{1}{\pi} \int_0^\pi \frac{n_D}{n} \left[\frac{c(\alpha)}{c_m}\right]^2 d\alpha \tag{2-12}$$

式中　α——以弧度计的曲轴转角；

$c(\alpha)/c_m$——活塞速度与活塞平均速度之比，即

$$\frac{c(\alpha)}{c_m} = \frac{\pi}{2}\left(1 + \frac{\lambda\cos\alpha}{\sqrt{1-\lambda^2\sin^2\alpha}}\right)\sin\alpha \tag{2-13}$$

式中　λ——曲柄连杆比，即曲柄半径与连杆长度之比。

根据辛普森（Simpson）规则，将上止点至下止点的曲轴转角平均分成12个积分区域，则 $c(\alpha)$、$\mu\sigma$、n_D/n 是对应于上述各曲轴转角 α 下的活塞速度、流通系数和涡流比。其中，$c(\alpha)$ 可通过发动机动力学中的活塞速度计算式算出；$\mu\sigma$ 和 n_D/n 可由试验得到的 $\mu\sigma$-h_v 和 n_D/n-h_v 曲线得出，此处 h_v 是对应于上述曲轴转角 α 的气门升程，可通过发动机的气门升程曲线得到。将 $\frac{1}{(\mu\sigma)^2}$、$\frac{n_D}{n}$ 分别和 $\left[\frac{c(\alpha)}{c_m}\right]^3$、$\left[\frac{c(\alpha)}{c_m}\right]^2$ 相乘，可得到11个 $Y = \frac{1}{(\mu\sigma)^2}\left[\frac{c(\alpha)}{c_m}\right]^3$ 和11个 $Y' = \frac{n_D}{n}\left[\frac{c(\alpha)}{c_m}\right]^2$（因为 α 为 0°和180°时的 $\frac{c(\alpha)}{c_m} = 0$），分别用这11个值通过辛普森求积公式得到平均流通系数和平均涡流比，即

$$(\mu\sigma)_m = \left(\frac{4Y_1 + 2Y_2 + 4Y_3 + \cdots + 2Y_{10} + 4Y_{11}}{36}\right)^{-\frac{1}{2}} \tag{2-14}$$

$$(n_D/n)_m = \frac{4Y'_1 + 2Y'_2 + 4Y'_3 + \cdots + 2Y'_{10} + 4Y'_{11}}{36} \tag{2-15}$$

二、排气道

排气道稳流试验装置几乎和图2-18所示的装置一样，只是拆去了风叶，并将孔板流量计反向安装，使流动方向倒过来，这时流量控制阀1封闭了连通测量管的通路，用流量控制阀2来调节空气流量。排气道稳流试验采用定气道压差 4.9kPa（500mmH$_2$O），而流通系数

$\mu\sigma$、平均流通系数 $(\mu\sigma)_m$ 的计算与进气道一样，但应以缸筒内，即稳压筒内的空气密度 $\rho_z = \rho_1 \dfrac{T_1}{T_z} \cdot \dfrac{p_0 - \Delta p}{p_1}$ 作为气道进口空气密度，这里假定稳压筒内的温度 T_z 与孔板前温度 T_1 大致相同；而气道出口空气密度 $\rho = \rho_z \left(\dfrac{p_0}{p_0 + \Delta p}\right)^{\frac{1}{\gamma}}$，于是可得流过气道空气的平均密度 $\rho_m = (\rho_z + \rho)/2$。AVL 公司通过 40 个不同排气道的稳流试验得到 $\mu\sigma$ 随相对气门升程 h_v/d_v 变化的范围，其中气门座内径 d_v 在 33.2～146.1mm 之间，如图 2-20 所示。此范围可作为设计和改进排气道时比较 $\mu\sigma$ 的参考。

由于气道中的结构与流动十分复杂，一些敏感部位对气道的流动性能影响很大，目前还未达到通过数值计算精确设计给定性能的气道。相关研究表明，凡在稳流试验装置上获得较好性能的气道，它也能使发动机获得较好性能。因此，稳流试验仍是目前设计和改进气道的一个简单实用的方法。

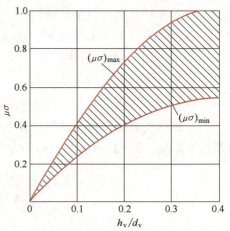

图 2-20 40 个不同排气道 $\mu\sigma$ 随相对气门升程 h_v/d_v 变化的范围

在批量生产的气缸盖中，铸造工艺的偏差会使其气道的流动性能产生偏差。由于气道性能对发动机有较大影响，特别是在常压喷射的高速直喷式柴油机中，涡流比对柴油机燃烧性能会产生较大影响。为保证多缸发动机中的各缸性能一致，各缸进气道产生的涡流比相对各缸涡流比算术平均值的偏差应控制在 ±5% 以内。

思考题

1. 说明四冲程发动机的换气过程。
2. 何谓换气损失？何谓泵气功与泵气损失？
3. 影响充量系数的因素是什么？怎样提高充量系数？
4. 分析配气相位对发动机动力性、经济性、可靠性的影响。
5. 用提高转速的方法强化发动机，会遇到哪些困难？如何防止充量系数降低？
6. 在缸盖气道稳流试验中，常用定气道压差法来测定气道的流动阻力和涡流强度，其原因是什么？

第三章 发动机增压技术

增压是发动机提高功率较有效的方法。在各种增压方法中,废气涡轮增压技术最为成熟,效率也高,因而应用最广。近年来汽车发动机采用废气涡轮增压技术日渐普遍。

本章重点介绍汽车发动机增压系统常用的废气涡轮增压器的离心式压气机和径流式涡轮机的主要工作参数和流通特性,恒压增压系统和脉冲增压系统,以及增压发动机的性能。

本章的目的是在熟悉废气涡轮增压器结构的前提下,掌握离心式压气机和径流式涡轮机的工作原理,以及废气涡轮增压器与发动机的匹配特性及其调整。

第一节 概述

发动机所能发出的最大功率受到气缸内可燃烧的燃料量限制,燃料量又受到每循环气缸所能吸入空气量的限制。如果空气能在进入气缸前得到压缩而使其密度增大,则同样的气缸工作容积可以容纳更多的新鲜充量,从而可以多供给燃料,得到更大的输出功率。进气增压已成为发动机强化的一个十分重要且有效的技术手段。

一、增压是提高功率的有效途径

为了提高发动机的输出功率 P_e,由

$$P_e = \frac{p_{me} V_s i n}{30\tau} \times 10^{-3}$$

可知,通过下列方法可以提高功率:

1)加大气缸总排量 iV_s,即增加气缸数 i、增大气缸直径 D 和行程 S。
2)提高转速 n。
3)提高平均有效压力 p_{me}。

大量实践证明提高 p_{me} 是提高 P_e 的主要方法。而由

$$p_{me} \propto \frac{\eta_i}{\alpha} \eta_v \eta_m \rho_k$$

可知,增大空气密度 ρ_k,即提高进入气缸空气的压力 p_k,以及降低进入气缸空气的温度 T_k 是提高平均有效压力 p_{me} 的有效方法,但要实现上述方法,就需要采用增压和中冷技术。

二、增压度 φ

增压度是指发动机增压后增长的功率与增压前的功率之比,即

$$\varphi = \frac{P_{ek} - P_{e0}}{P_{e0}} = \frac{P_{ek}}{P_{e0}} - 1 \tag{3-1}$$

式中 P_{ek}、P_{e0}——发动机增压后和增压前的有效功率。

现代四冲程增压柴油机的增压度可达 3 以上,而多数车用发动机的增压度为 10%~60%。

三、增压比 π_k

1. 增压比的定义

增压比是指增压后的空气压力 p_k 与增压前的空气压力 p_0 之比,即

$$\pi_k = \frac{p_k}{p_0} \tag{3-2}$$

增压发动机按照增压比的大小可以分为以下三种:低增压,$\pi_k < 1.6$,相应的 $p_{me} = 700 \sim 1000 kPa$;中增压,$\pi_k = 1.6 \sim 2.5$,相应的 $p_{me} = 1000 \sim 1500 kPa$;高增压 $\pi_k > 2.5$,相应的 $p_{me} > 1500 kPa$。

2. 增压比的选择

原自然吸气式发动机根据提高功率的要求,选择不同增压比。理论上增压比越大,提高功率越显著。但要兼顾节能、排放、舒适性、可靠性等要求。

设发动机增压前后性能指标随增压比的变化为 $\phi_i(\%)$,当某项指标随增压比的提高而增加时,ϕ_i 为正,反之为负。以某车用柴油机为例,其输出功率和 NO_x、CO、HC、烟度(BSU)随增压比 π_k 的提高而变化的情况如图 3-1 所示。

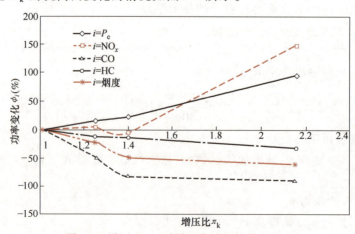

图 3-1 增压比 π_k 对增压发动机性能的影响

从图 3-1 中可以看出,在增压比 $\pi_k < 1.6$ 的低增压区,随着增压比的增加,发动机的动力性和 CO、HC、烟度都明显改善,功率提高少,NO_x 的增加不明显。例如,当 π_k 约为 1.5 时,在 NO_x 增加不多的前提下,CO、HC、烟度的排放分别改善 83%、20% 和 50%,输出功

率提高25%。但在 2.5>π_k>1.6 的中增压区，CO、HC、烟度排放的改善程度基本保持不变，输出功率和 NO_x 却明显增加，并且随着 π_k 的增大，NO_x 急剧增加。

因此，从排放角度考虑，选择低增压，但为了提高功率而采用中、高增压时，须采取措施降低 NO_x 的排放。

四、增压对发动机的影响

发动机增压后可以提高动力性和经济性，其优点具体如下：

1）增压器的质量与尺寸相对发动机而言都很小，增压可以使发动机在总质量和体积基本不变的条件下，大幅度提高输出功率，升功率、比质量功率和比体积功率都有较大增加，因而可以降低单位功率的造价，提高材料的利用率，对于大型柴油机而言，经济效益更突出。

2）与自然吸气发动机相比，排气可以在涡轮中得到进一步膨胀，因而排气噪声有所降低。

3）发动机增压后有利于高原稀薄空气条件下恢复功率，从而达到或接近平原性能。

4）柴油机增压后，缸内温度和压力水平提高，可以使滞燃期缩短，有利于降低压力升高率和燃烧噪声。

5）增压柴油机一般采用较大的过量空气系数，CO、HC 及碳烟的排放减少。

6）技术适用性广，适用于从低速到高速的各种缸径的发动机。

然而，发动机增压也会带来一系列不利影响，主要如下：

1）增压后，缸内工作压力和温度明显提高，机械负荷及热负荷加大，发动机的可靠性和耐久性受到考验。

2）低速时由于排气能量不足，可能使发动机的低速转矩受到一定影响。

3）因为在涡轮增压器中，从排气能量的变化到新的进气压力建立需要一定时间，故增压机型的加速响应性能较自然吸气机型差。

4）增压发动机性能的进一步优化受到增压器及中冷器的限制，其中增压器的问题集中在材料的机械强度、耐热性、润滑、效率等方面，而对中冷器的要求是体积小、重量轻、效率高。

五、增压系统的分类

根据驱动增压器所用能量的来源不同，增压系统基本可以分为下述四类。

1. 机械增压系统

增压器由发动机的曲轴通过机械传动系统直接驱动的称为机械增压器。增压器可用离心式压气机或罗茨式压气机等，其结构简单，工作温度介于 70~100℃，不需要特殊的冷却系统，机件维护比较简单。其进气压力为 160~170kPa，因为进气压力越高，机械效率越低，产生的噪声越大，燃油消耗率增加，所以机械增压器一般适用于小功率发动机。由于增压器转子速度与发动机速度相对应，它的主要优点是加速无滞后，动力输出流畅。

2. 废气涡轮增压系统

增压器与发动机无任何机械联系，压气机由发动机废气驱动的涡轮带动。在增压压力较高时，为了降低增压空气进入发动机气缸的温度，需要增设空气中间冷却器。该系统应用广泛，一般增压压力可达 180~200kPa，最高可达 300kPa。废气涡轮增压器不会额外消耗发动机功率，但热负荷较高，必须给予足够的冷却和润滑，同时由于低速时的废气能量不足，增压效果不明显，导致低速时的加速响应有滞后感，动力输出不够流畅。

3. 复合增压系统

某些发动机的废气涡轮增压与机械增压并用，这种增压系统称为复合增压系统。它综合了机械增压与废气涡轮增压的优点，高速时用废气涡轮增压，起动时用机械增压，而在部分负荷时机械增压贡献大，因此可以扩展增压器应用的转速范围，优化发动机的起动性能，提高发动机低转速的转矩和高转速的功率。复合增压系统在大功率柴油机上应用较多，在汽油机上也有应用，如 2005 年大众开发的 1.4 TSI 双增压发动机、沃尔沃 Drive-E 型双增压发动机。

另一种复合增压系统，多用于增压度较高的发动机，这种系统的排气能量除用于驱动涡轮增压器外，也有用于驱动低压动力涡轮的，通过变速器，将多余能量送回曲轴。安装这种复合增压系统的发动机输出功率大，燃油消耗率低，噪声小，但结构复杂。

4. 气波增压系统

在气波增压系统中，发动机曲轴驱动一个特殊的转子，在转子中高压废气直接与空气接触，利用高压废气的脉冲气波迫使空气压缩，提高进气压力。它比废气涡轮增压系统的低速性能好，结构简单，加工方便，对材料与工艺要求不高，加速性好，工况范围大，但尺寸大，比较笨重，噪声大，在车用发动机上应用少。

第二节　废气涡轮增压器的基本结构与原理

废气涡轮增压器按废气在涡轮机中的不同流动方向分为径流式和轴流式两类。车用发动机多用径流式涡轮增压器，其结构如图 3-2 所示。

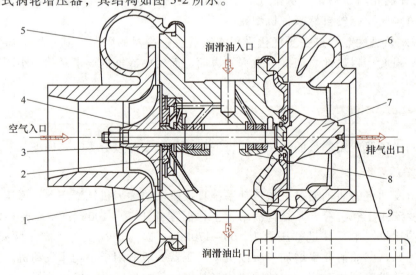

图 3-2　径流式涡轮增压器的结构

1—挡油盘　2—压气机端密封座　3—推力轴承　4—压气机叶轮　5—压气机蜗壳
6—涡轮蜗壳　7—涡轮叶轮　8—浮动轴承　9—中间壳体

径流式涡轮增压器是由离心式压气机和径流式涡轮机两个主要部分及支承装置、密封装置、冷却系统、润滑系统组成的。

一、离心式压气机

1. 离心式压气机的基本结构及气体流动

离心式压气机一般由进气装置、工作轮、扩压器和出气蜗壳组成，如图3-3a所示。空气沿着进气装置进入，气流均匀地流进工作轮，进气装置多采用收敛型轴向进气道，气流速度略有增加，压能和温度略有下降。气流从工作轮中央流入叶片组成的通道，由于工作轮转动，气流在通道中受到离心力压缩并被甩到工作轮外缘，空气从旋转的工作轮得到能量，致使空气的流动速度、压力和温度都有所增加，尤其是流动速度增加较多。气流速度提高后进入扩压器，扩压器是一个断面渐扩的通道，气流进入后速度降低，压力和温度都升高，气流在扩压器中将从工作轮中得到的动能转变为压力能。

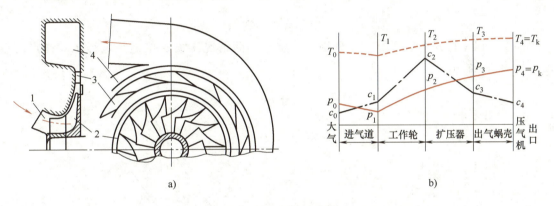

图3-3 离心式压气机简图

1—进气道 2—工作轮 3—扩压器 4—出气蜗壳

出气蜗壳收集从扩压器流出的空气，并继续将动能转变为压力能。出气蜗壳分为等截面和变截面两种结构型式，变截面的气流损失小，但制造困难。等截面的流动损失较大，但制造容易。压气机中流动的空气的参数沿压气机通道的变化情况如图3-3b所示。

进气装置主要有两种形式：轴向进气装置和径向进气装置。其中，轴向进气装置的气流损失较小，多用于小型增压器；径向进气装置由于气流流向转变，流动损失较大，多用于大型增压器。

工作轮由叶片和轮盘组成，它有封闭式、半开式和星形式三种结构型式。若按工作轮的叶片形状，则可分为径向叶片、后弯叶片和前弯叶片等。

扩压器分为无叶和有叶两种。无叶扩压器结构简单，但扩压度小，气流损失大，常用于小型增压器。叶片扩压器的扩压效果好，流动损失小。

2. 离心式压气机的主要参数和工作特性

（1）离心式压气机的主要参数 离心式压气机的主要参数包括以下几种：

1）空气增压比 π_k，$\pi_k = \dfrac{p_k}{p_0}$。

2) 空气流量 $\dot{m}_k$（kg/s），即空气每秒进入压气机的质量。空气流量取决于发动机所需的空气消耗量。

3) 压气机转速 n_k（r/min）。由于压气机与涡轮机同轴旋转，压气机的转速就是涡轮机的转速，其转速很高，可达每分钟十几万转以上。

4) 压气机的绝热效率 $\eta_{ad\text{-}k}$。压气机对外界 1kg 空气进行绝热压缩所做的功 $h_{ad\text{-}k}$（J/kg）与压缩 1kg 空气实际消耗的功 h_k（J/kg）之比称为压缩机的绝热效率 $\eta_{ad\text{-}k}$，即

$$\eta_{ad\text{-}k} = \frac{h_{ad\text{-}k}}{h_k} \tag{3-3}$$

式中　绝热压缩功 $h_{ad\text{-}k}$ 为

$$h_{ad\text{-}k} = c_p(T_{4'} - T_0)$$

实际压缩功 h_k 为

$$h_k = c_p(T_4 - T_0)$$

注意，以上两式中的 T_4 和 $T_{4'}$ 分别为按空气实际情况压缩和按绝热过程压缩终点的温度，如图 3-4 所示。

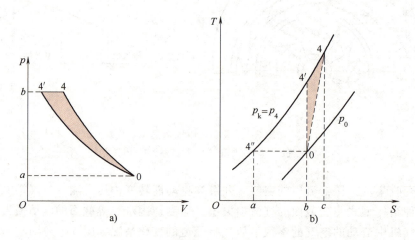

图 3-4　空气压缩过程
a) $p\text{-}V$ 图　b) $T\text{-}S$ 图

$\eta_{ad\text{-}k}$ 表明消耗于转动压气机的机械功中，有多少是有用的部分，即压气机流通部分的完善程度，$\eta_{ad\text{-}k} = 0.70 \sim 0.85$。

5) 压气机功率。如果已知 1kg 空气的绝热压缩功为 $h_{ad\text{-}k}$（J/kg），空气的质量流量为 $\dot{m}_k$（kg/s），压缩机的绝热效率为 $\eta_{ad\text{-}k}$，则压缩机功率 P_k（W）为

$$P_k = \frac{\dot{m}_k h_{ad\text{-}k}}{\eta_{ad\text{-}k}} \tag{3-4}$$

(2) 压气机的特性　压气机的特性是指压气机在不同转速下的压比、效率与空气质量流量的关系。

压比流量特性是由试验测得的，如图 3-5 所示。从特性曲线上可以看出，当空气质量流量 $\dot{m}_k$ 沿等转速线由大向小变化时，π_k、$\eta_{ad\text{-}k}$ 先有所增加，达最高点后下降。当 $\dot{m}_k$ 减小到某一值后，气流发生强烈脉动，压气机工作不稳，这种现象称为喘振。它是由压气机工作轮叶片及扩压叶片局部区域气流发生周期性的严重分离现象所引起的。

发动机喘振对增压器有很大的破坏作用，应设法避免。将各种转速下的喘振点连起来形成喘振线，其左侧是非工作区。从等效率曲线看，中间偏喘振界限处是高效率区，越向外，效率越低，大流量、低压比区效率下降很快。

当压缩机转速增加时，流量与压比均有所增加，但转速过高将受到材料机械应力及轴承工作可靠性的限制，最高转速只能在某个允许范围内。

增压器在某一转速下，当流量超过设计工况达到一定数值后，压气机的增压比 π_k 和绝热效率 $\eta_{ad\text{-}k}$ 急速降低，流量却不再增加，这一现象称为压气机的堵塞。其原因是通道中某一截面上的气流流速达到当地声速（临界状态），从而限制了流量的增加。此时的流量称为堵塞流量，是该转速下的最大流量。人为规定当 $\eta_{ad\text{-}k}=55\%$ 时，即认为出现了堵塞。

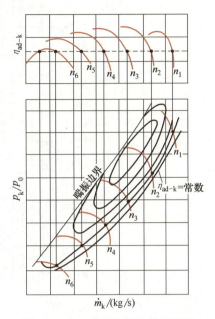

图 3-5 离心式压气机的特性曲线

(3) 通用特性 上述压气机特性中的参数都是在试验条件的大气状况下测得的。当外界条件发生变化时，这些参数、特性都要随之变化。压气机运转只有在吸气的进口条件适于原来试验的大气条件时，此特性才有实用价值。为了便于实用，常引进相对折合参数的概念，就是把试验测得的上述参数值换算成标准大气状况下的参数值。换算后的质量流量称为折合流量，其计算式为

$$\dot{m}_{k\text{-}np} = \dot{m}_k \frac{101.3}{p_0} \sqrt{\frac{T_0}{293}} \tag{3-5}$$

折合转速的计算式为

$$n_{k\text{-}np} = n_k \sqrt{\frac{293}{T_0}} \tag{3-6}$$

式中　p_0——试验时测得的大气压力（kPa）；

　　　T_0——试验时测得的大气温度（K）。

π_k、$\eta_{ad\text{-}k}$ 均为无量纲参数，不用折合。

根据气体流动的相似原理，将采用相似参数绘制的压气机特性曲线称为压气机的通用特性曲线，如图 3-6 所示。当试验在标准大气状态下进行时，折合参数与实际参数相同。

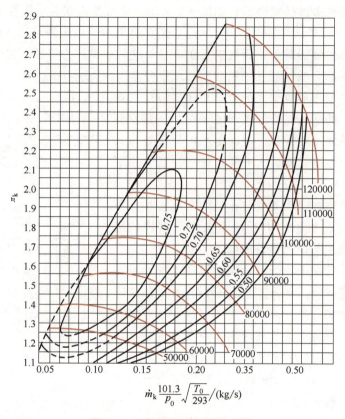

图 3-6 压气机的通用特性曲线

二、径流式涡轮机

1. 径流式涡轮机的基本构造

涡轮机按燃气在通道内的流动方向,可分为径流式和轴流式两种。中、小型增压器多用径流式涡轮机。

涡轮机主要由进气蜗壳、喷嘴环、工作轮和出气道等组成,如图 3-7 所示。

一个喷嘴环和一个工作轮组成涡轮的一级,废气涡轮增压器中常采用一个级的涡轮称为单级涡轮。

(1) 喷嘴环 喷嘴环上装有许多导向叶片,构成渐缩形通道。废气从这里被引入工作轮。其材质采用耐高温、耐蚀的合金钢,可用铸、锻件机械加工或板材冲压成形。喷嘴环可以分为整体式和装配式两种结构型式。

(2) 工作轮 工作轮是把从喷嘴环出口喷出的高速废气的动能和压力能转变为机械功的场所。其叶片与轮盘制成一体,多采用精密

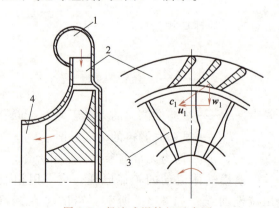

图 3-7 径流式涡轮机示意图

1—进气蜗壳 2—喷嘴环 3—工作轮 4—出气道

铸造成形，而叶片的叶形大都采用抛物线。工作轮的形式有半开式和星形两种。

(3) **进气蜗壳** 进气蜗壳的作用是把发动机与增压器连接起来，将废气经过整理引导至喷嘴环的方向，并按喷嘴环进口形状均匀地进入喷嘴环，以减少流动损失，充分利用废气能量。涡轮进气壳的流通截面按一定规律变化，表面应光洁。其结构可分为轴向、切向、径向三种进气形式，进口可为一个或多个。

(4) **出气道** 涡轮出气道将已做功的废气引出增压器，同时起支架的作用，流道要求光洁、平滑，有的还带有冷却水套。

2. 废气在涡轮中的流动

由发动机排气管排出的废气具有压力 p_T、温度 T_T、速度 c_T。废气以速度 c_T 进入喷嘴环，喷嘴环的断面是渐缩的，可使部分压力能转换为气体的动能，进而使压力降至 p_1，温度降至 T_1，流动速度增至 c_1。废气从喷嘴环喷出，以相对速度 w_1 和一定角度进入工作轮，工作轮叶片间的通道也呈渐缩形状，气体在通道中继续膨胀，在工作轮出口处压力降至 p_2，温度降至 T_2，相对速度增至 w_2，由于废气在喷嘴中膨胀得到的动能大部分传给了工作轮，绝对速度迅速降至 c_2，$c_2 \ll c_1$。燃气离开工作轮时还具有一定的速度 c_2，也就是还有一部分动能未能在涡轮中得到利用，这部分动能损失称为余速损失。气流参数在涡轮中的变化如图3-8所示。

3. 涡轮机特性

(1) **涡轮机的主要参数**

1) 涡轮机膨胀比。涡轮机滞止参数是指在与外界没有热、功交换的情况下，气流速度被滞止到零时的气体参数，以 p_T^*、T^* 表示。因此，涡轮机的滞止参数包括涡轮机的滞止压力 p_T^* 和滞止温度 T_T^*。

涡轮机的膨胀比为

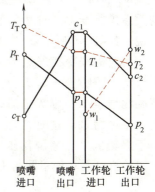

图3-8 气流参数在涡轮中的变化

$$\pi_T = \frac{p_T^*}{p_0} \tag{3-7}$$

2) 每秒钟废气流量 $\dot{m}_T$（kg/s）。

3) 转速 n_T（r/min）。涡轮机转速与压气机转速相同，即 $n_T = n_k$。

4) 涡轮机效率 η_T。涡轮机效率用于表示涡轮机将废气的能量转换为机械功的有效程度，即

$$\eta_T = \frac{W_T}{H_T} \tag{3-8}$$

式中　H_T——1kg废气所具有的能量，可以用焓降表示，这里表示1kg废气在涡轮机入口处具有的状态内能总和；

　　　W_T——涡轮机轴上的有用功（J/kg）。

5) 废气涡轮增压器总效率 η_{Tk}。其表达式如下：

$$\eta_{Tk} = \eta_{ad\text{-}k} \eta_T \eta_m \tag{3-9}$$

式中　$\eta_{ad\text{-}k}$——压气机绝热效率；

η_m——涡轮机的机械效率，即可供压气机使用的有效功与涡轮轴功之比。

6）涡轮机发出的功率 P_T（W）。其表达式如下：

$$P_T = \dot{m}_T H_T \eta_T \eta_m \quad (3\text{-}10)$$

（2）涡轮机的流通特性 涡轮机的流通特性是指其膨胀比 π_T、质量流量 $\dot{m}_T$、转速 n_T 与效率 η_T 之间的关系。一般把质量流量 $\dot{m}_T$ 随膨胀比 π_T 变化的关系称为流通特性。效率 η_T 随质量流量 $\dot{m}_T$、转速 n_T 变化的关系称为效率特性。与压气机相同，涡轮机特性曲线也可以用相似参数折合流量（$\dot{m}_T \sqrt{T_T}/p_T$）与折合转速（$n_T/\sqrt{T_T}$）的关系进行绘制，称为涡轮机的通用特性曲线，如图3-9所示。

涡轮机按变工况运行时，燃气在涡轮中流动，随膨胀比增大，流量也增大，当膨胀比增至某一临界值时，流量达到最大值，不再增加，这种现象称为阻塞现象。由于涡轮机工作范围比压气机大得多，一种涡轮机可与多种不同的压气机匹配。

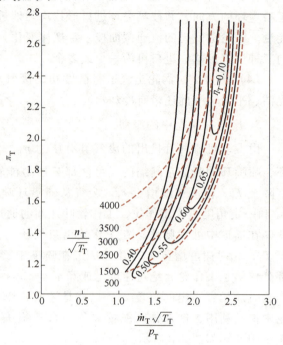

图3-9 涡轮机的通用特性曲线

第三节 废气能量的利用

自然吸气活塞式发动机因结构尺寸限制不能做到完全膨胀，但是涡轮机却可以做到，另外由于涡轮工作叶轮材料热应力的限制，其燃气进口温度不能太高，同时，涡轮机能适应高转速，单位功率体积和质量较小。因此，把两者结合起来，可以充分利用废气能量进行增压，从而使发动机的功率大幅度提高，而其质量、体积的增加是极有限的。

四冲程废气涡轮增压柴油机的理论示功图如图3-10所示。柴油机的理论示功图面积为 a—c—z'—z—b—a。进气过程为 3—a（进气压力为 p_k），排气过程为 b—5—4（排气压力 p_T）。泵气功 3—a—5—4—3 为正功，这是因为增压发动机的进气压力高于排气压力，即 $p_k > p_T$，故其成为增压发动机理论功的一部分。面积 2—0—a—3—2 为压缩进入发动机气缸空气所需的能量，面积 i—g'—3—2—i 为压缩扫气空气所需的能量，于是

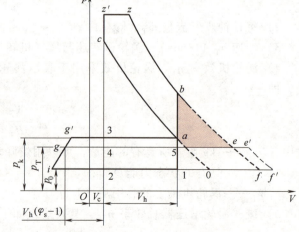

图3-10 四冲程废气涡轮增压柴油机的理论示功图

可得压缩机消耗的总能量为面积 $i—g'—a—0—i$。在废气涡轮增压发动机中，压气机由涡轮机驱动，与发动机无任何机械联系，因此压气机消耗的功率 P_k 应与涡轮机发出的功率 P_T 相等，要分析能量的利用情况，必须认真研究发动机可供涡轮机利用的废气能量有多少。

废气能量利用形式基本有两种，分别是恒压增压系统和脉冲增压系统。

1. 恒压增压系统

恒压增压系统的结构特点是有一根尺寸较大的排气总管，所有气缸的排气均流入该总管。由于排气总管尺寸大，同时各缸排气相互交替补充，排气管内的压力波动很小，进入涡轮机前的压力基本稳定，如图 3-11a 所示。由图 3-10 可知，发动机排气门开启时，气缸中的燃气处于 b 点状态，若燃气在理想涡轮机中完全膨胀到大气压力 p_0，则涡轮机可能从废气中获得的最大能量为面积 $b—f—1—b$。但是在恒压增压系统中，因为排气管容积大，排气门开启时，气缸压力 p_1 与排气管压力 p_T 相差较大，燃气经排气门座节流和在排气管中自由膨胀产生较大的涡流与摩擦损失。图 3-10 所示的面积 $b—e—5—b$ 即为排气压力从 p_b 膨胀到 p_T 所消耗的能量 E_1，它转换为热量加热废气，使实际进入涡轮机的废气由状态 e 变为状态 e'。在涡轮机内沿 $e'—f'$ 线膨胀到 p_0，面积 $2—4—e'—f'—2$ 表示废气在恒压涡轮机内的膨胀功，用 E_2 表示，称为静压能量。涡轮机做功的能量来源由三部分组成：①活塞推出废气所做的功为面积 $2—4—5—1—2$；②废气中的可用能量为面积 $1—5—e—f—1$；③扫气空气给予的能量为面积 $i—g'—3—2—i$。因此在恒压增压系统中，面积 $5—b—e—5$ 的可用能 E_1 就损失掉了。如果增压压力较高，涡轮机内可用的废气能量就会增多。

2. 脉冲增压系统

为了尽可能地利用在恒压增压系统中损失掉的能量 E_1，于是出现了脉冲增压系统。这种系统的特点是尽可能地将气缸中的废气直接且迅速地送到涡轮机中。因此，涡轮机会靠近气缸，排气管变得短而细，并且为了减少各缸排气相互干涉，用几根排气歧管将相邻发火的气缸排气隔开。排气管中的压力 p_T 在气缸排气不久后，可迅速升高并接近缸内压力 p_1，随着气体流入涡轮，又迅速下降，直到下一缸排气使压力重复上述情况，从而形成周期性脉动压力，如图 3-11b 所示。

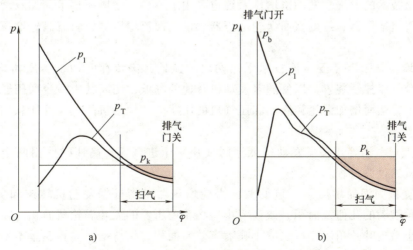

图 3-11　涡轮增压柴油机的排气压力曲线
a）恒压增压系统　b）脉冲增压系统

在刚排气时，节流损失也很大，但因排气管中的压力 p_T 迅速增至 p_1，总的节流损失大大减小，于是脉冲能量 E_1 的 40%～50% 可以得到利用。废气沿图 3-10 中的 b—e—f 线膨胀。在增压度较低的情况下，当 p_T 相同时，脉冲增压系统的涡轮机功率将比恒压增压系统高 30%。

3. 恒压与脉冲两种增压系统的比较

1) 由于脉冲增压系统部分利用了废气脉冲能量 E_1，其可用能比恒压增压系统大。特别是在低增压时，采用脉冲增压系统的增压效果比较明显。

2) 脉冲增压系统扫气效果好，因为它在扫气时的废气压力 p_T 正处于低谷，(p_k-p_T) 大于恒压系统的 (p_k-p_T)。

3) 脉冲增压系统的加速性能好，因为其排气系统容积小，当发动机负荷改变时，排气压力波动立刻发生变化，并迅速传到涡轮机，引起涡轮机转速的变化。另外，发动机转速降低时，脉冲增压系统的可用能量比恒压增压系统大，因而有利于发动机转矩特性的改善。

4) 脉冲增压系统的绝热效率较低，因为该系统有较大的流动损失、撞击损失和部分进气损失。

5) 脉冲增压系统的涡轮尺寸大，因为其流量是脉动的，最大瞬时流量比恒压增压系统大。排气歧管结构复杂，受每根排气管连接气缸数的限制，一台柴油机可能需要几个废气涡轮增压器。

4. 增压系统的选择

增压系统的选择原则：低增压时选择脉冲增压系统，高增压时选择恒压增压系统。车用发动机均选择脉冲增压系统，因为车用发动机大部分时间在部分负荷下工作，对转矩特性和加速性能等要求较高。

第四节　发动机增压新技术概述

由于增压技术的发展，发动机增压系统也采用了不少新的增压技术，如双增压器顺序增压、可变进气道增压器、可变截面涡轮增压器、进气回流增压器、斜流涡轮增压器及电动增压器等。

（1）双增压器顺序增压　该技术采用两台增压器，满负荷时两台增压器均投入工作，同时采用一套气流控制装置，以便随着发动机转速的降低，切断其中一台增压器，使涡轮总流通面积减小，从而增加涡轮膨胀比和压气机的压比，令发动机的低速性能和响应性能得到明显改善。

（2）可变进气道增压器　发动机低速时使用一个进气道；高速时使用两个进气道，可以改善发动机的过渡过程。

（3）可变截面涡轮增压器　可变截面涡轮增压器是指根据发动机转速和负荷的变化，随时改变涡轮喷嘴的几何截面积，或调节小型涡轮增压器的无叶涡轮截面积。在发动机低速时，通过减小喷嘴叶片角度，可以减小喷嘴有效截面积，保持增压器转速基本不变或变化幅度不大，改善涡轮对排气能量的利用，使增压压力不因发动机转速下降而降低，从而改善低速转矩。在发动机高速时，通过增大涡轮喷嘴截面积，可使增压器转速下降不致超速并使增压压力降低,无须放气,从而使发动机泵气功减小。因此高、低速时增压器均能在原设计工况附近运行,涡轮效率基本不变,发动机的燃油经济性获得明显改善。

(4) 进气回流增压器 这种增压器可避免压气机出现喘振而损坏增压器。当进气管压力低于某一值时,装在压气机进口的回流阀被顶开,压气机出口的空气通过回流阀和回流通道进入压气机进口,以增加通过压气机的空气流量。

(5) 斜流涡轮增压器 由于斜流涡轮外径减小,其转动惯量变小。对于高膨胀比的涡轮而言,其在流量大、增压比高时的效率提高,但在流量小、增压比低时的效率较差。

(6) 电动增压器 电动增压器的压气涡轮由电机驱动,其转速和增压压力都由电控单元根据发动机工况来控制,压气机不受废气能量的影响,因此其低速响应迅速,低速时的转矩可以得到有效提高。但电动增压器一般需要48V电源系统供电,更易应用于混合动力汽车,并且可以和废气涡轮增压器配合使用。例如,2014年奥迪 RS 5 TDI 概念车在增加电动增压器(原为单废气涡轮增压器)后,其动力由 240kW 提高到 283kW,60km/h 到 120km/h 的加速时间也从 13.7s 降至 8.3s。

此外,下面再介绍几种高压比涡轮增压系统:补燃增压系统、低压缩比高增压系统和低温高增压系统。

(1) 补燃增压系统 补燃增压系统又名海帕巴(Hyperbar)增压系统。Hyperbar 是法国苏拉尔莫(Suralmo)公司的专利商标名称。该系统是在20世纪70年代初期研究坦克发动机过程中提出的。

传统的涡轮增压系统将压气机、柴油机、涡轮组成串联系统,其有以下缺点:通过压气机和柴油机的流量相同,而变工况时的柴油机流量会发生变化,变化量高达4~6倍,但压气机的流量变化量却只有2~3倍,为了防止发生喘振,不得不使标定的匹配点选在压气机的较低效率区,并且低负荷和瞬态响应性能都较差。而补燃增压系统(图3-12)把压气机、柴油机和涡轮组成并联系统,克服了串联系统的缺点。压气机出口的空气分成两部分,一部分送至柴油机,另一部分经旁通管输送至补燃室,因此压气机和柴油机的空气流量并不相等,在这两者的相互约束下,联合运行线可通过压气机的高效率区。由于补燃室可以喷油燃烧,涡轮增压器能够独立运转,因而柴油机在低负荷时也能得到足够的空气量,输出较大的转矩。

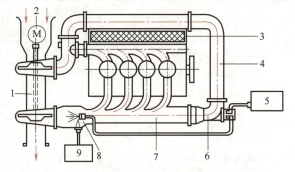

图 3-12 补燃增压系统

1—废气涡轮增压器 2—起动马达 3—空气冷却器
4—旁通管 5—燃油泵 6—控制器 7—混合管
8—燃烧室 9—点火器及火焰控制器

补燃增压系统的主要结构特点:柴油机采用低压缩比($\varepsilon=7~8$);涡轮增压器采用高压比(如 $\pi_T \geqslant 5$),可用一级压气机,也可用两级压气机;旁通的空气量和补燃室的喷油量均根据增压压力实行自动控制;柴油机起动时,空气冷却器可以旁通,以加快进气空气的预热。

补燃增压系统的主要优点:

1）增压器工况不受柴油机吸气量的限制，压气机可保持在高效率区工作。柴油机平均有效压力很高，有的可达 3~4MPa。

2）旁通管路和补燃室的存在，使发动机在各种转速下都能输出足够大的转矩。

3）柴油机在起动和低速低负荷运转时，可用补燃室补充燃气能量的不足，从而使柴油机冷起动变得容易，最低稳定转速也可下降。

4）由于采用低压缩比，柴油机缸内最高燃烧温度较低，排气中的有害成分 NO_x 含量较少。

补燃增压系统的缺点：

1）结构较复杂，对高压比的增压器和补燃器等的要求较高，自动控制也较复杂。

2）采用低压缩比，热效率较低。

3）由于部分空气旁通，不经过发动机，在涡轮中膨胀做功，属于低温空气循环，热效率较低。

4）补燃室还要消耗部分燃料，影响整机的经济性。

补燃增压系统不仅适用于军用柴油机，也适用于民用柴油机。法国 Poyaud 6L520 柴油机采用补燃涡轮增压系统，其主要技术参数见表 3-1。从该表中可以看出，补燃两级超高增压柴油机的功率比非增压机型提高了 3 倍。为了保证机械负荷不超过允许值，必须限制最高燃烧压力 $p_z \leq 14MPa$，这时可采用降低压缩比 ε 的方法，即将 ε 从非增压时的 15 降至两级补燃超高增压的 6.82。

表 3-1 Poyaud 6L520 柴油机的主要技术参数

性能参数	机型			
	非增压	普通增压中冷	补燃一级高增压	补燃两级超高增压
缸径/行程/(mm/mm)	135/122	135/122	135/122	135/122
压缩比	15	13.9	9.18	6.82
发动机转速/(r/min)	2500	2500	2000	2500
发动机功率/kW	147	242.65	441.2	551.47
增压压力/MPa	0.1	0.245	0.47	0.635
平均有效压力/MPa	0.69	1.08	2.06	2.55
燃油消耗率/[g/(kW·h)]	239.4	228.5	232.6	251.6
最高燃烧压力/MPa	9	14	14	14

（2）低压缩比高增压系统 低压缩比高增压系统基于常规的涡轮增压系统，采用降低柴油机压缩比的方法，在柴油机机械负荷和热负荷不增加的情况下，提高增压压力，以增加燃烧始点气缸内的空气量，达到提高平均有效压力的目的。该系统的主要优点是仅对柴油机本身进行一些结构改变，就可获得高增压压力。为了保证柴油机缸内燃烧过程的正常进行，在降低压缩比的同时，应调整其着火延迟期和燃烧始点等参数。该系统的主要缺点是起动和低负荷性能恶化，经济性也比正常压缩比的柴油机差。

低压缩比高增压系统应用于法国 BTC 系统（两级增压低压缩比系统），可使 12 缸 PA6 高速柴油机的总增压比达到 5（其中高压级为 2，低压级为 2.5），总功率达到 4633.64kW。CV 12TCA 柴油机也采用低压缩比高增压系统，其主要技术参数如下：缸径 135mm、行程

152mm、转速 2300r/min、压缩比 12、增压比 3、功率 896kW、平均有效压力 1.79MPa、最高燃烧压力 13.1MPa、燃油消耗率 226g/(kW·h)。

(3) 低温高增压系统 低温高增压系统又称米勒系统（Miller system）。该系统的设计思想是在增压器与柴油机进气管之间装用高性能中冷器，使进气管内的空气温度基本保持不变。四冲程柴油机在下止点之前就终止进气，使空气在气缸内膨胀，以得到进一步冷却；二冲程柴油机则在压缩行程开始的一段时间里，使进气口继续保持开启状态，从而排出部分充量，以减少实际压缩比。该增压系统的特点是增压空气的外部冷却和内部冷却相结合，以及变化的压缩比和不变的膨胀比，有助于克服降低压缩比后带来的起动困难和低负荷性能差的缺点。该系统的主要缺点是进、排气门的自动调节机构复杂，柴油机的经济性稍差。意大利 GMT 公司的 GMTB230DV 高速柴油机采用低温高增压系统，其平均有效压力达 2.167MPa。

第五节 涡轮增压器与柴油机的匹配

车用发动机（尤其是重型柴油机）要求在低速区有大转矩，在高速区有高功率。而涡轮增压效果取决于转速，转速又取决于废气能量（排气流量和温度）在涡轮机上的推动功。发动机低速时的排气流量小、涡轮转速低，压气机的增压效果差，这与汽车所要求的转矩特性相矛盾，并且发动机和增压器之间没有机械刚性联系，只是气动联系，因而需要对发动机和增压器进行优化匹配。

一、柴油机选配涡轮增压器的要求

为柴油机选配涡轮增压器时，一般应满足下列要求：

1) 柴油机应能达到预定的动力性和经济性指标，涡轮增压器应能供给柴油机所需的增压压力和空气流量。

2) 涡轮增压器应能在柴油机的各种工况下稳定工作，压气机不应出现喘振现象，涡轮机不出现堵塞现象。

3) 涡轮增压器在柴油机的各种工况下都能高效运行。柴油机和涡轮增压器的联合运行线应穿过压气机的高效率区，并尽可能和压气机的等效率曲线相平行。

4) 涡轮增压柴油机在各种工况下都能可靠地工作。例如，涡轮增压器在柴油机满负荷工况下不出现超速，柴油机不出现排气超温，从而保证涡轮进气不超温等；部分负荷工况性能良好；高负荷时发动机不超出冒烟极限，经济性好。

5) 对于车用发动机，还要求发动机外特性具有足够的转矩储备、很好的瞬态响应性能。

要想满足上述要求，必须选择合适的涡轮增压器，使涡轮增压器与柴油机有良好的配合性能。在涡轮增压器和柴油机匹配时，一般要对柴油机和涡轮增压器的某些参数进行必要的调整，才能获得良好的配合。改变柴油机的某些参数可以使联合运行线的位置发生变动；改变涡轮增压器的某些参数（如喷嘴环截面积、压气机叶片、扩压器叶片安装角等）也可以使联合运行线和喘振线的位置发生移动。

二、匹配主要考虑的要点

发动机与增压器的匹配着重考虑增压器与发动机方案上的匹配和内部工作匹配两方面内容。

1. 增压器与发动机方案上的匹配

(1) **脉冲涡轮增压与恒压涡轮增压** 根据发动机废气能量利用形式的不同,存在两种经典的、基本的增压形式,即脉冲涡轮增压和恒压涡轮增压。前文已经对这两种形式做过简单比较,这里不再赘述。

(2) **增压空气是否冷却** 当空气在压气机中进行多变压缩时,其压力和温度都会升高。值得注意的是,对强化的高增压柴油机,中冷器内有几乎与柴油机一样多的有效功的热量需要导出,除了需要采用高效率的中冷器,冷却方案的选择及在车内的总体布置是关键所在。

(3) **采用小涡轮还是大涡轮** 从加速性或动态响应时间来看,小涡轮要优于大涡轮;从涡轮比转速概念出发,大涡轮的比转速小、效率高;而小涡轮的比转速大、效率低。因此,小涡轮在改善增压发动机的动态响应、低速性能方面比大涡轮更好,但在匹配性能和效率方面较差。

(4) **与汽油机还是柴油机匹配** 涡轮增压器与汽油机还是柴油机匹配存在较大的差异,主要如下:汽油机的排气温度比柴油机高,除对汽油机的增压器加大冷却油量外,还要设置停机后的专用电动机油泵继续向增压器供油冷却;汽油机的转速变化范围很大,从低速到高速的进气流量变化范围大,涡轮增压器的特性很难完全满足各种工况要求,可能出现低速时增压压力不足,高速时增压压力过高的现象,要求压气机有宽的流量-压比特性范围。上述区别使得增压器与汽油机和柴油机的匹配有较大不同。

2. 内部工作匹配

(1) **压气机特性与发动机流通特性的匹配** 压气机特性与发动机流通特性匹配的基本要求:

1) 压气机的最小流量(喘振线流量)应高于发动机外特性最小流量的10%~15%,以避免进气脉动和瞬态工作时出现喘振,压气机的堵塞流量应高于发动机外特性的最大流量。

2) 发动机外特性工况的流量应穿过压气机最大绝热效率圈。

3) 在多种型号的增压器中,应选用压气机的绝热效率较高者。

4) 在同样的工作流量范围及压比下,压气机的高绝热效率圈应高且范围大。

5) 针对不同的压气机绝热效率,不同的压气机转速所占的流量范围应大。

6) 在相同的流量及压比下,压气机叶轮直径宜小(特别是对车用发动机)。

针对以上各点,可以按相同的坐标与坐标比例将压气机特性线和发动机流通特性线用透明纸叠在一起,从而可以初步对它们的匹配作出判断。

(2) **涡轮特性与发动机特性的匹配** 发动机对涡轮的主要要求:①具有合适的流通能力以保证提供给压气机所需的功率,并且流量-膨胀比特性线越平坦越好,从而使发动机转速的变化不会引起涡轮膨胀比的急剧变化;②在发动机工作范围内有尽可能高的效率。

有了涡轮流通特性与发动机排气线后,就可在涡轮流通特性线上标出发动机在设计状况(如外特性)下的排气线,从而了解它们之间的匹配状况。例如,图3-13所示的发动机排气线近似为一垂直线。

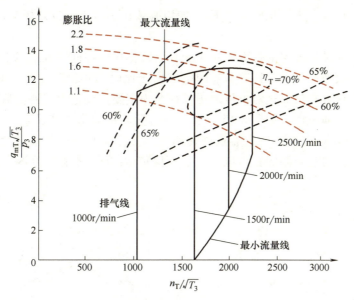

图 3-13 涡轮特性与发动机特性的匹配

由图 3-13 可见，发动机沿外特性转速从 1700~2500r/min 工作时，涡轮处于高效率区。如果要使增压发动机有良好的低速转矩特性，则应使涡轮的高效率区向发动机低速方向移动，这需要调整涡轮喉口或喷嘴环面积，可参考后文所述。

（3）涡轮与压气机的功率匹配点 增压发动机的使用场合不同，压气机达到规定的空气增压压力时的发动机工况不同，对带动压气机做功的涡轮的功率匹配点也就不同，如图 3-14a 所示。图中虚线是涡轮提供的功率，实线是压气机所需的功率，它们的交点就是功率平衡点或匹配点。一般来说，涡轮与压气机功率的匹配点从①到④，排气背压总是不断增加的，涡轮前的废气温度升高，排气功增大，燃油消耗率上升。图 3-14b 所示为在涡轮与压气

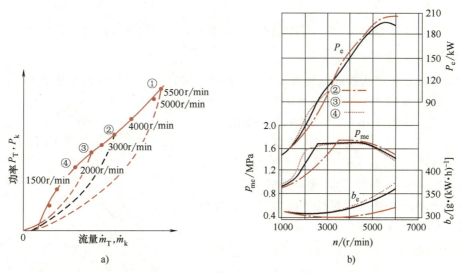

图 3-14 涡轮与压气机功率的匹配点及其对应的汽油机特性

a) 涡轮与压气机功率的匹配点　b) 不同匹配点的汽油机特性

机功率的不同匹配点时，汽油机的功率 P_e、平均有效压力 p_{me} 和有效燃油消耗率 b_e 的走向及相互间的差异。

最后还要指出的是增压器的总效率对匹配有重要作用。在同一发动机上和一定的涡轮前废气温度范围内，效率高表示为达到所需的空气增压比时涡轮膨胀比低，即进排气压差大，利于增压发动机的良好扫气。这对恒压增压系统尤为重要。经过上述匹配后，即可得到涡轮增压发动机的整个工作范围，如图3-15所示。它由发动机最低转速线 n_{min}、压气机喘振线、涡轮前最高废气温度线 T_{Tmax}、增压器最高转速线 n_{Tcmax} 和发动机最高转速线 n_{max} 所限定。对载重车用增压柴油机还要限定缸内压力 p_z、烟度值 R_b 等。若有中冷器，还要考虑中冷器的允许条件。

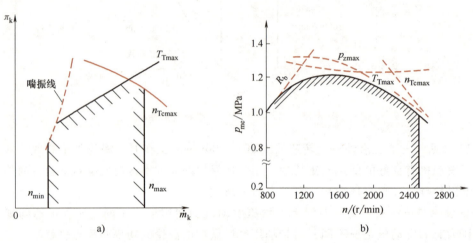

图3-15 增压发动机的工作范围

a) 汽油机工作范围　　b) 增压柴油机工作范围

三、离心式压气机特性线的调整方法

为了使涡轮增压器和柴油机匹配良好，一般需要对压气机特性线进行调整。

1. 流量范围的选择

不同型号的涡轮增压器的压气机都有其使用的流量范围。压气机的流量范围通常指从喘振线至某一等效率曲线（如 $\eta_{ad-k} = 0.7$）或堵塞线所包括的区域，如图3-16所示，图中型号Ⅰ的压气机流量比型号Ⅱ的小，当某柴油机与型号Ⅱ的涡轮增压器配合时，运行线 AB 穿过压气机的喘振线，说明型号Ⅱ涡轮增压器的流量对柴油机是偏大的。这时可采用的解决方法是调整压气机的某些结构参数或另选涡轮增压器。

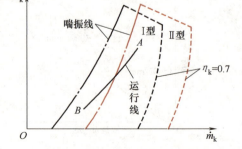

图3-16 涡轮增压器的工作范围

2. 移动喘振线位置

由于喘振主要是由叶片扩压器引起的，改变叶片扩压器的结构参数，就可以达到移动喘振线位置的目的，具体方法如下：

1）改进叶片扩压器进口构造角。
2）改变叶片的宽度。
3）控制压气机的堵塞。

上述方法适当增加了叶片扩压器喉口面积和压气机的堵塞流量，从而扩大了压气机工作的流量范围，以此达到移动喘振线位置的目的。

四、增压发动机在结构上的变动

增压度很高的发动机，其结构变动很大，甚至需要重新设计。此时，机体、气缸盖等主要零件需要加强，活塞采用油冷，供油、配气、冷却、润滑等系统也需要重新考虑。

如果增压度较低，发动机的基本结构可以与非增压机型同属一个系列，不过为了适应增压后功率增长的要求，降低其机械负荷、热负荷，仍需对发动机做必要的改动。

1. 增大供油量，调整供油系统

增大循环供油量，但必须保证不增加供油持续角，否则燃烧过程拉长，经济性变差，排气温度升高，热负荷增加。

缩短供油持续角的方法：增大柱塞直径，凸轮廓线变陡以提高供油速率，加大喷油器喷孔直径。提高喷射压力和加大喷孔直径可增加油雾的贯穿能力，保证在气缸空气密度增大的情况下有足够的射程，适应油束、气流及燃烧室尺寸之间配合的需求。因增压后的发动机热负荷高，喷油器的材料应改用耐热性较高的材料。为减小最高爆发压力，应适当减小供油提前角。过多减小供油提前角会导致过后燃烧严重，使燃油消耗率增加和涡轮工作条件变坏。

2. 改变配气相位

改变配气相位的方法：

1）合理加大气门重叠角，以增加扫气空气，冷却受热零件，降低热负荷，提高充量系数，改善涡轮的工作条件。另外，还要考虑低负荷排气倒流的可能性，因为此时增压器效率降低，p_T可能高于p_k，引起废气倒流。脉冲增压系统重叠角一般较大，在110°～130°（CA）之间，随着p_k的提高，特别是高速机，重叠角取得小一些，以防止低速低负荷时倒气。相关试验表明重叠角每增加10°（CA），活塞温度可降低4℃。

2）为使充量系数提高，可增大进、排气门的升程；为避免气门碰撞活塞，活塞顶部可挖凹坑。

3）改进气门和气门座的结构和材质，以提高其耐磨性。

3. 减小压缩比，增大过量空气系数

1）为了降低最高爆发压力，压缩比可适当降低。低增压时，压缩比可减少1～2个单位。增压度提高，压缩比可多降低一些。压缩比过低是不合适的，它不仅使燃烧恶化，还会使起动性能变差。

2）增大过量空气系数，旨在于降低热负荷和改善经济性。低、中速柴油机由于非增压时的过量空气系数一般在1.8～2.2之间，已经较大，增压时的过量空气系数不宜再增大。高速柴油机的过量空气系数一般较小，在1.1～1.4之间，增压后要放大10%～30%。

4. 进、排气系统

在脉冲系统中，为了使扫气期间各缸排气不致互相干扰，排气管必须分支。分支的原则

是一根排气管所连各缸排气必须不重叠。四冲程发动机一根排气管所连接的气缸数目一般不超过3个,3个气缸的排气期必须合理岔开。例如,六缸发动机的发火次序为1—5—3—6—2—4,可使1、2、3缸及4、5、6缸各连一根排气歧管。由于排气管热负荷高,常发生裂纹,因此采用耐热铸铁制造,大功率柴油机排气管常采用膨胀节或波纹管。

另外,进气管容积应大一些,以减少进气压力波动,从而提高压气机效率和柴油机的性能。空气滤清器也应选得大些。

5. 冷却增压空气

冷却增压空气,一方面可提高进入气缸的空气密度,提高功率,同时也降低了热负荷和排气温度。相关试验表明,增压空气温度每降低10℃,柴油机的循环平均温度可降低25~30℃,在增压比为1.5~2时,供气量能比不用中冷器时提高10%~18%,发动机的动力性和经济性都会得到改善。冷却增压空气的方法有水冷和空气冷却两种。

6. 增压技术应用实例

将6135G型柴油机改造为增压型6135ZG,其性能及结构参数见表3-2,两者的性能对比如图3-17所示。

表3-2 6135G型柴油机与6135ZG型柴油机的性能及结构参数

项目	6135G型 12h 功率	6135ZG型 12h 功率	12h 功率时变化值
功率 P_e/kW	88.3	140	59%
转速 n/(r/min)	1500	1500	—
平均有效压力 p_{me}/MPa	0.588	0.931	58.3%
燃油消耗率 b_e/[g/(kW·h)]	234	224	-4.3%
空气消耗量/(kg/s)	0.154	0.26	69%
最高爆发压力/bar	74.5	86.6	16%
机械效率	0.78	0.87	11.6%
过量空气系数 α	1.76	1.80	2.3%
油泵柱塞直径/mm	9	10	—
喷油压力/bar	176	186	—
喷油提前角/(°)(CA)	28~31	26~29	—
喷嘴材质	GCr15	18Cr2Ni4W	—
气门重叠角/(°)(CA)	40	124	—
气门升程/mm	14.5	16	—
压缩比	16	14	—
排气门座材质	铜铬钼镍合金铸铁		—
排气门座硬度 HBW	240~320	300~320	—
排气座面锥角/(°)	45	45	—
进气阀材料	40Cr	40Cr10Si2Mo	—
硬度 HRC	29~32	29~35	—
进气阀面锥角/(°)	45	30	—
排气管	不分支	分支	—
进气管	—	加粗	—

五、增压发动机性能

增压发动机具有升功率高、油耗率低、排污较少等优点。从车辆应用角度来讲，对增压发动机在不同运行工况下的整机性能还需做进一步分析。6135G 型柴油机与 6135ZG 型柴油机性能对比如图 3-17 所示。

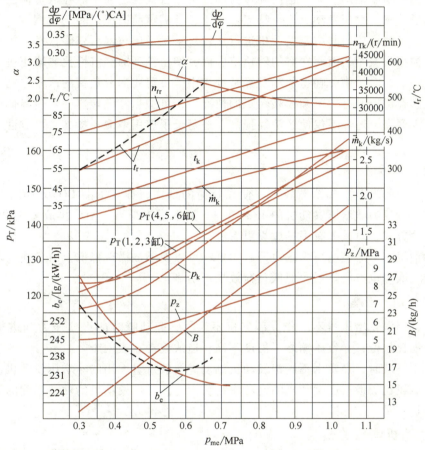

图 3-17 6135ZG 型柴油机与 6135G 型柴油机的性能对比

1. 低速转矩特性变化

涡轮增压柴油机的低速转矩性能差，其原因如下：①低速时，增压压力 p_k 不高，致使循环供气量不足；②增压后柴油机最大转矩下的转速比非增压时高；③增压柴油机转矩储备小，因为高速、高负荷区的废气能量过高或压气机提供空气过多；④在高速、高负荷时放掉废气或压缩后的空气，可以改善低速性能。

柴油机采用脉冲增压，可以充分利用低速时的脉冲能量，使增压器与柴油机在较低转速下实现最佳配合。

2. 加速性能变差

增压器自身的惯性，使其对发动机突变负荷的响应能力变差，因而其加速性能变差。为解决这一问题，可采取下列措施：①采用脉冲增压；②减小进、排气管道容积；③采用放气调节或可变喷嘴；④减小增压器的转动惯量；⑤减小柴油机的进、排气门重叠角。

3. 改善经济性

增压使发动机的指示功率和有效功率均有所提高，也就提高了机械效率，进而可以明显改善高负荷区运行的经济性。

增压不仅使功率范围变大，也使高负荷的经济运行范围扩大了。在低负荷区，增压对经济性没有明显改善。增压发动机这一特点，对于经常满负荷高速运转的重型汽车十分有利。

对同一功率的增压与非增压发动机进行比较，采用增压技术可以降低发动机排量，使同一功率的机械损失减小，因而在宽的转速范围内，增压机型的经济性比非增压机型好。增压机型的这一特点，对于中、轻型货车及经常处于中等负荷或部分负荷的汽车也是有利的。

增压机型在保持原有功率和较高转矩的情况下，可适当降低转速，转速降低可使机械效率提高并减少磨损，这样不仅使经济性提高，还延长了使用寿命，提高了可靠性，并降低维护费用。

4. 降低排气污染和噪声

增压发动机的过量空气系数较大，使高负荷的烟度、排气中的 CO 及 HC 的成分减少。有害成分排放量仅为非增压发动机的 1/3～1/2。如果措施得当，NO_x 排放量也会明显降低。尤其采用中冷方式，对减少有害排放物更有利。

增压发动机由于滞燃期短，压力升高率低，可以使燃烧噪声降低。由于涡轮增压器的设置，进、排气噪声也有所降低，但低负荷效果不明显。

5. 起动、制动困难

起动时，因涡轮增压器不工作，压气机不供气，起动瞬时的进气压力和进气温度均不高，加上压缩比较低，导致压缩终了温度不高，造成起动着火困难。

重型汽车下坡时，经常用不脱档发动机制动。按载重量配用的非增压发动机，其制动力与气缸排量成正比。但增压发动机的升功率高，因此按增压发动机的功率匹配的货车发动机的制动力明显不足。

六、汽油机增压的困难

从发动机排气能量的利用来看，汽油机废气涡轮增压与柴油机相比，没有本质的区别，但是汽油机废气涡轮增压有较多的困难需要解决。随着电控汽油喷射、陶瓷涡轮转子、可变截面涡轮增压器等新技术的不断出现，汽油机增压技术也得到迅速发展。限制汽油机增压的主要技术障碍是爆燃、增压器的特殊要求和高热负荷。

1. 爆燃

汽油机增压后，可燃混合气进气终了的温度 T_a、压力 p_a 均增高，燃烧室热区零件热负荷提高，致使爆燃加剧。因此必须采取相应的措施，如降低压缩比、进气中冷及推迟点火时刻，但又会造成热效率下降、排温升高、增加成本等问题。综上所述，汽油机的增压比一般不超过 2，功率增加最大幅度为 40%～50%，经济性没有明显改善。

2. 增压器的特殊要求

汽油机增压比小、流量范围广、热负荷高、最高转速高且变化范围大，这就要求设置增压调节装置,导致汽油机的增压器成本比柴油机的高不少。

3. 高热负荷

由于汽油机的燃烧温度高、膨胀比小、过量空气系数小、排气温度高,增压会加重整机的热负荷。为了减少扫气用的可燃混合气的损失,不得不减小进、排气门重叠角,致使汽油机的排气门、活塞、涡轮的热负荷均高于柴油机。

第六节 改善增压发动机加速性和部分负荷性能的主要措施

一、变工况下的增压发动机性能

增压发动机不常在稳态下工作,其在变工况下的加速性和部分负荷的工作性能不如稳态工作时的性能,更不如自然吸气发动机的性能。图 3-18 所示为增压汽油机和与增压汽油机同等功率的自然吸气汽油机的加速性比较。汽油机在转速为 1400r/min(相当于汽车直接档速度 53km/h)时加速,节气门突然开到最大位置,同等功率的自然吸气汽油机经过几乎无延滞的 0.2s 后达到全负荷的点 2,而在同样时间内增压汽油机只能达到相应于自然吸气汽油机的点 3 处(因为在同等功率下,增压汽油机的气缸工作总容积要小于自然吸气汽油机),再经过 8.5s 才能达到全负荷的点 4。增压汽油机的加速过程与它的稳态工作走向基本一致,但要延滞 8.5s 以上,比同等功率的自然吸气汽油机加速性更差。

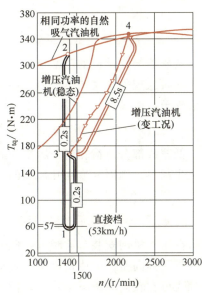

图 3-18 增压汽油机与自然吸气汽油机的加速性比较

增压发动机加速性滞后的根本原因在于给发动机的空气量落后于供油量。

二、主要措施

1. 采用脉冲增压

如前所述,当平均有效压力 p_{me}<<1.8 MPa 时,脉冲增压在加速性和部分负荷时要优于恒压增压。图 3-19 所示为小汽车用脉冲增压与恒压增压汽油机加速性能比较。在达到最大转矩或最大空气增压压力时,脉冲增压要优于恒压增压。在中等转速范围,如 60%发动机标定转速时,脉冲增压可提供比恒压增压高 9%的增压空气压力,即可提供较多的空气流量。

2. 采用高速小型增压器或减小增压器转子总成质量

使用陶瓷涡轮叶轮可改善加速性,如图 3-19b 中的虚线所示。日本 NTK 公司制成的陶瓷涡轮增压器转子质量比原先的镍基耐热金属减小 40%,转动惯量减小 35%,加速时间缩短 36%。

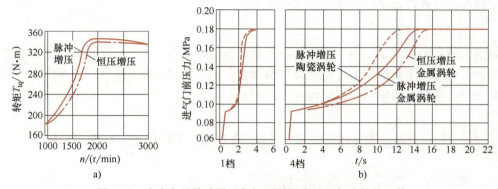

图 3-19 小汽车用脉冲增压与恒压增压汽油机加速性能比较
a) 稳态 b) 非稳态

3. 增压器与发动机的匹配点

增压器与发动机的匹配点选在 60%~80% 的发动机标定转速处（小汽车选在 40%处）。高转速时出现的空气增压压力过高及一系列相关问题可通过在增压器上加装放气阀、废气门等措施予以解决。

4. 在增压器上采用可调涡轮喉口截面积或喷嘴环

低速或部分负荷相当于原来的涡轮"变小"，通过涡轮的流通断面最小可降低 30%。若进一步减小，则因气流在叶片间的流动方向与设计状况偏离过大，涡轮效率牺牲过多，而没有实际意义。

5. 在压气机前或后安装节流阀

在压气机前安装节流阀可在压气机前建立空气的负压，使空气密度下降。在同样空气质量流量下提高空气的体积流量，发动机与增压器匹配的运行线向压气机特性线的右边移动，压气机可在较高转速下运转，以便尽快建立增压空气压力，如图 3-20 所示。

在压气机前安装节流阀时，压气机进口处的空气处于高的负压状态，这时增压器轴承的润滑油易被吸出并随气流进入压气机，最终进入燃烧室燃烧。这就需要加强轴承的密封，但会增加摩擦损失，而吸出的润滑油在燃烧室中燃烧时易自燃，又会降低混合气的抗爆性并增加 HC 的有害物排放。因此可在压气机后采用节流阀，以使压气机进口处的空气压力接近大气压力。位于压气机后的节流阀用于调节进入进气门前的增压空气压力（在低负荷时可低于大气压力）。压气机后的空气节流会使压气机的绝热效率下降，工作线向喘振线靠近（图 3-20）。

6. 供给增压器额外的空气

额外空气可由与增压器的压气机串联或并联的附加压气机供给或由单独的高压贮气瓶供给。高压贮气瓶在大功率发动机上常作为压缩空气起动瓶（空气压力约为 4MPa），供发动机起动用。额外的空气可直接输送到压气机前、涡轮前、增压空气管路中或通过控制阀直接进入气缸内。

7. 附加一套驱动增压器的装置

增压器可用机械驱动（通过离合器）或电驱动等方式，或将压气机出口的增压空气分

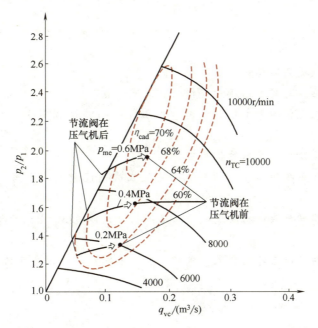

图 3-20 压气机前节流时的增压汽油机在不同负荷下的运行线

流到加速燃烧室内,使涡轮得到额外的能量,即 Hyperbar 法(超高增压旁通补燃)。

8. 顺序增压

带有若干台(如 4 台)增压器的发动机根据负荷大小顺序投入工作。当一台增压器达到一定转速后,第 2 台增压器参加工作,第 3 台、第 4 台顺序接入(图 3-21)。在各台增压器相继接入时,增压器的转速、增压空气压力发生变化(转折),这是因为发动机的废气能量虽然随负荷增加而增大,但是还要分配到其他增压器上。增压发动机的功率与转速则随着较多增压器的工作而不断增加并达到最大值。

顺序增压的优点在于增压器的总绝热效率或每台增压器的绝热效率高,它们几乎都是在设计点处工作的。

但要指出的是,不同用途的增压发动机对改善它的加速性和部分负荷性能的要求是不同的。一般来说,小汽车、跑车、赛车对加速性的要求是最高的;军用车辆(舰艇)的加速性要求明显高于民用、商用车辆(船舶);增压汽油机对加速性和部分负荷性能要求高于柴油机,因为汽油机的转速范围宽、过量空气系数小,加速性本来就比增压柴油机差。

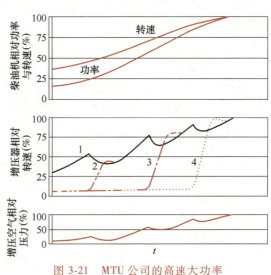

图 3-21 MTU 公司的高速大功率顺序增压柴油机的工作特性

思考题

1. 增压为什么能提高发动机的功率？
2. 废气涡轮增压器与其他增压方式相比有何优缺点？
3. 说明离心式压气机的基本结构。离心式压气机的特性有哪些？如何选择压气机的工作范围？
4. 说明径流式涡轮机的基本结构及其特性。
5. 何谓恒压增压系统和脉冲增压系统？它们在废气能量利用上有何区别？它们有何优缺点？
6. 怎样将一台非增压柴油机改造成增压柴油机？请以493Q型柴油机的增压改造为例加以说明。
7. 增压柴油机的性能与非增压柴油机相比有何不同？其原因是什么？

第四章 发动机燃料与燃烧

燃料是发动机产生动力的来源,燃料的种类和其物理化学特性直接影响发动机的着火、燃烧和发动机的性能。本章首先介绍发动机所用燃料的种类和特点及常用燃料的使用特性,然后通过燃烧热化学的计算为发动机燃烧过程的分析提供一些基本参数,最后对燃烧的基础知识进行简单介绍,从而为发动机燃烧过程的分析提供一些基本概念。

第一节 发动机的燃料及使用特性

一、发动机的常用燃料

由于资源、成本及使用性能方面的优势,车用发动机一般以汽油和柴油作为基本燃料。火花点火式发动机主要燃用汽油,一般称为汽油机;压燃式发动机主要燃用柴油,一般称为柴油机。

柴油、汽油均是石油炼制品。石油是由多种碳氢化合物组成的烃类混合物,主要成分是碳、氢两种元素,含量占比为97%~98%,其余还有硫、氧、氮等元素。根据碳原子数的不同,可以构成不同分子量、不同沸点的物质。组成石油产品的烃,按其化学结构不同,可分为烷烃、烯烃、环烷烃、芳香烃四种,下面分别介绍其特点。

(1) **烷烃** 它属于脂肪烃,呈饱和的开链式结构,有直链和支链两种结构。直链烷烃热稳定性低,高温时易分解,自行发火的滞燃期短,是柴油燃料的主要成分。支链烷烃分子结构紧凑,高温下较稳定,抗爆性好,适合用作汽油机的燃料。

(2) **烯烃** 烯烃也属于脂肪烃,呈不饱和的开链式结构。它比烷烃更难自行发火,是汽油中抗爆性好的成分。但因烯烃含有不饱和的双键,故其在常温下的化学稳定性差,在长期贮存中易氧化成胶质。

(3) **环烷烃** 它是呈饱和的环状分子结构,不易分解,热稳定性与自燃温度都比直链烷烃高,环烷烃多的燃料适宜用作汽油机的燃料。

(4) **芳香烃** 芳香烃是一种碳原子为环状结构的不饱和烃,其分子结构坚固,热稳定性好。由于芳香烃在高温下不易破裂,化学安定性强,是汽油中的良好抗爆剂。

二、燃料的使用特性

1. 柴油的使用特性

轻柴油用于高速柴油机，重柴油用于中、低速柴油机。下面介绍对柴油机性能有重要影响的柴油性能指标。

（1）十六烷值 十六烷值是评定柴油自燃性好坏的指标，它直接影响柴油机工作的粗暴性和起动性。自燃性好的燃料，着火落后期短，在着火落后期内形成的混合气少，着火后压力升高速度低，工作柔和，并且有利于改善冷起动性能。

柴油的十六烷值测定是在专门的单缸试验机上按规定条件进行的。试验时选用由十六烷和α-甲基萘混合制成的混合液，由于十六烷容易自燃，将其十六烷值定为100；由于α-甲基萘不容易自燃，将其十六烷值定为0。当被测柴油的自燃性与所配制的混合液的自燃性相同时，混合液中十六烷的体积分数就定为该种燃料的十六烷值。

十六烷值过高或过低，均对燃烧不利。十六烷值过高，燃料分子量加大，使燃油蒸发性变差、黏度增加，造成燃烧不完全，经济性变差，排气冒黑烟。十六烷值过低，使柴油机工作粗暴，起动困难。一般高速柴油机采用十六烷值为40～50的柴油，低速柴油机则采用十六烷值为30～40的柴油。

（2）馏程 馏程是表示柴油蒸发性的指标，它用燃油馏出某一百分比的温度范围来表示。燃料50%回收温度低，说明轻馏分多，蒸发性好，易于形成可燃混合气。90%和95%回收温度标志柴油中所含重质成分的数量。90%和95%回收温度高，说明柴油中难蒸发的重馏分多，混合气形成困难，导致燃烧不及时、不完全。因此，高速柴油机应使用轻馏分多的柴油。但是轻馏分过多，易使柴油机工作粗暴。

（3）黏度 黏度是燃料流动性的尺度，它影响柴油的喷雾质量。当其他条件相同时，黏度越大，雾化质量越差，燃油越不易与空气均匀混合，导致燃烧不完全，燃油消耗率增加，排气冒烟。但是因为喷油泵柱塞偶件用燃油润滑，所以柴油应具有一定的黏度。若柴油黏度过低，柱塞偶件磨损将加大，通过柱塞副的燃油泄漏也会增大。

（4）凝点 凝点是指柴油失去流动性开始凝结的温度，用于评价柴油低温流动性。燃油凝点的高低，影响燃油在发动机中的正常使用和储运过程，故其是商品燃油的一个重要参数。我国柴油的牌号是以其凝点大小命名的。GB 19147—2016规定，车用柴油按凝点不同划分为5、0、-10、-20、-35和-50六种牌号，分别应用于温度不低于8℃、4℃、-5℃、-14℃、-29℃和-44℃的环境。

2. 汽油的使用特性

汽油对汽油机性能有影响的主要指标包括辛烷值、馏程。

（1）辛烷值 辛烷值是表示汽油抗爆性的指标。燃料的抗爆性是指燃料对汽油机发生自燃现象（称为爆燃）的抵抗能力。汽油的辛烷值高，则抗爆性好，有利于提高发动机的压缩比。

燃料的辛烷值是在专门的单缸试验机上按规定条件进行测定的。测定时，用容易爆燃的正庚烷（辛烷值定为0）和抗爆性好的异辛烷（辛烷值定为100）的混合液与被测的汽油进行比较。当混合液与被测汽油在专用的发动机上的抗爆程度相同时，混合液中异辛烷含量的体积分数就是被测汽油的辛烷值。由于试验方法不同，燃料辛烷值分为马达法辛烷值（MON）和研究法辛烷值（RON）两种。我国车用汽油是以研究法辛烷值来标号的。标准 GB 17930—2016 中删除了车用汽油（Ⅲ）的技术要求和试验方法，增加了第Ⅵ阶段车用汽油的技术要求，车用汽油（Ⅳ）按研究法辛烷值分为 90 号、93 号、97 号三个牌号，车用汽油（Ⅴ）和车用汽油（Ⅵ）按研究法辛烷值分为 89 号、92 号、95 号、98 号四个牌号。

另一种燃料抗爆性评价指标是抗爆指数 A，其定义为 A =（MON+RON）/2。89 号、92 号、95 号、98 号汽油的抗爆指数分别是 84、87、90、93。

(2) 馏程　馏程是评价汽油蒸发性的指标。在汽油规格中，常用汽油的 10%、50%、90% 等馏分的蒸发温度来评定。

10% 的蒸发温度标志着起动性能。汽油机使用 10% 蒸发温度低的汽油，容易起动。但此温度过低，会使汽油在输送管路中形成气阻，使发动机断火。

50% 的蒸发温度标志着汽油的平均蒸发性。它影响发动机的暖车时间、加速性和工作稳定性。若此温度低，可以使暖车时间缩短，并且当发动机由低负荷向高负荷过渡时，能够及时供给所需浓混合气，使发动机加速性能良好。

90% 的蒸发温度标志着燃料中含有难于挥发的重质成分的数量。此温度低，表明燃料中的重质成分少，挥发性好，有利于完全燃烧。此温度过高，则因汽油中重质成分较多而汽化不良，使燃烧不完全，造成排气冒烟和积炭。

三、汽油、柴油的质量标准

燃料品质直接影响发动机的着火、燃烧，从而影响发动机的性能。在过去相当长的一段时间内，对燃料品质的要求主要从发动机混合气形成、着火特性方面考虑，随着排放法规的日趋严格，燃料品质对排放的影响变得越来越重要。

目前，世界各国按照自身的实际情况对汽油、柴油质量标准给予不同的规定。1998 年 6 月，欧洲汽车制造商协会（ACEA）、美国汽车制造商联盟（Alliance of Automobile Manufacturers）、日本汽车制造商协会（JAMA）和美国发动机制造商协会（AAMA）联合发表了《世界燃油规范》（World Wide Fuel Charter，WWFC），提出了全球范围的汽油和柴油推荐标准。第四版《世界燃油规范》则于 2006 年 9 月推出。制定《世界燃油规范》的目的是在全球范围内协调汽车燃油的质量要求和标准制定，反映汽车技术进步对燃油品质不断提高的要求。近十年来，《世界燃油规范》在全球汽车行业及石油化工行业产生的影响越来越大，在普及应用先进汽车排放控制技术的过程中起到了重要的保证作用。

《世界燃油规范》按不同的排放控制要求将车用燃油分为四类，适用于排放控制要求日益严格的市场，如从第一类到第四类依次适用于欧Ⅰ、欧Ⅱ、欧Ⅲ、欧Ⅳ排放法规的市场。

1. 对汽油的质量要求

对影响燃烧排放特性及后处理技术应用的汽油品质参数含量进行限制，包括硫、烯烃、芳香烃、苯、馏程和终馏点等。从第一类到第四类汽油，燃料中的硫、烯烃、芳香烃及苯的含量整体呈下降趋势。第二、三、四类汽油的馏程低于第一类汽油。

我国汽油质量的升级经历了 6 个阶段。目前在用的为第Ⅵ阶段，即车用汽油（Ⅵ）。第Ⅵ阶段车用汽油按烯烃含量不同分为Ⅵa 阶段和Ⅵb 阶段。车用汽油（Ⅵ）与车用汽油

（Ⅴ）的主要差异：降低了烯烃含量，其体积分数由原来不大于24%（国Ⅴ）分别降低为不大于18%（国Ⅵa阶段）和15%（国Ⅵb阶段）；降低了芳香烃含量，其体积分数由原来的不大于40%（国Ⅴ）降低为不大于35%（国Ⅵa阶段）；降低了苯含量，其体积分数由不大于1.0%（国Ⅴ）降低为不大于0.8%（国Ⅵa阶段）。

2. 对柴油的质量要求

影响燃烧排放特性的柴油品质参数主要有硫含量、十六烷值、密度、馏程、芳烃等，随着柴油等级的提高，柴油的十六烷值增加，密度呈下降趋势，硫含量则大幅度下降，馏程也呈下降趋势，芳烃含量减少。

我国车用柴油目前执行的标准为 GB 19147—2016，根据该标准规定，国Ⅴ柴油标准自2019年1月1日起废止。车用柴油（Ⅵ）与车用柴油（Ⅴ）相比，主要是进一步降低了多环芳烃含量（质量分数由低于11%降低为低于7%）、收窄了密度范围（由 810~850kg/m³ 收窄为 820~845kg/m³）。

第二节　发动机的替代燃料

随着世界石油储量的日益减少，在发动机上使用替代燃料的趋势正在加速。根据目前世界范围内替代燃料的使用情况，总体上可以将其分成三类：醇、醚、酯类等含氧燃料（主要包括甲醇、乙醇、二甲醚及由植物油制取的生物柴油）、合成油（由煤、天然气或生物质生产的液体燃油）及气体燃料（天然气、液化石油气、氢气、煤层气、沼气等）。

在选用替代燃料时，要对替代燃料的主要物化性能参数进行仔细分析，并和汽油或柴油进行对比，从而对原发动机进行必要的技术改造，特别重要的参数如下：

1）替代燃料的含氧量、自燃温度、辛烷值（火花点火式发动机）、十六烷值（压燃式发动机）、与汽油或柴油的互溶性和稳定性（作混合燃料使用时）。
2）低热值，化学计量空燃比。
3）燃料的黏度与润滑性。
4）与弹性密封材料的兼容性。
5）燃料本身及燃烧排放物的毒性。
6）燃料本身的生物降解性。

一、醇类燃料

醇类燃料包括甲醇（CH_3OH）和乙醇（C_2H_5OH）。甲醇可以从天然气、煤、生物质中提取，乙醇主要由含有糖或淀粉的农作物经发酵制成，它们都是液体燃料。我国石油资源短缺，醇类燃料的开发应用有利于发动机燃料的多元化。

1. 醇类燃料在汽油中的溶解度

汽油机可以燃用醇与汽油的混合燃料，如：15%（体积分数）甲醇（Methanol）+85%（体积分数）汽油称为 M15 甲醇汽油；纯甲醇为 M100；15%（体积分数）乙醇（Ethanol）+85%（体积分数）汽油称为 E15 乙醇汽油。由于醇类燃料是极性物质，在与非极性物质的石油碳氢化合物掺混时，其亲水性高于亲油性，只要有微量的水存在，就能引起醇与汽油的

"相"分离。因此,当使用醇类燃料与汽油掺混时,应严格控制含水量或加助溶剂,如中高碳醇(如异丁醇等)、苯、丙酮等。

2. 甲醇燃料

甲醇既可以作为火花点火式发动机的替代燃料,也可以作为压燃式发动机的替代燃料。它既能100%地替代(M100),也可以和汽油(或柴油)混合使用,实现部分替代。目前,甲醇多以混合燃料形式用于火花点火式发动机。我国生产甲醇燃料的方式主要靠煤,2010年以来我国甲醇产能保持了高增长趋势,年均增速超过20%,过剩的甲醇产能为我国甲醇燃料作为发动机替代燃料提供了良好的条件。

(1) 甲醇燃料的物化性质和使用特性 表4-1给出了甲醇及其他一些常见替代燃料与汽油、柴油物化性质的比较。由该表可以获得以下信息:

1) 甲醇燃料的低热值仅为汽油的46%左右,因此在汽油机上燃用甲醇或甲醇汽油混合燃料时,应增加循环供给量,以使混合气的热值大体与汽油空气混合气相等或略高,从而使发动机燃用甲醇燃料时的动力性能不降低甚至可以提高,并具有合适的空燃比。

2) 甲醇燃料的汽化热为汽油的7倍(按相同热值的混合气计),可使混合气在汽化时的温降较大。甲醇燃料较大的混合气温降有利于提高发动机的充量系数和动力性,但不利于燃料在低温下的蒸发,造成发动机冷起动困难和暖机时间长。

3) 甲醇燃料的辛烷值高,在汽油机上使用时可以提高压缩比,有利于提高发动机的动力性能和经济性能。但是甲醇燃料的十六烷值低,若用于柴油机,则需要助燃措施。

4) 由于甲醇燃料的汽化热大,进入气缸的混合气温度低、滞燃期长,故应适当增大点火提前角。

5) 甲醇含氧量达50%(质量分数),有利于燃料完全燃烧,从而降低CO和HC的排放。

6) 在定容燃烧弹中测出的甲醇的层流火焰传播速度为32.7cm/s,汽油为25.2cm/s,在相同条件下,甲醇的燃烧速度高于汽油,燃烧持续期缩短,有利于提高热效率。

7) 甲醇着火极限的范围比汽油、柴油宽,使用更安全。

表4-1 常见替代燃料与汽油、柴油物化性质的比较

物化性质		燃料								
		车用汽油	车用柴油	甲醇	乙醇	天然气	液化石油气	生物柴油	二甲醚	F-T合成油
成分或分子式		含C_5~C_{11}的HC	含C_{15}~C_{23}的HC	CH_3OH	C_2H_5OH	主要成分为CH_4	主要成分为C_3H_8	—	CH_3OCH_3	—
相对分子质量		95~120	180~200	32	46	16	44	280	46	—
液态密度/(kg/L)		0.72~0.75	0.79~0.845	0.795	0.79	0.42	0.54	0.86~0.9	0.668	0.783
沸点/℃		25~215	180~360	64.8	78.5	-161.5	-42.5	182~385	-24.9	176~354
理论空气量	kg/kg	14.8	14.3	6.52	9.05	17.4	15.8	12.6	9	15.2
	kmol/kg	0.515	0.5	0.223	0.31	0.595	0.541	0.435		
自燃温度/℃		300~400	250	470	420	650	365~470	—	235	250
闪点/℃		-45	50~65	11	13	-162以下	-73.3	168~178		

(续)

物化性质		燃料								
		车用汽油	车用柴油	甲醇	乙醇	天然气	液化石油气	生物柴油	二甲醚	F-T合成油
燃料低热值/(MJ/kg)		43.5	42.5	19.66	26.77	50.5	46.39	40	28.8	43.3
汽化热/(kJ/kg)		310	270	1109	904	510	426	—	467	—
混合气热值/(kJ/m³)		3750	3750	3557	3660	3230	3490	3730	—	—
辛烷值	RON	89~98	—	110	106	130	96~111	—	—	—
	MON	79~88	—	92	89	120~130	89~96	—	—	—
十六烷值		—	45~55	—	—	—	—	50~60	55~60	>74
运动黏度(20℃)/(mm²/s)		0.65~0.85	1~8	—	—	—	—	6.4~7.4	0.12~0.15 (40℃)	—

在甲醇燃料使用中也需要注意以下问题：

1）甲醇对人的呼吸系统、皮肤、眼睛等有危害，应对相关人员进行安全教育和岗前培训，并对甲醇汽油加色，禁止口吸或饮用。

2）有些塑料件和橡胶件与甲醇不能兼容，会发生溶胀，导致采用上述材料的密封件失效；甲醇对一些非铁金属有腐蚀性。

3）甲醇沸点较低（约为65℃），容易在供油系统中发生高温气阻。

4）甲醇的吸水性强，在运输和贮存时除防火外，还要防湿，否则会影响甲醇的纯度，甲醇汽油混合燃料吸水后易产生分层。

5）排气中有未燃醇、醛类等非常规排放物。

（2）甲醇燃料在发动机上的试验结果

1）汽油机燃用醇类燃料。对于采用氧传感器闭环控制的电控喷射火花点火发动机，燃用中低比例甲醇汽油时，氧传感器通过检测排气中的氧含量，在一定范围内可自动增加喷油脉宽，从而使发动机功率不下降甚至有所提高。发动机功率略有提高的原因是甲醇汽油的化学计量比混合气热值高于汽油空气混合气，并且甲醇含氧，混合气的燃烧效率提高。对于燃用高比例的甲醇汽油，则需要对电控系统进行改造，如加装喷油脉宽放大器或改用流量较大的电控喷油器等。

发动机燃用低比例甲醇汽油混合燃料时，以质量计的燃油消耗率会增加，但是由于甲醇含氧，燃烧比较完全，加之火焰传播快，燃烧的定容度增加，其热效率提高，比能耗下降。

在排放方面，大量试验表明发动机燃用甲醇汽油混合燃料时，其HC、CO的排放均下降。由于甲醇蒸发热大，在气缸内吸热多，可以降低NO_x的排放，但是可燃混合气的燃烧速度和燃烧定容度也会增加，因而对NO_x排放的影响并不明显，如图4-1所示。

表4-2列出了醇类发动机与汽油机非常规排

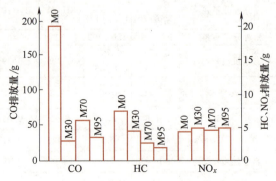

图4-1 醇类燃料发动机与汽油机的排放测试比较

放量的比较，非常规排放中甲醇燃料的苯和1,3—丁二烯比汽油类燃料低，但是甲醇燃料仍有甲醛排放。电喷汽油机的三效催化转化器在达到起燃温度后，可以催化转化排气中的甲醛，使其排放值接近零。

表 4-2　醇类发动机与汽油机非常规排放量的比较　（单位：g/km）

排放物	醇类		石油类	
	甲醇 M100 有催化转化器	甲醇 M85 有催化转化器	汽油有催化转化器	汽油无催化转化器
苯	0	1.5	4.7	55
1,3—丁二烯	0	<0.5	0.6	1.8
甲醛	5.8	5.8	2.5	43
致癌物	2.5	5.0	—	17.5

江苏大学将一台 2.0L 排量的多点电控喷射 4 气门汽油机改装为燃用 M100 燃料的甲醇发动机，并对改装前后发动机的外特性与负荷特性进行了对比研究，如图 4-2 所示。外特性对比结果表明，在发动机转速低于 2500r/min 时，甲醇发动机的外特性转矩略低于原汽油机，随着转速升高，甲醇发动机的外特性转矩高于原汽油机；在发动机转速达到 3500r/min 时，甲醇发动机的转矩比原汽油机提高 5.2%。负荷特性对比结果表明，在发动机转速为 2000r/min 时，甲醇发动机当量燃料消耗率低于汽油机，降幅最大为 10%。

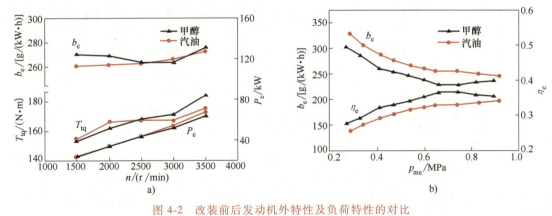

图 4-2　改装前后发动机外特性及负荷特性的对比

a) 外特性　b) 负荷特性

b_e—燃油消耗率　T_{tq}—转矩　P_e—有效功率　n—发动机转速

p_{me}—平均有效压力　η_e—有效热效率

北京工业大学在车用 492QA 汽油机的基础上，开发出燃用 M90 燃料的 492M 甲醇发动机。相关试验结果表明，492M 甲醇发动机的最大功率和最大转矩较 492QA 汽油机分别提高了 2.4% 和 6.2%，最高热效率也提高了 20.7%，其 THC（总碳氢）、CO、NO_x 和挥发性有机物的排放量均低于汽油机。

综上所述，当汽车燃用甲醇汽油混合燃料或纯甲醇燃料时，只要优化燃烧过程，就能降低能耗及 CO 和 HC 的排放量。

2）柴油机燃用甲醇燃料。甲醇和柴油掺烧可以提高发动机热效率，改善柴油机的排放，尤其是降低烟度。但是甲醇与柴油的性质差别较大，甲醇的十六烷值低、自燃温度高、着火性不好，并且与柴油难以互溶，因此在柴油机上掺烧甲醇要比汽油机更难，不能简单地用现有供油设备直接掺烧甲醇，目前主要采用乳化液法、熏蒸法、双燃料喷射系统法等。

① 乳化液法。乳化液是一种多相分散体系。将两种互不相溶的液体（如水和柴油）或多种不混溶的液体（如水、甲醇和柴油）放在一起，用外力（如搅拌等）使其中一种或多种液体变成液滴均匀分散在不与它混合的另一种液体中，形成乳状液，即为乳化。乳化方法主要分为三种。第一种是非稳定乳化法，即通过机械搅拌装置、超声波乳化器及液力剪切器等，使甲醇和柴油经历粉碎、剪切、细化，最终使甲醇形成颗粒，均匀分散于柴油中。第二种是准稳定乳化法，即事先加入一定量的表面活性剂，使甲醇和柴油形成具有一定稳定性的乳化液。第三种是微乳化法，即采用一种亲油、一种亲醇，以及能使此两者相溶的助溶剂，分别加入甲醇和柴油中搅拌，然后混合在一起，最终形成稳定期长、分层温度可低于0℃的透明的甲醇柴油。

我国学者在D1110柴油机上燃用微乳化甲醇柴油，发现在不对发动机做参数调整的情况下，其动力性和燃油消耗率与燃用纯柴油并无明显差异，NO_x、CO和碳烟的排放均明显下降。

国外学者发现将甲醇在柴油中的占比从10%提高到30%后，NO、CO和HC的排放分别降低了65%、68%和56%，同时指出在燃料中掺入适量的水有利于降低NO、碳烟、CO和HC的排放。

从现有的研究结果来看，甲醇柴油掺混燃料有着改善燃烧特性、降低污染物排放等优势，但是难以长期保存。目前稳定性好的甲醇柴油可以保存4个月不分层，而乳化柴油的保存时间更短，其掺混比也不高，主要原因是在现有技术下提高掺混比会影响混合燃料的稳定性，甲醇占比的提高也会使发动机的起动性能变差，特别是低负荷工况下的污染物排放会增多。

② 熏蒸法。该方法利用甲醇表面张力和黏度低的特点，通过不同形式的装置将甲醇雾化，并和空气混合，然后在进气行程从进气道进入气缸，由近压缩终点喷入气缸内的柴油引燃。例如天津大学姚春德等开发的柴油甲醇组合燃烧技术（DMCC），其原理图如图4-3所示。该技术的特点是根据发动机工况特性分段使用甲醇，即在起动时或低负荷下燃用纯柴油，在中高负荷时采用进气道喷射甲醇，并在气缸内喷射柴油以引燃甲醇均质混合气，甲醇和柴油量由专用电控系统调控。经测试发现采用DMCC的发动机随着甲醇掺混比例的增加，其HC、CO、甲醛和NO_2的排放明显上升，而NO_x和碳烟排放的比例显著降低，在经过三效催化转化器后，HC、CO和甲醛的排放均大大降低。此外，通过调整喷射时刻和排气背压并结合排气再循环（EGR）技术，还可以拓展高负荷下的甲醇最大替代率，其值可达66%~75%。

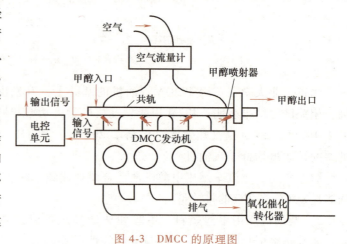

图4-3 DMCC的原理图

③ 双燃料喷射系统法。采用该方法的柴油机具有两套分开的喷油泵、喷油器系统,一套用于喷射柴油,另一套用于喷射甲醇,以使甲醇在气缸内雾化混合燃烧。使用该方法可以掺烧大比例甲醇,并且对甲醇的品质要求不高。但是需要两套燃油供给系统,对于小缸径的柴油机应用比较困难。采用该方法的柴油机性能通常受引燃油束喷射角度、喷射正时、引燃油量的影响。

吉林大学针对直喷压燃式发动机改用柴油、甲醇双燃料喷射系统,其结构简图如图 4-4 所示。经试验研究发现,与原柴油机相比,甲醇发动机的烟度下降最高可达 66%,NO_x 排放下降 60%~70%,但是 CO 和 HC 的排放上升较多。通过比较这套系统燃用甲醇和乙醇的性能差异,认为燃用乙醇的发动机具有更好的燃油经济性,但其污染物排放均高于燃用甲醇的发动机。

双燃料喷射系统解决了甲醇难以压燃的问题,并且可以精确调控两种燃料的喷射量。但其缺点是部分污染排放物的浓度较高,以及双直喷系统结构复杂,在现有柴油机上改造难度大、成本高,实施推广较困难。

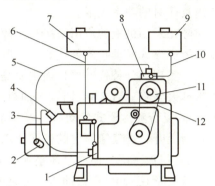

图 4-4 柴油、甲醇双燃料喷射系统的结构简图

1—第一喷射泵 2—第二喷射器 3—第一高压管
4—第一喷射器 5—第二高压管 6—第一燃料管
7—第一燃料箱 8—第二喷射泵 9—第二燃料箱
10—第二燃料管 11—驱动轮 12—齿形带

3. 乙醇燃料

目前所用的乙醇燃料都是由生物资源制成的,属于生物燃料和可再生能源。作为现今世界上乙醇燃料生产和消费排名靠前的大国,巴西所有的车用汽油均添加 20%~25% 的乙醇,而美国也在 2020 年达成了将生物燃料在交通燃料中的比例增至 20% 的目标。从 2003 年开始,我国陆续将汽油改成含 10%(体积分数)乙醇的乙醇汽油,并且全面逐渐停用普通的无铅汽油。中国作为乙醇汽油生产大国,乙醇汽油产量居世界第三位,同时乙醇汽油的消费量庞大,占全国汽油消费量的 20%,成为继美国和巴西之后,乙醇汽油生产和消费的第三大国。

目前,全世界的注意力主要集中在纤维素乙醇的开发研究上。纤维素乙醇是指由草、木质纤维素生物转化成的乙醇燃料。

乙醇燃料的性质与甲醇燃料相似,其特点如下:

1)乙醇燃料的低热值为汽油的 62% 左右。因此,当在汽油机上燃用乙醇时,应调整循环油量,以使混合气的热值大体与汽油空气混合气相等或略高,从而使发动机的动力性能不降低甚至可以提高,同时具有合适的空燃比。

2)乙醇燃料的汽化热为汽油的 2.9 倍,可使混合气在汽化时的温降增大,这有利于提高发动机的充量系数和动力性,但不利于燃料在低温下的蒸发,会造成发动机冷起动困难(尤其是在冬季)和暖机时间长。

3)乙醇燃料的辛烷值高,在火花点火式发动机上使用时,可以提高压缩比,这有利于提高发动机的动力性能和经济性能。乙醇燃料的十六烷值低,若在柴油机上使用、则需要助燃措施。

4）由于乙醇燃料的汽化热大，进入气缸的混合气温度低，滞燃期长，应适当增大点火提前角。

5）乙醇的黏度比汽油高，当管道中的流动阻力较大时，会导致火花点火式发动机高速、高负荷时的功率受限。

乙醇在发动机上的应用情况与甲醇类似，既可以作为火花点火式发动机的替代燃料，也可以作为压燃式发动机的替代燃料；既可以完全替代（E100），也可以和汽油（或柴油）混合使用，实现部分替代，但目前主要是以混合燃料方式用于火花点火式发动机。

吉林大学将一台2.0L四缸汽油机改装为兼用乙醇进气道喷射（EPI）和汽油缸内直喷（GDI）的复合喷射模式发动机，经试验发现：随着乙醇占比的上升，缸内最高温度增加，转矩逐渐上升，进气道喷射的模式使乙醇燃烧变得更完全，做功能力增强，CO排放呈减少趋势，HC排放下降，NO_x 总体呈现上升趋势。

广西大学在LJ465Q汽油机上分别燃用E10、E15、E20乙醇汽油在发动机台架上进行测试，结果表明，随着乙醇占比的增大，缸内爆发力下降，转矩减小，HC和NO_x 的排放量逐渐升高，CO则明显降低。

二、二甲醚

二甲醚（Dimethyl Ether，DME，结构简式为CH_3OCH_3）可以由煤、天然气等原料生产，它在常温常压下是一种无色有轻微醚香味的气体，在高压下为液体，饱和蒸气压力与LPG相似，近年来DME作为一种压燃式发动机的清洁替代燃料受到广泛关注。

1. 二甲醚燃料的物化性质和使用特性

由表4-1可知，二甲醚作为发动机替代燃料的主要特性如下：

1）二甲醚的十六烷值比轻柴油高，自燃温度比轻柴油低，因而适合作为轻柴油的替代燃料。由于它的滞燃期短，也有利于减少NO_x 排放和降低燃烧噪声。

2）二甲醚分子结构中没有C—C键，只有C—H和C—O键，加上它含氧量为34.8%（质量分数），因此在任何工况下均可实现无烟燃烧。

3）二甲醚蒸发热约为柴油的1.6倍，它有利于降低气缸内的最高燃烧温度，使NO_x 排放减少。

4）由于二甲醚的沸点低，喷入气缸后能立即汽化，故其对喷射压力的要求不高。

二甲醚燃料在使用中也存在以下问题：

1）二甲醚的低热值为柴油的64.7%，密度又比柴油小，若想使发动机燃用二甲醚与燃用柴油有相同的功率输出，则须增大循环供给量。

2）二甲醚是一种很强的溶剂，虽然对金属没有腐蚀性，但是与天然橡胶不能兼容，其燃油供给系统的橡胶部件、橡胶油封和垫片会因溶胀等问题而发生损坏，需要采用新型耐二甲醚的橡胶（氟醚橡胶等）或高分子材料（如聚四氟乙烯）等。

3）二甲醚黏度很低，作为燃料使用时需要加润滑添加剂，以免供油系统的针阀、柱塞偶件等出现磨损和卡死。

4）二甲醚的蒸气压随着温度增加而急剧升高，在20℃下，其蒸气压为0.4~0.5MPa（图4-5）。由于发动机燃油供给系统非常靠近发动机缸体，二甲醚在发动机上的工作温度可达 60~70℃，而在此温度下的蒸气压可达到 1.7~1.8MPa，因此需要增加燃料供给系统的供油压力，避免产生气阻。

2. 二甲醚/柴油混合燃料在压燃式发动机上的应用

二甲醚可与柴油互溶，无须助溶剂，由于混合燃料分层的温度较纯柴油的浊点低，它可以在更低的温度下使用，改善发动机对环境的适应能力。发动机使用二甲醚/柴油混合燃料时仅需适当增加循环油量，同时缓解燃用二甲醚时燃油系统易磨损和泄漏的问题。

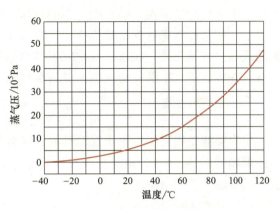

图 4-5　二甲醚蒸气压与温度的关系

图 4-6 所示为发动机燃用不同比例二甲醚/柴油混合燃料时的碳烟排放比较，由于二甲醚的含氧性及良好的雾化性能，碳烟排放在高负荷时明显下降，并且随二甲醚掺烧比例的增加而降低。美国宾夕法尼亚州立大学在其校园班车上按照车辆在曼哈顿街头行驶的典型工况进行了不同比例二甲醚/柴油混合燃料的测试，车辆颗粒排放试验结果如图 4-7 所示。由该图可以看出，当二甲醚/柴油混合燃料中二甲醚的体积百分比为 14% 时，颗粒排放下降 60%；当二甲醚的体积百分比为 25% 时，颗粒排放下降 80%。

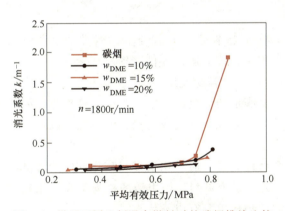

图 4-6　燃用不同比例混合燃料时的碳烟排放比较

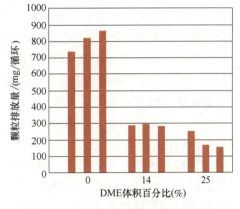

图 4-7　二甲醚/柴油混合燃料车辆颗粒排放试验结果

3. 二甲醚燃料在压燃式发动机上的应用

高速直喷发动机改燃二甲醚燃料的研究表明，发动机燃烧柔和，排放好，同时还具有直喷柴油机的高热效率。其在转速 2000r/min、50% 负荷时的燃烧噪声与柴油机相当，而在全负荷时，以二甲醚为燃料的发动机噪声较燃用柴油的噪声低 10dB（A）。此外，它还具有较低的 NO_x 排放，当采用 EGR 进一步降低 NO_x 时，发动机的燃烧和热效率都没有恶化。通过降低启喷压力，使用 EGR 并调整喷油提前角，可使 NO_x 排放比原发动机降低 70%，仅为 2g/(kW·h)，而颗粒排放为 0.04g/(kW·h)。

早在 2005 年，我国自主研发的以二甲醚为燃料的城市客车就已成功面世。该客车不仅保持了原型车的经济性与动力性，还能使车内噪声大大降低，并在不加任何尾气处理装置的情况下，使排放指标达到欧Ⅲ标准。2021年又有国内学者将一台自然吸气的WP2.3柴油机改装成二甲醚发动机，在通过优化二甲醚供给正时的基础上，采用EGR并配置氧化催化反应器，在保证该二甲醚发动机燃油经济性和动力性的前提下，使之达到国Ⅵ的排放标准。

三、生物柴油

生物柴油是指用于压燃式发动机的、来自可再生脂类，如植物油和动物脂肪酸的长链脂肪酸单酯（monoester）。由于生物柴油是可再生能源，它的应用有利于平衡自然界CO_2的排放，具有优良的环保特性。

1. 生物柴油的理化性质和使用特性

目前已知的可被发动机使用的植物油有30多种，其主要特点如下：

1）热值比柴油低，但密度比柴油高，容积热值与柴油接近，因此发动机的供油系统几乎不需要改动。

2）黏度比柴油高，影响喷雾特性和冷起动性能，但随着温度升高，植物油黏度下降较快。

3）十六烷值、闪点和着火温度均比柴油高，着火性能比柴油差，在柴油机上使用时，一般要加大喷油提前角。

4）一般含氧，对燃烧有利。

5）可以任意比例和柴油混合。

6）含有少量的水分、灰分、残炭和杂质，再加上本身的重馏分多，相对分子质量很高，挥发性差，因此在燃烧室周围零件上易产生积炭，造成运动零件磨损。

7）主要成分是不饱和脂肪酸，它的氧化安定性差，容易变质。

综上所述，植物油在其特性的许多方面不完全满足柴油机的要求，为了改善植物油的着火性能、十六烷值和黏度，一般要对植物油进行酯化处理，使其成为植物油单酯，以适合在柴油机中应用。

醇和酸相互作用，失去水后生成的有机化合物称为酯。通常用来进行酯化反应的醇类有甲醇和乙醇，它们只有一个"—OH"基团，生成的酯为单酯，用甲醇的称为甲酯，用乙醇的称为乙酯。与原植物油相比，经过酯化处理的植物油单酯有以下优点：

1）相对分子质量、黏度、密度和表面张力均有大幅度下降。

2）十六烷值提高，着火性能改善。

3）含碳量下降，含氧量增加，含氢量大致不变。

4）灰分、残炭含量大大减少。

5）酯化植物油、植物油和柴油之间可以实现任意比例的互溶。

6）酯化植物油的低热值比原植物油略低，差别约为3%。

在柴油机上使用生物柴油时，应注意以下问题：

1）一般残炭含量较高，发动机容易形成积炭，导致磨损增加。

2）浊点、凝点或冷滤点较高，低温流动性差，必要时需要添加流动性能改进剂。

3）氧化安全性差，易老化，会造成滤清器堵塞、排烟增大和起动困难。

目前已有许多国家制定了生物柴油质量标准，表 4-3 分别给出了欧盟 EN 14214：2003、德国 DIN V 51606 和美国 ASTM D6751-07b 生物柴油标准的部分指标。

表 4-3　生物柴油质量标准的部分指标

指标	欧盟 EN 14214:2003	德国 DIN V 51606	美国 ASTM D6751-07b
适用对象	脂肪酸甲酯	脂肪酸甲酯	脂肪酸乙酯
15℃密度/(g/cm^3)	0.86~0.90	0.875~0.90	—
40℃的运动黏度/(mm^2/s)	3.5~5.0	3.5~5.0	1.9~6.0
（最小）闪点/℃	120	110	93
（最大）硫含量/(mg/kg)	10	10	15
（最小）十六烷值	51	49	47
硫酸灰分的（最大）质量分数(%)	0.02	0.03	0.02
铜片腐蚀等级(50℃,3h)	1	1	3
（最大）水含量/(mg/kg)	500	300	500
（最小）甘油质量分数(%)	0.02	0.02	0.02
磷含量/(mg/kg)	10	10	10
冷滤点 CFPP/℃	不同国家不同标准	春季:0; 夏秋两季:-10; 冬季:-20	—

2. 生物柴油在发动机上的应用

柴油机可以燃用纯生物柴油，也可使用生物柴油和柴油的混合油（如体积分数为 20% 的大豆渣油与柴油的混合油，即 B20）。生物柴油的十六烷值较高，能量密度约为柴油的 90%，与石油系燃料互溶性好，不存在分层问题，加上生物柴油的含氧量为 8%~10%（体积分数），可以减少碳烟、颗粒的排放。

压燃式发动机燃用生物柴油或生物柴油/柴油混合燃料的研究表明，在发动机不做任何改动的情况下，在全部转速范围内，其功率有所下降，当量燃油消耗率升高，见表 4-4。然而，通过推迟喷油，优化燃烧，可以改进发动机在中低负荷的性能，使生物柴油发动机的转矩输出达到原型号柴油机的水平，并使当量燃油消耗率下降。

表 4-4　燃用不同比例生物柴油的电控增压发动机在整个工况范围内的功率和燃油消耗率变化

燃料	功率变化百分比	燃油消耗率平均变化百分比
柴油	0	0
B10	-0.26	1.28
B20	-1.41	3.36
B30	-2.74	3.79

注：以柴油机的功率和燃油消耗率作为比较基准。

生物柴油对发动机排放的影响如图 4-8 所示。由该图可以看出，由于植物油制生物柴油含氧，可以降低 PM、CO、HC 的排放，但因经过酯化处理的生物柴油滞燃期缩短，在供油提前角不做调整的情况下，燃烧始点提前，导致缸内最高燃烧压力和温度升高，NO_x 排放略有上升。

四、合成油

合成油主要分成两类：一类是将煤炭、天然气和生物质等含碳资源气化成 CO 和 H_2 并用 F-T（Fischer-Tropsch）合成法转化为液体燃料，分别称为煤制油 CTL（Coal-to-Liquids）、天然气制油 GTL（Gas-to-Liquids）和生物质制油 BTL（Biomass-to-Liquids），统称为 FT 燃料；另一类是在高温高压下直接加氢转化为液体燃料。合成油的主要物理化学特性见表 4-1。

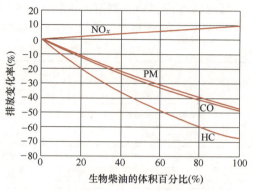

图 4-8　生物柴油对发动机排放的影响

1. 合成油的主要特点

1）合成油的主要成分是直链饱和烃和分支异构饱和烃，烯烃含量较少，硫含量极少，十六烷值高，可以算作一种高质量的柴油。

2）合成油的密度比柴油小，但其低热值比柴油高，两者乘积之比为 0.96，因此在使用合成油时，燃油系统不必做更多的改动。

3）合成油可以和普通柴油以任何比例互溶，成为混合油。

2. 合成油使用中存在的主要问题

1）低温特性较差。合成油的闪点和滤清器阻塞点的温度都比较高，不适宜在寒冷地区使用，并且合成油中含有大分子直链烷烃——石蜡，易在低温时析出，导致合成油的流动和喷雾困难，使冷起动性能恶化。

2）润滑性较差。通常硫和芳香烃含量较低的燃料都存在润滑性较差的缺点，改进方法是在燃料中应用润滑添加剂，如亚油酸、亚麻酸等。

3）对浸油弹性体有影响。在一般情况下，若燃油芳香烃含量较高，浸油弹性体（常用的有氟化橡胶和腈类橡胶）会有较大膨胀，而合成油芳香烃含量较低，有可能使弹性体收缩，产生漏油现象，因而需要添加橡胶增容剂。

五、气体替代燃料

气体燃料在发动机上使用已有悠久的历史。由于气体燃料的能量密度小（单位容积热值低）且储运不便，其正在被液体燃料取代。但在气体燃料资源丰富的国家和地区，它在发动机上的使用一直没有中断。

近年来，随着石油资源的逐渐枯竭、气体燃料开采量的加大和远距离输送、净化脱水及储运技术的提高，以及气体燃料液化技术和气体燃料电控喷射技术等的发展，特别是对发动机排放指标要求的日益严格，气体燃料在发动机上的使用又进入了一个新的发展时期。目前在发动机上使用的气体燃料有液化石油气、天然气、氢气、沼气和煤气等。由于多数气体燃料是多组分的混合气体，并且组分可能在一定范围内变化，其性能参数也不是一个固定值。液化石油气、天然气与液体燃料（汽油、柴油）物化性质的比较见表 4-1。

1. 液化石油气

液化石油气（LPG）的主要成分是丙烷和丁烷，此外还含有少量的丙烯、丁烯，产地不同，LPG 的组分也略有不同。LPG 发动机的主要技术特点如下：

1）汽化温度低。常温下，石油气在 0.2~0.6MPa 的压力下即可液化（随组分不同而定），因此，液化石油气的汽化较为容易，与空气混合的均匀性优于汽油，这有利于燃料的完全燃烧，排放水平低。

2）LPG 的燃烧特性与汽油相当，其热值略高于汽油。

3）LPG 的辛烷值高，抗爆性优于汽油，允许采用较高的压缩比，这有利于提高发动机的动力性和热效率。

4）汽化的 LPG 对发动机的充量系数有不利影响，因此进行简单改装的气体燃料发动机的功率会有所下降。

5）LPG 的着火温度比汽油高，火焰的传播比汽油慢。为了可靠点火，燃用 LPG 时要求汽车点火装置具有更大的点火能量和点火提前角。

(1) 火花点火式发动机上的应用 LPG 作为火花点火式发动机的替代燃料，大多是在汽车发动机上采用加装气体燃料供给系统的方法来实现的，这种两用燃料发动机既可燃用汽油，也可燃用 LPG，但它没有充分发挥 LPG 的潜力。另外一种应用方式是单一燃料 LPG 发动机，它的控制系统与汽油机的控制系统一样，也能实现空燃比、点火正时、怠速及爆燃等方面的控制，并且 LPG 具有无铅的优点，再辅以排气再循环和三效催化装置，经过细致匹配的 LPG 发动机可以达到较低的排放水平。国外学者在铃木一四缸四冲程发动机上分别燃用汽油、H_2 和 LPG，对其排放进行试验研究，其结果如图 4-9 所示。由该图可以看出，与汽油相比，燃用 LPG 时的 CO、NO_x 排放降低较多，但 HC 排放增加，需要安装氧化催化装置进行进一步控制。

与传统汽油机相比，LPG 发动机的技术不同点主要在于燃料供给装置，LPG 供给装置的发展历程大致分为五代：前二代是基于化油器原理的混合器式、混合器+电控式，由于其采用真空度控制空燃比，进入发动机气缸的 LPG 量受外界的影响较大，很难满足空燃比精确控制的要求，因而很快退出市场；第三代为电控进气道气体喷射，它可根据车况精确控制空燃比，但是由于 LPG 气体占用部分进气容积，充量系数会降低，导致动力性下降，同时 LPG 气体喷射还需要一个蒸发器，以保证燃料供给系统提供足够的已气化的 LPG；第四代为电控进气道液体喷射，它能显著改善动力性下降的问题，为确保 LPG 输送到喷嘴时为液态，需要更高的供给压力，又因热起动时喷嘴附近的温度较高，LPG 容易汽化，会使燃料供应不足，最终导致发动机热起动困难；第五代为缸内直喷，它能显著提高充量系数，从而提高发动机的动力性，这点对于气体喷射更为显著，但其需要更高的喷射压力，并要避免 LPG 在喷嘴附近的蒸发，仍有许多技术需要解决。

(2) 压燃式发动机上的应用 在常压下，丙烷和丁烷的辛烷值较高，自燃温度分别是 510℃ 和 430℃，因此 LPG 在柴油机上的应用以柴油引燃 LPG 的柴油/LPG 双燃料发动机为主。若合理控制引燃柴油量和设计燃烧系统相关参数，可保证直喷式柴油机改装成柴油/LPG 双燃料发动机后的动力性无明显变化，热效率在高负荷时有一定的改善，滞燃期比纯柴油长，燃烧持续期缩短，烟度大幅度下降，NO_x 的排放量减少，HC 及 CO 的排放量增加。图 4-10 所示为某型柴油机改装为柴油/LPG 双燃料发动机前后的性能对比，可以看出改装后的输出转矩与改装前接近，碳烟排放显著下降。

2. 天然气

天然气（Natural Gas，NG）的主要成分是甲烷，此外还含有少量的 H_2、CO、H_2S 可燃气和 N_2、CO_2、He 等惰性气体，它的存储方式主要有两种，其中一种是直接将天然气压缩至特制的容器中（压力为 20~30MPa），称为压缩天然气（Compressed Natural Gas，CNG）经减压器减压后可供给发动机；另一种是采用低压（或略高于常压）和低温

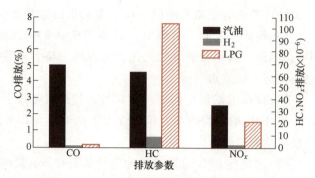

图4-9 汽油、H_2 和 LPG 有害物质排放对比

（-160℃左右）液化储存（Liquified Natural Gas，LNG），储存要求高，相应的成本也较高。

天然气的辛烷值比汽油高，具有高的抗爆性，在火花点火式发动机上使用时可以提高压缩比。天然气本身是一种清洁燃料，它与空气很容易生成均匀混合气，高负荷时 NO_x、CO、HC 排放减少，在发动机运行范围内几乎没有黑烟。与传统的压燃式柴油机相比，天然气发动机的颗粒物排放较少。天然气作为汽车燃料是安全的，因为它的自燃温度远高于汽油和柴油的自燃温度，达到自燃点着火的可能性比汽油、柴油小得多；另外，由于天然气比空气轻，稍有泄漏，很快就会扩散到大气中，其要形成着火极限浓度远比汽油难。

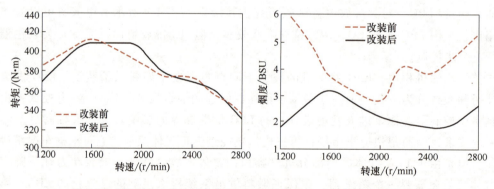

图4-10 某型柴油机改装为柴油/LPG 双燃料发动机前后的性能对比

（1）发动机的性能 CNG 发动机的排放特性和经济性要优于 LPG 发动机。同时，由于天然气资源十分丰富，CNG 汽车具有更广阔的发展前景。

1）火花点火式发动机上的应用。目前，CNG 作为发动机的替代燃料，大多是在常规汽车发动机上采用加装气体燃料供给系统的方法来实现的，这种两用燃料发动机具有燃料灵活性的优点，既可燃用原发动机的汽油，也可燃用 CNG，但它没有充分发挥 CNG 的潜力。图4-11 所示为某型电控汽油机改装为汽油/CNG 两用燃料发动机后的充量系数与功率输出，可以看出燃用 CNG 时，由于气体燃料本身的体积在整个进气中占有较大比例，充量系数下降，导致发动机功率下降。目前由主机厂开发的单一 CNG 发动机，其动力性、经济性显著高于简单改装的发动机，排放也可达到更高标准。

2）压燃式发动机上的应用。CNG 在压燃式发动机上的应用主要有 CNG 单一燃料发动机和柴油/CNG 双燃料发动机两种方式。根据引燃油量的不同，柴油/CNG 双燃料发动机可

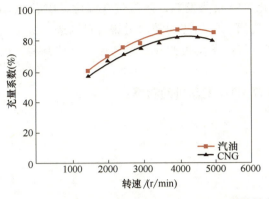
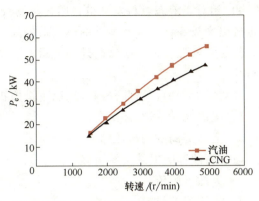

图 4-11 汽油/CNG 两用燃料发动机的充量系数与功率输出

分为常规柴油/CNG 双燃料发动机和微引燃 CNG 发动机。常规双燃料发动机使用原柴油机的喷油器可恢复到 100% 全柴油运行状态。微引燃 CNG 发动机使用专门设计的喷油器，能够保证雾化良好并可靠引燃 CNG 和空气的混合气，但不能恢复到全柴油工作模式。潍柴公司设计了一款 CNG 单一燃料发动机，采用"理论空燃比+三效催化+EGR"的技术方案，分别进行全球统一瞬态测试循环（World Harmonized Transient Cycle，WHTC）测试及整车实际道路排放测试，其测试结果见表 4-5、表 4-6，说明该天然气发动机完全满足国Ⅵ排放标准要求。

表 4-5 天然气发动机 WHTC 测试结果

项 目	NO_x 比排放/[g/(kW·h)]	CH_4 比排放/[g/(kW·h)]	NMHC 比排放/[g/(kW·h)]	CO 比排放/[g/(kW·h)]	NH_3 质量分数 (10^{-6})
冷态循环	0.76	0.80	0.01	0.88	4.62
热态循环	0.04	0.01	0.001	0.14	6.95
测试结果	0.14	0.12	0.001	0.24	6.63

表 4-6 天然气发动机实际道路排放（车载道路法）测试结果

[单位：mg/(kW·h)]

限值和测量值	CO 比排放	THC 比排放	NO_x 比排放
国Ⅵ标准限值	6.00	0.750	0.690
试验测量值	0.18	0.001	0.028

（2）天然气燃料的使用问题 天然气是一种较清洁的发动机替代燃料，但其作为燃料使用还存在以下几个主要问题：

1）简单改装的两用燃料发动机在燃用天然气时，发动机的功率比燃用汽油时有明显的降低，功率一般下降 15% 左右，甚至更多。

2）腐蚀与早期磨损问题。天然气中含有微量硫化合物（硫化氢等），它会引起气缸壁、气门及气门座的腐蚀与磨损，使发动机使用寿命和大修期缩短。

3）由于 CNG 发动机对天然气品质较敏感，各地天然气组分不同，会对发动机的运行性能和排放产生较大影响。

4）相对于液态燃料发动机，燃料蒸发汽化可吸收蒸发热，降低进气温度，CNG 发动机的进气温度较高，燃烧室零件的热负荷较高，气门、气门座均需用耐热材料制造。由于气体燃料易与空气混合，不必借助外部能量，活塞、气缸盖均可制成简单的形状，这有利于改善热负荷。

针对以上问题，目前普遍采用以下措施提高 CNG 发动机的功率：

1）提高充量系数。
2）适当提高发动机压缩比。

减小腐蚀和磨损的主要措施。

1）天然气脱硫。
2）采用耐蚀材料。
3）使用专门的 CNG 发动机润滑油。

3. 氢气

氢气用作发动机燃料时没有 HC、CO、CO_2 和碳烟排放，但有高的 NO_x 排放。目前已提出的制氢方法有很多，主要如下：①用煤、石油、天然气等碳氢化合物制氢；②用热化学法分解水制氢；③电解水制氢；④用微生物和光化学作用从有机物中制氢等，大部分的氢是由天然气在 650~700℃ 高温下使用 Ni 基催化剂制成的。尽管氢气不像石油、天然气等有较大自然储量，但作为氢气来源的水资源是极其丰富的，并且氢气燃烧后生成水，又可形成资源的快速循环。

氢气的分子组成为 H_2，表 4-7 列出了氢气（H_2）的主要物理化学特性。

表 4-7 H_2 的主要物理化学特性

特性参数	数值	特性参数	数值
质量热量/(MJ/kg)	（高）141.8	最大火焰速度时的当量比	1.7
	（低）120.1	理论空燃比/(kg/kg)	34.38
摩尔热量/(MJ/kmol)	（高）285.8	空气中燃烧界限（%）	4.1~75
	（低）242.1	极限过量空气系数	0.15~7.0
标态体积热值/(MJ/m³)	（高）12.74	着火温度/℃	571
	（低）10.80	与空气燃烧理论体积百分比[F/(A+F)]（%）	29.5
与空气的理论混合气热值/(MJ/m³)	3.186		
理论混合气点火能量/J	3.18×10^{-5}		
最小点火能量/J	1.34×10^{-5}	气态密度/(kg/m³)	0.08987
空气中最大火焰速度/(cm/s)	291	气态黏度/(MPa·s)	0.0202
最大火焰速度时的温度/K	2380	汽化热/(kJ/kmol)	90.4

氢气可以单独作为发动机的燃料，也可以与汽油（或天然气、醇类）一起作为混合燃料。

氢气单独作为发动机燃料时，可直接在传统汽油机上对燃料供应与喷射系统、安全防护系统及控制等方面做一些改动。宝马公司早在 2007 年就对一个 12 缸的汽油机进行了改造，设计出一款氢气发动机，该发动机的最高功率可达 210kW。2018 年，日本成功开发了全球首款能实现高热效率和低 NO_x 排放的火花点火氢燃料发动机。之后，丰田公司于 2021 年推出了一款搭载氢燃料发动机（由雷克萨斯 RC F Sports Coupe 的 V8 发动机改造而来）的 GR Yaris H_2 汽车。2022 年，由我国吉利汽车公司自主研发的高效氢气专用发动机取得重大突破，其有效热效率实测可达 44%。目前研发的氢气发动机所能实现的最高热效率为 45%，虽与燃料电池相比偏低（燃料电池系统可以达到 60% 以上），但燃料电池堆栈的造价非常昂贵。

氢气与汽油（或天然气、醇类）一起作为混合燃料时，不仅自身参与燃烧成为火花点火式发动机的一部分（一般掺烧量不大），还可以改善汽油的燃烧。例如马自达汽车公司研发的"RX-8 Hydrogen RE"氢气/汽油双燃料发动机，其在使用汽油时的最大输出功率为 154kW，最大转矩为 222N·m，而在使用氢气时的功率为 81kW，转矩为 120N·m。

氢气作为发动机燃料具有下列特点：

1) 质量低热值高。氢气的质量低热值是汽油低热值的 2.73 倍。但是氢的相对分子质量小、重量轻，导致其标态体积热值只有 $10.80MJ/m^3$，与驰放气的体积热值相近（$10.95MJ/m^3$）。氢气与空气的理论混合气标态热值也只有 $3.186MJ/m^3$，与沼气相近（$3.230MJ/m^3$），比汽油低约 15%。

2) 着火界限很宽。在空气中燃烧的着火界限为 4.1%~75%，远超汽油和柴油的着火界限，也就是说其可以稀薄燃烧。这对于降低发动机部分负荷的燃油消耗率有重要意义。

3) 火焰传播速度很高。氢气的火焰传播速度高达 2.91m/s，是汽油的 7.72 倍，比乙炔高 87%。这说明氢气在汽油机中燃烧时的抗爆性比汽油好。一些燃料最高火焰传播速度的比较见表 4-8。

表 4-8　一些燃料最高火焰传播速度的比较　　（单位：cm/s）

燃料名称	氢气	汽油	航空煤油	乙炔	苯	甲苯	一氧化碳	甲醇	二乙醚
最高火焰传播速度	291.2	37.7	36.9	155.3	44.6	38.6	42.9	52.3	43.7
燃料名称	甲烷	乙烷	丙烷	正丁烷	正戊烷	正己烷	正庚烷	环戊烷	环乙烷
最高火焰传播速度	37.3	44.2	42.9	41.6	42.5	42.5	42.5	41.2	42.5

4) 点火能量较低。点火能量最低可到 0.013MJ，比汽油低很多。因此，氢气发动机工作时不易失火，加上氢气层流火焰速度很高，点火提前角也很小，可以在上止点点火。

5) 扩散系数不低。氢气在空气中的扩散系数很高，是汽油的 12 倍，因此可以迅速生成均匀混合气。但是过高的扩散系数对防泄漏不利。氢气分子极小，渗透性强，易引起氢脆、缓慢渗透等问题。

6) 推广应用有难度。氢气的燃烧产物为水和氮氧化物，有害排放物单一，后处理比较容易。但是由于氢气在制备、运输、存储等方面存在困难，其作为发动机燃料仍未获得广泛推广。

第三节　燃烧热化学

一、理论空气量 L_0

理论空气量 L_0 是指 1kg 燃料完全燃烧所需的最低空气量。理论空气量的计算主要根据燃料中可燃成分完全燃烧的化学反应方程式及燃料与空气的组成成分。

发动机燃料的主要成分是碳、氢、氧,其他成分很少,可以忽略不计。设 1kg 燃料中有 g_C kg 的 C,g_H kg 的 H 和 g_O kg 的 O,即

$$g_C + g_H + g_O = 1$$

空气的主要成分是氧和氮。按质量计算空气含氧量约为 23.2%,含氮量约为 76.8%;按体积计算其含氧量为 21%,含氮量为 79%。

燃料中的 C、H 完全燃烧的化学反应方程式分别如下:

$$C + O_2 = CO_2$$

$$H_2 + \frac{1}{2} O_2 = H_2O$$

按照化学反应的当量关系,可以计算出 1kg 燃料完全燃烧所需的理论空气量 L_0,即

$$L_0 = \frac{1}{0.23} \left(\frac{8}{3} g_C + 8 g_H - g_O \right) \quad (\text{kg/kg 燃料}) \tag{4-1}$$

或

$$L_0 = \frac{1}{0.21} \left(\frac{g_C}{12} + \frac{g_H}{4} - \frac{g_O}{32} \right) \quad (\text{kmol/kg 燃料}) \tag{4-2}$$

常见液体燃料的理论空气量见表 4-1。

二、混合气浓度的表示方法

1. 过量空气系数

在发动机工作过程中,实际供给的空气量往往不等于理论空气量。将燃烧 1kg 燃料实际供给的空气量 L 与燃烧 1kg 燃料理论所需的空气量 L_0 之比称为过量空气系数,用 α 来表示,即

$$\alpha = \frac{L}{L_0} \tag{4-3}$$

$\alpha = 1$ 时为化学计量比混合气,$\alpha < 1$ 时为浓混合气,$\alpha > 1$ 时为稀混合气。α 值的大小与发动机的类型、混合气形成方法、燃料种类、发动机工况和功率调节方法有关。

柴油机的 α 总是大于 1 的,以保证喷入气缸的柴油能完全燃烧。在吸入空气量一定的情况下,α 小意味着可以向气缸内多喷油,缸内空气利用率高,发动机可以发出较大的功率,因此 α 是反映混合气形成和燃烧完全程度及整机性能的一个重要参数,应在保证发动机经济性较高的前提下尽量减小其值。减小 α,对于高速小型柴油机来说主要受燃烧完全程度的限制,而大型及增压柴油机主要受热负荷的限制。不同类型柴油机在全负荷时的 α 取值一般如下:

低速柴油机 $\alpha = 1.8 \sim 2.0$

高速柴油机 $\alpha = 1.2 \sim 1.5$

增压柴油机 $\alpha = 1.7 \sim 2.2$

对于汽油机,由于燃烧时用的是预先混合的均匀混合气,α 值的变化范围较小,一般 $\alpha = 0.85 \sim 1.1$。

2. 空燃比

除了用 α 表示混合气浓度，还可用空气燃料比，即空燃比 A/F 来表示。

3. 燃空当量比

单位质量的燃料完全燃烧所需的理论空气质量与实际供给的空气质量之比被定义为燃空当量比，用 Φ 表示。国外更多地用燃空当量比 Φ 表示混合气浓度。

上述三种混合气浓度参数之间的关系为

$$\frac{A}{F} = \alpha L_0 = \frac{1}{\Phi} L_0 \tag{4-4}$$

三、燃料热值与混合气热值

1. 燃料热值

1kg 燃料完全燃烧释放出的热量称为燃料热值，单位为 kJ/kg。在高温的燃烧产物中，水以蒸汽形式存在，水的汽化热不能被利用，只有冷却后才能释放出来。因此将水的汽化热计算在内的燃料热值称为燃料的高热值，而将不包括水的汽化热的燃料热值称为燃料的低热值。由于发动机的排气温度较高，水的汽化热不能被利用，因此发动机应用燃料的低热值。

2. 混合气热值

可燃混合气的热值是指燃料的低热值 h_μ 与单位燃料形成可燃混合气数量之比，用 h_m（kJ/kmol）来表示，即

$$h_m = \frac{h_\mu}{\alpha L_0 + \dfrac{1}{m_T}} \tag{4-5}$$

由此可见，当发动机排量和进气条件一定时，每循环加给工质的热量取决于单位可燃混合气的热值，即取决于燃料热值和过量空气系数 α，而不只是燃料热值。几种常见液体燃料的热值及其形成的可燃混合气的热值见表 4-1。

第四节 燃烧的基础知识

汽油与柴油都属于多种碳氢化合物（烃）的混合物。由于它们的相对分子质量与分子结构不同，在物理化学性质上有差异，因此在发动机的混合气形成、着火与燃烧等方面会引起许多质的不同。在了解汽油机、柴油机燃烧组织的经验规律之前，先从燃烧的基础知识出发，了解它们之间的差异，这有利于理解汽油机和柴油机的燃烧过程。

从燃料与氧化剂相互混合形成可燃混合气，到燃烧终了全部形成燃烧产物的整个燃烧过程，会经历一系列的物理化学准备阶段。通常以形成火焰为界限，将燃烧过程分为着火阶段和燃烧阶段两部分。

一、着火方式和着火机理

所谓着火，是指可燃混合气在一定的压力、温度和浓度条件下，其氧化反应突然加速，以至出现火焰的现象。

1. 着火方式

燃料和氧化剂混合形成可燃混合气后,其着火方式有两种,即自燃着火(简称自燃)和强迫着火(简称点燃或点火)。

自燃是一定体积的可燃混合气被预热,其在一定温度下混合气的反应速率会自动加速、急剧增大而产生火焰的现象。着火后,可燃混合气释放的能量足以使燃烧过程自行继续,不需要外部供给任何能量。

点燃是在可燃混合气内的某一局部,用火源引燃相邻一层的混合气后形成的燃烧波自动地传播到混合气其余部分的现象。点燃包括用火源在局部引燃和火焰传播两个阶段,其所使用的点火热源可以是电火花、电热丝、炽热物体和点火火焰等。

2. 着火机理

尽管着火是一个瞬间现象,但它是一个极为复杂的过程,至今仍有许多问题待探索。对于发动机着火过程的解释目前有两种理论,即热着火理论和链式反应着火理论。

热着火机理指出,可燃混合气在充满燃烧容器后受热,使混合气达到一定温度,由于进行化学反应释放的热量多于从容器壁面向外散失的热量,造成热量累积,从而使混合气的温度上升,这又促使混合气的反应速率增加,放出更多热量,经过不断相互促进,反应急剧加快以至达到着火。

链式反应着火机理指出,可燃混合气在外部能量的作用下,反应物中产生活性中心使反应继续,最重要的是出现分支反应使活性中心数目迅速增多,造成反应速率急剧上升以至达到着火。即使在等温条件下,也会由于活性浓度急剧增高而造成自发着火。

着火过程具有以下两个特征:

1)具有一定的着火温度T_0,当反应系统达到该温度时,会因反应速率急剧上升而发生着火,反应系统的压力急剧升高,出现放热和发光等着火现象。

2)从反应开始到系统达到着火温度T_0之前,有一段感应期,通常称为着火延迟期。在着火延迟期内,反应速率很低,可燃混合气组分的浓度、温度及压力都变化不大。

3. 烃类燃料的燃烧氧化反应

烃类燃料作为液体燃料,其成分十分复杂,燃烧氧化反应的详细内容还不是很清楚。但是大量试验研究表明,烃类燃料的着火特性具有以下特点:

1)烃类燃料的燃烧氧化反应过程比氢等其他物质更缓慢。温度低需要更长时间。要使反应物释放能量并使压力上升或使反应速率达到着火需要的程度会经历一段时间,即感应期或诱导期,在发动机中称为着火延迟期。

2)在一般的燃烧反应条件下,支链反应是烃类燃料氧化反应的主要特点之一。在反应过程中生成一些中间产物,它们能在反应中生成惰性产物或自由基,以使反应的活性中心增加,从而使反应加快。这些中间产物主要是一些过氧化物、过氧化氢和醛类物质等。

3)在一般的压力、温度范围内,反应中产生的甲醛在温度超过 573~693K 时会发出微弱的亮光,因为此时反应尚未完全达到火焰温度,故将这一现象称为冷焰。由于冷焰过后反应会加快,在蓝色火焰闪过后就会发生着火。

4)上述氧化特点称为低温多阶段着火。在较高温度下,着火过程会不经过冷焰而直接进入蓝焰阶段，蓝焰阶段持续较短，反应释放的大量热量形成高温热焰，燃烧开始。由于这两个阶段很短，很难区分，因此称为高温单阶段着火。

对于发动机的具体着火现象而言，柴油机的压缩着火和汽油机的爆燃具有低温多阶段着火的特点；而汽油机的火花点火和柴油机着火后喷入气缸内的燃料着火具有高温单阶段着火的特点。

二、燃烧方式

所谓燃烧，是指燃料与氧化剂进行剧烈放热的氧化反应过程。燃烧过程中往往伴有复杂的传热、传质、化学反应和流动现象。

燃烧可分为气相燃烧和固相燃烧。气相燃烧是指燃料以气体状态与空气混合所进行的燃烧。固相燃烧是指固体燃料没有挥发而在表面与空气燃烧。在发动机中，尽管汽油和柴油都是液体燃料，但其燃烧是以气相方式进行的，下面介绍具体的燃烧方式。

1. 预混合燃烧

预混合燃烧的特点是燃料与空气已在着火前按一定比例预先混合形成均匀的可燃混合气，在局部产生火焰中心后，火焰在预混合气体中传播。火焰传播速度取决于预混合气体的理化性质、热力状态及气体流动状况。根据气体流动状况，预混合燃烧的火焰传播可分为层流火焰传播与湍流火焰传播。

（1）层流火焰传播 在预混合气体静止或流速很低时，混合气被电火花点燃着火后，火焰向四周传播形成一球状的燃烧层，这个燃烧层称为火焰前锋面。从火焰传播方向上看，位于火焰前锋面前面的是未燃的混合气，后面则是温度很高的已燃气体，火焰前锋面上则进行剧烈的燃烧反应。层流火焰前锋面的厚度只有 1/100～1/10mm，如果将该火焰前锋面放大，则可得到图 4-12 所示的示意图。火焰前锋面厚度的很大一部分是化学反应速度很低的混合气预热区（以 δ_p 表示），而化学反应主要集中在范围很窄的化学反应区（以 δ_c 表示）。经过化学反应区后，可燃混合气的 95%～98% 会发生化学变化。

由于层流火焰前锋面很窄，而温度和混合气浓度变化又很大，故在火焰前锋面内出现了很大的温度梯度与浓度梯度，引起火焰中强烈的传热和传质，进而引起邻近混合气的化学反应，造成火焰的空间移动现象，即火焰传播。

这种层流火焰的传播速度主要取决于预混合气的性质。对于汽油与空气的预混合气体，层流火焰的传播速度一般为 0.4～0.5m/s。当 $\alpha = 0.8$～0.9 时，反应温度最高，层流火焰的传播速度最高；当 $\alpha = 1$～1.15 时，层流火焰的传播速度降低 10%～15%；混合气过浓或过稀时，由于反应温度过低而不能维持正常的火焰传播。

但是与着火界限不同，一旦形成了火焰，在

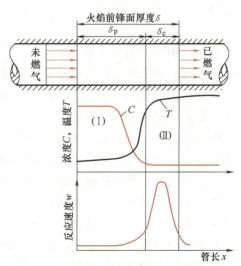

图 4-12　火焰结构及其温度、浓度分布示意图

火焰传播过程中，即使是相当稀（或浓）的混合气，仍然能够正常燃烧，即火焰传播的浓度界限远大于着火界限。

在气缸间隙等火焰传播空间过窄处，火焰不能继续传播，将这种火焰不能传播的最小缝隙称为淬熄距离。当火焰传播到靠近低温的壁面时，也不能继续传播。这些因素是发动机HC生成的主要原因。

（2）湍流火焰传播 湍流是气流中不同尺度涡旋不断形成、发展、分解与消失的不稳定流动过程。其产生的主要原因是黏性气体的流速增加到一定值后，由于边界的阻碍、外部干扰等，气流内部会形成多个涡旋。其特点是各种不同尺寸的涡旋组成连续的涡旋谱，并在空间、时间上紊乱无序变化，具有随机性质，常用湍流尺度和湍流强度来评价。湍流尺度是指涡旋翻滚一个周期所作用的空间范围。湍流在尺度上可分为宏观湍流和微观湍流，宏观湍流决定其力学性质，微观湍流则在流体黏性的作用下将湍流的运动能量转化为热能而消失。湍流强度是用脉动速度的均方根来表示湍流能量的物理量，它主要影响湍流火焰传播速度。一般湍流火焰传播速度 $v_T = 20 \sim 70 \text{m/s}$。

湍流对火焰传播速度的作用，主要体现在以下几方面：

1) 宏观湍流使火焰前锋面皱褶，增大了反应面积，但层流火焰前锋面的结构不变。

2) 微观湍流加强了传质、传热，其传热系数相对层流增大了100倍，从而提高了湍流火焰传播速度。

3) 提高湍流强度，将导致火焰前锋结构破裂，促进已燃气体和未燃气体迅速混合，缩短反应时间，提高放热速度。

汽油机中的燃烧是预混合燃烧的典型例子。电火花跳火后形成火焰核心，由于燃气的高温向外传热以及因燃烧产生的活性核心向外扩散，邻近的均匀混合气着火形成一个火焰前锋，它将燃烧室内的气体分为燃烧产物区和未燃混合气区两个区域，火焰前锋的向前推移使燃烧传播到整个燃烧室容积内。在实际汽油机中，为了加快燃烧，会在气缸内形成气体的湍流运动。

2. 扩散燃烧

扩散燃烧是柴油机的主要燃烧方式，因为柴油的蒸发性能比汽油差，故其不能像汽油那样预先制备好均匀混合气。柴油机是在接近压缩终了时直接向燃烧室内喷入燃料，使已雾化的燃料在燃烧室内与高温、高压的空气边混合边燃烧。由于一定燃料量的喷射需要相应的时间，并且液体燃料的蒸发温度一般比其着火温度低很多，刚喷入气缸内的燃料在着火前已蒸发而形成可燃混合气并自行燃烧。后续喷入的燃料是在前段喷射的燃料燃烧的过程中与空气混合并燃烧，这就要求后续喷入的燃料避开已燃的火焰面，与燃烧室内的空气相互渗透混合，由此形成扩散燃烧过程。由于在这种扩散燃烧过程中燃烧室内的温度已经很高，只要燃料与空气混合，其化学反应就可以进行得很快。因此，扩散燃烧过程完全取决于燃料和空气的混合过程，即混合气形成速度决定了扩散燃烧速度。这是扩散燃烧与以火焰传播为特征的预混合燃烧的主要区别。此外，扩散燃烧过程并不是液体燃料的直接燃烧，而是气液两相的混合燃烧过程，因此液体燃料首先需要充分气化。图 4-13 所示为单个油滴的扩散燃烧模型，在油滴表面形成了一层燃油蒸气，已气化的燃料与周围的空气在相互扩散的过程中进行混合，于是在沿油滴半径方向坐标上形成了混合气浓度逐渐稀薄的梯度分布，并在混合气浓度和温度合适的区域发生着火。油滴燃烧的实质是燃油蒸气和空气的一种气相性质的燃烧过程。为了改善液体燃料的蒸发气化条件，常采用高压喷射法进行强制雾化，使喷入气缸内的燃料形成无数个均匀细小的油滴，以此提高单位时间内的蒸发速度，同时在燃烧室内组织适当的空气运动。因此，实际柴油机的扩散燃烧过程与单个油滴的扩散燃烧模型存在很大区别。

随着柴油机喷射压力的不断提高，喷雾质量得到进一步改善。因此，向燃烧室内喷入燃料后，很容易形成更多的细小油滴在燃烧室空间分布并蒸发气化形成可燃混合气，只要环境温度符合着火条件，可燃混合气就能在多点同时着火，易造成急速的气缸压力变化，使柴油机工作粗暴，因

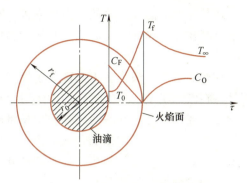

图 4-13　单个油滴的扩散燃烧模型

r_0—油滴半径　r_f—火焰面半径
T_0—油滴表面温度　T_f—火焰面温度
T_∞—空气温度　C_0—氧浓度
C_F—燃油蒸气浓度

而需要控制着火期间形成的可燃混合气量。对于这种喷雾扩散燃烧方式，燃料成分在空间的分布是不均匀的，其燃烧过程与整个燃烧室内的平均空燃比无关，不像均匀混合气那样具有严格的空燃比着火范围，因而与预混合燃烧相比，扩散燃烧具有更广泛的稳定燃烧范围。

在喷雾扩散燃烧中，燃烧室内将同时存在 3 种相，即可燃混合气相、空气相和燃烧产物相。由于混合气不均匀，在实际燃烧室内存在局部浓度极不均匀的富燃料区与贫燃料区，由此产生一个突出的问题，就是容易生成碳烟颗粒，它是限制柴油机功率的主要原因。为了抑制碳烟颗粒，组织燃烧室内的气流运动，对扩散燃烧具有重要意义。

通过对比分析，以上两种燃烧方式具有以下主要特点：

1）扩散燃烧时，由于燃料与空气边混合边燃烧，燃烧速度取决于混合速度；预混合燃烧时，因燃烧前已均匀混合，燃烧速度主要取决于化学反应速度，即取决于混合气温度和过量空气系数。

2）扩散燃烧时，为保证燃烧完全，一般要求过量空气系数 $\alpha \geqslant 1.2$，并且在总体的 $\alpha \geqslant 6.8$（相当于空燃比大于 100）的条件下也能稳定燃烧；预混合燃烧时，一般 $\alpha = 0.8 \sim 1.2$，可燃混合气浓度范围小，难以稀燃。

3）扩散燃烧时，混合气浓度和燃烧温度分布极不均匀，易产生局部高温缺氧现象，导致碳烟产生；预混合燃烧时，由于混合均匀，一般不产生碳烟。

4）扩散燃烧时，由于有碳烟产生，碳粒的燃烧会发出黄或白色的强烈辐射光，因此又称为有焰燃烧；预混合燃烧时，由于无碳粒燃烧问题，火焰呈均匀透明的蓝色，因此又称为无焰燃烧。

5）预混合燃烧由于燃前已形成可燃混合气，有回火的危险；扩散燃烧一般无此危险。

3. 爆炸燃烧

所谓爆炸燃烧，就是在燃烧室容积里，燃料与空气已均匀混合，其温度与压力在各个点上是一致的；进行先期化学反应时，反应的程度、速度与加速度也是一致的，以至于在同一时间，全部可燃混合气可以同时出现自燃着火。爆炸燃烧的速度极高，其特点是无论在爆炸

前,还是爆炸后的任一瞬间,燃烧室内只有一种相存在,在燃烧前是正在进行先期反应的可燃混合气相,在爆炸燃烧后则是燃烧产物相。当发生爆炸的混合气量大时,其结果是极具破坏性的。

在柴油机中,最先着火的部分可燃混合气实现的就是爆炸燃烧,因此柴油机的工作比较粗暴。在汽油机中,虽然气缸内的燃料与空气已经混合均匀,但因燃烧前的反应慢而无法引起爆炸燃烧;只有火花塞间隙处的少量可燃混合气在电火花作用下,可实现爆炸燃烧并形成火焰中心。在汽油机的预混合火焰传播过程中,处于火焰传播方向末端的可燃混合气将受到已燃气体膨胀的压缩与加热,如果这部分可燃混合气达到自燃温度,则将发生爆炸燃烧,这就是汽油机的爆燃现象。

4. HCCI 燃烧

均质充量压缩着火(Homogeneous Charge Compression Ignition,HCCI)燃烧被认为是"发动机的第三种燃烧方式",其基本特征是均质混合气的压燃着火和低温燃烧。HCCI 燃烧方式综合了传统汽油机和柴油机燃烧方式的优点,能降低颗粒物和氮氧化物排放,并可同时燃用多种燃料,从而实现较高的热效率。这种燃烧方式具有以下特点:

1) 燃烧室内混合气的均质化,即燃烧室内燃料、空气以及一定量的残余废气的混合气在着火前已均匀混合,燃烧室空间各点上的温度和压力也基本保持一致。

2) 压燃,即混合气的着火燃烧过程受可燃混合气的化学动力学的控制;这种燃烧方式在混合气进行化学反应时,各点的反应速度与加速度大体是一致的,在同一时间里进行燃烧,具有前面所述的爆炸燃烧特点。

3) 不同于爆炸燃烧,HCCI 燃烧方式采用均质混合气的低温稀薄燃烧来实现高效率超低排放。

由于混合气稀薄、均匀,燃烧不产生碳烟,而稀混合气的燃烧火焰温度又低,因此 NO_x 生成量非常低;又因这种燃烧方式的速度很高,故其热效率高。HCCI 燃烧方式是一种很有潜力的高效低污染燃烧方式,但因其具有爆炸燃烧的特点,往往会造成过大的气缸压力升高率,由于对其燃烧的控制还不成熟,这种燃烧方式目前只能在发动机较小的负荷范围内实现。

思考题

1. 在汽油机中燃用纯甲醇时,可能会遇到哪些困难?如何解决?
2. 对柴油机性能有重要影响的柴油性能指标有哪些?
3. 对汽油机性能有重要影响的汽油性能指标有哪些?
4. 混合气热值和燃料热值有什么区别?每循环加给工质的热量取决于哪种热值?
5. 汽油机和柴油机的燃烧方式有哪些不同?
6. 可燃混合气的浓度可以用哪几个指标表示?各指标的含义是什么?彼此间有何关系?

第五章 汽油机混合气的形成与燃烧

燃烧过程是将燃料的化学能转化为热能的过程。燃料燃烧完全与否决定了产生热量的多少和排出废气的成分,燃烧时间则关系到热量的利用和缸内压力的变化,因此,燃烧过程的进行直接影响发动机的动力性、经济性、排放和使用寿命等指标。

在影响燃烧过程的因素中,混合气的形成质量和燃烧系统是两个重要因素。为了改善发动机的性能,近些年来,人们从以上两方面出发,研究了汽油喷射混合气形成和各种新型燃烧系统,使汽油机的燃烧过程组织发生了根本变化。本章的难点为爆燃。

第一节 汽油机混合气的形成

一、汽油机混合气形成的基本要求

为了保证汽油机燃烧的高效稳定和最佳的汽油机性能,需要对混合气特性提出要求,具体如下所述。

1. 形成均质混合气

尽管汽油本身具有良好的挥发性,但是因为发动机转速高,为了能在较短时间内形成均匀可燃混合气,汽油机仍然需要合适的燃油雾化方式、足够的雾化混合时间及合理的气流运动。

2. 具有良好的响应特性

由于汽油机工况变化范围很宽,混合气形成速度应能跟上工况变化的需求,即响应特性要好。

3. 适应不同工况的混合气浓度要求

汽油机在大负荷时追求大功率,因而需要提供浓混合气,过量空气系数 $\alpha = 0.85 \sim 0.95$;在中低负荷时,考虑燃油经济性,因而需要提供稀混合气,$\alpha = 1.1 \sim 1.2$;在起动和怠速工况下,由于吸气量少、流速小,发动机温度低,汽化条件差,残余废气对可燃混合气的稀释作用明显,因而需要提供相当浓的混合气。但是当前的电控汽油机为了满足排放要求,会安装三效催化转化器,为使转化效率更高,又要求使用化学计量比混合气,即 $\alpha = 1$。$\alpha = 1$ 是现代汽油机部分负荷时常用的混合气浓度。将汽油机在不同工况下对混合气浓度的要求绘制成曲线，如图 5-1 所示。

图 5-2 所示为当汽油机转速不变、节气门开度一定（点火提前角为最佳）时，其功率和油耗随混合气浓度变化的曲线，又称为汽油机混合气浓度的调整特性。从该曲线可以看出：

1) 功率点和经济点是不对应的，也就是说，动力性和经济性不能同时兼顾。
2) 混合气浓度过浓或过稀，动力性和经济性都不理想。
3) 混合气的过量空气系数为 0.88~1.11 时，更能获得较好的动力性和经济性。

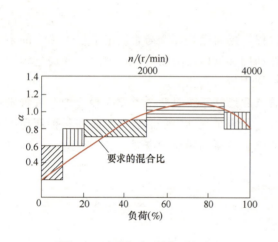

图 5-1　汽油机在不同工况下对混合气浓度的要求

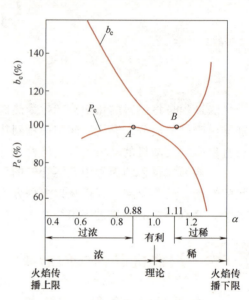

图 5-2　汽油机混合气浓度的调整特性（发动机转速不变，节气门全开）

二、汽油机混合气的形成方式

目前，汽油机主要利用喷油器将燃油喷入进气道或气缸内形成混合气，分别称为进气道喷射和缸内直喷，如图 5-3 所示。

1) 在进气道喷射中，各缸喷油器通常将燃料直接喷射到高温的进气门背面，以促进燃油蒸发。多点喷射具有空燃比控制精度高、过渡工况响应快等优点，是目前汽油机应用最多的一种混合气形成方式。关于电控多点燃油喷射的介绍见本章第五节。

2) 缸内直喷（Gasoline Direct Injection，GDI）汽油机采用类似于柴油机的供油技术，先通过一个高压油泵提供 4~20MPa 的喷油压力，将汽油供给位于气缸内的电磁燃油喷嘴，然后通过电控单元控制喷嘴将燃料在最恰当的时间直接喷入燃烧室，形成混合气。1996 年，日本三菱公司推出了世界上第一款商品化的 GDI 发动机 4G93，它采用分层混合气稀薄燃烧，可节油 20%~25%。之后，丰田和日产等公司也相继推出了自己的 GDI 发动机。关于 GDI 的介绍见本章第四节。由于缸内直喷混合气形成方式能够实现稀薄燃烧，提高燃油经济性，满足节能需求，有望成为未来汽油机混合气形成的主流方式。

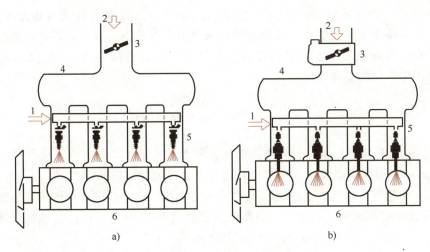

图 5-3　汽油喷射方式

a）进气道喷射　b）缸内直喷

1—燃油　2—空气　3—节气门　4—进气管　5—喷油器　6—汽油机

第二节　汽油机的燃烧过程

汽油机的燃烧过程有正常燃烧和不正常燃烧之分。在燃烧过程中，火焰核心以一定速率连续传遍整个燃烧室，并且传播速率、火焰前锋的形状均没有剧烈变化，称为正常燃烧。若燃烧不是由火花塞点燃或火焰传播速率不正常，称为不正常燃烧。

一、正常燃烧过程

1. 正常燃烧过程的特点

汽油机的燃烧过程如图 5-4 所示。为了方便分析，人为将汽油机的燃烧过程分成下述三个阶段。

（1）着火延迟期（图中 1—2 段）　它指从火花塞跳火到火焰中心形成的阶段。火花塞跳火后，电火花的高能量使电极附近的混合气温度急剧升高，焰前反应加速，致使某处混合气着火，形成火焰中心。在此阶段，气缸压力较压缩压力无明显变化。

影响着火延迟期长短的因素有混合气成分（$\alpha = 0.8 \sim 0.9$ 时最短）、开始点火时气缸内气体的热力状态、缸内气体流动状态、火花能量及残余废气量等。着火延迟期的长短，每一循环都有变动，应尽量缩短着火延迟期并保持稳定。

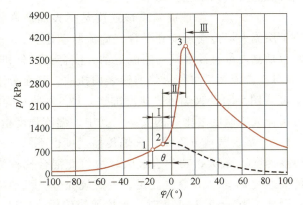

图 5-4　汽油机的燃烧过程

1—开始点火　2—形成火焰中心　3—最高压力点

Ⅰ—着火延迟期　Ⅱ—明显燃烧期　Ⅲ—后燃期

(2) 明显燃烧期(图中 2—3 段) 它指从火焰核心形成到出现最高爆发压力的阶段。在此阶段,火焰前锋面从火焰中心开始层层向未燃混合气传播,直至烧遍整个燃烧室。由于大部分燃料在此阶段燃烧,压力升高很快,于是常用压力升高率 $\Delta p/\Delta \varphi$ [kPa/(°)(CA)] 来表征缸内压力变化的急剧程度,即

$$\frac{\Delta p}{\Delta \varphi}=\frac{p_3-p_2}{\varphi_3-\varphi_2}=200\sim400\text{kPa}(°)(\text{CA})$$

式中 p_2、p_3——明显燃烧期始点和终点的气体压力(kPa);

φ_2、φ_3——明显燃烧期始点和终点相对于上止点的曲轴转角(°)。

明显燃烧期越短,越接近上止点,汽油机的经济性、动力性越好,但可能导致压力升高率 $\Delta p/\Delta \varphi$ 过大,使汽油机工作粗暴。通常明显燃烧期占 20°~30°(CA),燃烧最高压力在上止点后 12°~15°(CA) 出现,$\Delta p/\Delta \varphi$=175~250kPa/(°)(CA) 为宜。

(3) 后燃期(图中 3 点以后) 它指从最高压力出现到燃料基本完全燃烧的阶段。此阶段的燃烧有火焰前锋过后未来得及燃烧的燃料的再燃烧、贴附在缸壁上未燃混合气层的部分燃烧,以及高温分解的燃烧产物(CO,H_2)的重新氧化。

由于燃烧已远离上止点,燃烧条件差,燃烧释放的热量得不到充分利用,排气温度高,故应尽量使后燃期缩短。

2. 燃烧速度

单位时间内燃烧的混合气量就是燃烧速度,其可以表示为

$$\frac{\text{d}m}{\text{d}t}=\rho_\text{T} u_\text{T} A_\text{T}$$

式中 ρ_T——未燃混合气密度;

u_T——火焰传播速度;

A_T——火焰前锋面积。

控制燃烧速度就能控制明显燃烧期的长短及相对曲轴转角的位置。由上式可以看出,影响燃烧速度的因素包括以下几种。

(1) 火焰传播速度 u_T 该速度是指火焰前锋相对于燃烧室壁面的绝对速度,其大小取决于层流火焰传播速度和混合气湍流脉动速度,一般为 50~80m/s。影响火焰传播速度的因素包括缸内可燃混合气的湍流运动、混合气成分和混合气初始温度。

1) 湍流运动可使火焰前锋表面扭曲,甚至分隔成许多火焰中心,导致火焰前锋燃烧区变宽(图 5-5),火焰传播速度加快。图 5-6 所示为湍流强度 u 与火焰速度比(湍流火焰速度与层流火焰速度之比)的关系。其中,湍流强度指的是各点速度的均方根值。

2) 混合气成分不同,火焰传播速度也不同。如图 5-7 所示,当 α=0.85~0.95 时,火焰传播速度 u_T 最大,功率也最大,故将此混合比称为功率混合比;当 α=1.03~1.1 时,火焰传播速度 u_T 较大,氧气充足,令燃烧充分,汽油机的经济性最佳,故将此混合比称为经济混合比;当 α=1.3~1.4 时,火焰前锋传播速度迅速降低,甚至不能传播,故将此混合比称为火焰传播下限;当 α=0.4~0.5 时,混合气过浓,氧气过少,火焰不能传播,故将此混合比称为火焰传播上限。

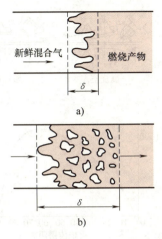

图 5-5 不同湍流作用下的火焰前锋
a) 湍流较弱 b) 湍流强烈

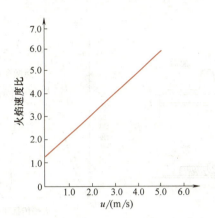

图 5-6 湍流强度与火焰速度比的关系

3）混合气初始温度高，火焰传播速度增加。

（2）火焰前锋面积 A_T 利用燃烧室几何形状及其与火花塞位置配合，可以改变不同时期火焰前锋扫过的面积，以调整燃烧速度。图 5-8 所示为燃烧室形状与发动机粗暴性的关系。

（3）可燃混合气的密度 ρ_T 增大可燃混合气的密度，可以提高燃烧速度，由此可知，增大压缩比和增加进气压力可以提高燃烧速度。

3. 不规则燃烧

不规则燃烧描述的是汽油机在稳定正常运转时，存在的各循环间的燃烧变动和各缸间的燃烧差异。

（1）各循环间的燃烧变动 图 5-9 所示为汽油机典型的气缸压力循环变化情况，可以看到气缸压力变化较大，怠速、低负荷时变动更大。

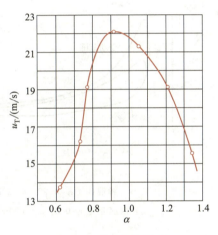

图 5-7 混合气成分对火焰传播的影响

这种循环间的燃烧变动使点火提前角调整对每一循环都不可能处于最佳状态，因而导致油耗上升、功率下降，不正常燃烧倾向增加，整个汽油机性能下降。产生这种现象的主要原因是火花塞附近混合气的混合比和气体湍流性质、程度在各循环均有变动，致使火焰核心形成的时间不同，即由有效着火时间变动引起。

（2）各缸间的燃烧差异 这种差异主要是由燃料分配不均匀造成的，也与进气量、进气速度、扰动强度、压缩比、燃烧室形状及火花塞位置的差异有关。

由于各缸混合气成分不同，不可能使各缸都用经济混合气或功率混合气工作，结果导致整个汽油机功率下降、燃油消耗率上升、排放性能恶化。

4. 燃烧室壁面的熄火作用

在火焰传播过程中，燃烧室壁对火焰具有熄火作用，即紧靠壁面附近不可能形成火焰，因此在熄火区内存在大量未燃烧的烃，它是排气中 HC 的主要来源。当 α 约为 1 时，熄火厚

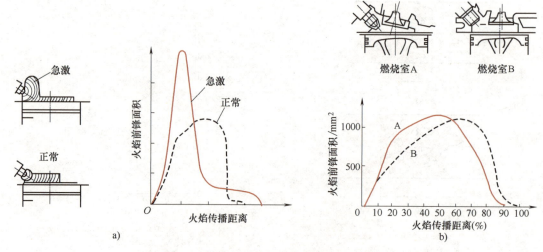

图 5-8 燃烧室形状与发动机粗暴性的关系

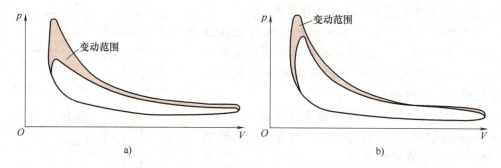

图 5-9 汽油机典型的气缸压力循环变化情况

a）稀混合气 $\alpha=1.22$，$n=2000\text{r/min}$，节气门全开，p_i 变动 $\pm 4.5\%$，p_z 变动 $\pm 28\%$

b）浓混合气 $\alpha=0.8$，$n=2000\text{r/min}$，$\varepsilon=9$，节气门全开，p_i 变动 $\pm 3.6\%$，p_z 变动 $\pm 10\%$

度最小；当负荷减小时，熄火厚度显著增加；当燃烧室温度、压力提高时，气缸湍流加强，熄火厚度减小。减小熄火厚度及燃烧室的面容比，可以使汽油机的 HC 排放降低。

二、不正常燃烧

汽油机的不正常燃烧包括爆燃和表面点火（早燃）两种。

1. 爆燃

对于汽油机而言，如果压缩比过高或点火过早，燃烧会变得不正常，火焰传播速度和火焰前锋形状都会发生急剧变化，这种现象称为爆燃。

（1）汽油机爆燃时的常见外部特征 爆燃发生时的常见外部特征包括：发出金属敲击声；冷却液过热，气缸盖温度上升。发生轻微爆燃时，汽油机功率略有增加；发生强烈爆燃时，汽油机功率下降，油耗增加，同时冒烟带火星。

（2）爆燃产生的原因 在正常火焰传播过程中，处于最后燃烧位置的末端混合气受到进一步压缩和辐射的热作用，加速了先期反应。如果在火焰前锋未到之前便形成火焰中心，火焰传播速度可达 1000m/s 以上，致使局部温度、压力迅速上升，并伴有压力冲击波（图5-10）。冲击波反复冲击缸壁产生敲击声，严重时会破坏气缸壁表面的附面气膜和油膜，导致传热增加，气缸盖、活塞顶的温度升高，冷却系统过热，功率降低，油耗增加。

(3) **影响爆燃的因素** 影响爆燃的因素包括以下几方面：

1）燃料性质。辛烷值高的燃料，抗爆性好。

2）末端混合气的温度和压力。末端混合气的温度和压力增加，会增加爆燃倾向。

3）火焰前锋传到末端混合气的时间。火焰前锋传播速度提高，火焰传播距离减小，可使爆燃倾向减弱。

综上所述，汽油机工作是否发生爆燃，一方面取决于所用燃料，另一方面取决于发动机的运转条件和燃烧室的设计。

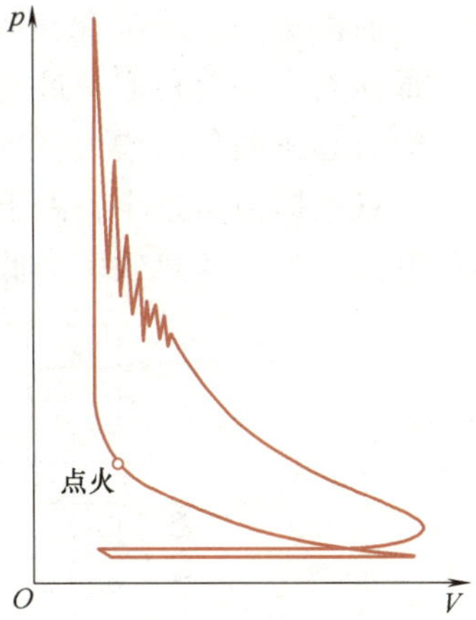

2. 表面点火

在汽油机中，将不依靠电火花点火，而靠燃烧室内炽热表面（排气门头部、火花塞绝缘体、零件表面炽热的沉积物）点燃混合气的现象统称为表面点火。它的点火时间是不可控的。

早燃是指在火花塞点火之前，炽热表面就点燃混合气的现象。由于它提前点火且热点表面比火花大，燃烧速率会增加，气缸压力、温度也会提高，导致发动机工作粗暴，加上压缩功增大，向气缸壁的传热量增加，导致功率下降，火花塞、活塞等零件过热。图5-11所示为汽油机早燃的示功图。

图5-10 汽油机爆燃的示功图

表面点火和爆燃是两种完全不同的不正常燃烧现象，爆燃是在电火花点火以后终燃混合气的自燃现象，而表面点火是炽热物点燃混合气所致。发生表面点火时，火焰传播速度比较正常，没有压力冲击波，金属敲击声音比较沉闷。但这两者之间存在某种相互促进的关系：强烈的爆燃会增加向气缸壁的传热量，从而促进炽热点的形成，导致表面点火；早燃又使气缸压力升高率和最高燃烧压力增加，导致未燃混合气受到较大的压缩和传热，从而促使爆燃发生。

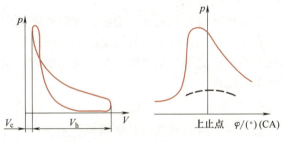

图5-11 汽油机早燃的示功图

三、运转因素对燃烧过程的影响

1. 混合气浓度

前文已指出，在 $\alpha = 0.8 \sim 0.9$ 时，着火延迟期最短，火焰传播速度最高，因而 p_z、T_z、P_e、$\Delta p/\Delta \varphi$ 均达最大值，但爆燃倾向大。同时由于燃烧不完全，燃油消耗率 b_e 高。在 $\alpha = 1.03 \sim 1.1$ 时，由于燃烧完全，b_e 最低。

2. 点火提前角

在汽油机中，当保持节气门开度、转速和过量空气系数不变时，汽油机的有效功率、燃油消耗率等指标随着点火提前角改变而变化的关系称为点火提前角调整特性（图 5-12）。对应于汽油机每一工况都存在一个最佳点火提前角，这时汽油机的功率最大，燃油消耗率最小。最佳点火提前角应使最高燃烧压力在上止点后 12°~15°（CA）时达到。若点火提前角过大，会引起压缩负功增大，导致功率下降，爆发压力和末端混合气温度上升，爆燃倾向增加。若点火提前角过小，由于燃烧不及时，致使爆发压力和温度下降，传热损失增多，排气温度升高，功率和热效率降低，但爆燃倾向减小。

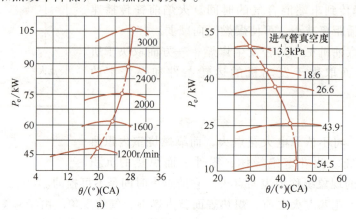

图 5-12 25Y-6100Q 型汽油机的点火提前角调整特性
a）节气门全开时 b）转速 $n = 1600 \text{r/min}$

3. 转速

转速增加时，气缸湍流增强，火焰传播速度大体与转速成正比例增加，因而以秒计的燃烧过程缩短，但由于循环时间也缩短，以曲轴转角计的燃烧时间增加，因此现代汽油机电控系统具有点火提前控制功能，在转速增加时，增大点火提前角。转速增加，火焰传播加快，爆燃倾向减小。

4. 负荷

负荷减小时，节气门开度减小，进入气缸的新鲜混合气量减少，而残余废气量基本不变，导致残余废气系数增大，对混合气的稀释作用变大，进而使着火延迟期增长，火焰传播变慢，燃烧恶化，最终使 p_z、T_z、$\Delta p/\Delta \varphi$ 均下降，相对散热损失增加，b_e 也随之增大。因此，随着负荷的减小，应增大最佳点火提前角。在现代发动机中，电控系统根据负荷可自动调节点火提前角。值得注意的是，当负荷减小时，由于残余废气的稀释作用增强，气缸内的温度、压力下降，反而会使爆燃倾向减小。

第三节 汽油机的燃烧室

一、对燃烧室的要求

燃烧室结构直接影响汽油机的充量系数、火焰传播速率及放热率、传热损失和爆燃的发生,从而影响汽油机的性能。因此,为了使汽油机的动力性提高、经济性变好、工作平稳轻声、排气污染小,需要对燃烧室提出下述要求。

1. 结构紧凑

面容比(燃烧室表面积与容积之比)常用于表示燃烧室的紧凑性。面容比值较小,燃烧室紧凑,具有以下优点:①火焰传播距离短,不易爆燃,可提高压缩比;②相对散热损失小,热效率高;③熄火面积小,HC 排放少。

2. 具有良好的充气性能

应允许有较大的进气门直径;进气阻力要小,要尽可能使气流顺利地流入燃烧室;燃烧室壁面与气门头部应有足够的间隙,避免壁面的遮蔽作用。

3. 火花塞位置安排得当

火花塞位置直接影响火焰传播距离、火焰面积扩大率和燃烧率。在布置火花塞时,需要考虑以下几点:①要能利用新鲜混合气充分扫除火花塞间隙处的残余废气,使混合气易于着火,这对暖机和低负荷的运转稳定性更为重要,但气流不能过强,以免吹散火花;②火花塞应靠近排气门处,使受灼热表面加热的混合气及早燃烧,以免发展为爆燃;③火花塞的布置应使火焰传播距离尽可能短;④不同的火花塞位置对燃料辛烷值的要求也不同。图 5-13 所示为一种顶置气门燃烧室火花塞位置对辛烷值的要求。

4. 合理设计燃烧室形状

不同的燃烧室形状实际反映了混合气气体的分布情况,与火花塞位置相配合,也就决定了不同的燃烧放热率和火焰传播到边缘可燃混合气的距离,从而影响抗爆性、工作粗暴性、经济性和平均有效压力 p_{me}(图 5-8)。合理的分布应使燃烧初期压力升高率小,工作柔和;中期放热量最多,可获得较大的功;后期补燃较少,有较高的热效率。

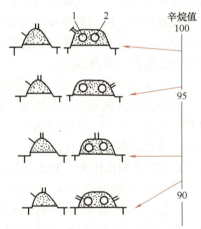

图 5-13 顶置气门燃烧室火花塞位置对辛烷值的要求($n=1000r/min$, $\varepsilon=9$)
1—进气门 2—排气门

5. 产生适当的气体流动

燃烧室内形成适当强度的气体流动具有以下优势:①提高火焰传播速度;②扩大混合气的着火界限,可以燃烧更稀的混合气;③减少循环变动;④降低 HC 排放。但是过强的气流会使热损失增加,还可能因吹熄火焰核心而失火。

燃烧室内的气体流动主要有以下几种。

(1) **进气涡流** 利用进气口和进气道的形状,在进气过程中形成气流绕气缸中心线的旋转运动。图 5-14 所示为日本日产 1.3L 汽油机组织进气涡流的实例。

组织进气涡流的缺点是导致 η_v 下降。另外,在低速低负荷时要维持良好的进气涡流也是有困难的。

(2) **压缩挤流** 如图 5-15 所示,在接近压缩终了时,发动机利用活塞顶部和气缸盖底面之间的挤气面,将混合气挤入主要燃烧室内,形成涡流。

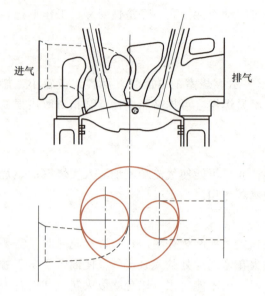

图 5-14 日本日产 1.3L 汽油机的燃烧室

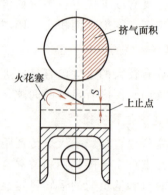

图 5-15 挤流式燃烧室

采用压缩挤流不仅会增加火焰传播速度,还会使大部分混合气集中于火花塞周围,加上离火花塞最远的边缘气体因处于较小的间隙中,受两个冷表面的影响,散热容易,可缓和爆燃的发展过程,因而对抗爆性有很大好处。挤流只是活塞将某些空气从余隙容积中挤出,完全不影响充量系数,即使在低速低负荷时,仍能维持良好的压缩挤流,因此汽油机大部分燃烧室都是组织压缩挤流的。

(3) **滚流和斜轴涡流** 在进气过程中形成的绕气缸轴线垂直线旋转的有组织的空气旋流,称为滚流或横轴涡流。滚流一般利用直进气道形成。它较适宜在四气门汽油机上使用。滚流在压缩过程中,其动量衰减较少,同时可保存到压缩行程的末期。当活塞接近上止点时,大尺度的滚流将破裂成众多小尺度的涡,使湍流强度和湍流动能增加,这有利于提高火焰传播速率,改善汽油机性能(图 5-16)。

滚流和涡流的结合可形成斜轴涡流,它既有绕气缸轴线旋转的横向分量,也有绕气缸轴线垂直线的纵向分量。在四气门汽油机中,从两个进气道中选择一个进气道安装旋流控制阀,通过改变该阀的开度,可以形成不同角度的斜轴涡流。可以认为斜轴涡流是由进气涡流和滚流两部分组成的,它充分利用了进气涡流和滚流的优点,在上止点

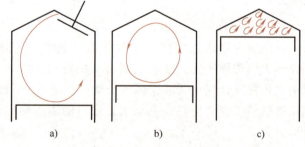

图 5-16 滚流的基本过程
a) 进气过程 b) 压缩过程 c) 压缩终了

附近能形成更强的湍流运动,从而提高混合气(特别是稀混合气)的燃烧速率。

6. 末端混合气有适当冷却

末端混合气要有足够的冷却强度,以降低终燃混合气的温度,降低爆燃倾向,但又不能使激冷层过大,以免增加 HC 排放。

二、常用典型燃烧室

1. 半球形燃烧室

如图 5-17 所示，半球形燃烧室结构紧凑，而火花塞又位于中间，故其火焰传播距离是最短的。进、排气门倾斜布置，可使气门直径较大，气道转弯半径较小，充量系数大，同时对转速变化不敏感，因此最高转速在 6000r/min 以上的车用汽油机几乎都采用此类燃烧室。半球形燃烧室有较好的动力性和经济性，由于其面容比小，HC 排放也少；其缺点是火花塞附近有较大容积，导致燃烧速率大，压力升高率大，工作粗暴，同时 NO_x 排放较多，末端混合气冷却较差，气门驱动机构也较复杂。

2. 蓬形燃烧室

如图 5-18 所示，蓬形燃烧室的进、排气门之间形成一定的夹角，采用倾斜布置方式，可使气流进入气缸转弯半径小，充量系数大（尤其是在高转速时），同时具有较短的火焰传播距离。与半球形燃烧室相比，蓬形燃烧室更容易组织挤气运动，因此缸内直喷机型多采用蓬形燃烧室。

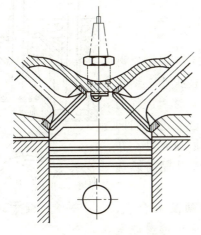

图 5-17 半球形燃烧室

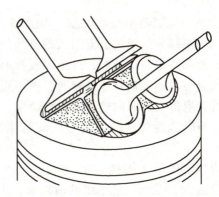

图 5-18 蓬形燃烧室

第四节　汽油机的稀薄燃烧系统

稀薄燃烧是汽油机降低油耗的重要途径。早期实现稀薄燃烧的措施主要有进气道供油形成均质稀混合气和分层稀混合气两种方式。之后为了实现高度稀燃，又产生了分层稀燃缸内直喷汽油机，其可以节油 20% 以上，并使动力提高 10% 左右。目前，已发展到兼顾排放和燃油经济性的均质当量比缸内直喷汽油机，其可以节油 5%，并使动力提高 5% 左右。

一、稀薄燃烧

A/F>14.8 时的混合气称为稀混合气，其燃烧称为稀薄燃烧。

(1) 均质稀薄燃烧 对于均质稀混合气,随着混合气变稀,汽油机的油耗和排放均显著降低;但若混合气继续变稀,着火和燃烧会变得不稳定,汽油机的油耗和排放也开始升高。一般稳定燃烧界限可扩展至 A/F = 17,为了提高稀燃界限,人们提出分层给气稀薄燃烧方式。

(2) 分层给气稀薄燃烧 合理组织燃烧室内的混合气分布,保证即使是在平均 A/F>20 的条件下,火花塞周围也能形成易于着火的浓混合气,而周边区域是较稀的混合气或空气,在这两者之间,为了便于火焰传播,混合气从火花塞开始由浓到稀实现逐步过渡。采用这种分层燃烧方式的汽油机可稳定工作在 A/F = 20~25 的范围内,燃油消耗率降低 13% 左右,NO_x 排放也显著降低。

(3) 非缸内直喷分层给气稀薄燃烧 采用进气道供油,实现直喷分层稀薄燃烧的方法主要有主副燃烧、轴向分层和径向分层等。

(4) 缸内直喷分层给气稀薄燃烧 采用缸内直喷分层给气稀薄燃烧,可以进一步提高稀薄燃烧程度,降低油耗。目前,已商品化的缸内直喷分层稀燃汽油机可在 A/F≥25~50 的条件下稳定工作,燃油消耗率较传统汽油机可改善 20% 以上。

二、非缸内直喷稀薄燃烧

1. 均质稀混合气燃烧室

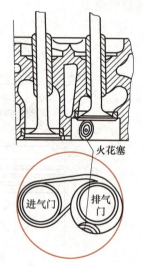

图 5-19 火球高压缩比燃烧室布置

(1) 火球高压缩比燃烧室 如图 5-19 所示,火球高压缩比燃烧室的主要部分位于气缸盖凹入的排气门下方,其直径很小,结构紧凑,并有一定的挤气面,可形成较强的挤气湍流。同时,进气门浅凹坑处与主燃烧室有浅槽相通,在上止点前,部分进入进气门凹坑的充量通过浅槽切向进入主要燃烧室,产生可控的涡流运动。在活塞下行时,燃气又以高速形成反挤流运动,从而可以提高燃烧速度。

火球高压缩比燃烧室的优点是可以燃烧非常稀薄的混合气,A/F 可达 26,从而降低了燃油消耗率。表 5-1 列出了火球形燃烧室与其他燃烧室排放的比较,可以看出,这种低污染燃烧室可以与分层燃烧系统(本田 CVCC)相媲美。这种燃烧室在燃用研究法辛烷值为 97 的汽油时,试验汽油机的压缩比曾由 8.5 提高到 16,同时具有与一般汽油机相同的 p_{zmax},于是获得较高的热效率。实际使用时的压缩比一般为 13~14。

表 5-1 火球形燃烧室与其他燃烧室排放的比较

排放成分	标准形	本田 CVCC	火球形
CO/(g/试验)	80.4	19.5	20.0
NO_x/(g/试验)	6.14	3.14	2.0
HC/(g/试验)	3.11	2.15	2.9

火球高压缩比燃烧室的缺点是必须用高辛烷值汽油,并对积炭敏感,需要严格控制压缩比。这种燃烧室已被用于美洲虎(Jaguar)5.31V-12 发动机上。

(2) 碗形燃烧室(HRCC) 如图 5-20 所示,HRCC 采用很紧凑的活塞顶凹坑,火焰传播距离短,挤气面积大,湍流强,火花塞位于凹坑内。这种燃烧室燃用研究法辛烷值为99的汽油时,可将压缩比提高到13,A/F 为 16~22,最经济 A/F 为 21.5。由于压缩比提高和挤流增加,着火延迟期缩短,火焰传播速度提高,因而可减小点火提前角,使爆燃倾向降低,并有利于稀混合气着火,HC、NO_x、CO 的排放也较少。

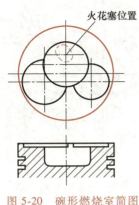

图 5-20 碗形燃烧室简图

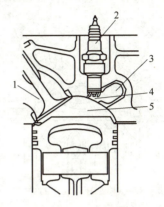

图 5-21 TGP 燃烧室

1—进气口　2—火花塞　3—预燃室　4—孔道　5—主燃烧室

(3) TGP 燃烧室　如图 5-21 所示,TGP 燃烧室中设有一个预燃室,其容积 V_P 与主燃烧室容积 V_m 之比不大于20%,火花塞位于通道中。在压缩过程中,新鲜混合气进入预燃室,产生适当的涡流,并对火花塞间隙进行扫气,促进着火。火焰核心进入预燃室后,引起迅速燃烧,结果形成火焰束喷入主燃烧室,使其中的气体产生强烈湍流,促进其燃烧。TGP 燃烧室的燃烧特性如图 5-22 和图 5-23 所示。

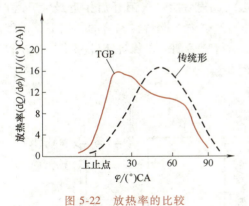

图 5-22 放热率的比较

($n=2000r/min$,A/F = 15,排量:4缸 2.0L)

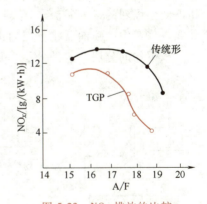

图 5-23 NO_x 排放的比较

($n=2400r/min$,排量:4缸 1.6L)

(4) 双火花塞燃烧室　如图 5-24 所示,在离半球形燃烧室中心两边等距离处各布置一个火花塞,则其火焰传播距离仅为缸径的一半。这样可以减小点火提前角,提高点火时混合气的压力和温度,使着火性能得到改善,燃烧持续时间缩短,从而提高了发动机的性能。

2. 分层给气燃烧室

(1) 本田 CVCC 燃烧系统　CVCC 燃烧系统是一种由化油器供油、具有副室式燃烧室的分层燃烧系统。如图 5-25 所示,CVCC 燃烧室分成主、副燃烧室两部分,副燃烧室内有辅助进气门和火花塞，主、副燃烧室之间通过 5 个火焰通道相连。工作时，化油器主腔向主燃烧室供应较稀的混合气，另有一小腔向副燃烧室供应浓混合气，通过火焰通道进行适当的混合，在副燃烧室和火焰通道附近形成较浓的中间混合气层。火花塞点火后，副燃烧室内的浓混合气先着火，火焰再从火焰通道喷出，使中间浓度混合气燃烧，最后使稀混合气燃烧。

图 5-24　双火花塞燃烧室（日产 NAPS-Z）

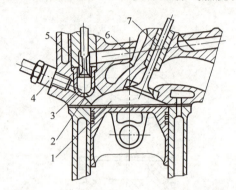

图 5-25　CVCC 燃烧室

1—主燃烧室　2—火焰通道　3—副燃烧室　4—火花塞
5—辅助进气门　6—副进气道　7—主进气门

这种燃烧系统的主燃烧室不组织涡流，加上火焰通道截面积较大，无法引起强烈的燃烧湍流，因此燃烧速度低，过后燃烧严重，燃烧温度仅为 1220℃，NO_x 排放减少；又因排气温度高，HC 和 CO 可在排气管中燃烧，使其排放也减少。该系统的最大优点是排放性能好，但经济性没有得到改善。

（2）**轴向分层稀燃系统**　轴向分层稀燃系统的工作原理如图 5-26 所示。在进气阀导气屏的作用下产生强烈的进气涡流（图 5-26a）；在进气过程后期进气门开启接近最大升程时，通过安装在进气道中的喷油器将燃料对准进气阀喷入气缸内，燃料在涡流的作用下，沿气缸轴向产生上浓下稀的分层。这种分层一直维持到压缩行程后期，以保证火花塞附近存在较浓的混合气。

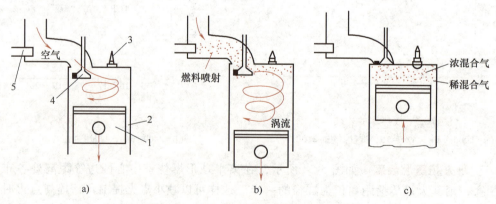

图 5-26　轴向分层稀燃系统的工作原理

a）进气过程早期　b）进气过程后期　c）压缩过程
1—活塞　2—气缸　3—火花塞　4—进气阀导气屏　5—喷油器

本田公司成功地在一台四气门发动机上通过可变进气系统（VTEC-E），实现了轴向分

层燃烧,其 A/F 达到 22。部分负荷时的燃油消耗率降低了 12%;全负荷时恢复到化学计量比状态工作,同时采用排气再循环和三效催化转化器。

(3) 滚流分层稀燃系统 三菱公司于 1991 年成功开发了 MVV(Mitsubishi Vertical Vortex)稀燃系统,如图 5-27 所示。在进气道中设置两块薄的垂直隔板,使进气在气缸内形成三股独立的滚流,两侧的滚流全部是空气,中间一股是浓混合气,从而使燃料和空气在压缩过程中维持分层,即便是在 A/F= 23~25 时,也能保证火花塞周围形成易点燃的较浓混合气。在车辆以 40km/h 的速度等速行驶时,采用该系统的汽油机比普通汽油机节油 13%。

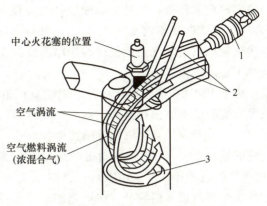

图 5-27 三菱 MVV 稀燃系统示意图
1—喷油器 2—进气口隔板 3—带有滚流控制的活塞

三、缸内直喷稀薄燃烧

1. 缸内直喷分层稀薄混合气的形成

GDI 汽油机采用类似于柴油机的供油技术,先通过高压油泵提供 4~20MPa 的喷油压力,将汽油供给位于气缸内的电磁燃油喷嘴,然后通过计算机控制喷嘴将燃油直接喷入气缸。为了形成分层稀薄混合气,燃油在压缩后期喷入燃烧室,从喷油到点火的时间很短,同时缸内气体压力高,喷雾油滴的扩散和蒸发被限制在缸内局部区域,利用特殊设计的燃烧室内部形状、缸内气体运动或喷嘴喷雾将燃料输送到火花塞附近,燃油在此过程中充分汽化并适当与空气混合,点火时可以形成火花塞附近浓而周围稀的分层混合气。根据混合气引向火花塞的方式,混合气形成方式可分为喷雾引导、壁面引导、气流引导三种,如图 5-28 所示。

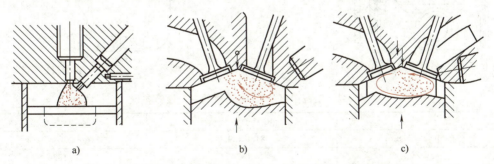

图 5-28 GDI 汽油机的三种混合气形成方式
a) 喷雾引导 b) 壁面引导 c) 气流引导

2. 典型缸内直喷稀薄燃烧系统

(1) 福特 PROCO 稀燃系统 福特公司开发的 PROCO 稀燃系统,属于 GDI 稀燃方式中较早期的例子,至今已有 20 年以上的历史。如图 5-29 所示,该系统将汽油经喷油器直接喷入气缸内,喷油器两侧各装有 1 个火花塞,利用涡流和滚流进行油气混合。由于燃油在气缸内喷雾汽化需要吸收热量,会使混合气温度下降,充量提高,并可使用较高的压缩比($\varepsilon=11.5$)。低速时功率增加5%~10%,部分负荷和怠速时的燃油消耗率分别下降5%和12%。与进气管单点喷射汽油机相比,NO_x和冷起动HC的排放均有所减少,并可在A/F为25的条件下稳定工作。

由于PROCO稀燃系统存在不能在宽广的转速和负荷范围内稳定燃烧,HC排放高,以及没有配套的稀燃催化器等问题,一直未能实用化。

(2) 三菱4G系列缸内直喷稀燃发动机 图5-30所示为三菱公司于1996年最先实现商品化的缸内直喷(GDI)发动机的结构图,其主要设计参数见表5-2。与传统的进气道喷射4G93汽油机相比,它采用颇具特色的立式进气道,可以保证高度的滚流及充量系数;滚流与活塞的弯曲顶面相配合,在火花塞周围形成浓混合气;为了追求喷油雾化特性,使用高压旋流喷油器,喷射压力为5MPa,能够保证喷油雾化质量。

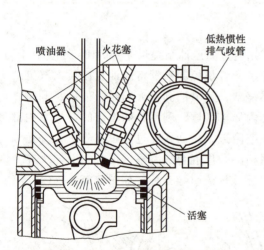

图5-29 福特PROCO稀燃系统示意图

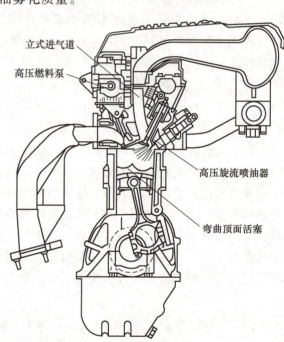

图5-30 三菱公司GDI发动机的结构图

表5-2 三菱公司GDI发动机的主要设计参数

型号		4G93缸内直喷	4G93传统型
缸径/mm×冲程/mm		81.0×89.0	81.0×89.0
总充气量/mL		1834	1834
气缸数		直列四缸	直列四缸
进(排)气阀	型式	DOHC	DOHC
	阀数	吸气二阀,排气二阀	吸气二阀,排气二阀
压缩比		12.0	10.5
燃烧室		单坡屋顶形(弯曲顶面活塞)	单坡屋顶形
进气道		立式	普通形式
燃料供给形式		缸内直接喷射	进气道喷射
喷油压力/MPa		5.0	0.33

三菱公司的 GDI 发动机相较于传统的进气道喷射发动机,可以在 A/F = 40 以上的稀燃条件下稳定工作,NO_x 排放可降低 60% 以上,中小负荷时的油耗比按标准混合气工作的进气道喷射发动机降低 35%。由于采用稀燃方式并能保证燃烧安定性,急速时的稳定工作转速可由 750r/min 降至 600r/min,急速节油 40%。

(3) 丰田 D-4 缸内直喷稀燃发动机 丰田公司于 1996 年成功开发了 D-4 缸内直喷稀燃发动机(型号为 3S-FSE)并实现商品化,其混合气形成如图 5-31 所示。通过安装在进气道中的电子涡流控制阀 E-SCV,形成不同角度的斜向进气涡流。燃烧室为半球屋顶形,活塞顶部设有唇形深皿凹坑,与进气涡流旋向以及喷油时间和喷油方向相配合,在火花塞周围形成较浓的易点燃混合气区域。为了抑制扩散燃烧所形成的黑烟,采用高压(8~13MPa)旋流喷油器,可实现高度微粒化。为了控制分层燃烧时 NO_x 的产生,采用电控 EGR 系统,并装用紧凑耦合三效催化转化器和吸附还原型稀燃主催化器。

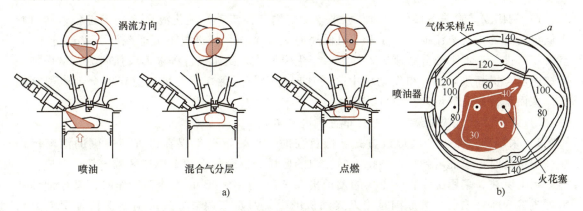

图 5-31 丰田 D-4 缸内直喷稀燃发动机的混合气形成
a) 燃烧混合过程 b) 缸内混合气浓度分布(A/F)

通过在装用该款发动机的汽车质量为 1250kg 的自动档轿车上进行日本 10-15 工况试验,可以实现 17.4km/L 的低燃油消耗率,相比同排量的传统汽油机轿车能节油 35%。

1999 年,丰田推出了第二代 D-4 缸内直喷技术,该技术最早被用在 2JZ-FSE 发动机上,其与第一代技术的最大不同在于第一代的喷油器喷射的雾化汽油是锥形的,而第二代是扇形的,扇形喷雾的分散性比锥形的更高,由于活塞顶部专门设计了一个内凹的造型作为燃烧室的一部分,于是将这个特殊造型的燃烧室称为唇形燃烧室,其作用是控制混合气的形成和燃烧的扩散。因为唇形燃烧室能使喷射的雾化燃料(最浓的部分)停留在火花塞周边,故可使稀薄的混合可燃气被火花塞点燃。

丰田 D-4 缸内直喷稀燃发动机也有缺点,那就是积炭问题,由于长时间急速或者大量使用发动机特定转速区间,容易导致进气门处积炭,进而引发急速不稳等问题。

(4) 大众 FSI 发动机 大众公司于 1999 年推出了 E111 型 1.4L GDI 发动机,其燃烧系统的特点是采用双滚流混合气形成方式。低负荷时,可燃混合气仅在进气门一侧的滚流区形成;中负荷时,喷油可到达包括排气门在内的区域,两个滚流区域内都形成混合气。排气后处理系统采用吸附还原型催化剂,但用 NO_x 传感器来控制催化剂的还原反应时间是它的缺点。

大众公司于 2001 年推出的 FSI(Fuel Stratified Injection,燃油分层喷射)发动机燃烧系统如图 5-32 所示,它具有以下结构特点:

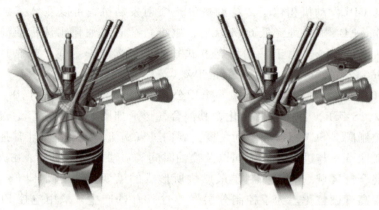

图 5-32 FSI 发动机燃烧系统

1)利用安装在进气歧管中的翻板来改变缸内气体流动,优化混合气形成过程,同时减小低负荷时的进气节流损失。在发动机低速时关闭翻板,将进气道流通截面下半部分遮挡,空气就从进气道上半部分高速进入气缸,产生强滚流,到压缩行程末形成强湍流,从而加快燃烧速度,提高热效率;在发动机中高转速时完全打开翻板,使进气道获得全部流通截面积,从而获得高充气量来实现目标功率。

2)采用多孔式喷油器,并将其布置在进气侧。

3)采用双滚流混合气形成方式。低负荷时,可燃混合气仅在进气门一侧的滚流区形成;中负荷时,喷油可到达包括排气门在内的区域,混合气在两个滚流区域内都可形成。

综上所述,采用缸内直喷方式的发动机在 A/F 为 40~50 的条件下工作时,其燃油消耗率可改善 30% 左右,主要原因是接近柴油机的燃烧及负荷调节方式(但要保持外源点火),具体分析如下:

1)由于稀混合气燃烧时,N_2 和 O_2 双原子分子增多,气体的比热容比增大(一般由 1.3 增至 1.4),可使理论循环热效率有较大提高。

2)由于燃油在缸内汽化吸热使压缩终点温度降低,爆燃可能性减小,压缩比也可以提高(一般由 10 提高到 12),从而使燃油消耗率改善 5% 以上。

3)由于压缩比提高使燃烧放热速率提高,燃油消耗率改善 2%~3%,而怠速改善则在 10% 以上。

4)由于取消了进气节气门,泵气损失可降低 15%。

5)中小负荷时,周边区域参与燃烧的程度较低,气体温度降低,使传热损失减小。

缸内直喷发动机目前存在的问题主要如下:

1)由于无法采用技术已成熟的传统三效催化剂,而稀燃催化剂开发难度大、生产成本高,这对车用催化剂技术提出了新的挑战。

2)组织混合气形成和燃烧过程的难度大,因为越接近压缩上止点喷油,混合气形成时间越短,因而需要像柴油机那样对"油-气-燃烧室"三者的匹配进行大量工作。

3)NO_x 排放虽然明显降低,但 HC 排放增加,有时燃烧组织不好甚至会冒烟。

4)对喷油系统要求很高,由于汽油比柴油的润滑性差,缸内直喷用喷油器的设计制造十分复杂。

5)缸内直喷发动机的颗粒物排放偏高,在不依赖汽油机颗粒捕集器(GPF)的情况下，其较难满足国Ⅵ排放标准中对颗粒排放的严格要求。

缸内直喷发动机颗粒物排放偏高的原因：①由于直喷发动机将汽油直接喷入气缸内，汽油蒸发和空气混合的时间很短，高压喷嘴喷出的汽油往往是在小油滴状态下就参与燃烧，难免出现局部混合不均匀的问题，这也是颗粒物产生的根源之一；②由于直喷系统难以避免将部分汽油喷射到活塞顶部（图5-33）或气缸壁缝隙上，易形成湿壁效应，而这部分汽油因无法参与燃烧也容易形成颗粒物。

四、缸内直喷均质当量比燃烧

鉴于缸内直喷稀薄燃烧存在难以解决的排放问题，2000年以后，采用缸内直喷均质当量比燃烧方式的汽油机在欧洲悄然兴起。采用这种方式的汽油机，燃油都是在进气过程中喷入气缸的，由于喷雾油滴在气缸内经历进气和压缩两个行程，点火时燃烧室内形成的是均质混合气，并保持过量空气系数 $\alpha=1$ 的标准混合气，以适应三效催化转化器的要求。

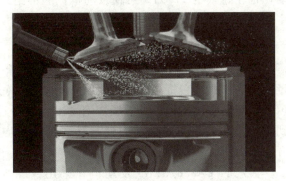

图5-33 汽油液滴喷射至活塞顶部及气门上

尽管放弃了稀燃模式，但这种燃烧方式同样因为燃油在气缸内汽化吸热，降低缸内温度，可使高负荷爆燃倾向减小，并使压缩比适当提高1~2个单位，从而使燃油消耗率改善5%左右。由于使用标准混合气，能够避开稀燃催化剂和分层混合气控制等问题，因此可以和进气道喷射汽油机一样满足严格的排放法规要求，提高了产业化的可行性。缸内直喷均质当量比燃烧技术进一步和涡轮增压、VVT技术结合，可改善油耗10%~15%。在2006年和2007年欧洲汽车公司新开发的轿车汽油机机型中，缸内直喷（GDI）汽油机已超过70%，而以分层稀燃为特征的日本汽车厂商的GDI汽油机逐渐停产。

1. 丰田公司的均质当量比GDI发动机

2005年，丰田公司在D-4发动机的基础上将缸内喷射与歧管喷射技术相结合（称为D-4S双喷射系统，如图5-34所示），开发出新型3.0L V6 GDI发动机（2GR-FSE），并将其搭载在雷克萨斯GS350车型上。该发动机采用均质当量比燃烧方式，与D-4发动机相比，其压缩比由10提高至11.5，降低了活塞凹坑的深度，采用双直气道并优化了高滚流比和高流量系数，采用狭缝喷嘴且喷油器位于进气道下方，利用进气行程中的扇形喷雾配合缸内强滚流形成均质混合气。此外，它还采用进、排气双可变气门正时系统，以及减小发动机摩擦的技术，实现了发动机动力性和经济性的综合优化，在转速为6200r/min时达到的最大功率为183kW，而在3600r/min时

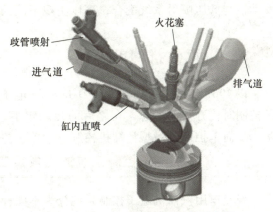

图5-34 丰田D-4S双喷射系统示意图

的最大转矩可达 312N·m。但在暖机时,采用分层燃烧技术以实现催化剂快速起燃,有效降低 HC 排放,从而可以达到美国极低排放(ULEV)标准。

2. 通用公司的均质当量比 GDI 发动机

通用公司在 2008 年推出的 GDI 发动机采用均质当量比燃烧方式。该发动机采用高压多孔喷嘴,对喷孔数目和喷射方向均进行了优化设计,同时优化了燃烧室形状、进气系统,压缩比也较高(为 11.3),可使发动机性能得到改善。与传统进气道喷射发动相比,其最大功率提高了 15%,燃油经济性改善了 8% 左右。

3. 大众公司的均质当量比 GDI 发动机

大众公司在 2005 年推出的 TSI(Turbocharged Supercharged Injection)发动机采用均质当量比燃烧方式。它将高压多孔喷嘴布置在进气侧,而将火花塞布置在燃烧室篷顶中央,活塞顶进气侧设有浅凹坑。由于燃烧室紧凑,抗爆性好,在 0.25MPa 的增压压力下允许压缩比到 10,并可获得很高的动力性指标:有效平均压力为 2.16MPa,升转矩为 172.6N·m/L,升功率为 90kW/L。

大众的 EA888 GEN3 发动机在采用双喷射系统的基础上在进气歧管中设计了 VTS 机构(可变滚流系统),通过控制进气歧管碟形导流片的开闭,可以满足发动机在不同工况下的充气要求,如图 5-35 所示。例如在低速工况下,通过进气歧管碟形导流片关闭下进气通道,可以减少气流通过的横截面积,以增加气流流速,同时结合活塞顶的特殊设计,能够有效形成强烈的进气涡流(滚流),这有利于混合气的形成与雾化。同样地,当发动机进入高速工况采用均质混合气模式时,进气歧管碟形导流片开启下进

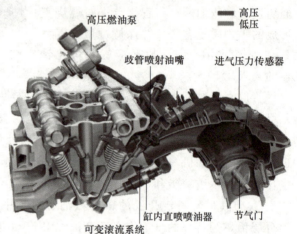

图 5-35 大众 EA888 GEN3 发动机的喷射系统示意图

气通道,增大气流通过的横截面积,以获得更多进气,从而可以提高发动机的输出功率。该发动机与低压喷射系统配合,可以实现不同的喷射策略,使排放达到欧 VI 排放限值标准。

第五节 汽油机的电子控制

以 1967 年博世公司开发的 D-Jetronic 电子控制汽油喷射系统正式投入应用作为汽油机电子控制时代开启的标志,在之后的几十年中,汽油机电子控制经历了从模拟电路到数字电路、从简单控制到微型计算机控制、从单一控制到综合控制的快速发展。

一、汽油机电子控制系统的组成及工作原理

现代车用汽油机电子控制系统分为不同种类和型号,但基本构成一样,均由传感器、电控单元(ECU)和执行器组成,如图 5-36 所示。

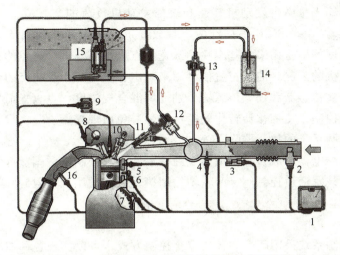

图 5-36 现代汽油机电子控制系统组成示意图

1—电控单元（ECU） 2—进气温度传感器 3—节气门 4—进气压力传感器 5—冷却液温度传感器
6—爆燃传感器 7—发动机转速传感器 8—凸轮轴位置传感器 9—点火线圈 10—火花塞 11—喷油器
12—油压调节器 13—活性炭罐控制电磁阀 14—活性炭罐 15—内置油泵 16—氧传感器

汽油机电子控制系统的作用是使发动机输出驾驶人所需的转矩，并保证发动机在最佳燃油经济性和最低尾气排放状态下工作。如图 5-37 所示，在工作过程中，ECU 实时采集各种传感器信号，以便及时掌握驾驶人的意图、发动机的工况和车辆的运行情况；在接收信号后，其根据控制系统中存储的软件和数据完成运算处理，计算出该工况对应的喷油脉宽、点火闭合角、点火提前角等参数，并以相应的电信号向执行器输出喷油、点火等控制指令，命令执行器完成上述指令以使发动机正常运转。

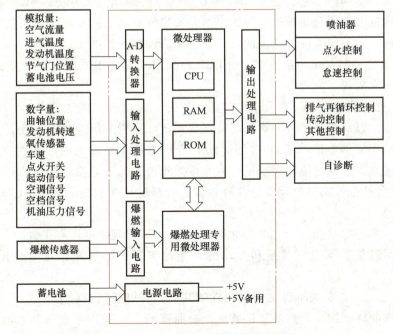

图 5-37 汽油机电子控制系统原理图

在所有传感器输入量中，发动机转速和表征发动机负荷的空气流量（或进气歧管绝对压力）是两个基本输入量，ECU 根据这两个参数确定基本喷油脉宽和基本点火提前角，进气温度和冷却液温度等则是用来对基本喷油脉宽和点火提前角进行修正的参数。节气门开度信号用于判断发动机的工况，曲轴位置信号用来确定各缸相对于上止点的位置，以便在规定时刻喷油和点火。氧传感器和爆燃传感器分别提供混合气浓度、点火提前角反馈信号，用于喷油和点火的反馈控制，使催化器转化效率最高，避免出现爆燃。

汽油机电子控制系统的执行器除了喷油器、点火线圈/火花塞外，还有主继电器、节气门执行器、燃油泵继电器、氧传感器加热线圈、活性炭罐控制电磁阀、排气再循环阀、二次空气喷射阀、进气歧管通道控制阀、凸轮轴控制执行器和增压压力限制阀等。

二、汽油机电子控制系统的主要控制功能

汽油机电子控制系统采用闭环和开环综合控制方式，可以实现各种控制功能，如喷油控制、点火控制、怠速控制、节气门控制、排气再循环控制和燃油蒸发排放控制等。不同阶段的电子控制系统的控制功能有很大差异，例如早期的电子控制系统具有相对较少的控制功能。目前，电子控制系统的控制功能已有很大的扩展，如实现涡轮增压控制、可变进气歧管控制、可变正时凸轮轴控制等功能。

1. 燃油喷射控制

燃油喷射是汽油机电子控制系统（以下简称电控系统）的主要控制功能，主要包括喷油定时的控制和喷油量的控制。

（1）喷油定时的控制 在燃油喷射系统中，喷油定时的控制是采用间歇喷射方式必须解决的问题之一。喷油定时指喷油器开始进行喷油的时刻相对曲轴位置的转角。喷油定时随发动机喷油方式的不同而不同，但是都在相对曲轴转角的固定转角处。ECU 通过曲轴位置传感器提供的曲轴转角信号，根据不同的喷油方式控制喷油器的开启时刻。以六缸发动机和四缸发动机为例，对不同喷油方式下的喷油定时加以说明，如图 5-38 所示。

（2）喷油量的控制 喷油量的控制由 ECU 根据发动机的不同运行工况控制喷油器的不同喷油持续时间来实现。

1) 起动工况的喷油控制。在发动机起动时，由于起动转速波动较大，空气流量计不能精确检测进气量，因而在起动时不能根据吸入空气量计算喷油持续时间，而是应该根据发动机温度从计算机存储器中的"温度-喷油时间"表里查找该温度对应的基本喷油持续时间，并根据进气温度与蓄电池电压加以修正，最终得到此种工况下的喷油持续时间。

2) 起动后的喷油控制。发动机起动后，转速会超过最低的极限转速，ECU 将按下式确定喷油持续时间：

$$喷油持续时间 = 基本喷油时间 \times 喷油修正系数 + 电压修正值$$

基本喷油时间是根据空气质量和发动机转速计算得出的实现设定空燃比所需的喷油时间。

① 电压修正值。电磁喷油器的喷射特性使其实际开启时间滞后于 ECU 发出的控制脉冲信号，缩短了喷油持续期，导致喷油量减少。喷油器的开启滞后主要和蓄电池的电压有关，蓄电池电压降低，反应滞后，喷油量随之减少。由于汽车上的电源电压不是恒定的，为了消

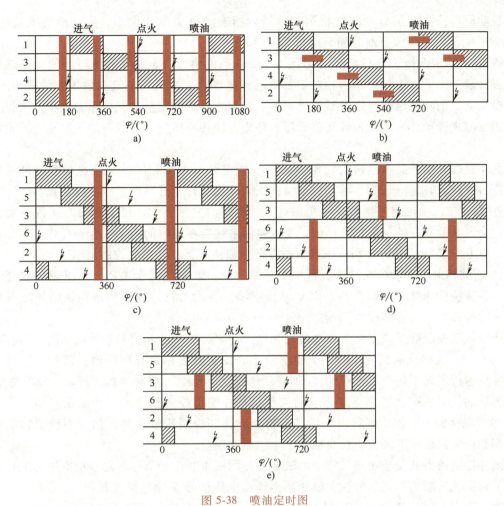

图 5-38 喷油定时图

a) 单点喷射系统喷油定时图　b) 顺序喷射时刻图　c) 同时喷射时刻图
d) 分两组喷射时刻图　e) 分三组喷射时刻图

除电源电压变化时对喷油量的影响，需要引入蓄电池电压校正量。在进行电压校正时，常把蓄电池的电压作为控制参数输入 ECU，通过延长喷射脉冲时间来补偿，从而得到正确的喷油量。

② 起动后喷油修正系数。在冷起动后的数十秒内，为使发动机保持稳定运转，应随时间变化进行不同程度的加浓。喷油修正系数的初始值由冷却液的温度决定，其在起动过程中逐渐衰减。

③ 暖机喷油修正系数。发动机起动后，转速逐渐升高并趋于稳定，ECU 即进入正常控制工作，但因发动机温度不高，为使发动机迅速达到暖机状态，需要继续提供较浓的混合气。暖机喷油修正系数由 ECU 根据冷却液的温度来调节，它随冷却液的温度上升而逐渐衰减，一直持续到冷却液温度达到规定值。

④ 大负荷喷油修正系数。一般发动机在部分负荷工况下调整混合气成分时，需要考虑在保持一定排放性能的前提下，尽量提供经济混合气成分，以得到最低的油耗。相对于部分负荷，大负荷工况下的混合气应加浓，以保证发动机输出更大转矩。节气门位置传感器负责

提供发动机负荷状态信号，ECU 根据其信号判断发动机负荷的大小，当判断为大负荷时，ECU 调节喷油器的持续喷油时间，使喷油量增加。

⑤ 怠速稳定性修正（只用于 D 系统）。在 D 系统中，决定基本喷油时间的是进气管压力。在过渡工况下，进气管压力相对于发动机转速将产生滞后。节气门后进气管容积越大，怠速时发动机的转速越低，这种滞后时间越长，怠速越不稳定。进气管压力变动，使得发动机转矩也随之变动，由于压力较转速滞后，转矩也较转速滞后，造成发动机转速与转矩同升同降。

为了提高发动机怠速运转的稳定性，ECU 根据绝对压力和发动机转速对喷油量进行修正：压力升高或转速降低时，增加喷油量；压力降低或转速升高时，减少喷油量。

⑥ 加速工况喷油修正系数。汽车加速时，节气门突然开大，可能在短时间内使混合气变稀，为了获取良好的加速过渡性能，要求供给系统能在短时间内使混合气变浓。在加速工况下，ECU 从负荷信号的差别可以判断是否存在加速过程，并由此控制加浓量。

⑦ 断油控制。发动机在高速运行中紧急减速时，节气门完全关闭，为了避免混合气过浓、燃料经济性和排放性能变差，ECU 停止喷油。当发动机转速降到某预定转速之下或节气门重新打开时，喷油器投入工作。

当冷却液的温度低或空调工作需要增加输出功率时，断油和重新恢复喷油的转速较高。

（3）理论空燃比的反馈控制　上述空燃比的控制方法称为开环控制，即控制系统将发动机各种运行工况下的空燃比存储在 ECU 存储控制单元中，在发动机运行时，ECU 根据传感器提供的信号从存储器中查取相应的控制参数并输出控制指令。其特点是发动机只按照 ECU 中事先存储的空燃比值对发动机进行控制，故其控制比较简单，但因不检测控制后是否达到真正的目标，不能纠正自身控制产生的相对误差。

闭环控制指借助安装在排气管中的氧传感器所提供的反馈信号，对理论空燃比进行反馈控制。根据氧传感器的输出特性，氧传感器输出电压信号在过量空气系数 $\alpha = 1$ 或理论空燃比处发生跃变。ECU 通过有效利用这一空燃比反馈信号，在由氧传感器反馈给 ECU 的空燃比与理想的控制值存在差异时，可通过计算将这种差异转换为喷油器持续喷油时间的修正值，用于控制下次喷油量。例如，若较理论空燃比的混合气浓，则缩短喷油时间；反之过稀，则延长喷油时间，以实现对空燃比的精确控制并提高系统对自身误差和环境变化的适应性。

2. 点火控制

（1）点火提前角的控制　由于点火提前角对发动机的工作影响较大，点火提前角控制成为点火系统控制的重点。发动机的最佳点火提前角与发动机的转速、负荷有较大关系，而发动机不同的运行工况对其动力性、经济性和排放又有不同的控制标准，这就意味着发动机最佳点火提前角在不同工况下有不同的标准。在怠速时，最佳点火提前角应保证在发动机运转平稳的前提下，将污染物的排放控制在最低限度；在部分负荷工况下，由于以经济性为主，最佳点火提前角应保证发动机的最低燃油消耗率；在大负荷和加速工况下，由于以动力性为主，最佳点火提前角应使发动机获得最大的输出转矩。

最佳点火提前角是通过对发动机进行试验而得到的，相关数据存储在 ECU 存储器中。发动机生产厂商不同，所采用的控制系统具体工作过程及最佳控制数据也不同，但其控制原理基本相同，控制方法有以下几种。

1）定值控制方法。对于一些参数变化较大的工况或是由于系统故障而启用备用系统的情况，由于很难计算得到准确的输入数据，也就无法计算和确定控制参数的数值。在这些工况下，微机采用固定点火提前角进行控制。通常采用固定点火提前角控制的工况如下：

① 发动机起动时，发动机转速变化大，无法正确计算点火提前角。

② 发动机转速较低时（此转速值因发动机和控制系统的不同而有所区别）。

③ 当 ECU 系统出现故障而启用备用系统工作时。

2）基本点火提前角×冷却液温度修正系数控制方法。在一些电子控制点火系统中，发动机运行时的点火提前角是由基本点火提前角乘以冷却液温度修正系数来确定的。基本点火提前角是由发动机运行工况决定的、存储在系统存储单元中的点火提前角数值。冷却液温度修正系数是根据试验结果确定的存储在系统控制单元中的数值。发动机工作时，系统从相应表中查取对应工况的基本点火提前角，并根据冷却液传感器测出的冷却液温度值从冷却液温度修正图中查出修正系数，使这两者相乘，即可算出对应工况下发动机点火提前角的实际控制值。

3）原始点火提前角+基本点火提前角+修正点火提前角控制方法。有些发动机的电子控制点火系统采用原始点火提前角+基本点火提前角+修正点火提前角的控制方法。其中，原始点火提前角为一固定值，其提前角度是发动机生产出来之后便有的点火提前量，其在任何工况下都保持不变。基本点火提前角是存储在微机系统存储器中的数值，它是与发动机的转速和负荷有关的一组数据。修正点火提前角主要指对发动机的冷却液温度进行修正，其数值是以角度的形式存储在微机系统的存储器中。另外，对于控制精度更高的系统来说，修正点火提前角还包括空燃比反馈修正量、过热修正量等。

(2) 通电时间的控制　点火线圈一次电流的大小与电路的接通时间有关，通电时间越长，电流越大，点火能量就越大，但是电流过大会导致点火线圈发热甚至损坏并导致耗电量增加。同时，点火线圈中的电流还会受到电源电压的影响，在相同的通电时间里，电源电压越高，线圈电流越大。因此，通电时间的长短应能保证使一次电流达到饱和，但又不会因通电时间过长而使线圈发热，同时需要根据电源电压对通电时间进行修正。通电时间的控制方法一般是由 ECU 先从电源电压与通电时间关系曲线（图 5-39）中查得通电时间，再根据发动机转速换算成曲轴转角，以决定点火线圈中电流的大小。

在有些点火装置中，为了提高点火能量，会采用一次电阻很小的高能点火线圈，其最大电流可达 30A 以上。为了防止一次电流过大损坏点火线圈，又在点火控制电路中增加了恒流控制，确保一次电流值保持不变。

(3) 爆燃控制　爆燃是一种不正常的燃烧现象，危害极大。要想消除爆燃，通常可以采用抗爆性能好的燃料、改进燃烧室结构、推迟点火提前角等方面的措施，其中以推迟点火提前角的作用明显。但是点火提前角的推迟是以

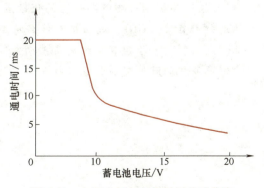

图 5-39　电源电压与通电时间关系曲线

牺牲发动机的动力性和经济性为代价的。相关试验证明，发动机发出最大转矩的点火时刻是在开始产生爆燃点火时刻的附近，而对无爆燃控制的点火系统，为了使其在非常恶劣的条件下也不至于产生爆燃，其点火时刻均设在爆燃边缘的范围以外，使其离开爆燃界限并存在较大的余量。这样会降低发动机效率，导致发动机输出功率下降，燃料消耗增加。为了把点火时刻控制在接近爆燃界限的位置，使发动机发挥最佳性能的同时又不发生爆燃，需要采用爆燃控制。

爆燃控制是电子控制点火系统的闭环控制。首先通过爆燃传感器对发动机的爆燃进行检测，再由ECU根据爆燃传感器输出的信号进行处理并判定有无爆燃及爆燃强弱，并在产生爆燃前，自动减小点火提前角。若无爆燃，则逐渐增大点火提前角；当发动机要出现爆燃时，ECU又使点火提前角逐渐减小。爆燃强，则点火提前角减小得多；爆燃弱，则点火提前角减小得少，一直到无爆燃，又重复上述反馈控制，如图5-40所示。

对于爆燃控制系统，根据爆燃传感器的测量参数，可将其分为两种类型。其中一种是将爆燃传感器安装在每个气缸内，检测因爆燃引起缸内压力的变化，称为压力传感器型；另一种是把一个或两个爆燃传感器安装在发动机的气缸体上或进气歧管中，检测因爆燃引起的振动，称为壁振动型。

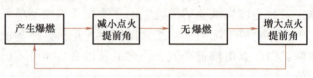

图 5-40　爆燃反馈控制原理图

思考题

1. 汽油机不同运行工况对混合气的浓度有什么要求？
2. 汽油机混合气形成方式有哪些？各有什么特点？
3. 汽油机燃烧稀混合气有何优点？它所面临的困难是什么？目前解决的途径有哪些？
4. 说明汽油机燃烧过程各阶段的主要特点以及对它们的要求。
5. 爆燃产生的原因是什么？它会带来什么不良后果？
6. 爆燃和早燃有什么区别？
7. 分析使用因素对燃烧过程的影响。
8. 试说明汽油机燃烧室设计的一般要求。
9. 比较汽油机几种典型燃烧室的优缺点及使用场合。
10. 缸内直喷（GDI）汽油机有什么特点？其混合气形成和燃烧有什么特点？
11. 汽油机的电子控制系统有哪些功能？
12. 汽油机的汽油喷射和点火控制主要完成哪些控制？

第六章 柴油机混合气的形成与燃烧

柴油机使用的燃料是较难挥发而较易自燃的柴油,它的燃烧组织与汽油机相比有着本质的不同。在柴油机的工作过程中,混合气的形成和燃烧是主要过程,对柴油机的特性影响最大。在燃烧过程中,燃料的化学能经过燃烧产生热能,使气体膨胀做功,转变为机械能。燃烧过程的好坏,关系到能量转换效率的大小,从而直接影响柴油机的性能指标。本章着重介绍混合气形成和燃烧的一般原理。

第一节 柴油机的燃烧过程

一、燃烧过程

对于柴油机的燃烧过程,可以从不同的角度用各种方法进行研究,如高速摄影、光谱分析、抽气分析等,但最简便、应用最多的方法是从展开示功图上分析燃烧过程。燃料着火燃烧后,气缸中的压力和温度不断升高,因为这两项是反映燃烧进行情况的重要参数,所以可以利用展开示功图分析燃烧过程的进展情况。柴油机的燃烧过程示功图如图 6-1 所示,曲线 ABCDE 表示气缸中进行正常燃烧的压力曲线。曲线 ABF 表示气缸内不进行燃烧时的压缩膨胀曲线。根据燃烧过程进程的实际特征,一般把燃烧过程划分为四个阶段。

(1) 第 I 阶段 该阶段为着火延迟阶段（AB 段）。在压缩过程中,气缸中的空气压力和温度不断升高,燃料的着火温度因压力升高而不断下降。在上止点前 A 点喷油器针阀开启,向气缸内喷入燃料。这时气缸中的空气温度达 600℃,远高于燃料在当时压力下的自燃温度,但燃料并不会立即着火,而是稍有落后,即到 B 点才开始着火燃烧,压力开始急剧升高,B 点相当于气体压力曲线与纯压缩曲线的分离点。从喷油开始

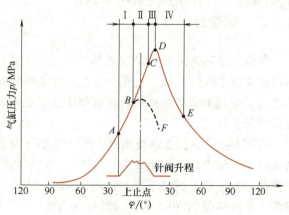

图 6-1 柴油机的燃烧过程示功图

（A 点）到压力开始急剧升高时（B 点）的阶段称为着火延迟期或滞燃期。在着火延迟期，喷入气缸的燃料经历一系列的物理、化学变化过程，包括燃料雾化、加热、蒸发、扩散与空气混合等物理准备阶段及着火前的化学反应准备阶段。着火延迟期以"曲轴转角"表示，可以从示功图上直接测定。它占用的时间虽短，但对整个燃烧过程的影响很大，直接影响第 Ⅱ 阶段的燃烧。

（2）第 Ⅱ 阶段 该阶段为压力急剧上升的 BC 段，称为速燃期。在速燃期，由于在着火延迟期内喷入气缸的燃料几乎一起燃烧，并且是在活塞靠近上止点附近、气缸容积较小的情况下燃烧，气缸中的压力升高特别快。一般用平均压力升高率 $\Delta p / \Delta \varphi$ 来表示压力升高的急剧程度，即

$$\frac{\Delta p}{\Delta \varphi} = \frac{p_C - p_B}{\varphi_C - \varphi_B}$$

平均压力升高率决定了柴油机运转的平稳性。如果平均压力升高率过大，则柴油机工作粗暴，运动零件受到很大的冲击负荷，发动机使用寿命显著缩短。为了保证柴油机运转的平稳性，平均压力升高率不宜超过 $0.4 \sim 0.6 \mathrm{MPa}/°(\mathrm{CA})$。

（3）第 Ⅲ 阶段 该阶段始于压力急剧升高的终点（C 点）终于压力开始急剧下降的 D 点，称为缓燃期。这一阶段的燃烧是在气缸容积不断增加的情况下进行的，因此燃烧必须很快才能使气缸压力稍有上升或几乎保持不变。有些发动机在缓燃期仍在继续喷射燃料，如果喷入的燃料是处在高温废气区域，则燃料得不到氧气并容易裂解而形成碳烟；如果燃料喷到有氧气的地方，则由于气缸中的温度很高，化学反应很快，着火延迟很短，燃料很快着火燃烧。但这时如果氧气渗透不充分，过浓的混合气也容易裂解形成碳烟。因此，在缓燃期，如何加强空气运动，加速混合气形成，对保证在上止点附近迅速且完全地燃烧有重要作用。

（4）第 Ⅳ 阶段 该阶段始于缓燃期的终点（D 点），终于燃料基本完全燃烧的 E 点，称为后燃期。在柴油机中，由于燃烧时间短促，燃料和空气的混合又不均匀，总有一些燃料不能及时烧完，拖到膨胀线上继续燃烧。特别是在高速、高负荷时，由于过量空气少，混合气形成和燃烧时间更短，后燃现象比较严重，有时甚至一直持续到排气过程。在后燃期，因为活塞在下行，燃料在较低的膨胀比下放热，释放的热量不能被有效利用，同时增加了散往冷却液的热损失，使柴油机经济性下降。此外，燃料后燃增加活塞组的热负荷并使排气温度升高，因而需要尽量减少燃料的过后燃烧。

二、燃烧放热规律

单位曲轴转角的放热量（或称为放热速度）随曲轴转角的变化关系称为放热规律。放热规律决定了气缸中压力变化的过程，进而影响柴油机的热效率、噪声和零部件所承受压力的峰值。不同类型柴油机的放热规律曲线形状不同，图 6-2 所示为一典型直喷式柴油机放热规律的三个阶段。

由图 6-2 可知，在燃烧期内，放热过程分为三个阶段：第 Ⅰ 阶段 ab 为预混合燃烧阶段，其放热率一般很高，占用 $3° \sim 7°(\mathrm{CA})$，与燃烧过程的速燃期相对应。第 Ⅱ 阶段 bc 为扩散燃烧阶段，其放热率逐渐下降，占用约 $40°(\mathrm{CA})$，为主要放热阶段。第 Ⅰ、Ⅱ 阶段的放热量通常为总放热量的 80% 左右。第 Ⅲ 阶段 cd 为放热的"尾巴"，它可能延及整个膨胀过程，其放热量可达总放热量的 20%。

实际柴油机的放热规律是很复杂的。为了便于分析，假定按照四种简单放热规律进行分析计算，其结果如图6-3所示。这四种放热规律都是在上止点开始放热，并在上止点后40°（CA）终止，即燃烧持续时间为40°（CA）。如图6-3所示，曲线 a 初期放热多，压力迅速升高，最高燃烧压力为8MPa，此时的热效率为52.9%；曲线 d 初期放热少，由于是在容积不断增大的情况下放热，放热导致的气体压力升高小于膨胀导致的气体压力下降，反而使压力下降，此时的热效率最低，为45.4%；曲线 b 和 c 则介于这两者之间。如果放热规律相同，而放热开始的时刻或放热持续时间不同，也可进行分析计算。如果燃烧持续时间为40°（CA），并且不论放热规律如何，皆在其最有利的时刻开始放热，则热效率差别很小，只是 $\Delta p/\Delta \varphi$ 变化较大。

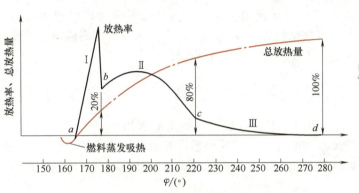

图 6-2　典型直喷式柴油机放热规律的三个阶段　　　图 6-3　不同放热规律对性能的影响

理论分析和试验研究使人们认识到开始放热的时刻、放热规律和放热持续时间是燃烧过程的三个主要因素，它们对柴油机性能的影响主要体现在循环热效率和最高燃烧压力两方面。为了减少燃烧噪声及降低机械负荷，应降低压力升高率及最高燃烧压力；若想使柴油机有较高的效率（较好的经济性），则应使燃料尽量在上止点附近燃烧。降低 $\Delta p/\Delta \varphi$，就意味着较多的燃料不在上止点附近燃烧，其结果使燃烧过程拉长，柴油机热效率下降，比油耗增高。因此，降低燃烧噪声（使柴油机平稳运转）与提高经济性（使柴油机经济运转）之间往往是矛盾的。如何解决这个矛盾，保证柴油机运转既平稳又经济，是组织柴油机燃烧过程需要解决的主要问题之一。比较合适的放热规律是燃烧先缓后急，即开始放热要适中，满足运转柔和的要求；后续燃烧要加快，使燃料尽量在上止点附近燃烧。一般燃烧持续时间不应超过上止点后40°（CA），以满足经济运转的要求。

三、燃烧噪声

噪声是由振动引起的，根据振动源的不同，发动机噪声可以分为燃烧噪声、机械噪声、进气噪声、排气噪声等。但从发动机的工作原理看，燃烧噪声是最原始的，其他噪声都是因为燃烧噪声的存在而存在，只不过各噪声源对发动机总噪声的影响程度不同。

燃烧噪声是指气缸内燃烧所形成的压力震荡通过气缸盖、活塞、连杆、曲轴、气缸体向外辐射的噪声。

1. 发动机燃烧噪声的产生机理

关于燃烧噪声的产生机理，至今还没有统一的解释。一般认为，由燃烧过程产生的结构振动和噪声来源于气缸内气体的压力变化，包括气缸内压力剧变引起的动力载荷和冲击波引起的高频振动，诱发了气体动力载荷和气体高频振动。

（1）气体动力载荷　相关试验证明，燃烧噪声主要是在速燃期内产生的。当气缸内气体的压力剧增时，发动机的相应零部件受到一定强度的动力载荷，其性质相当于一种撞击。这种撞击包含多种频率成分的不同幅值的载荷，使发动机内不同固有频率的零件被激发而产生振动，产生燃烧噪声。

由气体动力载荷引起的噪声，其强弱程度取决于压力增长率及最高压力增长率的持续时间，若压力增长率相同，但压力升高比 λ 增大，也会使噪声增强。

（2）气体高频振动　在柴油机滞燃期内，喷入燃烧室内的燃油经过一系列物理、化学准备过程，首先在混合气浓度及温度最适宜的地方形成火焰中心，同时着火燃烧，进而引起局部区域压力急剧升高。这些着火点向邻近区域传播火焰，同时传播具有冲击性质的压力波。这种冲击波到达燃烧室壁面后，经多次反射，形成气体的高频振荡，产生高频噪声。柴油机中气体的高频振荡频率一般较高，并不受转速、负荷的影响。

2. 柴油机燃烧噪声的影响因素

（1）柴油机的结构因素

1）燃烧室结构对燃烧噪声的影响。柴油机工作过程的好坏主要取决于燃油喷射、气流运动和燃烧室形状的配合。燃烧室的形状与混合气的形成和燃烧有着密切的关系，它不但直接影响柴油机的性能，还影响滞燃期的长短和压力升高率，进而影响燃烧噪声。不同燃烧室柴油机的噪声比较见表 6-1。

表 6-1　不同燃烧室柴油机的噪声比较

柴油机主要参数					燃烧室形式	噪声级/dB	
缸数	D/mm	S/mm	P_e/kW	n/(r/min)		总声压级	在频率 f 处
1	85	110	3.7	1500	球形	96	88
1	105	130	7.36	1500	球形	101	89
6	120	140	59	1500	球形	104	—
6	230	300	331	1000	ω形	113	108
					球形	110	93
6	150	180	110	1500	ω形	112	106
V8	115	140	133	2000	球形	106	90

对于开式燃烧室（如浅盆形），由于不组织空气涡流运动，主要靠油束的扩散促使燃油与空气的混合，属于空间混合，在滞燃期内形成的可燃混合气较多，一旦着火，气缸压力就会急剧上升，使压力升高率和最高爆发压力增加，工作粗暴，燃烧噪声增大。

半分开式燃烧室（如ω形）既依靠一定的燃油喷射雾化，又利用合理的进气涡流和挤流促使混合气的形成和燃烧。由于大部分燃料在空间混合，少部分喷射到燃烧室壁面而蒸发混合，燃烧噪声比开式燃烧室略低。

半分开式的球形燃烧室为油膜蒸发混合，滞燃期内蒸发形成的混合气少，压力升高率小，噪声低。

不同形状燃烧室的示功图和放热率比较如图 6-4 所示。

2）压缩温度和压力对燃烧噪声的影响。压缩温度升高，燃料的物理化学准备阶段得到

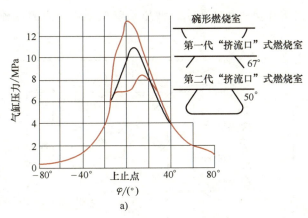
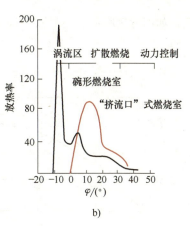

图 6-4 不同形状燃烧室的示功图和放热率比较
a) 示功图 b) 放热率

改善，着火延迟期缩短，燃烧压力升高率降低。压缩终了温度与压缩比、冷却液温度、气缸温度、进气温度等有关。提高压缩比可以提高压缩终了的温度和压力，从而缩短滞燃期，降低压力升高率，使燃烧噪声降低。但高压缩比会使气缸压力增大，活塞撞击噪声增加，因此不会使柴油机总噪声有较大的改善。

3) 喷油提前角对燃烧噪声的影响（图 6-5）。当柴油机的喷油提前角发生变化时，滞燃期、最高爆发压力和平均压力升高率都发生变化，对燃烧噪声产生一定的影响。大多数柴油机的燃烧噪声随喷油提前角的减小有所降低，但燃油消耗率会增加。

（2）运转因素

1) 负荷对燃烧噪声的影响。随着负荷增加，每循环放热量增加，最大爆发压力及压力升高比增加，噪声增大。但随着负荷增加，燃烧室壁面温度升高，气缸与活塞间隙减小，这又使噪声减小，因此负荷对发动机噪声影响不大。

对于非直喷高速柴油机和汽油机，它们的压力增长比较柔和，负荷发生变化时，最大燃烧压

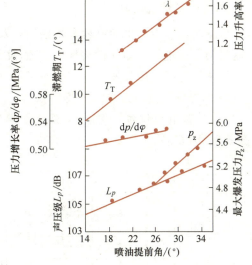

图 6-5 柴油机噪声等参数与喷油提前角的关系

力相对改变不大，最大燃烧压力较低，活塞对气缸套的撞击也小，全负荷比怠速噪声高 2dB。对于直喷式非增压柴油机，全负荷与怠速相比，其噪声最大可增加 5dB。

2) 转速对燃烧噪声的影响。柴油机加速过程的噪声比稳定工况增加 2dB 左右，如图 6-6 所示。加速前，柴油机低速运转，燃烧室壁温较低，活塞间隙增大。此时若突然增加供油量使柴油机加速运转，则壁温和间隙来不及适应全负荷和高转速的状态，并且与标定工况相比，雾化质量较差，滞燃期较长。

（3）其他因素 大气压力、温度、增压比、进气阻力及进气涡流等因素对燃烧噪声都有一定的影响，其中以增压的影响最为显著。

增压压力提高时，平均有效压力随之提高，滞燃期缩短，这会使柴油机工作平稳，噪声

降低,如图6-7所示。相关试验证明,在相同功率和转速下,增压是降低燃烧噪声的一种有效措施。

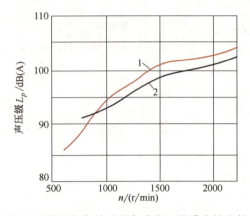

图6-6 柴油机加速过程与稳定工况噪声的比较
1—加速过程 2—稳定工况(全负荷)

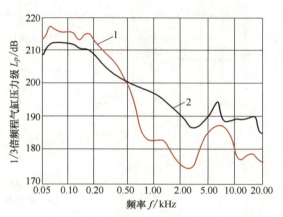

图6-7 增压对柴油机噪声(气缸压力频谱)的影响
1—增压柴油机(p_{me1} = 0.94MPa)
2—非增压柴油机(p_{me2} = 0.73MPa)

3. 降低发动机燃烧噪声的措施

根据燃烧噪声产生的机理、传播途径及影响因素可知,降低燃烧噪声需要从激励源和传播途径两方面进行,即从燃烧噪声产生根源上降低气缸压力级,特别是中、高频的激励成分;从传播途径上增强发动机结构对燃烧噪声的衰减作用,特别是中、高频成分的衰减。

(1) 降低气缸压力级的主要措施

1)合理组织供油。燃油大部分在速燃期内喷入燃烧室,如采用燃油的预喷射技术(图6-8、图6-9)。

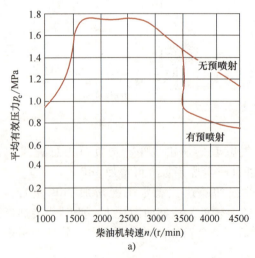

a)

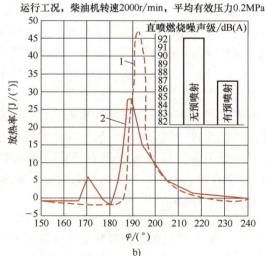

b)

图6-8 预喷射工作范围及其对放热率和燃烧噪声的影响
a)预喷射的工作范围 b)预喷射对放热率和燃烧噪声的影响
1—无预喷射 2—有预喷射

2）采用增压技术。

3）提高燃烧室壁温，如提高冷却液温度、减少滞燃期等。

（2）提高发动机结构衰减系数的措施

1）选用小缸径，相应增加 S/D 或缸数，保持输出功率不变。

2）减小曲柄连杆机构各部分的间隙。

3）提高气缸套和机体刚性，采用隔声及隔振等措施。

四、柴油机的冷起动

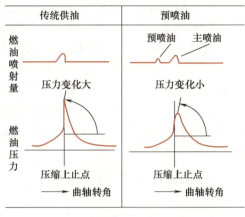

图 6-9　传统供油与预喷油的对比

柴油机燃烧取决于混合气形成和自燃着火的条件。当柴油机冷起动时，其温度状态最低，可以达到零下十几度。这样的环境温度会给柴油机的冷起动带来困难。一方面，环境温度的降低使缸内压缩始点温度降低，传热损失增大，而且起动时发动机转速低、漏气量大，从而造成压缩终点温度和压力较低，不利于自燃；另一方面，当环境温度低时，燃料的黏度增大，蒸发和雾化特性变差，不利于混合气形成。通常要求柴油机无论何种环境温度都应能顺利起动。因此，冷起动性是柴油机重要的性能指标。

在低温冷起动或怠速时，因为燃料未完全蒸发和燃烧，所以排气中的 HC 和 CO 排放增多，加上未完全蒸发的燃料以液体状态排出，由于液滴直径不同，在光照射下产生不同的颜色，形成了白烟和蓝烟。

改善冷起动性的措施主要有两种：一是提高压缩终了温度，使其超过柴油的自燃温度，为此应尽可能提高压缩比或采用电热塞加热进入气缸的空气；二是改善燃油喷雾的雾化条件，使其在低温下也能易于形成可燃混合气，为此应采用高压喷射，以强制雾化燃油。

因为冷起动或怠速时，缸内压缩压力和温度低，滞燃期延长，加上燃料的轻馏分首先着火，所以压力升高率大，造成柴油机的惰转噪声。随着柴油机转速的增加，这种惰转噪声会自动消除。

第二节　可燃混合气的形成与燃烧室

柴油机所用的燃料是柴油。因为柴油不容易蒸发，所以柴油机采用内部混合的方式形成可燃混合气，它借助喷油设备（喷油泵、喷油器），将燃油在接近压缩终了时刻喷入气缸。柴油通过喷油器的高压喷射，分散成数以百万计的细小油滴，其直径在 $1\times10^{-3} \sim 50\times10^{-3}$ mm 之间。这些细小油滴在气缸中与高温高压的热空气混合，经过一系列物理化学准备，开始着火燃烧。混合与燃烧是重叠进行的，即一边喷油一边燃烧。为了保证柴油机良好的性能，燃烧必须在上止点附近迅速完成，不得拉长，因此要求喷油持续时间为 15°～35°（CA），对于 1500r/min 的柴油机来说，相当于 0.0017～0.004s。在这样短的时间里，如果不采取适当的措施来保证及时形成可以迅速燃烧的混合气，难以实现良好的燃烧过程。由此可知，柴油机的混合气形成与燃烧是紧密联系的，混合气形成对燃烧过程有决定性的影响。在柴油机发展过程中，人们提出了不同的混合气形成方式，基本可以归纳为以下两种方式：

（1）空间雾化混合 将燃料喷向燃烧室空间，形成雾状混合物。为了使混合均匀，要求喷出的燃油与燃烧室形状相配合，并利用燃烧室中空气的运动。

（2）油膜蒸发混合 将大部分燃油喷射到燃烧室壁面上，形成一层油膜。油膜受热汽化蒸发，在燃烧室中强烈的旋转气流作用下，燃料蒸气与空气形成均匀的可燃混合气。

在小型高速柴油机中，燃油或多或少会喷到燃烧室壁面上，因此两种混合方式都存在，只是主次有所不同。目前，多数柴油机仍以空间雾化混合为主，球形燃烧室柴油机则以油膜蒸发混合为主。

一、直喷式柴油机的燃烧室

直喷式柴油机的燃烧室在由气缸盖底平面、活塞顶面及气缸壁形成的统一空间内。活塞顶上均开有深浅不同、形状各异的凹坑，如图 6-10 所示。按凹坑深浅，它可分为开式（燃烧室喉口直径 d_k 及活塞直径 D 的比值 $d_k/D>0.8$）和半开式（$d_k/D= 0.35\sim0.65$）两类。

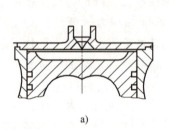
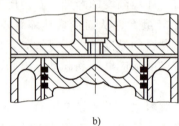
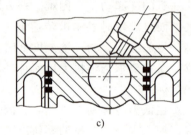

图 6-10 直喷式柴油机的燃烧室
a）开式 b）、c）半开式

开式燃烧室的混合气形成主要靠油束与燃烧室形状相配合，不组织空气运动或辅以微弱的空气运动。这种燃烧室的空气利用率低，但经济性好，主要用在大中型柴油机上。目前，汽车、拖拉机用柴油机多采用半开式燃烧室。

1. 半开式燃烧室的空气涡流运动

在半开式燃烧室中必须组织一定强度的空气涡流运动。随着柴油机转速的不断提高以及过量空气系数 α 的降低，混合气形成条件更加苛刻，而空气涡流运动是加速混合气形成的有效手段，也是保证直喷式柴油机燃烧室燃烧完善的重要条件。下面介绍直喷式柴油机的燃烧室产生空气运动的方法。

（1）进气涡流 通过在气缸盖中设置特殊形状的进气道，使空气进入气缸时形成绕气缸中心线的旋转运动，从而产生进气涡流。产生进气涡流的主要方法如下：

1) 切向气道。如图 6-11 所示，该气道的特点是气道母线与气缸相切，气道形状较平直，在气门前强烈收缩，气流通过切向气道时的速度提高，并且沿切线方向进入，在气缸壁上转向，产生绕气缸中心线的气流旋转运动。其优点是结构简单、流动阻力较小，缺点是对气口位置比较敏感。

2) 螺旋气道。如图 6-12 所示，把气门座上方的气道内腔做成螺旋形，当有气流经过气门座时，一部分在气道内部形成绕气门中心的旋转运动，其强度与气道本身结构有关；另一部分近似切向气流，顺着气缸壁绕气缸中心线旋转，其强度与气道相对于气缸的布置有关，加上轴向分速度，实际是一种沿螺旋线推进的涡流运动。螺旋气道的形式不同，两股气流的配合情况也不相同，但在压缩行程接近终了时，涡流均接近一个螺体旋转。由于螺旋气道能产生较强的进气涡流，被广泛应用在高速柴油机上。其缺点是制造工艺要求高，调试工作量较大。

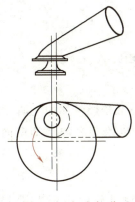
图 6-11　切向气道

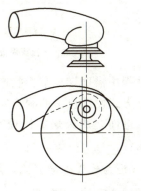
图 6-12　螺旋气道

进气涡流是半开式燃烧室产生空气运动的根本措施，但进气涡流增强，往往伴随进气阻力增加，充量系数减小。因此，保证小的流动阻力又能获得一定强度的涡流，以使最大功率、燃油消耗率、排烟均处于最佳状态是半开式燃烧室进气道设计追求的目标，需要在气道试验台上进行稳定流动的模拟试验，经过反复调试，最后确定。

3）气道的评定方法。为了增加进气充量，气道的流动阻力越小越好。气道的质量指标主要有流动阻力和涡流强度，通常希望在尽可能小的阻力下有足够的涡流强度。在进气道稳流试验装置（图 2-18）上评定涡流强度时，一般采用叶片风速仪测量模拟气缸内涡流的转速或用角动量矩仪直接测出涡流的角动量，再用流量计测定气体流量。测量方法一般采用定压差法，在不同的气门升程下测量叶片的转速和气体流量。为使不同形状和尺寸的气道的流动特性具有对比性，采用量纲统一的流量系数评价不同气门升程下气道的阻力特性或流通能力，用量纲统一的涡流数或涡流比评价不同气门升程下气道形成涡流的能力。该部分内容已在第二章第五节中做过详细介绍，此处不再赘述。

（2）挤流　如图 6-13 所示，在压缩行程后期，活塞接近上止点时，活塞顶平面上的环形空间的空气被挤入活塞顶凹坑的燃烧室内，造成空气的涡流运动（图 6-13a、b）称为挤流。当活塞下行时，燃烧室内的空气又要反向流动形成较强的逆挤流（图 6-13c）。逆挤流可将燃烧室口浓的混合气或碳烟冲上去烧掉。燃烧室喉口直径 d_k 及挤气间隙 S_0 越小，挤流越强。

挤流与进气涡流相比，它不影响充量系数，但因强度较小，也不能维持较长时间，一般在上止点前后 4°~7°（CA）时速度最大，随着活塞向下运动，很快会减弱消失，故常配合进气涡流起作用。

（3）湍流　在气缸中形成的无规则气流运动称为湍流，它是一种不定常气流运动。湍流可分为两类，即气流流过固体表面时产生的壁面湍流和同一流体不同流速层之间产生的自由湍流，发动机中的湍流主要是自由湍流。其形成方式有很多，既可在进气过程中产生，也

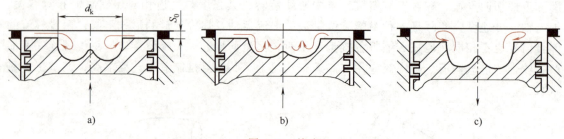

图 6-13 挤流
a) 无进气涡流或涡流不强时的挤流　b) 进气涡流强时的挤流　c) 逆挤流

可在压缩过程中借助燃烧室形状产生,还可因燃烧产生。

火花点火式发动机中的湍流能促进火焰面附近已燃气体和未燃气体的交换,扩大火焰前锋表面积,进而提高火焰传播速率。在柴油机中,湍流可以改善燃油（如壁面附近燃油）与空气的混合。

2. 以 ω 形为代表的半开式燃烧室

半开式燃烧室的 $d_k/D = 0.4 \sim 0.65$,形状多变,如图 6-14 所示的 ω 形半开式燃烧室。半开式燃烧室混合气的形成特点是依靠燃油在空气中的雾化和推进来实现,同时组织一定强度的进气涡流,加速混合气形成。燃烧室为半开式的发动机一般采用 3~5 孔的多孔喷油器,将大部分燃料均匀分布到燃烧室空间,喷注具有一定的贯穿力,锥角较大,雾化较好,可使燃料很快蒸发并与空气混合。大多数喷注着火时的穿透率在 1.05 左右,过度穿透会使部分燃油冲击室壁后形成燃油再分布。

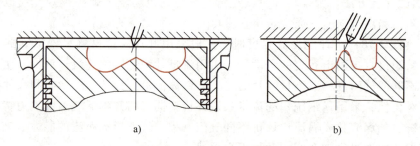

图 6-14　ω 形半开式燃烧室
a) 浅坑 ω 形半开式燃烧室　b) 深坑 ω 形半开式燃烧室

ω 形半开式燃烧室凹坑内燃烧室容积与压缩容积之比 $V_k/V_c = 0.75 \sim 0.85$,应尽可能增大此值,以提高空气利用率。因为这种燃烧室的混合气形成和燃烧主要在 V_k 内进行,余隙容积（包括活塞顶间隙容积、气门凹坑、第一道活塞环上的侧隙等）中的气体一般不起作用。减少挤气间隙 S_0、加大行程与缸径的比值,均可适当提高 V_k/V_c 的值,并可减少相对散热面积,加强挤流,这有利于混合气的形成和燃烧。

d_k/D 的大小应与喷注射程、涡流强度相配合。如果 d_k/D 较小,喷注射程较长,而进气涡流较弱,就有相当多的燃油直接喷到燃烧室壁面上；如果进气涡流较强,或者 d_k/D 较大,喷注射程较短,则喷到燃烧室壁面上的燃油减少,甚至喷不到,这时空间分布的燃料增多。

ω 形半开式燃烧室的特点是燃烧室基本统一在一个空间内,结构简单,相对散热面积小

(即燃烧室表面积和其容积之比小)，可以获得较高的经济性，一般全负荷的燃油消耗率低于 240g/(kW·h)，最低可达 185g/(kW·h)。由于散热面积小，压缩终点温度上升快，压缩比也较低，为 15~17，并且低温起动性好，实际应用较多。

为使喷注均布于燃烧室，这种燃烧室多采用长型多孔喷油器，喷孔数为 3~5 个，喷孔直径为 0.25~0.4mm，喷孔夹角为 140°~160°，针阀开启压力为 20MPa 左右。这对燃油喷射系统及燃料要求较高，并且喷孔易堵塞，油泵、喷油器易磨损。

采用这种燃烧室时，大部分燃料分布在燃烧室空间并具有一定的喷雾质量，因此滞燃期内形成的可燃混合气量较多，导致 $\Delta p/\Delta \varphi$ 和 p_z 值较高，柴油机工作粗暴。

过量空气系数 α 在 1.3 以上，对转速变化较敏感，多用于转速低于 3600r/min 的柴油机。

因气体温度较高，空气在高温停留的时间又长，故 NO_x 排放量较高。

3. 其他形式半开式燃烧室

(1) 球形油膜燃烧室 这种燃烧室的 $d_k/D = 0.35~0.45$，其活塞顶上有一较深的球形或椭球形凹坑，如图 6-15 所示。它通常配用双孔喷油器（孔径 0.3~0.5mm）或单孔喷油器（孔径 0.5~0.7mm），附设螺旋气道以产生强进气涡流，应用油膜蒸发方式形成混合气。

油膜蒸发方式（或称 M 过程）是将大部分燃油沿气流方向喷向燃烧室壁面，使其在空气涡流的作用下涂覆在燃烧室壁面上，从而形成一层很薄的油膜。只有一小部分从油束中分散出来的燃油以油雾分散在燃烧室空间，在炽热的空气中，首先完成着火准备，形成火源，然后靠此火源点燃从壁面蒸发出来并和空气混合的可燃混合气，随着燃烧进行，产生大量热，辐射在油膜上，又使油膜加速蒸发，不断和壁面附近高速旋转气流混合，达到迅速燃烧的目的。当活塞向下止点回行时，在燃烧室球口边缘又形成很强的反涡流，壁面上如果残存有细油，可被气流卷起很快烧掉。

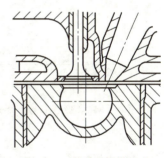

图 6-15 球形油膜燃烧室

控制燃烧室壁面温度和喷在壁面上的油量，可以抑制燃烧前期的反应，控制燃烧过程的进度。这种燃烧过程打破了液态燃料碰到燃烧室壁面会使燃烧不完全这种观念的束缚，从而建立了一种新的概念——利用壁面来改善和控制燃烧过程。

在这种燃烧过程中，由于只有少数燃油喷入燃烧室空间作为引燃，大部分燃油则涂覆在温度较低的燃烧室壁面上，一方面使着火延迟期中形成的可燃混合气数量减小，$\Delta p/\Delta \varphi$ 值较低，柴油机工作柔和、噪声小；另一方面抑制了燃油在燃烧前的热裂解，减少黑烟形成。只要能控制好进气涡流和壁面温度，合理配置燃油喷注，就可以保证壁面燃油不断迅速蒸发，形成良好的混合气，并减少液体燃油因高温缺氧而裂解形成的碳烟。图 6-16 所示为开式燃烧室和球形燃烧室的放热规律。由图 6-16 可知，球形燃烧室在燃烧初期的放热率较低，在燃烧后期的放热率高，这样可以保证工作柔和及经济性好。目前，个别球形油膜燃烧室柴油机在不增压时的 p_{me} 可达 0.9~1MPa，$b_e = 217g/(kW \cdot h)$，$\alpha = 1.1$。此外，还能借助多种燃料使发动机的燃料适应性大为改善。

球形油膜燃烧室的缺点是对突变负荷及增压的适应能力较差，低速性能也不太好，冷烟多，因为转速低、负荷小时，壁温较低，涡流较弱，壁面上的燃油蒸发困难。此外，它还对进气道、燃油喷射系统和燃烧室结构参数之间的配合要求很高，制造工艺必须严格控制，使用稳定性较差。

（2）复合式燃烧室 这种燃烧室的 $d_k/D \approx 0.4$，配合中等或强的进气涡流及 1~2 孔的喷油器，将大部分燃油喷在壁面附近形成混合气层，为空间油膜混合方式。我国 105 系列柴油机就采用复合式燃烧室，如图 6-17 所示。燃烧室位于活塞顶上正中心，形状如"U"形，采用 ZS4S1 型轴针式喷油器，喷油方向基本上与空气涡流运动方向垂直，只有一个很小的角度（7°）的顺气流趋向，配有螺旋进气道。

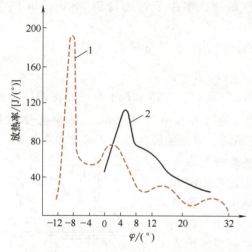

图 6-16 开式燃烧室和球形燃烧室的放热规律
1—开式 2—球形

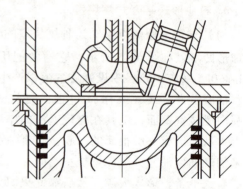

图 6-17 105 系列柴油机的复合式燃烧室

当柴油机转速较高时，进气涡流运动较强，可使沿壁面分布的燃油增多，从而具有油膜燃烧的特点；而在柴油机低速运转或起动时，由于进气涡流作用减弱，空间分布的燃油增多，更具空间燃烧的特点，从而改善了冷起动性能和低速烟度特性。

二、空气运动、燃油喷射与燃烧室结构的匹配

压燃式发动机的性能表现和排放指标取决于燃烧过程的完善程度，这受许多因素的综合影响，其中最重要的影响因素是空气运动、燃油喷射和燃烧室结构。这三者相互影响、相互制约，任何一个因素不与其他因素相匹配，都会造成燃烧过程恶化。由于直喷式柴油机具有经济性好的明显特点，车用柴油机的燃烧室已实现全面直喷化。在直喷式燃烧系统中，上述三者之间的合理匹配，被认为是燃烧系统的三要素。

在大型柴油机中，一般不组织空气涡流运动，而是依靠高压喷射、多孔喷嘴等燃油系统参数达到较好的性能。在中、小型高速柴油机中，一般需要组织进气涡流，以促进混合气的形成和燃烧过程的进行。对于一定缸径和转速的发动机，如何选择进气涡流的强度，需要根据燃油系统参数和燃烧室结构参数来确定，过强或过弱的进气涡流都会造成燃烧恶化并使有害排放增加，因此存在一个最佳涡流比——主要通过试验来确定。

最佳涡流比随发动机的转速而变化，在低速时（尤其是大转矩时）应选择高涡流比，

使油耗和烟度同时降低;在高速时应选择低涡流比,使油耗和NO_x同时降低。然而,对于普通进气道,由于进气涡流的强度随发动机转速的增加而增加,涡流比基本保持不变,无法满足这个要求。近年来一些公司利用电子控制技术研制出可变涡流进气系统,确保在主要的发动机运行工况下都能获得最佳涡流比,并使涡流强度变化时气道的流量系数保持较高水平。

但是进气涡流强度的增加会造成充量系数减小和进气道复杂化,影响发动机的性能。近年来,压燃式发动机空气运动研究的一个重点是适当降低进气涡流强度并增加湍流强度,这样做可以在不增加总的气流运动能量的前提下有效促进混合气的形成和燃烧,改善发动机的性能。提高湍流强度主要是依靠特殊的燃烧室形状、涡流运动和燃油喷射的综合调整来获得。

三、燃烧室的比较与选型

1. 燃烧室的比较

表 6-2 列出了常用柴油机燃烧室的主要结构参数和性能对比,其中的数据一般是针对中小功率非增压柴油机而言的。

表 6-2 常用柴油机燃烧室的主要结构参数和性能对比

	对比项目	开式	ω 形半开式	球形半开式
燃烧系统特点	混合气形成方式	空间雾化	空间雾化	油膜蒸发
	压缩比	12~15	16~18	17~19
	空气运动	无涡流或弱进气涡流	较强进气涡流及挤流	强进气涡流
	过量空气系数 α(全负荷)	1.6~2.2	1.4~1.7	1.3~1.5
	热损失和流动损失	小	较小	较小
	喷油器	孔式喷嘴6~12孔	孔式喷嘴4~6孔	孔式喷嘴1~2孔
	起喷压力/MPa	20~40	18~25	17~19
	燃料雾化程度	要求高	要求较高	一般
主要性能	p_{me}/MPa	0.6~0.8	0.6~0.8	0.7~0.9
	b_e/[g/(kW·h)]	190~218	218~245	218~245
	NO_x 排放	高	较高	中等~较高
	PM 排放	较低	高	低
	HC 排放	较低	高	高
	燃烧噪声	最高	较高	较低
	起动	容易	较容易	难
	适应转速/(r/min)	≤1500	≤4000	≤2500
	适应缸径/mm	≥200	≤150	90~130

2. 燃烧室的选型

燃烧室的选型不仅关系到整机性能指标,还在很大程度上决定了气缸盖和活塞顶的结构。燃烧室选型的主要依据是气缸直径、发动机转速和使用要求,并要充分考虑当前的制造和使用维护水平。不同类型的燃烧室适用于不同的缸径和转速,只有在对应的适用范围内,其优点才能充分发挥。根据各类燃烧室的特点和发展方向,选型要点归纳如下:

1) 气缸直径大于 200mm、转速低于 1000r/min 的大型增压柴油机,几乎都采用无涡流或低进气涡流的浅盆形开式燃烧室。

2）高速直喷式柴油机大多采用中等涡流强度的深坑形燃烧室，其中以应用4孔喷嘴的ω形燃烧室居多。直喷式柴油机采用高压喷射的越来越多，以提高经济性、降低排放，尤其是烟度和微粒排放。其他组织强进气涡流的直喷式柴油机，如采用球形燃烧室，由于它的低负荷性能较差以及调试、制造要求高等原因，仅限于在少数机型上使用。

3. 改善燃烧性能的途径

柴油机有许多性能指标，如经济性、动力性、工作柔和性、起动性和使用寿命等，它们的表现主要取决于燃烧过程的完善程度。因此，在柴油机发展过程中，燃烧问题始终是一个核心问题，改善燃烧过程的质量一直是提高柴油机经济性和动力性的一条重要途径。

但是燃烧过程又不是孤立的，它受许多因素的综合影响，如燃料的性质、气流运动、燃料喷射特性、混合气形成质量、燃烧室结构及外界大气状态、运行条件等，其中以进气系统、供油系统和燃烧室结构三者之间的综合配合是影响性能的关键。燃烧过程受到许多内外因素交叉的影响，直接观察又很困难，因此，尽管几十年来对柴油机的燃烧问题已经做过不少研究，也获得了不少认识，但还没有完整的燃烧理论可以有效支持燃烧系统的设计，燃烧过程的改进在很大程度上仍须依赖于大量的试验。一个表现良好的燃烧系统是反复试验、不断改进的结果。表6-3列出了改善燃烧系统的主要关注点，在提高产品性能时经常需要对其进行调试，以期获得一个最佳配合。

表6-3 改善燃烧系统的主要关注点

进气系统	喷油系统	燃烧室	其他
1. 配气相位 2. 凸轮升程与凸轮轴布置 3. 气门数目 4. 气门直径 5. 进气道 6. 进气管	1. 供油提前角 2. 供油速率 3. 供油持续时间 4. 喷油压力 5. 油束射程 6. 喷油规律 7. 高压系统的容积	1. 形状、尺寸 2. V_k/V_c、d_k/D 3. 压缩余隙 S_0 4. 通道	1. 油束、气流、燃烧室配合 2. 燃油 3. 润滑油 4. 增压

第三节 影响燃烧过程的运转因素分析

一、燃料性质的影响

柴油影响燃烧过程的主要指标是柴油的自燃性及蒸发性。

柴油的自燃性用十六烷值评价。由于十六烷值低的柴油不易自燃，其着火延迟期长，因而在燃烧前燃烧室内积存的柴油过多，导致燃烧开始后气缸内的压力升高过快，使曲柄连杆机构承受较大的冲击力，加速磨损，同时气缸内发出很响的敲击声，即发动机工作粗暴。而十六烷值高的柴油，由于其着火延迟期短，可使柴油机工作柔和并在较低的温度下发火，有利于起动。但十六烷值高的柴油，其沸点也高，因而蒸发性差。车用柴油的十六烷值应在40～50范围内。

柴油的蒸发性是由蒸馏试验确定的，需要测定的馏程是50%回收温度、90%回收温度及

95%回收温度。同一相对蒸发量的回收温度越低,表明柴油蒸发性越好,越有利于可燃混合气的形成和燃烧。需要注意的是,不同燃烧室结构对柴油蒸发性的要求不同。

二、负荷的影响

当负荷增加时,循环供油量增加(空气量基本不变),过量空气系数 α 减小,单位容积内混合气燃烧释放的热量增加,引起缸内温度上升,缩短着火延迟期,使柴油机工作柔和。图 6-18 所示为负荷对着火延迟期的影响。但是由于循环供油量加大,以及喷油延续角增加,总的燃烧过程会变长,α 会减小,不完全燃烧现象也会增加,从而引起效率降低。负荷过大,α 值过小,因空气不能满足需求,燃烧恶化,排气冒黑烟,柴油机经济性进一步下降。

三、转速的影响

转速增加,空气的涡流运动随之增强,这有利于燃油蒸发、雾化和空气混合。但是转速过高时,由于 η_v 下降和循环供油量增加,α 减小,并且燃烧过程所占曲轴转角可能增大,热效率反而会下降。转速过低时,因空气涡流减弱,热效率也会降低。

四、喷油提前角的影响

喷油提前角对柴油机的性能有很大影响。过度增加喷油提前角,燃油将被喷入压力和温度都不够高的压缩空气中,导致着火延迟期变长,使 $\Delta p/\Delta\varphi$ 及 p_z 上升,柴油机工作粗暴,并且因怠速不良,也难于起动。过大的喷油提前角还会增加压缩负功,使油耗升高、功率下降。如果喷油提前角过小,燃油将不能在上止点附近迅速燃烧,补燃增加,虽然 $\Delta p/\Delta\varphi$ 及 p_z 较低,但排气温度增加,冷却系热损失增加,最终导致热效率显著下降。

对于每一种工况,都有一个最佳喷油提前角,此时功率最高而燃油消耗率最小,如图 6-19 所示,但噪声和污染往往较大。

综上所述,柴油机的喷油提前角须根据机型、转速、油耗、排放及噪声等由大量试验确定,其范围一般是 15°~35°(CA)。

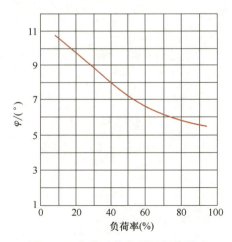

图 6-18 负荷对着火延迟期的影响

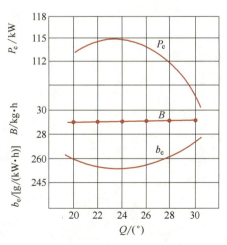

图 6-19 6120 型柴油机的喷油提前角调整特性(n = 2000r/min)

思考题

1. 空气运动对混合气的形成有哪些影响?
2. 不同的放热规律对发动机性能有哪些影响?
3. 影响燃烧过程的主要因素有哪些?
4. 简述运转因素对柴油机性能的影响。
5. 简述柴油机混合气的形成过程。
6. 开式燃烧室的特点有哪些?
7. 柴油机结构对燃烧过程有哪些影响?

第七章　柴油机燃料喷射与雾化

柴油机燃料喷射系统是柴油机最重要，也是制造与调节精度最高的系统，其主要功能是及时、优质地向柴油机气缸内提供适量的燃料，以保证缸内混合气形成与燃烧的有效进行。它对柴油机的主要性能指标，如动力性、燃料经济性、排放与噪声以及可靠性、耐久性等都具有十分重要的影响。本章除了重点介绍柴油机燃料喷射系统的类型、结构原理、喷油规律及特性、结构参数选择等内容，也介绍了电控燃油喷射系统的相关内容。

第一节　燃料喷射与雾化过程

根据柴油机燃烧过程的分析可知，燃料的喷射规律及其雾化特性是制约柴油机混合气形成和燃烧的重要因素。为了保证柴油机在动力性、经济性、排放及噪声等方面有良好的表现，其燃料喷射系统应满足以下要求：

1）能产生足够高的喷射压力，以保证燃料良好的雾化、混合气形成与燃烧；燃料油束应与燃烧室形状及缸内气流运动相匹配，以保证燃料与空气的混合尽可能均匀。

2）对应于柴油机每一工况都能精确、及时地控制每循环喷入气缸的燃料量，各循环和各缸的喷入量应当均匀。

3）在柴油机运转的整个工况范围内，应尽可能保持最佳的喷油时刻、喷油持续期与理想的喷油规律。

4）能保证柴油机安全、可靠地工作，如防止柴油机超速等现象发生。

综上所述，柴油机的燃料供给与调节系统应在品质（高压喷雾与喷油规律）、数量（油量精确控制）、时间（喷油始点与持续期）和可靠性方面满足与整机匹配的要求，以保证柴油机在达到动力性能指标并保证可靠性的前提下，满足节能（经济性）与环保（排放、噪声）方面日益严格的要求。

一、喷油泵速度特性及其校正

在直列泵供油系统中，应用最多的当属柱塞式喷油泵，它也是经典产品之一。如图7-1所示，当喷油泵油量控制机构（齿条或拉杆）的位置固定时，每循环的供油量随转速变化的关系称为喷油泵的速度特性。每循环供油量随转速升高而增加，这是由于进、回油孔的节流作用而引起的。从理论上讲，当柱塞上端面关闭进油孔时才开始压油。而在实际中，当柱塞上端面还未完全关闭进油孔时，由于流通截面很小且时间极短，被柱塞挤压的燃油来不及通过油孔流出，导致出油阀提前开启。同理，当供油终了时，在回油孔开启若干开度内，由于这种节流作用，泵油室中的燃油不能立即流出，仍维持较高压力，喷油泵继续供油，出油口自发延迟关闭。转速升高，供油加快，导致供油开始得更早而结束得更迟。因此，供油时间随转速上升而增加，供油量也随之增加。这种喷油泵的速度特性并不符合发动机转矩曲线的要求。

柴油机的负荷变化是靠改变供油量来实现的，为了充分利用进入气缸的空气，以获得尽可能大的转矩，希望喷油泵的速度特性与充量系数 η_v 随转速 n 而变化的曲线相适应，从而使各转速下的 α 值基本相同。由图7-2所示的按冒烟特性确定的最佳喷油泵速度特性可知，在一定转速范围（图中 BA 段），供油量应随转速的降低而较快增加，以提高柴油机适应阻力变化的能力。为使现用柱塞式喷油泵的速度特性满足上述要求，必须对其进行适当改造，附设校正装置。

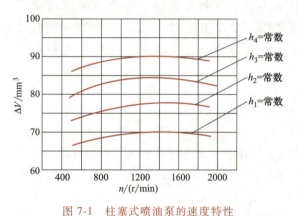

图7-1 柱塞式喷油泵的速度特性

h_1、h_2、h_3、h_4—不同油量调节拉杆的位置

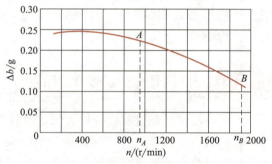

图7-2 按冒烟特性确定的最佳喷油泵速度特性

油量校正装置的作用：当发动机在标定工况下工作时，如果转速因外界阻力矩不断增加而下降，喷油泵能自动增加循环供油量，以增大低速时的转矩，提高转矩储备系数。

目前常用的校正方法有两种：出油阀校正和弹簧校正。

1. 出油阀校正

目前常用的出油阀校正有以下三种形式。

（1）可变减压容积 柱塞式喷油泵的供油量大致与柱塞有效排量和减压容积之差成正比例。如果减压容积能随转速的升高而增加，则供油速度特性曲线将变得平坦。如图7-3a所示，在出油阀的尾部开四条锥形槽，其尺寸向阀顶逐渐减小。当柴油机转速升高时，作用在出油阀下部的燃油压力及燃油流过通道时的速度提高，使出油阀升程增加，其在油管中所占的体积也增大。当供油终了时，由于节流作用，在流通截面尚未关闭时就开始产生减压作用。转速越高，节流作用越明显，出油阀的减压作用开始得越早，高压管路中的减压容积也就越大。在下一次供油时，必须以供油量中的一部分填满这一减压容积，才能提高油管中的压力，使喷油器喷油。这样就减少了喷油量，使供油量随转速升高而减少。

由图 7-4 所示的可变减压容积出油阀的供油速度特性可知,这种校正阀的缺点是随转速的升高,喷油延迟比普通出油阀大,并且变化不规则,对选用供油提前角自动提前器不利。

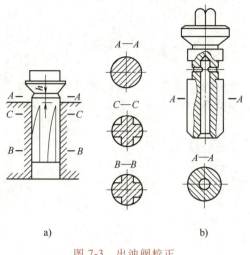

图 7-3 出油阀校正

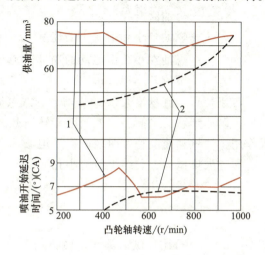

图 7-4 可变减压容积出油阀的供油速度特性
(应用轴针式喷油器)
1—可变减压容积出油阀 2—标准出油阀

(2) 可变减压作用 利用出油阀减压带凸缘与出油阀座内孔的不同间隙可以得到不同的减压作用,间隙在小油泵中为 0.025～0.076mm,在大油泵中可达 0.18mm。

这种减压方法在所有转速范围内的出油阀升程是一样的,当回油孔打开后,泵端油压迅速下降到油泵进油压力(即柴油机输送泵的出口压力值)。在减压带进入出油阀座后,即开始产生减压作用,把泵端压力抽成真空,这时喷油端的燃油迅速回流添补。与此同时,由于减压带和阀座之间存在间隙,低压油腔内可能有一些燃油回流到高压油管中,从而使减压作用有所削弱。在高速时,由于间隙的节流作用较大(流体的动力阻力大,出油阀的上、下压差大),出油阀落座迅速,燃油回流高压油管的现象并不明显,基本实现完全减压。在低速时,则正好相反,由于节流作用相对较小,出油阀落座时间相对延长,燃油回流高压油管的现象比较明显,减压效果被削弱,残余压力升高,导致每循环的供油量增加。图 7-5 所示为可变减压作用出油阀在不同间隙下的供油速度特性。

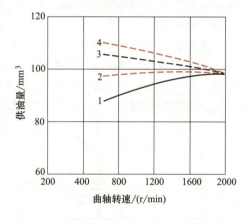

图 7-5 可变减压作用出油阀在不同间隙下的供油速度特性
1—正常间隙 2—间隙为 0.025mm
3—间隙为 0.05mm 4—间隙为 0.1mm

(3) 出油阀节流 如图 7-3b 所示,在出油阀中开节流小孔,若不计出油阀的惯性,当其处于某一升程时,应满足以下静力平衡条件:出油阀弹簧力等于流体动力阻力,即

$$F_n + kh = \varepsilon r_b v_H / 2 \quad (7\text{-}1)$$

式中　F_n——出油阀弹簧预紧力（N）；
　　　k——弹簧刚度（N/mm）；
　　　h——出油阀升程（mm）；
　　　v_H——燃油自小孔中流出的速度（m/s）；
　　　ε——燃油在小孔中流动的局部阻力系数（N·s/m²）；
　　　r_b——节流孔半径（m）。

转速升高，流量增大，即 v_H 增大，式（7-1）等号的右边大于左边，于是出油阀升程 h 增加，以达到新的平衡。这表明随着转速升高，出油阀升程也增加，从而增大了出油阀的回吸作用，使供油速度特性曲线变得平坦。

通过大量试验，总结出节流小孔面积 S_0（mm²）的经验公式为

$$S_0 = 0.2 + 39.2 \frac{\Delta b d^2 c_m}{F_n} \tag{7-2}$$

式中　Δb——每循环供油量（g/循环）；
　　　d——柱塞直径（cm）；
　　　c_m——喷射期间柱塞的平均速度（m/s）；
　　　F_n——弹簧预紧力（N）。

2. 弹簧校正

弹簧校正器的工作原理如图 7-6 所示。在油量调整螺钉 4 的右端加装校正弹簧 8，并在原来固定螺母处改用一个小的挡头 6，既不妨碍托板 3 运动，也能防止校正弹簧座 7 左移。

当调速器手柄置于靠近最大工作转速位置，油量调节机构也在最大供油量位置时，若外界阻力矩减小，柴油机转速升高，离心力轴向分力大于弹簧力，使托板 3 的位置处于挡头 6 的左侧，这时校正弹簧 8 顶在挡头 6 上，不起作用。若外界阻力矩增加，柴油机转速降低，离心力减小，托板 3 向右移，如果没有校正弹簧 8，托板 3 将顶住固定螺母 5，供油量无法继续增加；若有校正弹簧 8，则托板 3 可越过挡头 6，压缩校正弹簧 8，使油量调节拉杆 1 继续右移一小段距离，供油量相应增加，直到校正弹簧座 7 顶住固定螺母 5，弹簧校正器不再起作用。装用校正弹簧前后的循环供油量对比如图 7-7 所示。

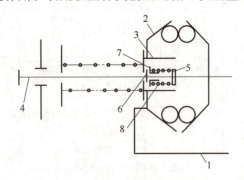

图 7-6　弹簧校正器的工作原理
1—油量调节拉杆　2—推力盘　3—托板　4—油量调整螺钉
5—固定螺母　6—挡头　7—校正弹簧座　8—校正弹簧

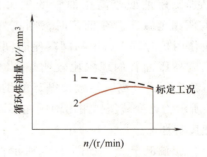

图 7-7　装用校正弹簧前后的
循环供油量对比
1—装有校正弹簧　2—未装校正弹簧

二、燃料喷射过程

如图 7-8 所示,为了便于分析,将整个燃料喷射过程分为下述三个阶段。

1. 喷油延迟阶段

从喷油泵压出燃油(供油始点)到喷油器针阀开始抬起(喷油始点)的阶段称为喷油延迟阶段。当柱塞关闭进油孔后,泵油室内的燃油被压缩,油压开始升高,直到油压超过高压油管中的残余压力和出油阀的弹簧压力时,出油阀抬起,在减压带完全脱离导向孔后,燃油才能进入高压油管,使泵端油管压力升高,并以压力波形式向喷油器端传播。当传播到喷油器针阀处的压力超过针阀的开启压力 p_0 时,针阀打开,将燃油喷入气缸。从供油始点到喷油始点的时间间隔称为喷油延迟时间,其相应的曲轴转角称为喷油延迟角,即喷油延迟角等于供油提前角减去喷油提前角。通常转速升高,喷油延迟角变大;高压油管加长,压力波由泵端到喷油器端的传播时间增加,喷油延迟角也变大。

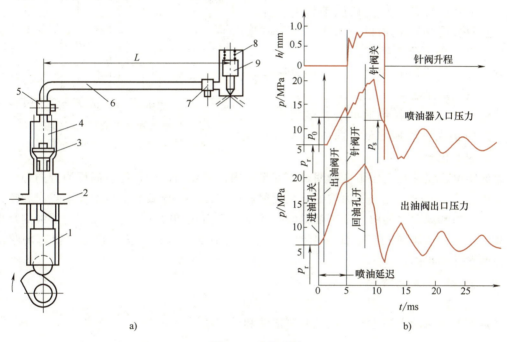

图 7-8 喷油过程

a)喷射系统工作示意图 b)喷射过程原理图
1—喷油泵柱塞 2—进、回油孔 3—出油阀 4—出油阀弹簧 5、7—压力传感器
6—高压油管 8—针阀弹簧 9—喷油器针阀

2. 主喷射阶段

从喷油始点到喷油器端压力开始急剧下降的阶段称为主喷射阶段。针阀刚开启时,燃油被喷入气缸,喷油器端压力瞬时下降,随着柱塞继续运动,其压力又上升。当柱塞控油斜边打开回油孔时,最初开度很小,因节流作用,泵端压力并不会立刻下降。随着柱塞运动,回流孔逐渐开大,泵端压力急剧下降,出油阀落座。因出油阀落座过程减压带的减压作用,高压油管压力迅速下降,并影响到喷油器端的压力,因此喷油器端压力下降较迟。大部分燃油

是在该阶段喷入气缸的，其时间长短主要与柱塞有效行程（柴油机负荷）有关，同时也受高压系统容积、出油阀减压作用等因素的影响。

3. 滴漏阶段

从喷油器端压力开始急剧下降到针阀完全落座（喷油终点）的阶段称为滴漏阶段。当喷油器端压力下降到针阀关闭压力后，针阀落座，停止喷油。这期间还有少量燃油从喷孔喷出，由于喷油压力降低，燃油雾化不良，应缩短该阶段。

三、供油规律和喷油规律

如图 7-9 所示，供油规律是单位时间（或 1°喷油泵凸轮轴转角）内喷油泵的供油量（V_p）随时间（或喷油泵凸轮转角 φ_f）的变化关系（$dV_p/d\varphi_c$），它由喷油泵柱塞的几何尺寸和运动规律确定。

喷油规律是喷油速率，即单位时间（或 1°喷油泵凸轮轴转角）内喷油器喷入燃烧室的燃油量 V_b 随时间（或喷油泵凸轮转角 φ_f）的变化关系（$dV_b/d\varphi_c$）。

供油规律与喷油规律之间存在明显的差别，除了供油始点与喷油始点不同，喷油持续时间较供油持续时间长，最大喷油速率较最大供油速率低，曲线形状也有一定的变化。

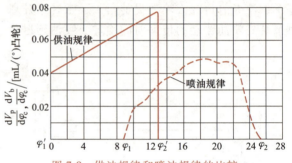

图 7-9 供油规律和喷油规律的比较
（喷油器 ZSOSJ，$n_p = 750 \text{r/min}$）

燃油的可压缩性在高压下变得明显，使系统内产生压力波的传播，高压油管的弹性变形引起高压容积的变化，加上压力波的往复反射和叠加作用，导致柴油机的供油规律和喷油规律不一致。喷油规律主要取决于喷油器喷孔的总开启面积和喷射压力，而喷油器端的喷射压力与喷油泵的供油速率和高压油管中的压力波动等有关。因此，虽然供油规律影响喷油规律，但两者并不相同。

四、喷油规律的确定

确定喷油规律的方法主要包括试验测定法和计算法。

1. 试验测定法

通过试验测定喷油规律的方法有多种，最常用的是压力升程法和博世长管法。

（1）压力升程法 根据喷油器的喷孔流量方程，瞬时喷油速率 [单位为 $\text{mm}^3/°(\text{CA})$] 与喷孔流通截面积、喷孔前后压差有关，其计算公式为

$$\frac{dV_b}{d\varphi_c} = \frac{\mu A}{6 n_p} \sqrt{\frac{2\Delta p}{\rho_f}} \times 10^3 \tag{7-3}$$

式中 μA——喷油器有效流通截面积（mm^2）；

n_p——喷油泵转速（r/min）；

ρ_f——燃油密度（kg/m^3）；

Δp——喷孔前油压与气缸内的气体压力差（Pa），$\Delta p = p - p_z$。

因此，在测定某一工况的喷油规律时，如图7-8a所示，先用压力传感器实测喷油器端的油管压力p_N，然后计算出盛油腔处的压力p（或直接测出喷油器盛油腔处的压力p）和气缸压力p_z（示功图），并用位移传感器测出针阀升程的变化，最后在专用试验台上实测不同升程下的喷嘴流通截面积μA，由此计算出喷油规律。这是在运转发动机上实测喷油规律的首选方法。

（2）博世长管法 这是在喷油泵试验台上测定喷油规律的常用方法，从喷油系统喷出的燃油进入细长管组成的博世长管仪中，如图7-10所示。它是用测量细长管内压力随时间的变化来测定喷油规律的，工作原理如下：喷油器喷油进入细长管内，其体积流量的表达式为

$$\frac{dV_b}{dt} = Fv \tag{7-4}$$

式中 F——细长管截面积；

v——燃油在细长管中的流速。

非稳定流中一元压力波$p(t)$可用声速c来计算，即

$$p(t) = c\rho_f v \tag{7-5}$$

由式（7-4）、式（7-5）可得喷油速率的表达式为

$$\frac{dV_b}{dt} = F\frac{1}{c\rho_f}p(t) \tag{7-6}$$

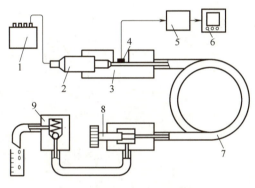

图7-10 喷油规律测量装置

1—喷油泵 2—喷油器 3—测压接头 4—压力传感器
5—放大器 6—示波器 7—细长管
8—节流阀 9—背压阀

由此可知，在图7-10中用压力传感器4测得长管压力波的变化，即可求得喷油规律。

在博世长管仪中，长管应足够长，管截面也要保持一定，这样可使喷油的压力波不受管截面突变和细长管端反射波的影响，从而保证喷油速率测定的精度。为了做到这一点，细长管的长度L应保证由细长管出口端所产生的反射波反射到喷嘴端所需的时间大于喷油持续期t_z（$t_z < 2L/c$），并保证在下一循环之前管内的压力波已经完全衰减。大量试验表明，实测的压力波为四个波形时（一个喷油波形和三个反射波形），测量精度较高。图7-10中的背压阀9可用于模拟气缸压力的大小，而节流阀8用来保证长管中有一定的压力，调整节流阀改变流通截面的大小，可得到所需的实测压力波的个数。

2. 计算法

计算法通过对喷油系统建立物理数学模型，用质量守恒定律分别建立柱塞腔、出油阀紧帽腔、针阀体的盛油槽及压力室内的燃油连续性方程；用牛顿定律建立出油阀、针阀的运动方程及高压油管内的一元可压缩不定常流的燃油运动方程和连续性方程，根据已知的喷油系统结构参数、喷油泵升程随转角变化的关系，用数值计算的方法编程，在计算机上联立求解，从而得出柱塞腔、出油阀紧帽腔、针阀体的盛油槽、压力室和高压油管任意位置的压力变化及出油阀、针阀的运动规律，并得出喷油规律的计算结果，其计算精度已能满足工程应

用的要求。目前，该方法是国内外对喷油系统性能预测的基本方法，可用于优化燃料供给系统的结构参数。

五、非正常喷射与穴蚀

燃料喷射系统内的压力高、变化快，在高速和高强化程度时表现得尤为突出，泵-管-嘴系统有出现一些不正常喷射现象的可能性。常用测量针阀升程的方法来判定有无不正常喷射现象存在，不同喷射情况下的针阀升程如图 7-11 所示。下面介绍几种不正常喷射现象。

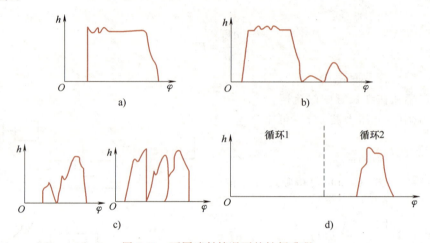

图 7-11 不同喷射情况下的针阀升程
a）正常喷射 b）二次喷射 c）断续喷射 d）隔次喷射

1. 二次喷射

喷射终了喷油器针阀落座后，在压力波动的影响下，喷油器端的压力可能超过其启喷压力，这将造成针阀再次升起并产生不正常喷射现象，如图 7-11b 所示。由于二次喷射是在燃油压力较低的情况下发生的，这部分燃油因雾化不良会出现燃烧不完全，碳烟增多，并易引起喷孔积炭堵塞。此外，二次喷射还使整个喷射持续时间延长，进而使燃烧过程不能及时进行，造成柴油机经济性能下降、零部件过热等不良后果。二次喷射易发生在高速、大负荷工况条件。

2. 滴油现象

在喷油器针阀密封正常的情况下，如果喷油终了喷油泵不能迅速回油，则喷射系统残压过高，喷油器端的压力下降缓慢，导致喷油器针阀不能迅速落座而关闭不严，出现仍有燃油流出的现象。这种在喷射终了时流出的燃油，其速度及压力极低，因而难以雾化，易产生积炭并使喷孔堵塞。

3. 断续喷射

由于在某一瞬间喷油泵的供油量小于喷油器喷出的油量和填充针阀上升空出空间的油量之和，针阀在喷射过程中出现周期性跳动，如图 7-11c 所示。这时喷油泵端压力及针阀的运动方向不断变化，易导致针阀副的过度磨损。

4. 不规则喷射和隔次喷射

供油量过小时，循环喷油量不断变动甚至出现个别循环不喷油的现象，如图 7-11d 所示。不规则喷射和隔次喷射易发生在柴油机怠速工况下，其会造成怠速不稳定、工作粗暴，并限制柴油机的最低稳定转速。

为了避免出现不正常喷射现象，应尽可能缩短高压油管长度，减小喷射系统高压部分容积，以降低压力波动，同时合理选择喷射系统的参数，如喷油泵柱塞直径、凸轮型线、出油阀形式及尺寸、出油阀减压容积、高压油管内径、喷油器喷孔尺寸和针阀开启压力等。

燃料喷射系统中的穴蚀破坏出现在系统内与燃油接触的金属表面上。穴蚀产生的机理：在高压容积内产生压力波动时，由于出现极低的压力（低于燃油的蒸气压力）而形成气泡，随后压力迅速升高使气泡爆裂而产生冲击波，这种冲击波多次作用于金属表面将引起穴蚀。穴蚀破坏会影响到燃料喷射系统的工作可靠性和使用寿命。

六、喷油的雾化及油束特性

将燃油分散成细粒的过程称为燃油的喷雾或雾化，它可以增加燃料蒸发的表面积，以及燃料与氧接触的机会，从而达到迅速混合的目的。

1. 油束的形成与特性

燃料以很高的压力（40~120MPa）和很高的速度（100~400m/s）从喷油器的喷孔喷出，在高速流动时所产生的内部扰动及气缸内空气阻力的作用下，其被粉碎成细小的油粒，形如圆锥（图 7-12），这种由大小不同的油粒所组成的圆锥体称为油束（或喷注）。油束本身的特征可用喷雾锥角、油束射程及雾化质量来说明。

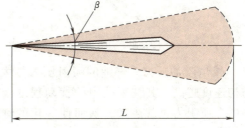

图 7-12 油束形状

（1）**喷雾锥角 β**　喷雾锥角与喷油器的结构有很大关系。对于相同的喷油器结构，一般用 β 来表示油束的紧密程度。β 大说明油束松散，β 小说明油束紧密。

（2）**油束射程 L**　即油束的贯穿距离，也称为贯穿力。L 的大小对燃料在燃烧室中的分布有很大影响。如果燃烧室尺寸小而射程大，就会有较多的燃料喷到燃烧室壁面上；反之，如果 L 过小，燃料则不能很好地分布于燃烧室空间，燃烧室中的空气得不到充分利用。因此，油束射程必须根据混合气形成方式的不同要求与燃烧室相互配合。

（3）**雾化质量**（雾化特性）　它表示燃料喷散雾化的程度，一般指喷散的细度和喷散的均匀度。燃料喷散得越细、越均匀，表明雾化质量越好。喷散细度可以用油束中油粒的平均直径来表示，平均直径越小，喷雾越细。喷散的均匀度可用油粒的最大直径与平均直径之差来表示，直径差越小，喷雾越均匀。同样也可以用试验的方法测量油束中的油粒直径，并绘制曲线来表示油粒的细度和均匀度，这种曲线称为雾化特性曲线，如图 7-13 所示。

除了上述油束特性，另一个对混合气形成和燃烧有影响的重要因素是油束在燃烧室中的分布特性，即油束与燃烧室的配合情况。

2. 油束特性的影响因素

（1）**喷油器结构** 喷油器的结构不同，引起油束形成的内部扰动也不同，从而产生了不同形式的油束。油束应与燃烧系统密切配合，不同的燃烧方式要求对应不同形式的油束，因而需要使用不同结构的喷油器。喷油器的主要结构型式如图 7-14 所示。其中，多孔喷油器（图 7-14a）用于对雾化质量要求较高的直喷式柴油机。在喷油压力和介质反压力不变及喷孔总截面积不变的条件下，增加喷孔数目，则每个喷孔的直径减小，燃料流出喷孔时将受到更大的节流作用，其在喷孔内的扰动也就相应增加，从而使雾化质量提高（图 7-15）；如果喷孔直径加大，则油束核心稠密，射程增加。轴针式喷油器（图 7-14b～d）的针阀头部伸入喷孔中，并且针阀头部截面是变化的，可以由针阀头部的锥角来控制喷雾锥角。

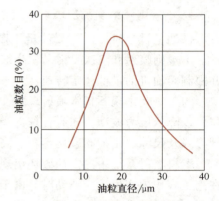

图 7-13 雾化特性曲线

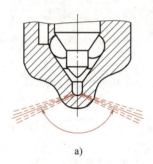 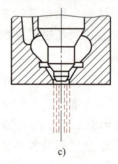 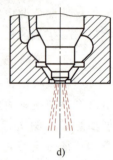

图 7-14 喷油器的主要结构型式

a）多孔喷油器 b）顺型轴针式喷油器 c）圆柱形轴针式喷油器 d）倒锥形轴针式喷油器

（2）**喷油压力** 燃油的喷射压力越大，燃油喷出的初速度越高，其在喷孔中的扰动程度及喷出后所受到的介质阻力也就越大，从而使雾化的细度和均匀度提高，即雾化质量好（图 7-16）。喷油压力增加时，射程会增加（图 7-17），喷油压力过高，易使高压油管胀裂、喷油器磨损，对喷油管的制造要求也高。在喷油过程中，燃油的实际喷射压力是变化的，一般产品说明书上的喷油压力是指喷油器针阀开启压力。对于机械式供油系统而言，高速柴油机喷油器的针阀开启压力一般为 12～30MPa，而在喷油过程中，高压油管中的最高压力一般可达 50MPa，若是高增压的中速柴油机，甚至可达 100MPa 以上。

图 7-15 喷孔直径对雾化特性的影响

1—喷孔直径 4×0.4mm 2—喷孔直径 2×0.57mm
3—喷孔直径 1×0.57mm

（测试条件：喷射压力 27.4MPa，背压 0.98MPa，喷油泵凸轮轴转速 90r/min）

（3）**介质反压力** 反压力增加，介质密度增大，引起作用在油束上的空气阻力增加。从而改善燃料雾化质量，喷雾锥角增加，并使射程减小（图 7-17）。在非增压柴油机中，介质反压力为 3.5～4MPa，变化不大，对油束特性影响并不显著。

（4）喷油泵凸轮外形及转速 当凸轮形状较陡或凸轮转速较高时，喷油泵的柱塞供油速度提高。由于喷油器喷孔的节流作用，燃油不能迅速流出，结果使油管中的燃油压力增加，燃油从喷孔流出的速度也随之增加，因此雾化变好，油束射程和喷雾锥角均有所增加。

上述试验结果是在冷空气中进行喷射试验得到的。而在实际柴油机中，油束的形成和发展是在温度较高的热空气中进行的，一切都在迅速变化，如喷油泵以变速供油，喷油压力会变化；燃油喷入高压热空气中，空气的状态也因活塞压缩而不断变化。此外，燃烧室中的空气有运动，燃油在蒸发，特别是喷油过程中，伴随燃烧发生，

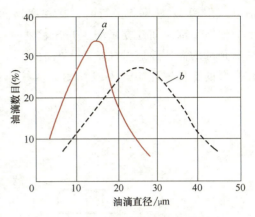

图 7-16 喷油压力对雾化特性的影响
a—34.3MPa b—14.7MPa

这些因素互相影响，导致油束的形成和发展过程比较复杂。不过从上述稳定模拟试验中得出的结果，在一定程度上可以看出各因素对油束特性的影响情况。

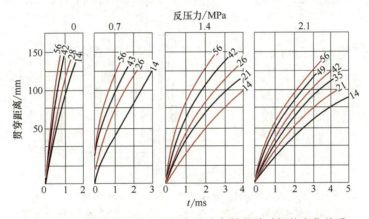

图 7-17 不同喷油压力和反压力下油束射程随时间的变化关系

第二节　传统机械式泵-管-嘴系统

泵-管-嘴系统的特点是喷油泵为往复式柱塞泵，由凸轮轴驱动。喷油泵的每次供油伴随一次喷油过程，喷油泵与喷油器之间由高压油管连接。按喷油泵结构及高压油管连接长度不同，可分为直列泵系统、分配泵系统及单体泵系统。以下仅简单介绍直列泵系统和分配泵系统。

一、直列泵系统

在该系统中，多缸柴油机各缸供油单元安装在同一个油泵壳体中。如图 7-18 所示，柱塞 5 由凸轮轴 13 上的凸轮经挺柱 12 及其上的滚轮推动，并在弹簧力的作用下在柱塞套 4 中做上下往复运动，柱塞 5 上有两个控制棱边，其中一个为柱塞顶面，另一个为柱塞上的螺旋

槽（或斜槽）。柱塞5上行时，在柱塞顶面关闭进油孔（图中有两个，另一个兼作回油孔）后，便在顶部空间建立了高压并开始供油，柱塞5继续上行到其螺旋槽棱边打开回油孔时，柱塞顶部的高压腔通过柱塞5上的油槽及回油孔与进油腔相通，压力下降，供油结束。直列柱塞泵的工作原理如图7-19所示，从柱塞顶面关闭进油孔到螺旋槽棱边打开回油孔的柱塞

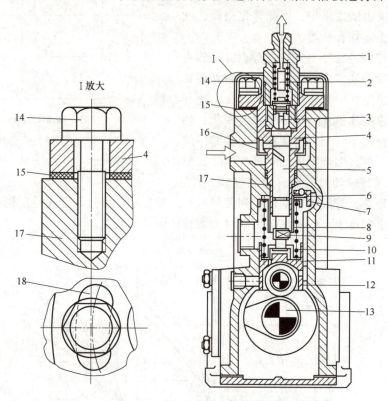

图 7-18　直列柱塞泵的结构

1—出油阀紧座　2—减容器　3—出油阀偶件　4—柱塞套　5—柱塞　6—钢球　7—调节拉杆　8—控制套筒
9—柱塞榫舌　10—柱塞弹簧　11—弹簧座　12—挺柱　13—凸轮轴　14—柱塞套紧固螺栓
15—调节垫片　16—导流罩　17—喷油泵体　18—柱塞套凸缘上的螺栓孔

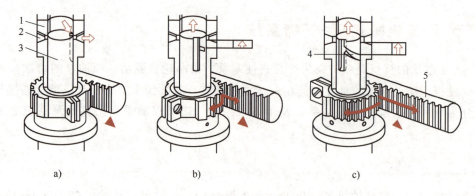

图 7-19　直列柱塞泵的工作原理

a）停油位置　b）部分负荷供油位置　c）全负荷供油位置
1—柱塞套　2—进、回油孔　3—柱塞　4—螺旋槽　5—油量控制齿条

行程就是喷油泵的有效供油行程,用与调节机构(图中未表示)相连的油量控制齿条 5 转动齿圈,柱塞 3 随之旋转,就可以改变螺旋槽棱边开启回油孔的相对位置,即改变有效供油行程,进而改变供油量。

二、分配泵系统

在该系统中,采用一个或少量柱塞实现对多缸(4~6缸)柴油机各缸的供油,分配泵的体积小、结构紧凑,成本低,主要用于小型高速车用柴油机,特别是轿车柴油机。

图 7-20 所示为轴向柱塞分配泵(VE 泵)的结构,图 7-21 所示为其工作原理。由这两张图可知 VE 泵只有一个轴向柱塞(图 7-20 中的 6,图 7-21 中的 3),当轴向柱塞与固定在一起的端面凸轮(图 7-20 中的 4,图 7-21 中的 1)共同旋转时,通过凸轮型线表面(其凸轮数与缸数相当)与固定滚轮之间的相互作用,完成往复与旋转运动,同时实现压油及向各缸配油的任务。

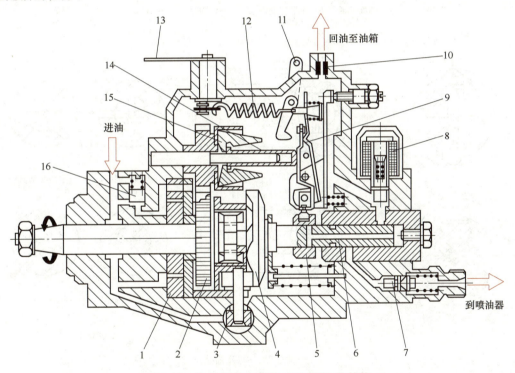

图 7-20 轴向柱塞分配泵(VE 泵)的结构

1—滑片式输油泵 2—调速器驱动齿轮 3—供油提前角器 4—端面凸轮 5—油量控制环套
6—轴向柱塞 7—出油阀 8—电磁阀停车装置 9—调节杠杆组 10—溢流量孔 11—手动停车装置
12—调速弹簧 13—转速调节手柄 14—调速器滑套 15—离心飞块 16—调压阀

图 7-22 所示为径向柱塞分配泵(VR 泵或 VP 泵)的工作原理,它采用一对、三个成 120°布置或两对径向柱塞 2,依靠滚柱 9 与内凸轮型线的接触,使柱塞在转动时产生向内的压油运动,以在油腔中建立高压。由于内凸轮圈 1 受力平衡(不像 VE 泵那样传给泵体),内凸轮型线与滚轮之间的接触应力较小,加上可以采用多个柱塞来减小柱塞直径与相应的载荷,因此可以产生较高的喷油压力。

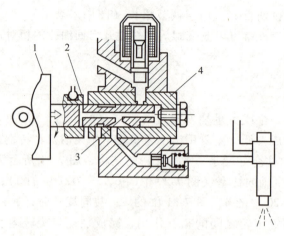

图 7-21 轴向柱塞分配泵（VE 泵）的工作原理
1—端面凸轮 2—油量控制环套 3—轴向柱塞 4—柱塞套

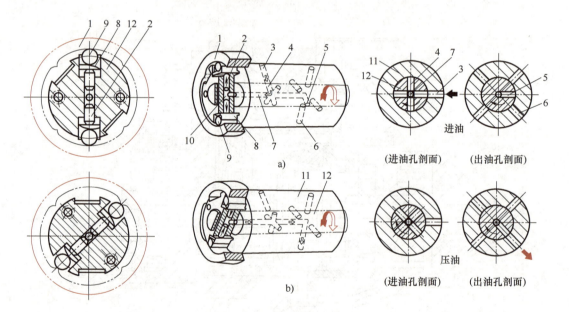

a）进油过程 b）压油过程

图 7-22 径向柱塞分配泵（VR 泵或 VP 泵）的工作原理
a）进油过程 b）压油过程
1—内凸轮圈 2—径向柱塞 3—分配套筒进油孔 4—分配转子进油孔 5—分配孔
6—分配套筒出油孔 7—中心油孔 8—滚柱座 9—滚柱 10—柱塞孔 11—分配套筒 12—分配转子

第三节　柴油机喷油泵结构参数的选择

一、喷油泵工作能力的评价指标

表 7-1 列出了常用国产柱塞式喷油泵的主要结构参数与性能指标，其中除了有柱塞直径、柱塞轴距、凸轮升程、出油阀结构型式等参数外，还有评价喷油泵的若干性能指标。

表 7-1　常用国产柱塞式喷油泵的主要结构参数与性能指标

喷油泵系列	柱塞轴距/mm	凸轮升程/mm	柱塞直径/mm	最大循环供油量/(mm³/循环)	最大允许泵端压力/MPa	最大平均供油速率/[mm³/(°)(CA)]	最高工作转速/(r/min)	出油阀结构型式
I 号泵	25	7	7~8.5	75	40	12	1500	等容
BQ 泵,IW 泵	25	7~9	6~9.5	115	70	22	2200	等容,阻尼,等压
PL 泵,PH 泵	25	8~9,11	8.5~9.5	115,150	80,85		1800,2200	等容,阻尼,等压
PM 泵	29	10,11	9.5~10.5	200	100		1800	等容,阻尼,等压
A 型泵	32	8,8.5,9	5~9.5	130	70	18	1800	等容,阻尼
AD(AW)泵	32	10,11	9.5~10.5	210	70	29	1500	等容,阻尼
PW 泵	32	10,11,12	10~12	230	90		1600	等容,阻尼,等压
P_7 泵,PE 泵	32	10,11,12	9~11,11~12	230,275	75,100	39,46	1600,1800	等容,阻尼,等压
P 型泵,PW2000 泵	35(38)	10~12,(14)	9~13	300,(415)	100,(120)	53.5	1400	等容,阻尼,等压
PX 泵	35	13~15	11~12	330	110		1800	等容,阻尼,等压

1. 最大循环供油量 V_{max}

喷油泵每循环供油量与许多结构及调整参数有关,如柱塞直径、凸轮形式与升程、预行程与供油延续角以及出油阀结构尺寸等。由于每种喷油泵都可以装用几种不同直径的柱塞并做不同的调整,为了进行比较,规定取喷油泵最大柱塞直径并设出油阀减压容积为零,采用标准切线凸轮,以凸轮升程至最大几何速度前的 0.3mm 处作为供油终点,将依据 7°(国内外油泵行业公认作为基准的度数,若有公司采用其他度数,则应另加说明)凸轮转角供油持续期内的柱塞有效行程计算所得的循环供油量定义为喷油泵的最大循环供油量 V_{max},它是喷油泵几何供油量的极限值。由于没有考虑燃料的可压缩性、油管的弹性膨胀以及供油过程出油阀早开、晚关的节流作用与柱塞泄漏等因素,因此与实际供油量有一定差别,但是方便对各个系列喷油泵的工作能力进行比较。V_{max} 越大,表示喷油泵的尺寸越大,工作能力越强,可以满足更大功率柴油机的配套要求。

2. 最大平均供油速率 Q_{max}

平均供油速率是指喷油泵在供油持续期内每度凸轮转角的平均供油量,而最大平均供油速率 Q_{max} [mm³/(°)(CA)] 是在最大循环供油量的条件下,取 7°凸轮转角供油持续期作为计算依据求得的平均供油速率,其表达式为

$$Q_{max} = A_p \overline{\omega}_p \tag{7-7}$$

式中　A_p——柱塞面积(mm²);

$\overline{\omega}_p$——柱塞在供油持续期内的平均上升速度 [mm/(°)(CA)]。

由式(7-7)可知,提高 Q_{max} 的有效途径为增加柱塞直径与提高柱塞平均速度(改变凸轮型线与增加预行程)。因此,在同样的喷油持续期内,提高最大平均供油速率可以增加循环供油量。

3. 最大许用泵端压力 p_{pmax}

最大许用泵端压力是指喷油泵所能承受的泵端压力的峰值,其准确数值应是柱塞腔的实测压力。由于测量困难,一般可用出油阀锁紧帽出油口处测得的油管泵端峰值压力来替代。为了改善喷油的雾化质量和提高喷油速率,柴油机对喷油压力的要求不断提高,而喷油压力来自泵端的供油压力(由于喷孔的节流作用,高压油管的嘴端压力一般略高于泵端压力)。因此,提高泵端压力就相当于提高喷油压力,但泵端压力又受到喷油泵凸轮、挺柱体、泵体等零件强度和刚度的限制。综上所述,最大许用泵端压力是一个既反映喷油泵强化程度,又表征其工作可靠性的重要指标。图 7-23 所示为不同燃烧系统所要求的最大泵端压力与最大平均供油速率的关系。

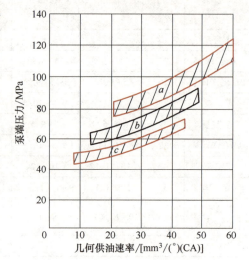

图 7-23　不同燃烧系统所要求的最大泵端压力与最大平均供油速率的关系
a—增压、无或低涡流　b—增压、低涡流
c—有涡流

4. 喷油泵最高工作转速 n_{pmax}

在二冲程柴油机中,喷油泵转速 n_p 与柴油机转速 n 相同,而在常见的四冲程柴油机中,$n_p = n/2$。在传统柱塞式喷油泵中,n 或 n_p 升高,最大泵端压力与喷油压力均会增加,但柱塞运动产生的往复惯性力也会增加。当柱塞下行时,若此惯性力超过柱塞弹簧的压紧力,则会使挺柱滚轮与凸轮表面之间脱开,产生冲击。此外,附装在喷油泵上的机械式调速器也有一定的转速限制,综合考虑这两方面,就可以确定整个喷油泵总成(包括调速器)的最高工作转速 n_{pmax}。

二、喷油泵主要参数选择

1. 柱塞直径 d_p 和有效供油行程 h_e

柱塞与柱塞套是喷油泵重要的精密偶件之一,它具有建立高压与控制供油量的重要作用,柱塞直径 d_p 和有效供油行程 h_e 可按以下方法计算:

根据柴油机额定工况的燃油消耗率和功率计算柴油机所需的每循环喷油量 V_b(mm³/循环),即

$$V_b = \frac{b_e P_e \tau}{120 n \rho_f i} \times 10^3 \tag{7-8}$$

式中　P_e——柴油机额定功率(kW);

b_e——额定功率的燃油消耗率[g/(kW·h)];

n——柴油机转速(r/min);

i——柴油机气缸数;

ρ_f——燃油密度(g/cm³);

τ——柴油机的行程数。

喷油泵柱塞在有效行程 h_e 内的几何供油量 V_p 应当大于 V_b，即

$$V_p = V_b + \Delta V_1 + \Delta V_2 \approx V_b + \Delta V_1 \tag{7-9}$$

式中 ΔV_1——高压油路内燃油的压缩量，一般以最大许用泵端压力与针阀开启压力之差作为计算依据；

ΔV_2——喷油泵柱塞套与高压油管的变形量，在粗略计算中可以忽略。

$$\Delta V_1 = (p_{p\max} - p_{op}) \frac{\sum V}{E} \tag{7-10}$$

式中 $p_{p\max}$——最大许用泵端压力（MPa）；

p_{op}——喷油器针阀开启压力（MPa）；

$\sum V$——高压油路总容积（对于采用泵-管-嘴系统的中小功率柴油机，$\sum V = 1500 \sim 2000\text{mm}^3$）；

E——燃料弹性模量，取 $1500 \sim 2500\text{MPa}$。

求出 V_p 后，参照喷油泵最大循环供油量 $V_{\max}$（V_p 要适当小于 $V_{\max}$），并根据柴油机的特点（燃烧室的形式及是否增压等），即可在表 7-1 中选择所需的喷油泵系列，然后利用下式计算柱塞直径 d_p 和有效供油行程 h_e。

$$V_p = \frac{\pi}{4} d_p^2 h_e \eta_f \tag{7-11}$$

式中 η_f——喷油泵的供油系数，其值主要与进、回油孔的节流作用有关，一般为 $1 \sim 1.25$，当节流作用较大时，取大值。

定义柱塞直径 d_p 与有效行程 h_e 之比为 m_1，根据统计，$m_1 = 4.0 \sim 6.0$，将 $d_p / h_e = m_1$ 代入式（7-11）后，可得柱塞直径 d_p 为

$$d_p = \sqrt[3]{\frac{4 V_p m_1}{\pi \eta_f}} \tag{7-12}$$

对计算值圆整，最后确定柱塞直径 d_p（mm），再根据 m_1 反算出有效行程 h_e。

由式（7-7）可知，柱塞直径增大，供油速率增加，在相同供油量的情况下，有效行程减小，供油和喷油持续期缩短，从而缩短了柴油机的燃烧期，使其性能改善。图 7-24 所示为不同柱塞直径对喷油规律的影响，图中的虚线表明初期喷油速率增加，喷油规律曲线变高，一般使柴油机的经济性变好。当柴油机强化后，由于每循环供油量加大，需要特别考虑增加柱塞直径来维持合适的喷油延续时间，以保障柴油机的经济性，如图 7-25 所示。但在

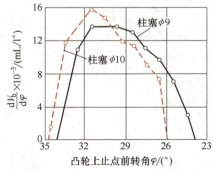

图 7-24 不同柱塞直径对喷油规律的影响
（135 型柴油机，$n = 1500\text{r/min}$）

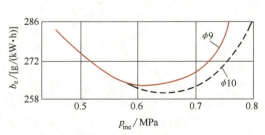

图 7-25 不同柱塞直径对性能的影响
（135 型柴油机，$n = 1500\text{r/min}$）

增加柱塞直径后，初期喷油量变大，柴油机运转粗暴，凸轮承受的接触应力也增大。

2. 凸轮最大升程和预行程

凸轮的升程与几何形状（型线）对柱塞的运动规律与喷油泵的供油规律均有重要的影响。凸轮型线的种类有很多，从加工难易的角度考虑，一般选用切线凸轮或圆弧凸轮。在升程、基圆和滚轮等都相同的情况下，凸面凸轮和切线凸轮的速度比较如图 7-26 所示。由该图可知，切线凸轮的柱塞速度升高较快。对于一定的供油量，柱塞速度提高，供油持续时间可以缩短。一般来说，柴油机转速较高时，采用切线凸轮，对改善经济性有利。但是供油速率过高，在着火延迟期喷入气缸的燃油较多，可能引起燃烧粗暴、p_z 过高。在某些大功率中速柴油机中，还应用凹弧凸轮以增加供油速率，减小喷油持续角，但过大的供油速率往往导致凸轮和滚轮之间的接触应力过大，引起点蚀。

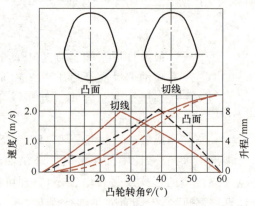

图 7-26 凸面凸轮和切线凸轮的速度比较

目前，在中小功率柴油机领域使用最多的是图 7-27 所示的切线凸轮。图 7-27a 所示为单向切线凸轮，其凸轮工作段为一条与基圆和顶圆相切的直线，它只能用于某一固定旋转方向，但回程比较平缓，对零部件的使用寿命和降低工作噪声比较有利；图 7-27b 所示为双向切线凸轮，由于它的两个侧面均为对称布置的切线，可以实现双向旋转。

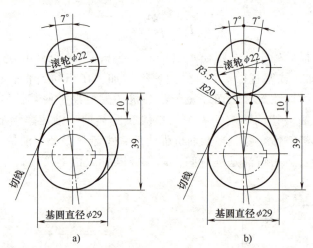

图 7-27 喷油泵常用的两种切线凸轮
a）单向切线凸轮 b）双向切线凸轮

凸轮全升程，即最大升程 h_{max} 由三部分组成，即

$$h_{max} = h_e + h_{ps} + h_1 \tag{7-13}$$

式中 h_e——有效行程；
h_{ps}——预行程；

h_1——剩余行程。

取 h_{max} 与 h_e 之比为 m_2，即 $h_{max} = m_2 h_e$。对于自然吸气柴油机，$m_2 = 4.0 \sim 7.0$；对于增压柴油机，$m_2 = 3.0 \sim 5.0$，增压度高，m_2 取较小的值。这样，在计算柱塞直径并确定了 h_e 后，就可以根据以上关系确定 h_{max}，至于预行程 h_{ps} 与剩余行程 h_1 在 h_{max} 中如何分配，则取决于对供油速率的要求。前文已指出，当循环供油量一定时，为了缩短供油持续期，应尽可能增加喷油速率，即将有效行程 h_e 的终点调整至离最大速度点 0.3mm 处，这样既保证了较高的供油速率，将供油持续期控制在较窄凸轮转角范围（在高速柴油机中，通常小于 10°）内，又防止挺柱与凸轮顶部圆弧接触，造成表面接触应力过大（最大允许值为 2000MPa）。在实际喷油泵中，预行程可以通过改变挺柱体的高度进行调节。

3. 出油阀的结构

出油阀偶件也是喷油泵重要的精密偶件之一，它对控制高压油路的残余压力乃至整个系统的喷油过程都有重要作用。按其工作原理可以分为等容式与等压式两种。

图 7-28 所示为目前应用较为广泛的等容式出油阀，它在供油时打开（图 7-28a），当柱塞有效行程结束，回油孔打开时，高压腔内的压力下降，该出油阀在弹簧与油压的作用下开始落座（图 7-28b）。由于阀上有一个直径为 d 的圆柱减压带，在它从开始进入座孔至锥面完全落座（图 7-28c）的过程中，还要下降一段距离 h，这样当减压带隔断柱塞顶部高压腔与高压油管后，还给高压油路让出一个相当于 $\Delta V = \pi d^2 h/4$ 的减压容积，从而使高压油路中的压力迅速下降，保证喷油器针阀迅速关闭并防止由于压力波来回反射叠加而产生的二次喷射现象。通过合理选择减压带高度 h，可以改善发动机性能，如图 7-29 所示。

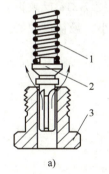
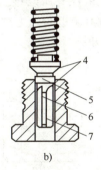
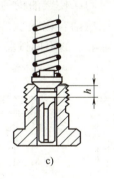
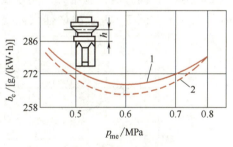

图 7-28 等容式出油阀

a）供油状态 b）开始关闭 c）关闭状态
1—出油阀弹簧 2—出油阀芯 3—出油阀座
4—密封座面 5—减压带 6—导向面
7—油槽 h—减压带高度

图 7-29 出油阀减压带高度 h 对发动机性能的影响

1—$h = 1.8$mm，减压容积为 60mm³
2—$h = 3.1$mm，减压容积为 88mm³

减压容积的大小可以按下式估算，即

$$\Delta V = \frac{\pi}{4} d^2 h = \Delta V_1 = (p_{pmax} - p_{op}) \frac{\sum V}{E} \tag{7-14}$$

最终的数值应当通过与柴油机的仔细配试来确定。

等容式出油阀的优点是结构简单，缺点是对变工况适应性差。因为柴油机在高速、大负荷工况下，油管压力高，为了防止二次喷射，需要较大的减压容积，但在低速、小负荷工况下，油管压力低，只需要较小的减压容积，因此固定的减压容积很难同时兼顾两种要求，若匹配不当，在高速、大负荷时，可能会因减压不够而产生二次喷射现象；在低速、小负荷时，又可能因减压过度而产生负压（真空）并形成气泡，引发"气穴"现象，从而造成柴油机运转不稳，甚至引起零件的"穴蚀"损坏。

随着柴油机喷油压力的不断提高，等容式出油阀已逐渐不能适应，因此需要采用等压式出油阀（图 7-30）。钢球 7 在等压阀弹簧 5 的作用下，关闭节流孔 8，从而在出油阀芯 2 上构成一个小的单向阀（减压阀），在供油过程中它不起作用，在回油过程中则打开并使高压油路保持一定的残余压力，若能通过细致的匹配工作，选择合适的节流孔尺寸与等压阀的弹簧刚度，就可以控制高压油路中的残余压力并使其保持稳定，从而消除了等容式出油阀存在的问题，保证燃料供给系统在各种工况下都能正常工作。

出油阀锁紧帽的高压贮油容积（图 7-31）在整个高压系统的容积中占有一定的比例，可以通过改变出油阀锁紧帽内径或 $\pi d^2 h/4$ 的容积来改变出油阀锁紧帽的高压贮油容积。

图 7-30 等压式出油阀
1—出油阀座　2—出油阀芯　3—出油阀弹簧
4—减容器　5—等压阀弹簧
6—弹簧座　7—钢球　8—节流孔
9—出油阀锁紧帽

高压贮油容积减小，可以减小喷射过程的压力波动，提高压力上升速度，缩短喷油延续时间，使柴油机的经济性有所改善。图 7-31a 反映供油提前角都相同时的试验结果。由于高压贮油容积减小，喷射延迟角随之减小，最佳供油提前角也变小。图 7-31b 反映最佳供油提前角下的不同试验结果。

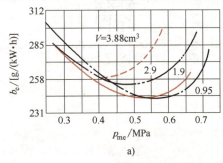
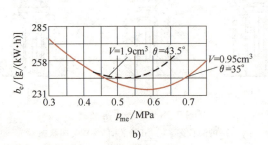

图 7-31 出油阀锁紧帽高压贮油容积对性能的影响
a) 供油提前角为 43.5°　b) 均为最佳供油提前角

三、喷油特性对柴油机性能的影响

以柴油机喷油泵为核心的整个燃料供给系统的喷油特性，如喷油压力、喷油正时、喷油泵的速度特性及喷油规律等，对于柴油机燃烧过程的品质与整机性能都有十分重要的影响。

1. 喷油压力

喷油压力对柴油机的喷雾与混合气形成以及燃烧过程具有直接的影响。当燃料供给系统设计得当，与柴油机匹配也比较合理时，最大喷油压力 p_{jmax} 往往略高于最大许用泵端压力

p_{pmax}。实践证明,喷油压力越高,燃料喷雾粒度越细,喷油速率越高,柴油机的烟度与颗粒物排放指标也越好。

对于目前广泛采用的直喷式柴油机,由于燃料雾化与混合气形成能量主要由高压喷射提供,需要借助较高的喷油压力,各种燃料供给系统所能达到的喷油压力范围如图 7-32 所示。

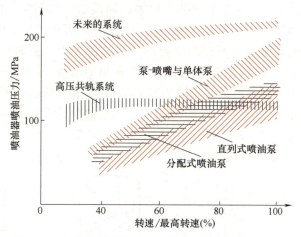

图 7-32　各种燃料供给系统所能达到的喷油压力范围

2. 喷油提前角与供油提前角及喷油持续期

为了获得最高的燃烧效率,要求主要燃烧过程在上止点附近完成,因此燃油应在上止点前喷入,通常喷油始点用喷油提前角表示。喷油提前角过大,燃烧开始得过早,气缸内的压力升高率过大,导致柴油机噪声增大、工作粗暴;反之,若喷油提前角过小,则燃烧滞后并延伸至膨胀过程中进行,导致柴油机热效率下降,未燃碳氢化合物(HC)与烟度的排放增加。当前柴油机的排放问题备受关注,常见的措施之一就是适当推迟喷油,用牺牲燃料经济性来达到降低氮氧化物(NO_x)排放的目的。

尽管喷油提前角对柴油机燃烧过程与性能有重要影响,但它在一般情况下难以确定(必须测量针阀升程),因此在实际中常用供油提前角 $\Delta\varphi_{\text{ps}}$ 来代替。

供油提前角就是喷油泵安装于柴油机上时喷油泵柱塞关闭进、回油孔开始压油到柴油机活塞上止点所经历的曲轴转角。它可以在停车状态用溢流法检查(以出油阀开启供油来表示进、回油孔关闭),供油提前角 $\Delta\varphi_{\text{ps}}$ 与喷油提前角 $\Delta\varphi_{\text{js}}$ 的差值就是喷油延迟角 $\Delta\varphi_{\text{pj}}$,即

$$\Delta\varphi_{\text{ps}} = \Delta\varphi_{\text{js}} + \Delta\varphi_{\text{pj}} \tag{7-15}$$

$\Delta\varphi_{\text{pj}}$ 取决于压力波在高压油管中的传播时间,即取决于油管长度 L 与柴油机转速 n。L 越大,$\Delta\varphi_{\text{pj}}$ 越大,因此希望高压油管适当短些,并且各缸应当等长;n 越高,由于每度曲轴转角占用的时间较短,$\Delta\varphi_{\text{pj}}$ 也越大。图 7-33 所示为油泵转速和油管长度对喷油延迟的影响。

由于有一定的规律性,$\Delta\varphi_{\text{ps}}$ 与 $\Delta\varphi_{\text{js}}$ 对柴油机性能影响的趋势又一致,可用供油提前角作为调整与匹配的依据,但两者定义有所不同,不应混淆。

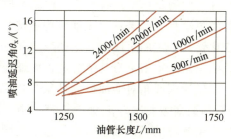

图 7-33　油泵转速和油管长度对喷油延迟的影响

最佳喷油提前角或供油提前角随柴油机的转速、负荷与温度等一系列因素发生改变，理想的调节只有通过电子控制才能实现，对于机械控制式燃料供给系统，为了满足各种工况（如转速、负荷及起动）变化的要求，可以采取以下两种措施：

1）用改变柱塞头部形状来适应负荷、转速变化与起动工况的要求。例如，图7-34a所示为典型的下螺旋槽结构，其工作原理前文已述，即供油始点不变（以柱塞顶面控制），用改变供油终点（以下螺旋槽棱边控制）的方法来改变柱塞有效行程；图7-34b增加了上螺旋槽，它具有供油始点随负荷增加而适当提前的功能（因为大负荷时的供油持续期较长，故有此必要）；图7-34c所示仍为下螺旋槽结构，但在顶部增加了起动滞后槽，以防止起动时因供油提前角过大而出现的起动困难；图7-34d所示的结构是在头部适当位置（见图中黑色三角区）削出深度很小（约0.1mm）的间隙，利用它的节流效应来实现供油始点随转速提前的功能。

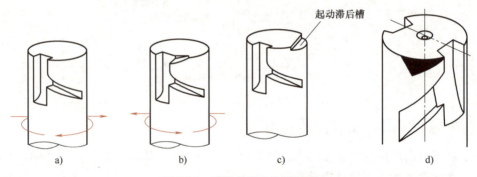

图7-34　几种典型的柱塞结构

a）下螺旋槽　b）上下螺旋槽　c）下螺旋槽与起动滞后槽　d）头部间隙

2）采用离心式转速提前器。应当特别指出，在转速变化范围较大的车用柴油机中，供油始点必须随转速的增加而提前，其原因是转速增加时，同样时间所占的曲轴转角也成比例增大。尽管滞燃期（取决于缸内温度和压力）和喷油延迟期（取决于压力波在高压油管中的传递时间）在时间上的变化不大，但从供油始点A到喷油始点B，再到燃烧始点C之间的曲轴转角会随转速增加而加大，因此为了保证正确的喷油正时与及时有效的燃烧，供油始点必须提前，即供油提前角必须加大，而上述在柱塞头部增加间隙（图7-34d）的方法虽然也能部分满足这项要求，但仍存在工艺精度难以控制和提前幅度不大［只有2°~3°（CA）］的问题，因此比较可靠的方法仍然是在柴油机驱动机构和喷油泵之间加装机械式供油提前器，尽管它们的结构型式有很多，但基本原理都是依靠离心飞锤和弹簧力的综合作用使供油提前器的主动盘（与柴油机驱动机构连接）和从动盘（与喷油泵凸轮轴连接）在运转中随转速变化错开一定的角度，以达到改变供油提前角的目的［最大调节范围达10°（CA）］，由于篇幅限制，本书不对其结构进行详细介绍。

供油提前角对柴油机的性能影响很大，主要是影响柴油机的经济性，压力升高率$\Delta p/\Delta \varphi$和最高爆发压力p_z如图7-35所示。如果供油提前角过大（图7-35中的θ_3），则在压缩过程中燃烧的燃油数量增多，这不仅增加压缩负功，使油耗增加、功率下降，还因着火延迟较长，压力升高率和最高爆发压力迅速升高，导致发动机工作粗暴、怠速不良、难以起动，如图7-35中的曲线3所示；如果供油提前角过小（图7-35中的θ_1），则燃油不能在上止点附近迅速燃烧,导致后燃增加,虽然 p_z 较低,但燃油消耗率及排温增高,造成发动机过热,如图 7-35 中的曲线 1 所示。由此可知,对于每种工况,均有一最佳供油提前角,使燃油消耗率最低。

最佳供油提前角在调试过程中由试验最终确定。有些发动机,特别是增压柴油机,在最佳供油提前角时 p_z 较大,为了降低机械负荷,实际选用的供油提前角比最佳值略小。

此外,从喷油开始至喷油结束的时段称为喷油持续期(可根据针阀升程或喷油规律曲线确定),若用曲轴转角来计量,则称为喷油持续角 $\Delta\varphi_j$,$\Delta\varphi_j$ 过大会导致燃烧过程后燃增加,柴油机性能恶化,这对直喷式柴油机更敏感,通常 $\Delta\varphi_j$ 应控制在 20°~25°(CA),其中轿车柴油机因转速较高(每度的时间较短),$\Delta\varphi_j$ 可达 25°~35°(CA)。

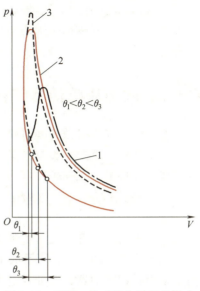

图 7-35 不同 θ 角对燃烧过程的影响

3. 喷油规律对柴油机性能的影响

喷油规律对柴油机性能具有重要影响,除了最大喷油速率与喷油持续期,喷油规律的合理形状也是需要关注与追求的目标。

图 7-36 所示即为一个具体实例。由图 7-36 可知,从降低氮氧化物的角度来看,开始阶段喷油较少的"靴"形喷油规律较有利,矩形喷油规律较差,而三角形喷油规律居中。

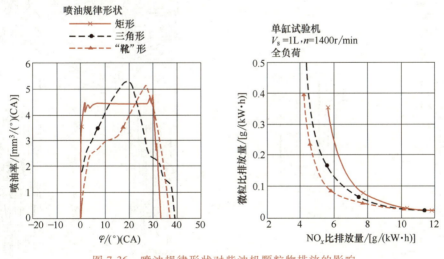

图 7-36 喷油规律形状对柴油机颗粒物排放的影响

根据燃料供给系统与柴油机匹配方面的经验,这里提出了建立喷油规律合理形状的原则,具体如下:

1)初期喷油率要低,主喷射段的喷油率应逐步增大,后期喷射率应快速下降(断油干脆)。

2)随负荷增加,喷油规律形状丰满度应逐步提高(适应负荷变化的要求)。

3)沿外特性工作时,喷油规律形状应由"靴"形(或三角形)向矩形组合逐步过渡。

另外,随着电控喷油技术的发展,可以对喷油规律进行更精确的控制,如采用电控多次喷射等。

第四节 柴油机喷油器结构参数的选择

喷油器的结构与参数选择对喷油过程、喷雾质量、油束与燃烧室的配合,乃至整个混合气形成与燃烧具有重要的影响。又因喷油器直接安装在柴油机气缸盖上,喷油器头部与高温燃烧气体直接接触,工作条件极为苛刻,故是影响柴油机可靠性的关键部件之一。

一、喷油器的分类与结构

喷油器中的关键部分是将燃料喷入气缸的针阀式喷嘴,如图7-37a所示的用于直喷式柴油机的孔式喷嘴和图7-37b所示的用于分隔式燃烧室的轴针式喷嘴。直喷式柴油机的喷油压力高,采用孔式喷油器,燃油经过喷油器的多个小孔喷入气缸,对于有进气涡流的中小功率柴油机,喷孔数为4~6个,喷孔直径为0.15~0.35mm,对于缸径较大的柴油机,一般不组织进气涡流,喷孔多达7~12个。分隔式燃烧室柴油机喷油压力较低,采用单孔的轴针式喷油器,孔径一般为0.8~1.2mm,但针阀前端的轴针伸入孔内,燃油经由轴针与喷孔之间的环形截面喷入燃烧室。

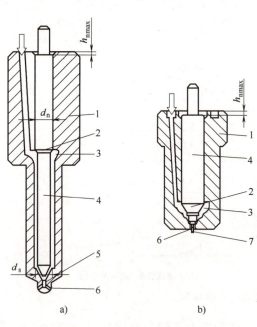

图7-37 针阀式喷嘴偶件

a)孔式喷嘴 b)轴针式喷嘴

1—针阀体 2—承压面 3—盛油槽 4—针阀 5—压力室 6—喷孔 7—轴针 d_s—针阀座面密封直径 d_n—针阀直径 h_{nmax}—针阀最大升程

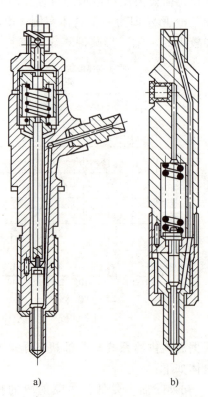

图7-38 喷油器结构

a)普通喷油器 b)低惯量喷油器

图 7-38 所示为喷油器的结构，其中的运动件包括针阀、顶杆与弹簧。图 7-38a 所示为普通喷油器，因其弹簧上置，顶杆长，质量大，导致针阀上升和下降时间较长；而图 7-38b 所示的低惯量喷油器，由于其弹簧下置，顶杆质量大大减小，针阀上升和下降变快，有利于喷油过程的改善。因此对于 $n \geqslant 3000 \text{r/min}$ 的柴油机，宜采用低惯量喷油器。但低惯量喷油器的弹簧外径小，机械应力和热应力大，对品质要求相对较高。此外，还可采用减小针阀直径的方法进一步减小喷油器相关零件的运动惯量。例如采用 P 系列喷油器，它的针阀直径为 4mm，较常用的 S 系列喷油器（针阀直径为 6mm）的运动件质量减小一半以上，同时喷油器外径减小，也有利于增大气门直径和改善气缸盖鼻梁区的冷却。

图 7-39 所示为适用于直喷式车用柴油机的双弹簧喷油器，其结构特点是在喷油器体中串联安装两个弹簧，在针阀开启初期只有较软的弹簧 3 工作，开启压力较小，初始升程为 h_1，当针阀上升至与升程挡块 11 相碰并继续上升时，两个弹簧共同工作，开启压力升至

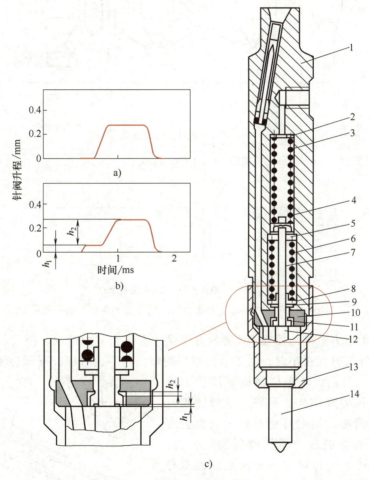

图 7-39 双弹簧喷油器

a）普通喷油器的针阀升程　b）双弹簧喷油器的针阀升程　c）双弹簧喷油器的结构

h_1—初始升程　h_2—主升程

1—喷油器体　2—调整垫片　3—第一个弹簧　4—压力销　5—导向盘　6—第二个弹簧　7—压力杆
8—弹簧座　9—调整垫片　10—中间盘　11—升程挡块　12—针阀　13—锁紧螺母　14—针阀座

正常值,主升程为 h_2。这种喷油器的优点是能够明显改善柴油机低速与怠速的稳定性并降低初始喷油率,实现预喷射(图 7-39a、b 中曲线的比较),降低噪声与 NO_x 排放。

二、喷油器的压力室容积

孔式喷油器的头部在针阀尖端与针阀体之间一般有一个柱形或锥形空间,称为压力室(图 7-37 中的 5)。喷油结束后,这个压力室中蓄有的少量燃油仍会因膨胀而进入燃烧室,恶化了柴油机的烟度与 HC 的排放指标。为了减小压力室容积,可以采用小压力室(容积小于 $1mm^3$)和无压力室(Valve Closed Orifice,VCO)喷油器。图 7-40 所示为不同压力室容积的喷油器结构及其对 HC 排放的影响。

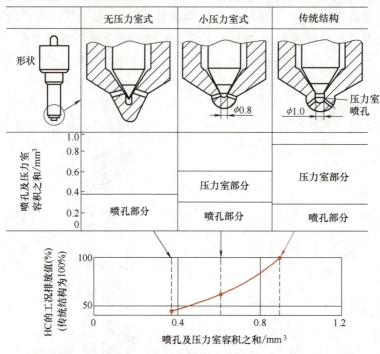

图 7-40 不同压力室容积的喷油器结构及其对 HC 排放的影响

应当指出,无压力室喷油器在 HC 排放方面优于有压力室的结构,但因其喷孔直接开在密封锥面上,当针阀升程很小时,由于液流剧烈的转向与节流效应,反而会使各孔喷注射程不均,影响性能。目前,轿车柴油机喷油器的发展趋势是采用小压力室结构。另外,尽管针阀与针阀体配合十分精密,但在开启过程中,也会有微小的摆动,进而影响各个喷孔喷射的均匀性。为此,后来又发展了一种对中与导向更好的双导向面喷嘴结构(图 7-41),除了在针阀上采用双导向面(在原来导向面的基础上增加导向面 4)措施,密封面采用多锥面结构,喷油器头部采用锥形球头,喷孔也采用锥形小孔,并经过液力化学研磨(Hydro Erosive Processing,简称液力研磨),

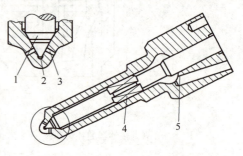

图 7-41 带双导向面轴针的孔式喷油器
1—密封锥面 2—针阀顶端容积 3—喷孔
4—第二个导向面 5—高压油路

以增大流量系数并保证各孔喷射的均匀性。

三、喷油器的开启压力 p_{op}

由图 7-37 和图 7-38 可知,喷油器针阀由调压弹簧紧压在针阀体座面上,压紧力 F 由预紧力和弹簧刚度决定,燃油压力作用于针阀位于盛油槽内的承压锥面上,当油压达到开启压力 p_{op} 时,针阀上升,喷油器开启压力的计算公式为

$$p_{op} = \frac{4F}{\pi(d_n^2 - d_s^2)} \tag{7-16}$$

式中　d_n——针阀直径;
　　　d_s——针阀座面密封直径。

当喷油接近结束时,盛油槽内的油压下降,针阀又在弹簧压紧力的作用下下行,当其落座时,喷油停止,此时的油压称为喷油器的关闭压力 p_s,即

$$p_s = \frac{4F}{\pi d_n^2} \tag{7-17}$$

对比式(7-16)和式(7-17)可知,p_{op} 大于 p_s。关闭压力越接近开启压力,喷雾质量越好,断油也更干脆,这正是低惯量 P 型喷油器的优点(因为它的密封座面直径相对较小)。

此外,由于喷油器开启压力 p_{op} 与喷油峰值压力 p_{jmax} 不同,不应将它们混淆,但它们有一定的内在联系。一般说来,p_{op} 越大,p_{jmax} 也越大,后者一般是 p_{op} 的 2~4 倍。对于轴针式喷油器,p_{op} 为 12~15MPa;对于中、小功率柴油机用孔式喷油器,p_{op} 为 18~25MPa;对于大功率柴油机用孔式喷油器,p_{op} 可达 30MPa,甚至更高。

四、喷油器的喷孔面积和流通特性

喷油器的喷孔面积与其针阀升程和结构型式有关。孔式喷油器的最大喷孔截面积取决于喷孔的数目和直径,而轴针式喷油器的最大喷孔截面积取决于针阀最大升程和喷油器头部的形状。喷孔流通面积与针阀升程的关系称为喷油器的流通特性,如图 7-42 所示。在该图中,折线为根据喷油器的几何尺寸计算得到的几何流通特性(A-h);曲线为试验给出的流通特性(μA-h),两者之比是喷油器的流量系数 μ,它与密封锥面结构、喷孔加工质量等有关。一般孔式喷油器的针阀升程为 0.2~0.45mm,轴针式喷油器为 0.4~1.0mm,在满足喷油器流通截面要求的前提下,应尽可能减少针阀升程。这是因为针阀升程越大,运动件在惯性力的作用下对针阀体密封座面产生的冲击力也越大,对喷油器的可靠性与使用寿命产生不良影响,并且升程过大还会增加针阀落座的时间,有可能使窜入喷油器内的燃气增加,污染内部零件,引发喷油器

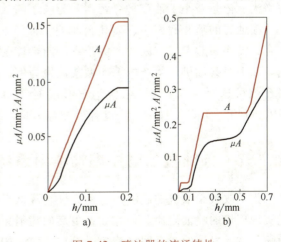

图 7-42 喷油器的流通特性
a)孔式喷油器　b)轴针式喷油器

漏油、积炭及针阀卡住等故障;相反,针阀升程过小时,针阀密封锥面处的节流损失增加,压降加大,导致雾化不良及喷油泵超载。因此,喷油器针阀须有合适的升程以保证足够的流通截面及尽可能小的流动阻力。

喷孔流通截面的大小取决于喷油压力、供油速率和柴油机结构型式。随着喷孔截面积的增大,流通截面积增加,喷油持续时间缩短,如图7-43所示。如果喷孔截面积过大,则喷油时节流小,喷油压力降低,反而会使喷雾质量变差;但喷孔截面积过小时,易造成喷油压力过高及不正常喷射。通常可用下式校验最大喷孔的截面积 A_c(mm²),即

$$A_c = \frac{6nV_b \times 10^{-3}}{\mu\omega_j\Delta\varphi_j} \quad (7\text{-}18)$$

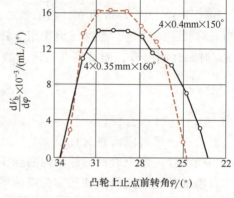

图 7-43 喷孔截面积对喷油规律的影响

式中 V_b——循环喷油量(mm³/循环),通过式(7-8)求得;

μ——喷油器的流量系数,对于一般喷油器,$\mu = 0.6 \sim 0.7$;对于液力研磨的喷油器,μ 可为 $0.7 \sim 0.85$;

$\Delta\varphi_j$——按曲轴转角计的喷油持续角[(°)(CA)],直喷柴油机一般为 20°~25°(CA),涡流室柴油机为 25°~30°(CA);

n——柴油机转速(r/min);

ω_j——喷孔处喷油平均流速(m/s),一般为 200~300m/s。

A_c 确定后,孔式喷油器的喷孔直径(d_z)可以按下式计算,即

$$d_z = \sqrt{\frac{4A_c}{\pi i}}$$

式中 i——喷孔数。

如果喷孔总截面积不变,喷孔数增加,则喷孔直径减小。虽然燃油在燃烧室空间的分布面增大,但是减小了油束贯穿距离,延长了喷油持续时间,并易引起喷孔堵塞等故障。

喷油器的喷孔截面积、喷孔数和喷孔直径以及喷射锥角应与燃烧室和空气流的运动密切配合,需要一起考虑。因此,关于它们对性能的影响应根据配合情况具体分析,不能一概而论。以上海柴油机厂生产的 135 型柴油机为例,其喷油器的喷孔总截面积 f_n 约为 0.37mm²,喷孔数可选择 4、5、6,相应地喷孔直径为 0.30mm、0.35mm、0.40mm,喷射角度选取 120°、140°、150°、160°。经过各种配合试验,结果表明 4×0.35mm×150°为最佳方案。

第五节 柴油机的电控燃油喷射系统

为了改善柴油机的经济性、动力性,降低有害排放和噪声水平,并提高可靠性,应尽可能实现理想的喷油规律。一方面,更高的喷射压力和喷油速率以及更短的喷油持续时间已成为喷射技术发展的一个明显趋势。例如,对于中、小型高速直喷式柴油机,希望将喷油持续时间控制在 25°曲轴转角或 1ms 内。此外,特别希望在低速工况下能有较高的喷射压力和喷

油速率，以利于改善雾化质量。另一方面，为了避免柴油机工作粗暴，又希望实现"先缓后急"的喷油规律。直喷式柴油机在不同转速和负荷下较为理想的喷油规律如图7-44所示。

由该图可知，希望喷油速率在喷射初期（滞燃期内）较小，然后迅速增加。随着转速升高，这一变化更为迅速，主要是为了避免高转速时过长的喷射持续时间。

如图7-44所示，随着负荷下降，喷射持续时间相应缩短，其原因主要是喷油量减少。随着转速下降，希望通过提高喷射压力来提高喷油速率，喷射持续时间也相应缩短，旨在保证低转速时的雾化质量。

此外，在所有工况下都希望在喷射结束阶段能尽可能迅速地结束喷射，以避免低的喷射压力或低的喷油速率使雾化质量变差。

实际上，这样理想的喷油规律用常规的喷射系统是难以实现的，只可能通过电控喷射系统来实现。电控喷射系统与常规喷射系统相比，其具有以下主要优点：

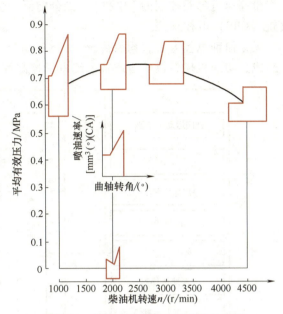

图7-44 直喷式柴油机理想的喷油规律

1）能使控制更为全面和精确，更易实现性能优化，使燃油消耗率和有害排放大幅度下降。

2）由于机械控制在结构、工艺上的复杂性和局限性，很多已被证明是有效的改善性能的措施，如预喷射或多次喷射、喷油率与喷油压力的精确控制等均难以实现，采用电控后有助于满足这些控制要求。

3）电控技术引入后，控制对象和目标大为扩展，除常规稳态性能调控外，还可扩展到各种过渡过程的优化控制、故障自动监测与处理、操作过程自动化及自适应控制等，最终发展为整机的电子管理系统，从而使整机性能与可靠性得到大幅度的提高。

一、柴油机电控喷射系统的类型及组成

柴油机电控喷射按控制方式分为两类：位置控制方式和时间控制方式。

1. 位置控制方式

位置控制方式的特点是在原来机械控制循环喷油量和喷油正时的基础上，用线位移或角位移的电磁执行机构或电磁-液压执行机构来控制循环供油量（喷油泵油量调节齿杆位移），并可以用改变柱塞预行程的方法，改变喷油正时和供油速率，从而满足高压喷射中高速大负荷和低怠速工况对喷油过程的不同要求，其典型产品有直列柱塞泵电控系统、部分VE分配泵电控系统及电子调速器等。

2. 时间控制方式

时间控制方式的工作原理与传统机械式的完全不同，它是在高压油路中利用一个或几个高速电磁阀的启闭来控制喷油泵和喷油器的。喷油量的多少是由喷油压力的大小与喷油器针

阀的开启时长来决定的，而喷油正时（供油始点与持续期）由控制电磁阀的开启时间确定，这样就可以实现喷油量、喷油压力、喷油正时和喷油速率的柔性控制和综合控制，其典型产品有带高速电磁阀控制的 VE 和 VR 型分配泵、新型高压单体泵（UPS）、泵-喷嘴（UIS）和共轨（CRS）电控系统。

无论何种电控方案，均由传感器（Sensor）、电控器（ECU）与执行器（Actuator）三部分组成，柴油机燃料供给与调节系统电子控制框图如图 7-45 所示。

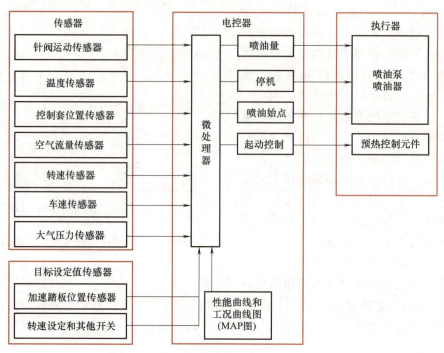

图 7-45　柴油机燃料供给与调节系统电子控制框图

传感器的功用是检测柴油机及车辆运行时的各种信息，如进气与环境压力，冷却液、机油与燃油温度，进气流量，喷油泵油量调节机构（直列泵中的齿杆或 VE 分配泵中的溢流环套）的位移，曲轴转角信号与柴油机转速，车辆的行驶速度，以及喷油器针阀升程等。目标设定应包括柴油机转速与负荷（加速踏板或操纵杆的位置）等。反映上述各种信息的信号多数是模拟信号，有的是数字信号或脉冲信号，在传送给 ECU 后，尚需经过滤波、整形及放大处理，模拟信号还要经过 A/D 转换，最终转变成计算机能够接受且量程合适的数字信号。

电控器（ECU）是柴油机电控的核心部分，它的硬件包括微处理器（Microprocessor）、存储器（RAM、ROM、EPROM、Flash-EPROM、EEPROM）、输入输出接口（I/O）以及上述各部分之间用于信息传递的数据总线、地址总线和控制总线与产生时间节拍脉冲的计时器等。ECU 软件的核心内容是柴油机的各种性能调节曲线、图表和控制算法，其作用是接收和处理传感器的所有信息，并按软件程序进行运算，然后发出各种控制指令给执行器或直接显示控制参数，其中喷油正时和喷油量脉冲是 ECU 发出的重要控制指令。

执行器的功用是接收 ECU 发送的指令，并完成所需调控的各项任务。执行器的种类有很多，其因调节方式不同而异。例如在位置式控制方案中，有使喷油泵齿杆达到油量控制目标位置的电磁控制线圈,以及使喷油泵达到预定供油提前角的控制阀;在时间式控制方案中,有控制喷油器针阀启闭的电磁阀或压电伸缩机构等。

二、位置控制式电控喷射系统

位置控制式电控喷射系统不仅保留了传统机械式喷油系统的泵-管-嘴,还保留了原高压油泵中的齿条、柱塞副、柱塞斜槽等控制油量的机械构件和要素。通过在喷油泵上增设由传感器、执行器和微处理器组成的两个位置控制系统,分别对喷油量和喷油定时进行调节。燃油量的计量按位置控制方式,以柱塞压送燃油的供油始点和供油终点之间的物理长度,即有效行程决定。

1. 电控直列柱塞泵

电控直列柱塞泵属于电控早期产品,主要用于货车用柴油机的领域,以改善节能与排放性能,比较典型的产品是博世公司的电控滑套式直列泵,通过控制直列泵中的滑套可以改变供油始点,利用电子调速器可以对供油始点和供油量进行调节。

这种喷油泵的油量调节机构实质上是一个典型的电子调速器,其主要执行机构就是一个带锥形铁心的电磁铁,它直接与油量调节齿杆连接,并接收 ECU 发送的控制信号,根据柴油机的运转工况和环境条件,控制喷油泵各缸的循环供油量以保持转速稳定。供油正时,即供油提前角的控制通过滑套式控制机构进行,其工作原理如图 7-46 所示。滑套 4 套在柱塞 7 的外面,但布置在柱塞套筒 3 的进油腔内,供油开始前,当柱塞 7 处于下止点时(图 7-46a),柱塞顶部空间 2 通过柱塞 7 上的控制斜槽 5 和油孔 6 与进油腔相通,随着柱塞上升,当滑套 4 下部边缘将柱塞 7 上的油孔 6 全部盖住后,柱塞顶部压力升高,供油开始(图 7-46b),此时的柱塞升程 h_{ps} 即为预行程;柱塞 7 继续上升,至柱塞 7 上的控制斜槽 5

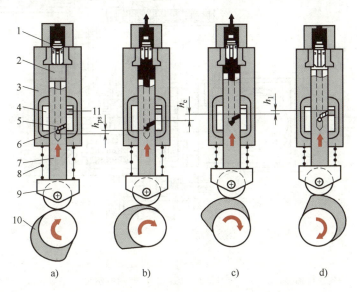

图 7-46 用滑套控制供油正时的工作原理

a) 柱塞下止点 b) 供油始点 c) 供油终点 d) 柱塞上止点

1—出油阀 2—柱塞顶部空间 3—柱塞套筒 4—滑套 5—控制斜槽 6—油孔
(控制供油始点) 7—柱塞 8—柱塞弹簧 9—挺柱滚轮 10—凸轮 11—溢流孔

与滑套 4 上的溢流孔 11 相通后（图 7-46c），柱塞顶部空间卸压，供油结束，柱塞上升的距离为有效行程 h_e；柱塞继续上升，走完剩余行程 h_1 后达到上止点（图 7-46d），然后沿凸轮下降段回到下止点完成一次供油过程。通过电子控制，使滑套上下移动，可以改变滑套与柱塞上油孔和斜槽的相对位置，从而改变柱塞的预行程与供油始点。滑套上移，预行程增加，供油推迟；反之，预行程减小，供油提前。

2. 电控位置式分配泵

电控位置式分配泵是在机械式分配泵的基础上，对油量控制机构和喷油时刻的控制机构进行了改动，取消了原机械式调速机构，增设了转速传感器、控制油量调节滑套位置的比例电磁阀、油量控制滑套位置传感器、控制喷射时刻的定时控制阀、喷射定时器位置传感器等，如图 7-47 所示。电磁阀由线圈、铁心和回位弹簧等组成，ECU 通过占空比（在控制脉冲一周期内接通持续时间所占的比值）控制流经线圈的电流大小，进而控制电磁阀磁场的强弱。可动铁心在磁场力和回位弹簧力的作用下，保持其轴向平衡点位置。当流经线圈的电流发生变化时，原磁场力和回位弹簧力的平衡状态遭到破坏，铁心沿轴向移动到达新的平衡点。铁心轴向移动时，通过杠杆机构带动油量控制滑套移动，由此达到调整喷油量的目的。而油量控制滑套的位置是靠安装在可动铁心前端的油量控制滑套位置传感器来测量的。ECU 实时读取油量控制滑套位置传感器的信息，并与储存在 ROM 中的目标值相比较进行反馈控制，使实际油量控制滑套位置尽可能接近目标值。目标油量控制滑套位置或喷油量是通过台架试验，根据不同的转速与负荷标定获取的。

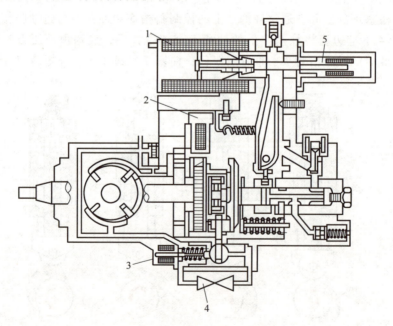

图 7-47 电控位置式分配泵

1—电磁阀 2—转速传感器 3—喷射定时位置传感器 4—定时控制阀 5—油量控制滑套位置传感器

目前，分配泵的电控在油量控制方面已逐渐采用时间控制方式，即取消了油量调节套及其操纵机构，直接采用高速强力电磁阀来控制喷油（油量的多少取决于喷油压力与电磁阀的开启时间），不仅使控制更为精确，也进一步简化了油泵结构。

三、时间控制式电控喷射系统

位置控制式电控喷射系统仍以喷油泵控制为核心,采用供油规律间接控制喷油规律的方式,难以符合越来越严格的排放法规要求。为了更有效地控制放热规律,在控制策略方面,已从原来以喷油泵控制为核心的供油规律控制模式发展为以喷油器控制为核心直接控制喷油规律的控制模式。所谓时间控制就是用高速电磁阀直接控制高压燃油的导通与切断。在一般情况下,电磁阀关闭,喷油开始;电磁阀打开,喷油结束,喷油始点取决于电磁阀关闭时刻,喷油量取决于电磁阀关闭的持续时间。时间控制的自由度更大。

于20世纪80年代开发成功的高压共轨电控喷射系统,可以算作柴油机喷射技术发展的里程碑,并成为现代柴油机燃料喷射技术的主流发展方向。这种时间控制模式的最大特征是喷射压力的高压化,其典型喷射系统除高压共轨外,还有泵喷嘴和单体泵。

1. 电控泵喷嘴系统

电控泵喷嘴系统是直接将柱塞偶件和喷油器偶件集成在一个壳体内的一种柴油机燃料喷射系统,相当于在泵-管-嘴系统中取消了高压油管,因而可以避免高压共轨系统中的高压密封等问题。由于无高压油管,柱塞泵产生的高压燃油直接进入喷油器的承压环槽内。图7-48所示为电控泵喷嘴的结构,它主要由泵喷嘴体、电磁阀、柱塞阀以及针阀等组成。泵喷嘴体实际是将喷油泵和喷油器制成一体,并且取消了普通机械式喷油泵柱塞上用于控制供油量的螺旋槽。喷油定时和喷油量是通过高速电磁阀控制泵喷嘴进油阀的开启时刻和开启持续时间来控制的。由于电控泵喷嘴系统将喷油泵柱塞和喷油器及控制阀(由柱塞阀、挡板和电磁阀等构成)都安装在一个壳体里,又没有高压油管,高压系统容积很小,因此允许产生更高的喷射压力(目前已达到200MPa以上),同时减小了密封表面和密封接头,因而可靠性好。

当柴油机工作时,泵喷嘴柱塞7在驱动凸轮及其弹簧力的作用下完成泵油过程。当电磁阀3断电时,它在弹簧力的作用下落座并关闭柱塞阀1。由此可知,泵喷嘴柱塞7泵油时,喷油器油腔内会立即建立高压,以推开针阀开始喷油。当电磁阀3电源接通时,柱塞阀1在磁场的作用下开启。虽然泵喷嘴柱塞7仍在泵油,但高压油腔内的燃油已通过开启的电磁阀3回油而卸压,喷油器针阀10在其弹簧的作用下迅速落座并停止喷射。电磁阀3的通电和断电时刻是根据发动机的工况由ECU直接控制的。

在电控泵喷嘴系统中,把检测电磁阀的关闭时刻作为反馈信号,实现对喷射过程的反馈控制。电磁阀的关闭时刻,可通过检测电磁阀线圈的电压或

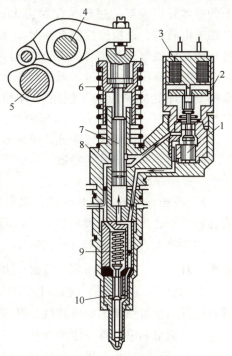

图7-48 电控泵喷嘴的结构

1—柱塞阀 2—挡板 3—电磁阀 4—摇臂轴
5—凸轮轴 6—柱塞弹簧 7—泵喷嘴柱塞
8—泵喷嘴体 9—喷油器弹簧 10—喷油器针阀

电流波形来确定，不需要另设传感器。当采用电压波形作为检测信号时，对流通于电磁阀线圈中的电流需要用调节器来调节，以使电磁阀线圈中的电流在达到某一定值后保持不变。当电磁阀电源接通时，铁心开始移动，电磁阀线圈两端的电压随之升高；当铁心移动到极限位置而停止运动时，电磁阀线圈的电压突然降至仅需保持电流不变的水平，这种电压降易于测量。为了提高电磁阀的响应速度，除了采用行程短、质量小、压力平衡式阀和平面盘形铁心，还需要降低电磁阀线圈的电感，以保证电流在很低的电源电压下能以足够的速度达到饱和水平。这种方法可使检测电磁阀关闭时刻的精度达到±0.25°（CA），并能排除因电源电压变化而造成的供油量和喷油定时的波动。

电控泵喷嘴系统的特点是取消了高压共轨系统中使用的高压油管，并将柱塞泵和喷油器合为一体，从而避免了高压密封问题，同时使系统简化。但是由于通过凸轮轴来驱动柱塞泵，需要专门设置凸轮轴和摇臂轴，导致驱动系统结构复杂。

2. 电控单体泵系统

电控单体泵系统是一种结构模块式的高压喷射系统，其特点是各缸柱塞泵泵体相互独立，工作方式与泵喷嘴系统类似，但在结构上又有区别。如图7-49所示，电控单体泵主要由ECU控制的电磁阀和承担泵油并提供油压力的机械系统（如滚轮式挺柱、柱塞及其回位弹簧、泵体等）组成。喷油器和喷油泵之间用一根很短的高压油管连接，当柴油机工作时，直接通过凸轮轴驱动设置在发动机上的单体泵完成泵油过程，此时由ECU控制设在单体泵出油口端的电磁阀，以精确控制泵油时刻和泵油持续时间，由此通过短的高压油管来控制喷油器的喷射过程。当ECU控制电磁阀开启时，高压燃油经过很短的高压油管直接送至喷油器，使喷油器立即建立高压进行喷射；当ECU控制电磁阀关闭时，柱塞泵泵油室内的燃油和短高压油管内的燃油经回油孔回油，喷油器内的燃油压力快速降低，喷油器迅速停止喷油。

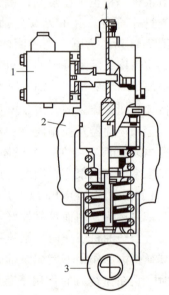

图7-49 电控单体泵结构
1—电磁阀 2—柴油机 3—挺柱滚轮

在喷油器弹簧等其他参数一定的条件下，影响喷油器喷射特性的单体泵结构参数主要如下：

1）高压油管的直径和长度以及柱塞的横截面积和喷油器喷孔的面积之比（称为面积比）。该面积比直接影响喷射压力，即面积比越大，供油速率与喷油速率之比越大，喷射压力也就越高；对于一定的喷射面积，喷射压力升高，喷射速率也会相应提高。

2）高压系统的容积（包括柱塞的压油容积、高压油管容积和喷油器内部容积）。它能够直接影响喷射系统的响应特性，其值越大，喷油泵到喷油器之间的响应特性越差。

在喷油泵和喷油器一定的条件下，高压系统的容积主要取决于高压油管的直径和长度。但高压油管直径过小会影响单位时间的供油能力；过大则会影响响应特性。因此，根据不同排量柴油机做优化选择，而高压油管长度在系统布置允许的前提下应尽量缩短。

为了适应不断强化的排放法规要求，单体泵也在不断进行高压喷射化，其喷射压力已达到140~160MPa，而Delphi公司于2001年推出的EUP200型单体泵的最高喷射压力已达到 200MPa。

电控单体泵系统的优点是各缸单体泵之间相互独立，控制比较灵活，但其并非直接控制喷油器，而是通过电磁阀控制喷油泵的供油过程和供油规律，实现间接控制喷射规律。

3. 高压共轨喷射系统

与上述各种燃料供给系统不同，柴油机共轨（Common Rail，CR）系统的特点是将产生高压燃油和进行喷油调节的功能分开，即在其工作时，不仅能对喷油量和喷油正时进行控制，也可以对喷油压力进行调节，这样喷油压力可以不受转速和负荷的影响并在各种工况下保持最佳值，从而使系统的控制柔性和精度更高。

目前，随着柴油机节能与排放要求日益严格，采用传统喷油泵（直列泵和分配泵）的柴油机在改用高压喷射系统时，共轨系统对于原机在气缸盖和机体部分的改动较小，因此受到柴油机厂商的青睐，它不仅用于各种车用柴油机，也开始用于船舶、机车等大功率柴油机，成为最有发展前途的高压燃料供给系统。

在图 7-50 所示的电控高压共轨系统中，高压泵 3 将燃油加压后送往高压油轨 4，高压油轨 4 与各缸喷油器 5 之间以高压油管（短油管）相连，ECU 2 根据各种传感器（温度、压力、进气流量、曲轴和凸轮轴转角位置与转速等）提供的有关柴油机运转工况的信息以及驾驶人员的操作意向（加速踏板位置），经过逻辑分析、判断和计算，给出了控制喷油过程的相关指令，其中喷油压力或高压油轨中燃油压力的控制指令，由高压泵或燃油轨上的调压阀执行，喷油量和喷油正时的指令则由喷油器中的高压电磁阀执行。由此可见，在电控高压共轨系统中，除了传感器和 ECU，高压部分的关键部件为高压泵（高压供油）、高压油轨（高压贮油）和喷油器（高压喷油），下面分别对它们进行简要介绍。

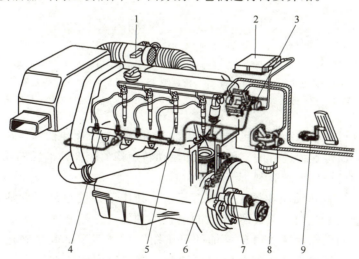

图 7-50 一台四缸柴油机使用的电控高压共轨系统

1—热膜式空气质量流量计 2—ECU 3—高压泵 4—高压油轨（蓄压室） 5—喷油器
6—曲轴转角信号与转速传感器 7—柴油机冷却液温度传感器 8—燃油滤清器 9—加速踏板位置传感器

（1）**高压泵** 高压泵是电控高压共轨系统低压部分和高压部分之间的接口，它的作用是在柴油机工作时向燃油共轨腔内提供足够的高压燃油（最高压力可达 200MPa），其上的调压阀还担负调节燃油压力的任务。目前在轿车柴油机中，多采用图 7-51 所示的带有三个径向压油的柱塞泵,它一般安装在柴油机布置分配泵的位置,由齿轮、链条或齿形带驱动。在该柱塞泵工作时,低压燃油经进油孔 13 进入后,先经过带节流孔的安全阀 14 进入低压油道 15,再通过进油阀 5 流入径向柱塞顶部空间 4,依靠与驱动轴 1 制成一体的偏心凸轮 2 的转动,推动三个周向呈 120°均布的径向柱塞 3 依次向外运动,以产生压油动作(回位靠弹簧),这时若调压阀 10 将旁通回油路 12 关闭,则柱塞顶部的高压燃油将经过高压泵出口 9 流向高压油轨,完成高压供油任务。

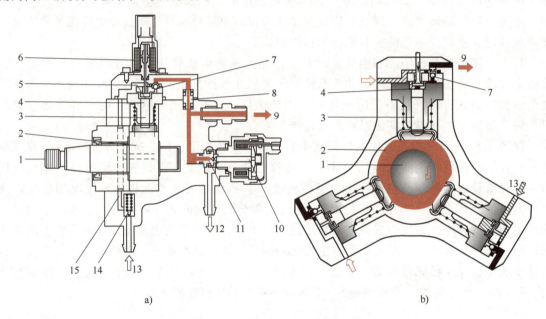

图 7-51 电控高压共轨系统的径向柱塞高压泵

a)纵剖面 b)横剖面

1—驱动轴 2—偏心凸轮 3—径向柱塞 4—径向柱塞顶部空间 5—进油阀
6—停油电磁阀 7—出油阀 8—密封件 9—高压泵出口 10—调压阀
11—球阀 12—旁通回油路 13—进油孔 14—带节流孔的安全阀 15—低压油道

应当指出,高压共轨系统中高压油泵的供油并不像一般燃料供给系统中的高压油泵那样与喷油过程同步,而是连续进行的,因此它的驱动转矩峰值较低,消耗的功率也较小,这对改善柴油机的燃油经济性十分有利。

(2)高压油轨 高压油轨实质上是个蓄压室,其作用是储存高压燃油、保持油压稳定并将高压燃油分配(通过短油管)给各缸的电控喷油器。燃油轨为一管状厚壁容器,须通过对整个高压系统的模拟计算(考虑燃油的可压缩性)和匹配试验来确定其尺寸和腔内容积,以保证在喷油器喷油和高压油泵脉动供油时,燃油轨内的燃油压力波动尽可能小(燃油轨内腔的容积应足够大),同时考虑起动时,保证燃油轨内的油压能迅速建立(燃油轨内腔的容积应足够小),由此得出最佳折中方案。

(3)喷油器 在电控高压共轨系统中,负责高压喷油(喷油量和喷油正时)的电控喷油器无疑是整个系统最为关键的部件之一,它的结构与工作原理如图 7-52 所示,其内部零件按功能可以分为下部的喷嘴、中部的油压控制柱塞 9 和上部的电磁阀 3 等。由于整个电控喷油器的外形与安装尺寸与传统喷油器基本相同,在从传统燃料供给系统转向高压共轨系时，无须对气缸盖做较大改动。

在图7-52a所示的待喷状态下，电磁阀3在ECU的指令下断电，其衔铁头部的球阀5在弹簧的作用下关闭回油节流孔6，将从高压油轨经接头进入喷油器体的高压燃油分成两路：一路经高压油道10流向针阀11的盛油槽，另一路经进油节流孔7流入油压控制柱塞9的上腔8，由于该控制柱塞的顶部面积大于针阀的承压面积，上下燃油压力虽然相等，但油压控制柱塞9向下的压紧力要大于针阀的升起力，再加上针阀弹簧的作用，针阀11保持关闭，喷油器处于停止喷油的状态。

在图7-52b所示的喷油状态下，电磁阀3通电，其衔铁在电磁力的作用下被吸至上方，球阀5打开回油节流孔6，上腔8内的高压燃油经此节流孔和回油道1流回油箱。因为回流节流孔径大于进油节流孔径，故在球阀5打开后，进油节流孔前（即油道内）的压力仍大体保持共轨压力的水平，而上腔8内的压力迅速下降（下降速度取决于进、回油节流孔流量之差），由于作用在油压控制柱塞9顶面的油压降低，减小了对针阀的压紧力，当它与针阀弹簧的合力小于喷油器的开启力（高压燃油对针阀承压面的作用力）时，针阀

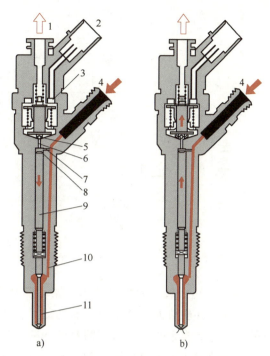

图7-52 电控喷油器的结构与工作原理
a）喷油器针阀关闭（待喷状态）
b）喷油器针阀开启（喷油状态）
1—回油道 2—电缆接口 3—电磁阀
4—高压进油（来自燃油轨）5—球阀
6—回油节流孔 7—进油节流孔 8—上腔
9—油压控制柱塞 10—高压油道 11—针阀

开启，实现高压喷油。之后，若电磁阀3断电，失去对衔铁的吸力，球阀5将在电磁阀弹簧的作用下关闭，电控喷油器又回到待喷状态。

整个喷油过程，包括喷油始点、喷油终点和喷油持续期是由ECU通过喷油器中的电磁阀来控制的，喷油压力由装在高压油泵或高压油轨上的调压阀控制，喷油量则取决于喷油压力（喷油器小压力室与气缸内的压力差）、喷油持续期和喷孔的流通特性，而ECU可以根据内存的计算程序和试验数据，立即进行确定。因此，只要根据各种传感器的反馈信息以及内存的脉谱图，即可按柴油机工况的要求，对电控高压共轨系统的喷油量、喷油正时和喷油压力进行及时、有效和优化的控制，并且只要高压电磁阀的频响特性足够好，也不难实现预喷射或多次喷射。

在新开发的轿车用小型高速柴油机中，在每循环主喷射之前[6°~18°（CA）]，先喷入$1.5\sim2.5mm^3$/循环、允差不超过$0.5mm^3$的微小油量，能够缩短滞燃期并提高气缸内的局部湍流，从而有效降低噪声与NO_x排放，这一措施称为预喷射（Pre-Injection）或先导喷射（Pilot Injection），图7-53a、b所示。预喷射可以进行一次或两次，也可以进行微量后喷射（After Injection），图7-53c所示。其目的是加速后期燃烧，同时提高排气温度，以降低烟度及CO和HC排放。

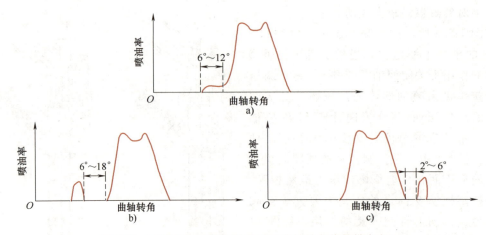

图 7-53 可控多次喷射的示意图（曲轴转角值仅供参考）
a) 预喷射   b) 先导喷射   c) 后喷射

（4）高压共轨柴油机的基本功能和控制策略 应用对象不同，控制系统的功能配置也不同。高压共轨柴油机的主要控制功能见表 7-2。考虑到喷油量和定时控制是整个柴油机控制的基础并具有重要意义，下面对循环喷油量和喷油定时的简化控制方法以及发动机起动、急速、调速过程的主要控制 MAP 和共轨压力控制 MAP 进行简要介绍。

表 7-2 高压共轨柴油机的主要控制功能

功能	功能	功能
发动机转速控制： 　低急速 　高急速 　调速 　巡航 基于油量的发动机控制： 　调速特性 　基于空燃比计算的冒烟限制 　各缸均匀性补偿 发动机起动控制： 　油量控制 　定时控制 　预热控制	分缸平衡 失火检测 转矩控制 轨压控制 多次喷射控制 喷射定时控制 发动机保护： 　发动机超速保护 　增压涡轮超速保护 　过热保护 　机械强度保护 空气系统控制： 　EGR 　可变喷嘴涡轮增压器（Variable Nozzle Turbo, VNT）	档位识别 巡航控制 整车窜振控制 最大车速限制 跛行回家 分档急速控制 驾驶员指示灯控制 （故障灯、OBD 灯、预热指示灯） 排气制动 故障诊断系统

1）喷油量简化控制方法。除了对急速转速进行闭环控制时的循环喷油量反馈调节外，其他工况的循环喷油量都通过查 MAP 的方式确定，其简化控制流程如图 7-54 所示。首先根据加速踏板位置和发动机转速，通过查相关 MAP，得到基本循环喷油量；其次，根据瞬态空燃比设置计算冒烟限制油量；再次，根据燃油温度对油量进行修正，得到送至喷油器的目标喷油量；最后经过油量脉宽转换，得到喷油器可执行的喷油脉宽。

2）喷油定时简化控制方法。在所有工况下，喷油定时都采用相同的控制逻辑（图 7-55），即先根据目标喷油量和发动机当前转速，通过查喷油定时 MAP，得到目标喷油

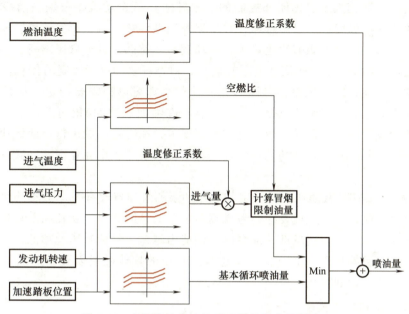

图 7-54 高压共轨柴油机喷油量的简化控制流程

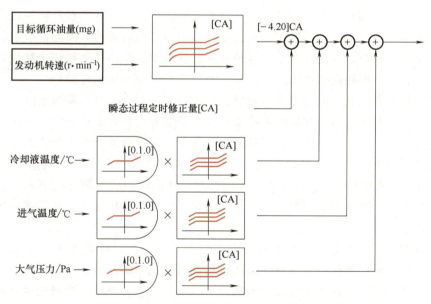

图 7-55 高压共轨柴油机喷油定时的简化控制逻辑

定时；然后经过瞬态过程修正（如果不是瞬态过程，则修正量为零）、冷却液温度修正、进气温度修正和大气压力修正，给出喷油器执行的喷油定时。

3）起动过程控制 MAP。在起动过程中，发动机的冷却液温度越低，摩擦阻力越大，需要的循环喷油量就越大，喷油提前角一般也会增加。随着转速增加，循环喷油量和喷油定时应相应增加，但在起动过程中，因为经历时间短，循环喷油量和喷油定时随转速变化不宜剧烈。

4）怠速控制 MAP。发动机成功起动后，转速会升至 300r/min 以上，当进入怠速转速

闭环控制的窗口（转速大于怠速闭环控制的下限转速）后发动机将根据当前冷却液温度查MAP，得到该冷却液温度下的目标怠速，并反馈控制循环喷油量，使发动机转速稳定在该目标怠速上。一般来说，为了能够快速热机，冷却液温度越低，目标怠速越高。

5）调速控制MAP。柴油机实现电子控制后，对循环喷油进行控制的传统两极调速或全程调速的界限被打破，发动机喷油量随转速变化的规律可以视需要而定，从整个工况区域看，可以是两极调速、全程调速或是它们的混合。在喷油定时MAP的设计上，通常随转速增加，提前角会设置得更大，并且根据排放控制要求，在特定区域进行局部优化。从调速控制MAP和怠速控制MAP中查到的循环喷油量在工况转换过程中存在衔接问题，一般通过算法保证。

6）共轨压力MAP。共轨压力的设定与高压油泵的泵油特性有关，虽然共轨系统名义上可以任意设定目标喷油压力，但要综合考虑高压油泵的泵油能力、功耗和发动机燃烧控制等因素。一般来说，发动机转速越低，油泵的供油能力越差，目标轨压就越低，反之越高；而循环喷油量越大，目标轨压应越高，反之越低。轨压的具体设置需要参照油泵和喷油器特性，不宜出现大幅度剧烈变化。

4. 三种电控高压喷射系统的比较

如前所述，高压共轨喷射系统在结构上仍采用泵-管-嘴形式，但是泵、管（共轨）和喷嘴三者在控制上是互相独立的。通过直接控制喷油器的方法，可以实现对喷油规律的直接控制。高压输油泵和共轨中轨压的控制，只为喷油器创造了喷射条件。因此，喷射压力不受柴油机转速、负荷的影响，可任意调整。这种方式在放热规律控制精度和响应特性方面具有更优越的表现，但是需要在高压系统的高压密封及可靠性方面采取相应措施。

泵喷嘴系统是在结构上取消了泵与喷嘴之间的高压油管，把泵与喷嘴集成于一体，以便于实现高压化。但是由于每个气缸的泵喷嘴独立，需要专门设置驱动凸轮轴或摇臂机构，导致驱动机构复杂。而在控制方法上，虽然通过高频电磁阀控制喷油时刻和喷油量，但是喷油规律直接取决于柱塞泵的供油规律。也就是说，泵喷嘴系统实际是从结构上解决了传统的泵-管-嘴系统的供油规律和喷油规律不一致的问题。从喷油器的控制角度而言，其喷射压力受供油速率的影响，而供油速率取决于其驱动凸轮型线和柴油机转速，导致喷射压力的控制自由度受到限制。

虽然单体泵在结构上避免了泵喷嘴系统安装在气缸盖上，导致体积大、结构复杂的问题，但其在采用控制单体泵的供油特性来间接控制喷油规律的方法，由于高压油管很短，高压化及供油规律和喷油规律的不一致性得到改善，只是在喷油规律的控制精度及高速响应特性等方面，单体泵不及高压共轨和泵喷嘴系统。单体泵的喷油规律控制精度及其响应特性主要取决于高压系统的容积和其内部的压力波动状态。

综上所述，电控泵喷嘴与电控高压共轨系统最有发展前途，因为两者均能实现高压喷射（前者达200~220MPa，后者达150~200MPa），并采用高压电磁阀实现时间式控制方案，控制比较灵活、精确，已经用于国外新型直喷式轿车柴油机上。这种小缸径的高速柴油机对于燃料供给系统的要求非常苛刻，例如：要求喷油压力达到150~200MPa，喷油持续期缩短至1~2ms，全负荷时的循环喷油量只有40~50mm^3，预喷射或先导喷射的油量需要控制在1~2mm^3范围内等。为了更好地满足上述要求，克服高压电磁阀机件质量和惯性对其频响特性进一步提高的限制，要求开发响应更快并对针阀升程、循环喷油量和喷油正时控制更灵活的燃料供给系统。例如，目前已开发出用压电晶体来取代电磁阀的喷油器，它利用压电晶体在通电后能迅速产生变形的原理，直接或通过液压伺服机构使喷嘴开启，从而大大提高了电控喷油器对电信号的响应速度（150μs 或更短），加快了针阀启闭（针阀开启速度达 1.3m/s），使电控喷油器的结构更紧凑并减小了它的质量，从而使电控燃料供给系统能对喷油过程实施更及时、精确与灵活的控制。图 7-56 所示为带液压伺服机构的压电式电控喷油器结构简图。

四、柴油机其他系统的电子控制

除了对柴油机喷油系统进行电子控制，柴油机的其他系统也需要电子控制，这样才能使整个柴油机处于最佳工作状态。

1. 排气再循环

电控排气再循环装置通过闭环式电-气伺服机构控制再循环阀，从而能在不同工况和大气压下，精确控制再循环排气量，使柴油机排放达到最优。

2. 进气涡流调节

直喷式柴油机的喷油系统与进气涡流比 $\Omega = n_p/n$ 的匹配是十分重要的，要想使柴油机获得良好性能，需要做到高速时的涡流比低，低速时的涡流比高。在冷起动时，因怕火焰熄灭，也希望涡流比低。日本 CSDI-TC 型柴油机采用与中等折中涡流比不同的电控可变进气涡流系统，其特点是在进气道侧面设置一条直径为 10mm 的副气道，副气道的开关由位于进气道上的小气缸控制，进入气缸的压缩空气由相应电磁阀控制。气道形状按产生高涡流比设计，当需要低涡流比时，将副气道打开，通过来自副气道的气流削弱进气道中的涡流。该系统可以做到 $\Omega_{高} = \Omega_{低}$，使燃油消耗率下降 1%，冷起动时间减少 10%，白烟消失时间缩短 35%。

3. 可变几何截面涡轮增压器

在设计高增压小排量柴油机时，为了满足低速转矩的要求，将增压器的匹配点设计在低速区，而在高速时采用放气的方法，防止增压压力 p_k 过高或超速，但会导致高速时的排气能量得不到充分利用，使油耗升高。为了解决此问题，采用可变几何截面涡轮增压器，确保增压器全部工作范围内都有高效率。在采用可变几何截面涡轮增压器的系统中，可变喷嘴因效率高、易于布置而被优先采用。它依靠发动机转速传感器输入的信号，由微机进行控制。此外，可变喷嘴还受大气温度附加控制，大气温度高时，为了防止增压压力 p_k 过大，其可自动降低变换点（约 200r/min），确保 p_k 不致过高。

4. 可调结构的进气系统

柴油机在低负荷时所需的空气量少，过多的空气会增加换气损失，导致油耗升高。日野公司在 EK100 型柴油机上采用进气量控制系统，使柴油机在高、低负荷时的进气量都能够

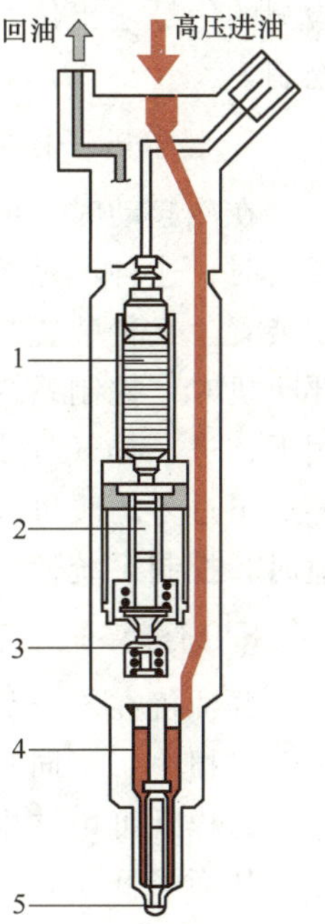

图 7-56 带液压伺服机构的压电式电控喷油器结构简图
1—压电晶体堆（执行器）
2—液力传送器
3—控制阀 4—喷嘴
5—喷孔

保持最佳。该系统在进气管中段设置由压缩空气驱动的控制阀，微机根据负荷及转速传感器检测的信号输出信号控制电磁阀，电磁阀控制进入气缸的压缩空气，从而实现进气量的电子控制。

5. 暖机电子控制装置

在冷起动时，由于冷却液温度不易升高，暖机时间变长，而在喷油量很少的低速工况下暖机时，这种不足更明显。为了解决此问题，日本东洋公司的 SL 型柴油机采用暖机电子控制装置。这种装置在柴油机进、排气管中部设置节流阀，由真空膜气缸来控制节流阀，当需要暖机时，控制系统使电磁三通阀动作，将真空泵与真空膜之间的通道打开，在真空泵的作用下，进、排气节流阀开度减小，使进、排气全节流。这样既减少了进入气缸的冷空气，又避免了过多的暖机气体排出，使气缸温度迅速上升，加速暖机过程。当冷却液温度达到一定值时，控制系统使电磁阀三通关闭，进、排气节流阀不再起作用。

6. 部分停缸电子控制系统

柴油机在部分负荷下工作时，油耗高的部分原因是进、排气泵气损失相对增加。为了减少泵气损失，可同时打开几个气缸的进、排气门，并切断燃油供应，使这几个气缸停止工作。这样既可以减少它们的泵气损失，又可使其余几个气缸在指示功率较大的高负荷下工作，从而降低了油耗。具体可通过松开气门摇臂支承轴，使部分气缸的气门停止工作来实现。

7. 可变气门定时控制

通过控制气门定时，调节柴油机的实际排气量，从而改善其在部分负荷运行时的经济性。气门定时是通过"气门失效机构"来控制的，微机可以根据工况优化所选择的排量，快速且准确地控制气门定时。目前已经研究出电磁进、排气机构，可使柴油机在不同转速与负荷下，保持最佳换气时面值与排气定时，确保其在各种工况下都有最佳充量系数，并使强制排气损失最小。

思考题

1. 柴油机对喷油系统提出的要求是什么？柴油机喷油系统是如何分类的？
2. 泵-管-嘴系统喷油过程的三个阶段是怎样划分的？
3. 简述下列概念：供油提前角、喷油提前角、喷油延迟角、喷油持续角。
4. 柴油机不正常喷射现象有哪些？其原因是什么？需要采取何种措施？
5. 什么是供油规律？什么是喷油规律？
6. 燃油的喷雾特性有哪些？柴油机为什么要装调速器？
7. 柴油机电控喷射系统的特点是什么？其组成有哪些？

第八章　汽车发动机新型燃烧方式

为了适应日益严峻的能源和环境问题，现代车用发动机在努力提高热效率和降低排放的同时，也在探索新的燃烧方式，实现高效清洁燃烧。

第一节　均质混合气压缩着火

一、均质混合气压缩着火燃烧的机理

针对传统的火花点火式和压缩着火式发动机燃烧方式存在的问题，一种新型发动机燃烧方式——均质混合气压缩着火（Homogeneous Charge Compression Ignition，HCCI）燃烧应运而生，可以简称为均质压燃。HCCI的概念最初是由日本研究者Onishi和Noguchi于1979年提出并应用于二冲程发动机上的，当时的名称为活化热氛围燃烧（Active Thermo-Atmosphere Combustion，ATAC）。1983年，美国威斯康星大学的Najt与Foster首次在四冲程汽油机上研究证实了采用外部EGR和进气加热可以实现汽油和异辛烷燃料的自燃着火。1989年，美国西南研究院的Thring等首次提出了均质压燃，即HCCI的概念。

HCCI燃烧的基本思路是融合传统的火花点火燃烧和压缩着火燃烧的优点，并避免其缺点。传统火花点火式发动机采用机外形成均匀混合气、控制节气门开度调节负荷、火花点燃混合气的工作方式，其优点是几乎无碳烟，缺点是节流损失较大且压缩比较低，因此热效率不高、经济性差。传统压缩着火式发动机则采用缸内直喷压缩着火方式，较小的泵气损失和较高的压缩比使得热效率较高，但是具有较高的碳烟和NO_x排放，并且碳烟和NO_x产生存在此消彼长的矛盾。在HCCI燃烧方式中，汽油或柴油和空气通过预先混合形成均质稀薄混合气，当压缩行程缸内温度上升到燃料的自燃温度时，整个燃烧室内有多点自燃着火，如图8-1所示。HCCI燃烧可以实现与柴油机相当的热效率和汽油机的无碳烟排放，同时由于稀薄混合气燃烧，NO_x排放也极低。

二、HCCI燃烧的优点

火花点火（Spark Ignition，SI）燃烧、压缩着火（Compression Ignition，CI）燃烧与HCCI燃烧这三种燃烧方式的比较见表8-1。HCCI燃烧主要有以下优点：①没有节流损失，采

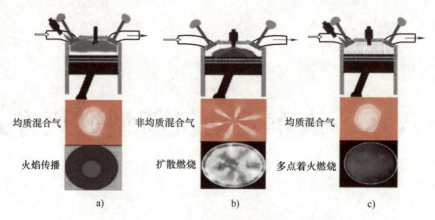

图 8-1 发动机的燃烧方式
a)火花点火燃烧 b)压缩着火燃烧 c)HCCI 燃烧

用较高的压缩比,燃烧快、燃烧持续期短,接近理想的定容加热、热效率高;②燃烧温度低、散热损失小;③发动机的燃油经济性好;④均质稀薄混合气没有火焰传播,不存在高温火焰前锋和局部高温过浓区域,基本没有碳烟产生,并且缸内整体温度分布均匀,低温燃烧,NO_x 排放很低;⑤燃料适应性好,可以采用各种代用燃料进行燃烧,有助于改善对石油资源的依赖。

表 8-1 三种燃烧方式的比较

燃烧方式	火花点火(SI)燃烧	压缩着火(CI)燃烧	HCCI 燃烧
燃料	汽油等高辛烷值燃料	柴油等高十六烷值燃料	范围更广泛
混合气形成方式	气道喷射、缸内直喷	缸内直喷	缸内喷射、进气道喷射
过量空气系数	≈1	1.2~2.2	大于 1 的宽广范围
着火方式	火花点燃	压缩着火	压缩多点着火
燃烧特点	预混合燃烧	以扩散燃烧为主	预混合燃烧,化学动力学控制
燃烧温度	高温	局部高温	温度相对低
燃烧速率	火焰传播速度控制	混合速率控制	几乎同时着火
循环方式	定容加热	混合加热	定容加热

三、HCCI 燃烧的研究历程及现状

20 世纪 90 年代中后期,随着各国排放法规日趋严格和石油供求矛盾越发显现,能同时实现高热效率和低排放的 HCCI 燃烧成为一个新的研究热点,一些汽车公司、研究机构、大学等纷纷开展了深入而又全面的基础研究和应用基础研究,如美国的 Lawrence Livermore 国家实验室、Sandia 国家实验室、威斯康星大学,以及瑞典的 Lund 大学、英国的布鲁内尔大学和日本的庆应义塾大学等著名研究中心对于 HCCI 燃烧基础理论认识和相关试验研究作出了积极贡献。

近些年来,高 EGR 率稀释的柴油机低温燃烧作为柴油机新型燃烧方式得到了广泛的研究,它主要通过大比例 EGR 率、喷油策略控制和高增压压力实现。天津大学提出了"高密

度-低温燃烧"燃烧技术,其核心思想是通过高喷射压力的多次喷油控制,将燃油"均匀"地"播撒"在燃烧室空间,以使混合气尽量均匀。通过EGR来降低燃烧温度,抑制排放。为了弥补采用EGR后燃烧过程中氧浓度的不足,采用串联布置的两级涡轮增压实现发动机高增压比,增加吸入的空气量。通过进气门晚关技术降低进气门关闭时缸内的初始压力和温度,从而有效降低了缸内最大爆发压力,也使柴油机实现了可变的热力循环过程。采用此种燃烧技术,柴油机最高指示热效率可以达到53%,原始微粒和NO_x排放可以达到欧Ⅵ限值的要求。

美国通用汽车公司于2007年推出了世界上第一辆汽油HCCI概念车,整车油耗降低15%,排放采用常规三效催化剂后处理。其所装用的四缸发动机的排量为2.2L,最大输出功率为134kW,最大转矩为230N·m,采用缸内直喷、可变气门正时、双凸轮实现负气门重叠系统及缸压传感器反馈控制等技术。2009年,该公司推出新款汽油HCCI概念车,通过采用外部EGR和火花点火辅助技术,使其发动机HCCI运行范围进一步拓宽,整车从怠速到90km/h范围内可采用HCCI燃烧方式,也能在火花点火燃烧方式(SI)和HCCI燃烧方式之间平顺切换。

奔驰于2007年推出的HCCI概念车Mercedes-Benz F700装备了直列四缸1.8T HCCI发动机DiesOtto(GDI+涡轮增压,融合了汽油机低排放和柴油机低油耗的双重优点),其输出功率为238马力(1马力=735.499W),最大转矩为400N·m,整车油耗仅为5.3L/100km,二氧化碳排放量仅为127g/100km。

目前,随着HCCI燃烧机理的不断深入,人们越来越关注燃料特性对HCCI燃烧着火时刻、燃烧反应速度及高效清洁燃烧运行工况范围的影响。

第二节 汽油机的HCCI燃烧

一、汽油机HCCI燃烧的基本原理与特征

与传统的火花点火燃烧相比,汽油机的HCCI燃烧具有以下特征:

1) HCCI燃烧是多点大面积同时压缩着火,由于没有火焰前锋面的传播过程,其燃烧快,燃烧放热率和等容度远高于传统火花点火火焰传播的方式,可使指示热效率和油耗得到明显改善。

2) HCCI采用稀薄均质混合气,并引入大量EGR,故其局部燃烧温度可控制在1800K以下,从而消除了热NO产生的基本条件,可以降低NO_x排放。

3) HCCI燃烧取消了节气门,改善了传统汽油机负荷由于采用"量调节"所造成的进气节流损失过高的弊端。

4) 采用均质混合气燃烧,理论上不会产生碳烟。

综上所述,均质、低温、快速燃烧是汽油机清洁高效燃烧的核心问题。均质可以避免扩散燃烧引起的碳烟,低温使NO_x无法产生,快速燃烧则可以提高等容度,从而实现汽油机的高热效率。但这种理想的燃烧方式在实际汽油机中应用时很难控制其稳定性。压缩终点温度和压力过低时,汽油混合气难以自燃着火,易出现失火和着火时刻不稳定等现象;压缩终点温度和压力过高时,汽油混合气多点同时自燃着火,导致燃烧过快,压力升高率过大,易

出现爆燃等现象。因此,在全工况范围内如何控制 HCCI 燃烧的稳定着火和燃烧速率是汽油机 HCCI 燃烧的研究重点。

二、汽油机 HCCI 燃烧的主要控制方法

HCCI 燃烧过程主要是由混合气本身的化学反应动力学控制的,即受温度、压力、反应物浓度和成分影响。其中,温度起主要作用,因此许多研究者认为 HCCI 着火主要在于如何控制温度,导致开始时的大量研究工作都集中在如何提高进气温度上,如对进气加热、提高压缩比等。但是这些方法在实际发动机中很难快速响应,并不适应发动机变工况的需求。之后,利用内部 EGR 和混合气浓度控制着火的思路被提出,它更容易实现人为强制控制并有较强的灵活性。因此,汽油机 HCCI 燃烧控制的原则是温度、混合气浓度和组分协同控制。下面介绍当前汽油机 HCCI 燃烧主要采用的几种控制方法。

1. 提高进气温度

进气温度是影响 HCCI 燃烧最显著的参数之一,也是被研究最多的一个参数。通常采用电加热的方法控制进气温度,这也是初期许多基础研究中最常用的一种方法。当发动机负荷和转速发生变化时,为了保证合理的燃烧相位,进气温度也要相应快速变化以保证最佳着火时刻,而进气加热方法难以适用于这种频繁变工况的车用发动机。

美国福特公司提出了 OKP(Optimized Kinetic Process)燃烧系统,该系统在缸内直喷汽油机上利用冷却液和排气来加热进气空气,并采用通过控制气门定时来改变压缩比和残余废气的方法,实现汽油机 HCCI 燃烧。通过该方法,HCCI 工况范围得到了拓宽,平均指示压力可达 0.55MPa,燃料利用率比原机提高了 10%~30%,NO_x 排放也比原机降低了 98%~99%。

2. 提高压缩比

提高压缩比可以提高压缩终点混合气温度,使汽油混合气自燃。汽油机若实现压缩自燃,压缩比一般需要提高到 15~18,甚至更高,但是能形成低负荷稳定燃烧的压缩比往往会造成高负荷时的爆燃。因此,一般将压缩比提高到 11~12,同时通过 EGR 对进气进行加热,使压缩终点的缸内温度达到汽油自燃条件。理想方法是实现可变压缩比,但是目前尚未有实用技术。

3. EGR

在汽油机 HCCI 燃烧过程中,EGR 的作用主要有两方面,一是 EGR 的高温提高了全部进气温度和压缩终点温度,有利于汽油的自燃着火;二是利用废气中的非活性成分控制燃烧速度不过高,以实现低温燃烧。同时,EGR 也可以使进气中的新鲜充量降低,稀释了混合气的浓度,有效减缓燃烧速度。但仅靠外部 EGR 提高进气温度的能力是有限的,而内部 EGR 可以大幅度提高缸内温度。

用负气门重叠(Negative Valve Overlap,NVO)的方法可以实现内部 EGR。通过对比图 8-2 中传统配气相位和负气门重叠相位可知,负气门重叠是通过排气门早关、进气门晚开的方法,形成不充分排气,使气缸内残留一定量的高温废气。NVO 为汽油机 HCCI 燃烧控制提供一个低成本、响应快的有效手段。NVO 可以通过连续可变的配气机构实现,也可以用两段凸轮切换的方式实现。

在进气过程中再次开启排气门,可同时吸入新鲜充量和排气道中的废气;在排气过程开启进气门,部分废气流入进气道,随着进气一同进入气缸。这些都是可以实现内部 EGR 的方法,不过控制机构会变得复杂。

4. 活化氛围

在负气门重叠期间,由于活塞上行压缩废气,缸内温度再次升高,此时如果向缸内喷入少量燃油,在高温缺氧的情况下,燃油会发生不完全氧化反应,生成大量的 CO、H_2、OH(羟基)、CH_2O(甲醛)以及过氧化物等活性成分或反应中间产物,这些成分会使后续着火变得容易。这种控制 HCCI 燃烧的方法称为活化氛围法(燃油改质)。

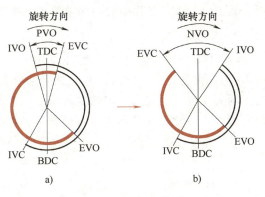

图 8-2 配气相位图
a) 正气门重叠(PVO) b) 负气门重叠(NVO)
IVO—进气门打开 IVC—进气门关闭
EVC—排气门关闭 EVO—排气门打开
TDC—上止点 BDC—下止点

燃油改质最初由戴姆勒公司于 1998 年提出,2003 年由日产和沃尔沃公司先后在发动机上实现。这种方法明显不同于发动机燃烧控制的传统方法,对改善 HCCI 汽油机在中小负荷下的着火性能十分有效,它是汽油机 HCCI 研究中的一项重要技术进步,目前得到了广泛应用。这种喷油方式通常和进气行程或压缩行程喷油配合应用,可提高着火稳定性,拓宽负荷稀限。

5. 混合气分层

根据着火的基本理论可知,任何燃料都是在混合气浓度为化学当量比附近时最容易着火。对于以稀燃为主的 HCCI 汽油机在中小负荷下,可以采用缸内直喷系统进行两段或多段喷油,以形成浓度分层的混合气。用分层混合气控制着火相位的思路是由美国桑迪亚国家实验室于 2004 年提出的,清华大学在同一时期也提出并在发动机上实现了这种控制。清华大学的喷油控制策略是在进气行程进行第一次喷射,以形成均质稀混合气;在压缩行程后期进行第二次喷射,以在燃烧室凹坑内形成接近均质的浓混合气。在压缩终了时,浓混合气区域首先着火,缸内温度和压力升高,由此引起周围稀混合气区域着火。通过控制第一阶段的喷油量,可以实现 HCCI 燃烧的负荷控制,这有利于 HCCI 工况范围向高负荷扩展。美国西南研究院在小负荷时通过两次喷射(压缩行程喷入总油量的 15%)形成分层混合气,加速燃烧,获得了降低循环波动、油耗、CO 和 HC 排放的效果。德国 Braunschweig 内燃机研究所研究了直喷式汽油机在部分负荷利用 EGR 稀释充量降低节流损失,并采用两次喷射实现了混合气分层及稳定点火。宝马公司采用喷雾引导的方式实现在部分负荷下分层稀薄燃烧,并用外部 EGR 降低 NO_x 排放,与传统汽油机相比,在欧洲循环工况(NEDC)下可节油约 20%。日本本田公司则采用 VVA、缸内直喷和发动机增压技术,通过在负气门重叠角期间喷油,使发动机 HCCI 工况基本满足了日本 10-15 运行工况范围。三菱的研究结果也表明采用高压喷射实现混合气分层稀燃和外部 EGR 共同作用,可使油耗和排放水平都得到改善。

由此可知,用分层混合气可以控制 HCCI 燃烧速率。但为防止过浓混合区产生碳烟,浓混合气区也应该尽量实现均匀。分层混合气为 HCCI 汽油机的着火和燃烧提供了更多的选择,是 HCCI 研究进程中的一次重要思路拓展。

6. 火花点火辅助

HCCI 本来的概念是"自燃",但在一些研究中发现火花点火辅助可以提高某些工况下 HCCI 的着火稳定性。同时,相关试验结果表明,当可燃混合气被压缩至接近临界着火状态时,用火花点火首先产生局部区域的着火和燃烧,由此释放的热量会引起其余混合气的后续自燃着火。因此,火花点火有可能是一种控制汽油机 HCCI 燃烧的有效手段。

三、汽油机 HCCI 燃烧实例

1. 清华大学的 ASSCI 系统

清华大学在多年研究基础上,于 2005 年开发了分层混合气火花辅助燃烧(Assisted Spark Stratified Compression Ignition,ASSCI)系统。该系统是在 GDI 发动机基础上通过多次喷射与负气门重叠(NVO)及火花点火相结合,可根据工况不同分别实现完全的 HCCI 燃烧、燃烧活性控制压燃(活性分层压燃,RCCI)燃烧、分层充量压缩着火(SCCI)燃烧及火花点火激发均质压燃(SICI)燃烧等多种汽油机自燃着火燃烧方式,其中 NVO 是通过一个循环内完成切换的双凸轮系统实现的,从而使 HCCI 燃烧方式与传统 SI 燃烧方式能够快速切换。相关测试结果表明,HCCI 运行工况样机相对于传统进气道喷射汽油机,在中小负荷下的油耗降低了 10%~30%,NO_x 排放降低了 99%,循环波动率明显优于传统汽油机,可达到柴油机的燃烧稳定性。

2. 天津大学的 4VVAS 双模式燃烧系统

天津大学研发的 4VVAS(4 Variable Valve Actuation System)采用进排气气门升程(0.3~9.5mm)及正时机构[60°(CA)范围内]连续独立可变技术,控制缸内残余废气率及废气分层,从而实现在 HCCI 燃烧方式运行的边界区域上进行 HCCI/SI 燃烧方式的过渡,使发动机继续输出稳定的功率。样机试验结果表明,HCCI 的运行转速可以达到 4500r/min,最大平均指示压力(IMEP)可以达到 0.52MPa,能够覆盖轿车的常用工况。

天津大学在上述研究结果基础上,提出了基于废气驱动的高效低温燃烧汽油机(Ex-Drive)技术。其方案仍采用进排气门全可变机构,并结合外部 EGR 和涡轮增压技术进一步扩展 HCCI 的运行工况范围。废气驱动的复合燃烧方案的基本思路:利用外部冷却 EGR 来填充气缸容积,降低混合气温度,拓宽 HCCI 燃烧运行范围,这样既可以提高发动机 HCCI 负荷运行范围,又可以利用废气的稀释作用(氧浓度降低)降低 NO_x 排放。在发动机全负荷工况采用基于废气控制的汽油机复合燃烧技术,即以内部排气再循环策略实现可控自燃燃烧为核心,辅以气门参数控制的火花点燃复合燃烧技术,同时以外部排气再循环作为调整缸内废气状态的控制手段,实现了汽油机低温高效燃烧。在燃烧控制策略中,采用爆燃闭环燃烧控制技术。通过残余废气的分层,在小负荷和热机怠速工况下实现汽油机可控自燃燃烧。在转速为 2000r/min、平均有效压力为 0.2MPa 的工况下,节油率达到 13.71%,NO_x 排放减少 99%,NEDC 的仿真节油效果为 15.6%。排放指标除 HC 之外,NO_x 和 CO 均小于欧Ⅳ限值。

3. AVL 公司的 CSI 燃烧系统

AVL 公司在 2003 年开发了压缩-火花点火(Compression and Spark Ignition,CSI)燃烧系

统，它是压缩着火和火花点火两种燃烧方式的组合，即部分负荷时采用 HCCI 燃烧，高负荷时采用均质混合气火花点火燃烧。其试验样机特征包括四缸发动机，GDI 喷油系统两次喷射，火花塞布置于蓬形燃烧室的顶部中央，壁面引导式燃烧室凹坑，以及带分缸独立控制的发动机管理系统。其最大特点是采用电控液压执行器控制排气门实现二次开启，使排气道内的废气在进气行程被吸回气缸，形成内部 EGR 效应。

CSI 四缸试验发动机在平均指示压力 $p_{mi}<0.55$MPa、转速 $n<3500$r/min 的工况范围内实现了 HCCI 燃烧，比传统汽油机的 NO_x 排放降低 95% 以上，油耗最大降低 26%。

四、HCCI 汽油机产业化的技术难题

1. 着火时刻难以控制

尽管已经开发了上述控制方法，但是对 HCCI 汽油机稳定着火和着火时刻的控制仍比传统汽油机困难，控制精度也需要进一步提高。

2. 大负荷燃烧速率难以控制

目前，HCCI 汽油机在中低负荷下的运行效果较好。较高的压缩比和多点自燃着火使得 HCCI 汽油机在大负荷时容易出现粗暴燃烧和爆燃，过高的燃烧速率也会使燃烧温度升高，引起 NO_x 排放大幅度增加。

3. 低负荷时 HC 和 CO 排放过高

由于燃烧温度不高，气缸壁附近的燃油不能很好地燃烧，加上中低负荷下的混合气很稀，壁面附近温度较低，导致 CO 不能完全氧化成 CO_2，引起 HC 和 CO 排放升高。

4. 运行工况范围窄

经过多年的研究发现，汽油机 HCCI 燃烧仍然受限于负荷范围这一难题。当前汽油机 HCCI 燃烧方式可运行的工况范围大致为 $p_{me} \leq 0.5$MPa、$n \leq 3500$r/min，基本覆盖了轻型车和轿车常用的工况。

针对这一问题，各国研究人员除了采用进气增压、内/外部 EGR 结合、电火花辅助着火等手段来扩展 HCCI 运行范围，也采用模式切换、分层燃烧等技术将 HCCI 燃烧与传统的火花点火方式相融合，实现汽油 HCCI 燃烧方式在车用四冲程发动机上的应用。所谓模式切换是在起动时使用 SI 燃烧方式，在中小负荷时使用 HCCI 燃烧方式，在高负荷时又回到 SI 燃烧方式，而 HCCI 与 SI 燃烧方式之间还可以有 SICI 燃烧方式，但会带来各燃烧方式之间平顺切换的技术问题。

第三节 柴油机的 HCCI 燃烧

一、柴油机 HCCI 燃烧的基本原理

图 8-3 所示为柴油机 HCCI 燃烧研究过程中常用的缸内燃空当量比与温度（Φ-T）的关系，该图给出了燃空当量比 Φ 及温度 T 对 Soot（碳烟）和 NO_x 排放的影响。传统柴油机属于非均质喷雾燃烧，在燃烧过程中，燃空当量比和温度变化历程先后不可避免地穿越了 Soot

和 NO_x 的生成区域（图 8-3 中 "传统柴油机" 燃烧路径）。在传统的柴油机燃烧中，当采用 EGR 来降低 NO_x 排放时，进气氧浓度的降低会导致 Soot 排放增加，当通过提高喷油压力来改善燃油与空气的混合以降低 Soot 排放时，又会使 NO_x 排放增加，因此，NO_x 与 Soot 之间呈现相悖关系，同时降低两者排放的难度很大。而 HCCI 燃烧发生在低温稀燃范围（图 8-3 中 $\Phi<1$，$T<2200K$ 的区域），同时避开了 Soot 和 NO_x 的生成区域，但是由于 Φ-T 区域狭窄，燃烧控制困难。

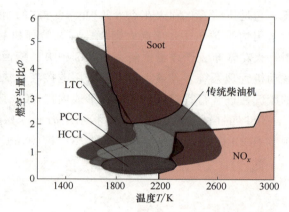

图 8-3 柴油机 HCCI 燃烧的 Φ-T 关系

近年来，研究人员吸收了 "均质压燃" 的思想，提出了低温燃烧（Low Temperature Combustion，LTC）、预混合压燃（Premixed Charge Compression Ignition，PCCI）等概念，可以看作 HCCI 燃烧概念的拓展。

二、柴油机 HCCI 燃烧的主要控制方法

形成均质混合气是柴油机 HCCI 燃烧控制的第一步。国外研究人员首先进行的是缸外预混合柴油 HCCI 研究工作，如美国西南研究院提出的进气道喷射柴油 HCCI 燃烧方案。其结果表明，HCCI 燃烧过程在降低柴油机 NO_x 和碳烟排放方面的潜力巨大，但因柴油燃料黏度高、挥发性差、汽化温度较高，气道喷射需要对进气充量加热，易产生爆燃。此外，柴油机燃烧室需要降低压缩比且运行工况范围狭窄，预混合气的混合过程和自燃着火过程无法直接控制，THC 和 CO 排放较高，燃烧效率和热效率低。因此，该方案只在早期用于 HCCI 原理性研究，实用性很差，很难作为具有实用化前景的方案来发展。

柴油机上形成均质混合气的方法：①通过缸内早喷，使燃油有充分的时间蒸发混合；②通过缸内晚喷，采取预冷高 EGR 率等措施大幅度延长滞燃期，以形成均质混合气。和汽油机 HCCI 燃烧方式控制一样，人们现在不再强调混合气的绝对均质，而是开始采用混合气分层技术来控制柴油机的 HCCI 燃烧过程。

1. 缸内早喷

由于 HCCI 柴油机的喷油提前角远大于传统柴油机，燃油撞壁现象严重，导致排放增加、油耗上升。大量湿壁燃油也会稀释附着在气缸壁上的机油，使摩擦损失增大，发动机磨损加剧。

柴油机缸内早喷 HCCI 系统成功应用于产品的典型代表是日本丰田公司于 1995 年开发的 UNIBUS（Uniform Bulky Combustion System），也称为成片均质燃烧系统。该系统大幅度提前喷油时刻，采用喷雾锥角为 60°的轴针型喷嘴，以形成贯穿距离小、喷雾范围大、油粒细而均匀的喷雾。在喷油时刻提前到上止点前 50°（CA）时可以使碳烟和 NO_x 排放同时接近零，但 THC 排放明显增加，导致功率下降，不过能在较小负荷下运行。在后续研究中，UNIBUS 采用两次喷射的控制策略，进一步拓宽了负荷范围。

两次喷射是通过共轨喷油系统采用早喷和主喷的两次喷油技术,其燃烧策略如图8-4所示。第一次喷射(早喷)发生在压缩行程,喷油定时设在上止点前(BTDC)−54°~−4°(CA)变化,每循环喷油量在5~15mm³变化。喷入的燃料和空气在燃烧室中充分混合,在着火前,混合气部分氧化,发生低温冷焰反应,而不是热裂解,形成支链中间产物;第二次为主喷射(主喷),用来合理控制预混合气的着火高温反应,喷油定时保持上止点前−13°(CA)不变,每循环喷油量保持在15mm³不变。

在喷油终了几度曲轴转角后着火,混合气更趋于均匀。这表明随着增压压力提高,着火定时稍有提前,压力升高率明显降低。

UNIBUS采用特殊结构的伞形喷嘴,如图8-5所示。执行早喷时,由于射流的贯穿度小,完全避免了燃油撞击到气缸壁上;利用喷嘴末端的射流导向凸缘,降低了射流速度,改善了燃油的空间分布。采用蓄压式喷油器,由压电式执行器驱动,燃油流经高流通面积的喷嘴,喷入压力很低的缸内空间,从而得到了高质量的雾化,使喷油速率增加,以便快速形成混合气,防止压缩过程中的燃油分解。为了控制主着火时刻发生上止点(TDC)附近,以及燃烧速度和温度,使用高EGR率的排气再循环技术。

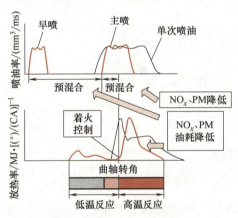

图8-4 两次喷射的燃烧策略

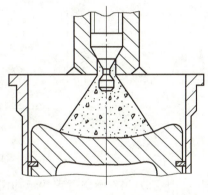

图8-5 伞形喷嘴的结构示意图

2. 缸内晚喷

柴油机缸内晚喷HCCI燃烧的典型代表是1996年日本日产公司的MK(Modulated Kinetics)燃烧系统,其特征是"低温预混合燃烧"。图8-6所示为MK燃烧方式的基本设想。它是一种旨在同时降低直喷式柴油机NO_x和碳烟排放的燃烧方式。

MK燃烧方式与"预混合稀薄燃烧"早期喷射[100°(CA)BTDC]的差异是大幅度推迟喷油时刻至上止点附近[3°(CA)ATDC]、利用高达45%的冷却EGR(氧气浓度显著下降至15%)以及减小压缩比从而降低缸内温度和延长着火滞燃期;采用大负荷涡流比为10(中小负荷涡流比为3~5)的强进气涡流、直口ω形燃烧室、高压共轨燃油喷射

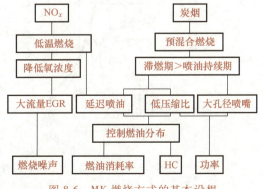

图8-6 MK燃烧方式的基本设想

系统和大孔径的无压力室喷嘴等技术措施以缩短喷油持续期，提高油气混合速率，使滞燃期大于喷油持续期，并且控制燃油分布均匀，从而扩大了预混合燃烧比例，实现了低碳烟排放。

在该燃烧方式中，EGR不仅是推迟和控制着火延迟期长度的手段，也是控制燃烧速度和燃烧温度以抑制NO_x生成的对策技术。图8-7所示为MK燃烧过程的主要技术路线和排放降低效果。由该图可知，NO_x排放降低了95%左右，碳烟排放由2BSU降至接近0，HC排放也降低了50%。

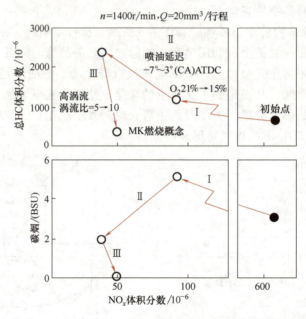

图8-7　MK燃烧过程的主要技术路线和排放降低效果

图8-8所示为MK燃烧过程的示功图与燃烧放热率。原机的放热率呈现传统柴油机初期放热率高以及预混合扩散两阶段燃烧的特征（图8-8b中的c点为分界点）。MK燃烧由于推

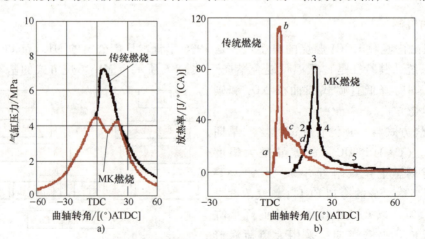

图8-8　MK燃烧过程的示功图与燃烧放热率
a）示功图　b）燃烧放热率

迟喷油和高 EGR 率的作用，在上止点后 10°（CA）才开始燃烧，放热率上升缓慢且峰值小于传统柴油机，因而其最高爆发压力低，压力升高率低，燃烧噪声也低。放热率形状接近三角形，与传统汽油机的放热率曲线形状相一致，尽管燃烧初期缓慢，但燃烧后期加速，整个燃烧持续期和传统柴油机接近，实现了预混均质压缩着火。

MK 预混合燃烧需要依靠燃烧室形状和涡流比为 3~5 的强进气涡流等控制气体流动来促进燃料分散在氧分子周围，并在滞燃期中结束喷油。图 8-9 所示为 MK 燃烧与传统燃烧的火焰对比图，从中可以看出 MK 燃烧在整个燃烧期间几乎观察不到明亮火焰，这也说明其燃烧温度低，导致发光强度弱，从而有效减少了碳烟的产生。

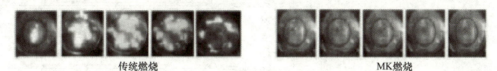

图 8-9　MK 燃烧与传统燃烧的火焰对比图

MK 燃烧方式已被日产公司应用在 1998 年推出的 YD25DDT 柴油机上，其技术参数如下：直列四缸，排量 2.5L，增压中冷，功率为 110kW。

3. 混合气分层

早期的 HCCI 技术强调均质的概念，但随着研究的不断深入，人们发现在 HCCI 燃烧过程控制中，先进的混合气分层控制策略比简单的"均质混合气"更重要。适当的混合气分层可以使 HCCI 在低负荷工况下的燃烧更稳定，这有利于 HCCI 向小负荷工况扩展，同时分层也可以降低高负荷工况下的最大压力升高率，这有利于 HCCI 向大负荷工况扩展。混合气全历程的浓度、组分和热分层控制是 HCCI 在宽广的负荷工况范围内实现高效清洁燃烧的关键。

在对混合气分层机理的认识基础上，研究人员为了进一步发展 HCCI，又提出了具有混合气分层特点的燃烧新概念，如低温燃烧（LTC）、预混合压燃（PCCI）、部分预混合燃烧（PPC）、分层充量压燃 SCCI（Stratification Charge Compression Ignition）及 MULINBUMP（Multi-Injection and Bump Combustion Chamber）燃烧系统等。这些燃烧方式采用预混合、压燃并配合 EGR 降低燃烧温度，其实质是通过控制混合气浓度分布、混合气组分、温度和燃烧反应物初始热力状态等参数实现对燃烧全历程的燃空当量比（Φ）及温度（T）路径的控制，从而避开有害排放生成区域，实现高效清洁燃烧。

（1）**低温燃烧（LTC）**　由日本丰田公司提出的 LTC 方式，与 MK、HCCI 概念有所不同，它是一种能够实现浓混合气的无烟低温燃烧技术。

相关研究（图 8-3）表明，当缸内燃烧温度低于 1650K 时，无论 Φ 如何，燃烧都会避开 NO_x 和碳烟的生成区域，基本可以实现 NO_x 和碳烟的零排放。基于此思想，柴油机 LTC 采用高 EGR 率（>60%）大幅度降低燃烧温度，使碳烟和 NO_x 同时远离生成区域。LTC 相对于 HCCI 可以工作在混合气较浓的条件下，因此可以在更大工况范围内实现低 NO_x 和碳烟排放。但因高比例 EGR 稀释导致局部当量比阈高，同时存在大量低温区域且燃烧温度低于 CO 被氧化的温度阈值，导致 CO 和 THC 比排放恶化，燃烧效率急剧下降又导致热效率降低，使 NO_x-Soot 固有的 trade-off 关系转化为 Soot-BSFC 的 trade-off 关系（图 8-10）。天津大学深入研究了柴油机耦合高比例 EGR 的低温燃烧机理和排放特性，提出采用 Soot-Bump 区域之前的中等 EGR 率（<50%），并借助提高进气增压压力、降低压缩比、优化喷油控制策略以及燃用含氧燃料等技术措施来满足未来排放法规的要求。

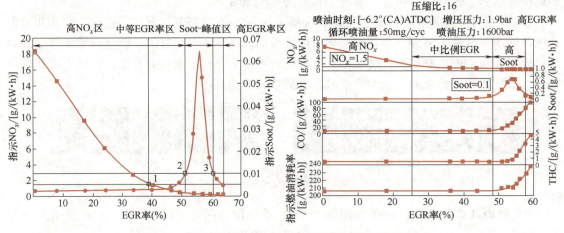

图 8-10　EGR 区间的划分及高比例 EGR 对柴油机的影响

图 8-11 所示为 4 缸 2L 涡轮增压直喷式柴油机及其排气处理系统。LTC 系统不改变压缩比、燃烧室形状和喷油系统，而是通过大流量的 EGR 进一步降低燃烧温度，并在 EGR 系统的路径上配置了大型 EGR 冷却器。此外，在排气处理系统中还配置了吸附还原型 NO_x 催化器，空燃比 A/F 通过改变 EGR 率来改变。

采用 LTC 方式的柴油机排放特性：

1）在大流量 EGR 条件下，碳烟排放不是一味随 EGR 率增加而增加的，而是在一定的 EGR 率以上，即一定的 A/F 以下，会有再次转为降低的趋势。由图 8-3 可知无烟浓燃区在 $\Phi\text{-}T$ 图中的分布。

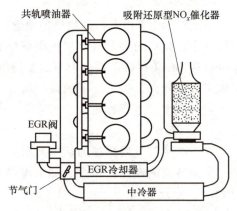

图 8-11　4 缸 2L 涡轮增压直喷式柴油机及其排气处理系统

2）LTC 的混合气浓度分布在较高当量比的宽广范围内，它不要求延长着火滞燃期，不需推迟喷油定时，不强调预混合，只是在大流量 EGR 下，通过降低燃烧温度束来偏离碳烟和 NO_x 生成区，实现同时降低碳烟和 NO_x 排放的目标。

3）LTC 方式可实现无烟浓混合气燃烧，也可以通过吸附还原型 NO_x 催化器大幅度降低 NO_x 排放。

(2) 部分预混合燃烧（PPC）　瑞典 Lund 大学的 Johansson 通过对 PPC 的大量研究指出，PPC 是一种 HCCI 与扩散燃烧相混合的燃烧方式，不仅可以像 HCCI 一样使喷油结束时刻与燃烧开始时刻之间留有充足的时间以供燃油与空气进行混合，还能像传统柴油机燃烧一样主要由喷油时刻控制燃烧。PPC 通过高 EGR 率延长滞燃期可使喷油时刻明显晚于 HCCI、PCCI，从而有效避免燃油的湿壁，如图 8-12a 所示。虽然柴油 PPC 可同时取得极低的 NO_x

及 Soot 排放，但柴油较高的活性使着火较早，不利于大负荷的扩展，尤其是在大负荷下对 EGR 的依赖程度较高，燃烧效率的降低会导致较高的 HC 及 CO 排放，从而使热效率降低，如图 8-12b 所示。

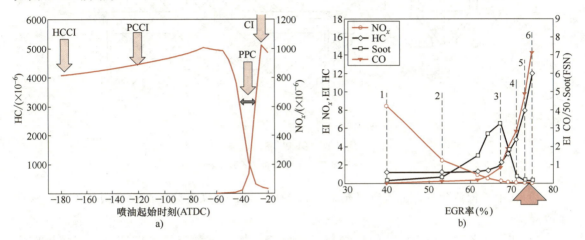

图 8-12 采用 PPC 方式的柴油机排放特性
（发动机压缩比 12.4，IMEP0.8MPa，转速 1090r/min）
a）PPC 喷油时刻区间 b）PPC 排放
CO/50—CO 的排放值除以 50

第四节 柴油机的其他新型燃烧方式

除 HCCI 燃烧方式外，人们还对柴油机的其他燃烧方式进行了有益的探索，并取得了一定的成果。下面对柴油机的其他新型燃烧方式做简单介绍。

一、柴油机热预混合燃烧

大连理工大学的胡国栋教授于 20 世纪 80 年代初提出的柴油机热预混合燃烧（Diesel Hot Premixed Combustion，DHPC）方式与 HCCI 燃烧概念基本一致。该方式利用可快速形成均质稀薄混合气的伞形喷嘴，在压缩着火前快速形成均匀稀薄预混合气，从而实现较低缸内压力和温度下的快速燃烧，达到高效清洁燃烧的目的。其主要特点如下：

1）采用伞形喷嘴，如图 8-13a 所示，其针阀头部呈倒锥台状，具有油滴微细、分布均匀、喷油快、喷油期短的特点。

2）在压缩行程早期，即上止点前 28°~30°（CA）喷油，启喷压力为 24~28MPa，并控制在上止点附近着火，着火前须将全部燃料喷入气缸，实现具有热预混合特征的燃烧。

3）采用收口挤流式燃烧室，如图 8-13b 所示，促进均匀预混合气形成，减少局部过浓区，加速后期燃烧。

在四气门直喷式 135 型试验机上实现 DHPC 方式，其结果表明：

1）最大燃烧压力和压力升高率降低，燃烧速率快，燃烧期短，近似等压燃烧时一个峰值的放热规律，NO_x 排放明显下降。

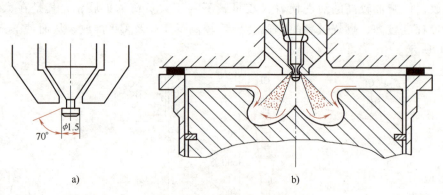

图 8-13 DHPC 燃烧系统
a) 伞形喷嘴　b) 收口挤流式燃烧室

2)在中、低负荷时,由于空气充足,混合气均匀,燃烧充分,油耗率明显改善,碳烟排放降低。

3)在大负荷时,由于后喷的燃油属扩散燃烧,加上过量空气系数减小,碳烟排放增加。通过低增压、加大过量空气系数或往燃料中掺水等措施,可以解决该问题。

二、预混合稀薄燃烧方式

针对预混合稀燃柴油机的三个缺点,即 HC 和 CO 排放量增加、油耗率偏高、运转范围小,柴油机只能在部分负荷下工作,日本 New ACE 研究所提出一种新型混合燃烧方式——预混合稀薄燃烧(Premixed Lean Diesel Combustion,PREDIC)方式。

PREDIC 燃烧方式的研究是在一台缸径为 135mm、压缩比为 16.5 的四气门重型单缸机上进行的,其基本结构如图 8-14 所示。为了避免缸内早期喷射引起的撞壁,采用了新颖的喷嘴和喷油器布置方案。第一种方案是用两个侧置喷油器(图 8-14 中侧置喷油器 1 和侧置喷油器 2)向气缸中心对喷,利用油束的碰撞降低贯穿度。每个喷油器有两个直径为 0.17mm 的喷孔,喷油压力达到 100MPa。第二种方案是把喷油器布置在气缸中心(图 8-14

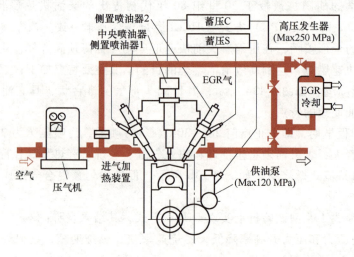

图 8-14　四气门单缸试验机

中的中央喷油器），在喷油器上布置了 30 个不同喷射角的小喷孔，喷孔直径只有 0.08mm，喷射压力达到 150MPa。第一种方案中，NO_x 排放降低到传统柴油机的 1/10，但油耗率增加了不到 15%，HC 和 CO 排放增加到 2000~5000ppm（$1ppm=10^{-6}$）；第二种方案中，NO_x 排放降低到几十 ppm，但 HC 和 CO 的排放增加到 1000~3000ppm。两种方案实现的最大负荷为自然吸气下发动机满负荷的 50%，当负荷更高时会出现严重的爆燃。PREDIC 的着火相位影响因素有温度、燃油着火性能、混合气浓度和混合气分布，为了防止过早着火，可以采用低压缩比和 EGR、添加低着火性能的含氧燃料和降低混合气的非均匀性。

三、多阶段燃烧方式

为了扩大发动机的运行范围，日本 New ACE 研究所在 PREDIC 方式的基础上，又提出了多阶段燃烧（Multiple Stage Diesel Combustion，MULDIC）方式。该方式采用两套喷射系统，将燃料分两阶段喷入气缸进行燃烧，如图 8-15 所示。其中，第一阶段燃烧采用 PREDIC 方式，由侧置喷油器在早期上止点前 150°（CA）将燃油以 100MPa 的压力喷入气缸，形成预混合稀薄混合气；第二阶段燃烧用 MULDIC 向高温燃气喷油的扩散燃烧方式，由中央喷油器在上止点附近将燃油以 200MPa 的压力喷入燃烧室中，将早喷产生的预混合燃烧与第二次喷射产生的扩散燃烧相结合。两次喷射的喷油量基本相当，分段方案如图 8-16 所示，通过第二次喷射可以将发动机的运行范围扩大至满负荷工况。

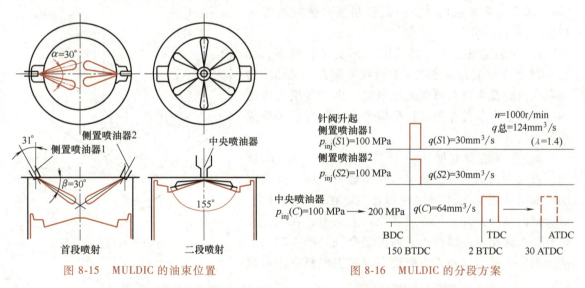

图 8-15 MULDIC 的油束位置　　　　图 8-16 MULDIC 的分段方案

按日本重型车用柴油机 13 工况法进行试验后，测得的 NO_x 排放量为 $1g/(kW·h)$，为原柴油机的 1/6，燃油消耗率改善 20%，PM 排放虽然还较高，为 $0.8g/(kW·h)$，但其主要是 SOF（Soluble Organic Fraction，可溶性有机物），易被氧化催化器消除。

四、柴油机均质充量燃烧

日本交通安全研究院提出了柴油机均质充量燃烧（Homogeneous Charge Diesel Combustion，HCDC）方式，其与传统燃烧方式的比较如图 8-17 所示。

如图 8-17b 所示，HCDC 方式首先将一部分燃油（预混合燃料）喷入进气道，形成均匀的混合气，并从气道进入气缸；然后剩余燃油（主喷射燃料）直接喷入气缸进行着火燃烧。相关试验表明，HCDC 方式可以明显降低 NO_x 和碳烟排放。但因预混合均质混合气会发生过早自燃，很难将着火时刻控制在上止点附近，导致柴油机运行工况范围有限。

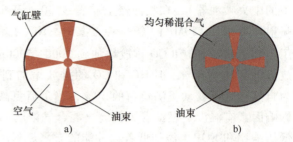

图 8-17 HCDC 方式与传统燃烧方式的比较
a）传统燃烧方式 b）HCDC 方式

采用"双模式"HCDC 方式，在中、小负荷时，通过控制主喷射燃料的喷油时刻和 EGR 的方式，达到改善燃烧过程和降低排放的目标；在大负荷时，基于上述措施，在柴油燃烧中混入甲基叔丁基醚（MTBE），以提高燃料的抗爆性，优化 HCDC 过程。

在 HCDC 方式中，通过优化预混合燃料所占的比例、EGR 率和延迟喷油时刻，可以在不增加碳烟排放的基础上，进一步降低 NO_x 的排放。

五、射流控制压缩着火系统

大连理工大学内燃机研究所提出的射流控制压缩着火（Jet Controlled Compression Ignition，JCCI）系统采用高温射流控制预混合气的着火相位，其特征如下：

1）主燃烧室的喷油器采用 V 形交叉孔喷嘴，如图 8-18 所示，其作用是在压缩行程早期，将柴油或柴油和汽油的混合燃料喷入主燃烧室。由于各喷孔喷出的喷雾体积大、贯穿距短、呈扇形分布，有利于形成均匀预混合气。

2）在气缸盖上增加一个点火室，如图 8-19a 所示。点火室的上部有火花塞和气体燃料喷阀，点火室的下部由通道孔与主燃烧室相连通。在适当的时刻，点火室的喷阀打开，气体燃料充入点火室，在上止点附近，由火花塞点燃点火室内的混合气，产生的高温高压射流由通道口喷入主燃烧室，在主燃烧室内形成

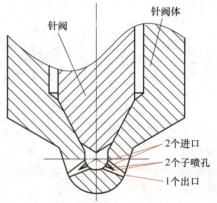

图 8-18 高扰动 V 形交叉孔喷嘴结构示意图

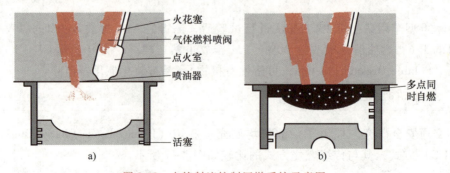

图 8-19 火焰射流控制压燃系统示意图

多点火核并着火，如图 8-19b 所示。

3）采用较低压缩比，使得混合气不能被压燃，采用高膨胀比保证高效率，利用 EGR，适当降低燃烧速率。缸内着火的时刻与火花塞点火定时直接相关，从而可以控制压缩着火相位。着火后燃烧相当迅速，可以实现高效和低 NO_x、低碳烟排放。

六、小喷孔锥角直喷燃烧系统

法国石油研究院（IFP）于 2002 年提出了小喷孔锥角直喷（Narrow Angle Direct Injection，NADI）燃烧系统，其概念图如图 8-20 所示。它采用新的活塞顶 ω 形凹坑结构、特殊的小喷孔锥角（50°～100°）、多次喷射的共轨喷油系统。

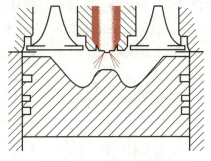

图 8-20　NADI 燃烧系统概念图

NADI 燃烧系统的特点：两种燃烧方式相结合，即在中低负荷时采用高度预混合燃烧方式 HPC，以实现低的 NO_x 和碳烟排放；在高负荷及全负荷时采用传统的燃烧方式，以达到相应的功率和转矩。柴油机须在这两种燃烧方式之间进行很好的转换。开发出了具有优化的燃烧室，创新设计的进气冷却系统，多次喷射的共轨喷油系统。通过在单缸及多缸机上试验，实现了很低的 NO_x 和碳烟排放目标，并能满足欧Ⅳ的排放标准。

七、多次喷射与 BUMP 燃烧室复合燃烧系统

天津大学的苏万华教授提出了基于多脉冲喷射技术＋BUMP 燃烧室的复合燃烧系统，即多次喷射与 BUMP 燃烧室复合燃烧系统，它是一种能够实现均质混合气快速燃烧的新型 HCCI 燃烧方式。

该复合燃烧系统的特点如下：

1）具有限流沿结构的 BUMP 燃烧室，混合气在其中形成喷雾，如图 8-21 所示。在燃烧室壁面设置高 1.2mm 的限流沿（BUMP），以使油束撞壁射流在遇到限流沿时剥离壁面，形成二次空间射流，从而扩大了撞壁射流与周围空气的空间体积，提高了混合速率，出现"闪混"现象，壁面燃烧堆积量也大幅度减少。

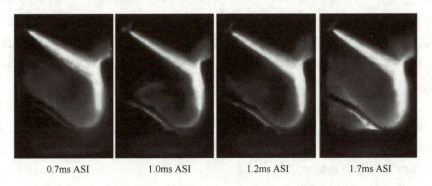

图 8-21　BUMP 燃烧室中混合气的形成

ASI—Time After Start of Injection，喷油开始后的时间

2) 通过电控高压共轨的喷油器,控制燃油多次喷射,如图 8-22 所示,由 4 个窄脉冲和一个主脉冲组成。通过调节脉冲宽度、脉冲间隔及脉冲时刻来控制柴油预混合气自燃着火速率和燃烧速率,研究比较多脉冲不同定时对缸内压力和放热率的影响,及多脉冲加主喷射对碳烟排放的影响。

3) 通过高涡轮增压+中间冷却,迅速形成高空燃比的稀薄混合气。

4) 高 EGR 率,可以降低火焰温度,实现低温燃烧。

MULINBUMP 复合燃烧过程如图 8-23 所示。通过结合多脉冲喷射的可控预混燃烧与主喷射的稀扩散燃烧,该燃烧过程具有与直喷式柴油机相当的热效率,并且改善了 NO_x 和碳烟排放。例如,在采用 EGR 的条件下,NO_x 排放在低负荷时只有 $11×10^{-6}$,高负荷时则小于 $250×10^{-6}$;碳烟排放始终小于 0.5BSU。

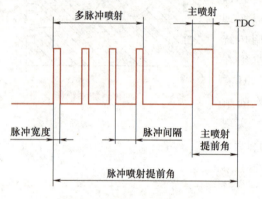

图 8-22 多脉冲喷射示意图

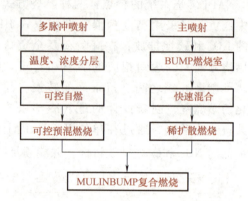

图 8-23 MULINBUMP 复合燃烧过程

第五节 均质混合气引燃

一、基本思路

无论是汽油机,还是柴油机,单一燃料的 HCCI 燃烧都很难进一步拓宽其高效清洁燃烧运行工况范围。因此,动态控制 HCCI 发动机不同工况所需的燃料特性,例如在小负荷时燃用高十六烷值燃料,在大负荷时燃用高辛烷值燃料,可以有效控制着火时刻和燃烧反应速度,拓宽运行工况范围并提高热效率。实现这一控制策略较实际的方式是采用双燃料喷射过程,并保证这两种燃料的辛烷值差距较大,如高辛烷值燃料与高十六烷值燃料,通过调整不同燃料喷射比例,调节不同工况所需的燃料特性。基本思路是将在进气道喷射的低活性燃料(如汽油、天然气、乙醇、甲醇、正丁醇等高辛烷值燃料)与缸内直喷的高活性燃料(如柴油、生物柴油等高十六烷值燃料)相结合,实现以缸内喷雾压燃形成的多点点燃均质混合气为特征的高度预混合燃烧方式。

清华大学将这种燃烧方式称为均质混合气引燃(Homogeneous Charge Induced Ignition,HCII),天津大学将其称为汽油/柴油高预混合低温燃烧(Highly Premixed Charge Combustion，HPCC），美国西南研究院称其为点火流体（Ignition Fluid），美国威斯康星大学则将其称为汽油/柴油 RCCI。上海交通大学在进行有关 HCCI 燃烧燃料设计的项目研究时，提出了燃料设计与管理控制分层复合燃烧的新方法。

典型应用实例有美国威斯康星大学 Reitz 教授提出的 RCCI 燃烧方式，即采用汽油+柴油双燃料方式，其中汽油采用气道喷射，柴油采用高压共轨燃油系统缸内直喷，通过控制汽油/柴油比例、缸内柴油喷油策略、外部 EGR 率和进气门关闭时刻，实现混合燃料的燃烧过程控制，从而实现高效清洁燃烧。相关研究表明，该燃烧方式在与进气增压相结合后，最大平均有效压力可以达到 1.3MPa，原始碳烟和 NO_x 排放可以满足欧Ⅵ法规的要求，热效率最高可达 53%。

二、燃烧与排放特性

在 50mg/循环油量工况下，不同汽油比例对气缸压力和放热率的影响，如图 8-24 所示。图 8-25 所示为相同工况下，不同汽油比例对排放的影响。试验条件：发动机转速为 1500r/min，循环总油量为 50mg；进气道喷射汽油，喷油压力为 0.3MPa；缸内直喷柴油，喷射压力为 40MPa；控制燃烧相位 CA50（燃料累计放热 50%时对应的曲轴转角）在上止点后 8°（CA）。从图 8-24 中可以看出，随着汽油比例的增加，燃烧时刻滞后，燃烧呈现明显的汽油"单峰"放热的特征，燃烧持续时间缩短，放热率和气缸压力均快速升高，因此可以通过改变汽油和柴油的比例来控制着火时刻和燃烧速度。从图 8-25 中可以看出，随着汽油比例的增加，由于预混合气比例升高，滞燃期延长，可使混合变得更加均匀，因此 Soot 排放很低，但因燃烧速度加快，燃烧温度升高，NO_x 排放有所增加；在较低的 EGR 率下，HC 和 CO 排放随汽油比例的变化则不大。

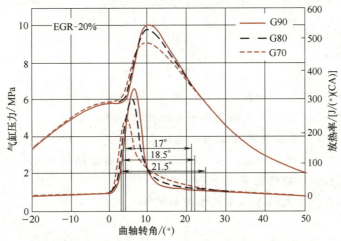

图 8-24 不同汽油比例对气缸压力和放热率的影响（50mg/循环油量工况）
G70、G80、G90—汽油所占百分比分别为 70%、80%、90%

汽油/柴油双燃料燃烧方式在提高发动机热效率和降低排放方面表现出巨大的潜力，但是目前对此燃烧方式的研究还很有限，主要集中于某一转速、负荷工况及一些性能参数的对比分析上，缺少影响燃烧及排放的各运行参数间复杂的相互作用机理与试验数据的支持，高负荷下的压力升高率依然偏高，因而需要进一步深入的研究。

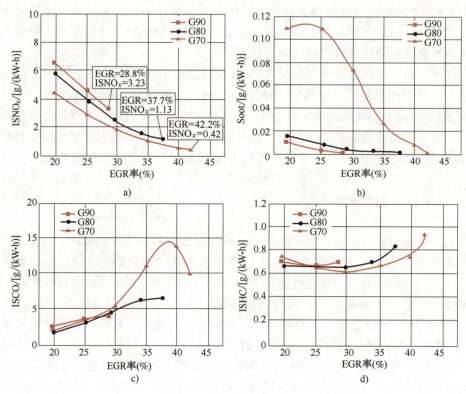

图 8-25 不同汽油比例对排放的影响（50mg/循环油量工况）

a) NO_x b) Soot c) CO d) HC

IS—Indicated Specific，指示指标

思考题

1. 什么是 HCCI 燃烧？这种燃烧方式的优点是什么？
2. 汽油机实现 HCCI 燃烧方式的主要控制方法有哪些？
3. HCCI 汽油机实现产业化的技术难题是什么？
4. 在 HCCI 燃烧概念的基础上，柴油机提出了哪些新型燃烧方式？
5. 柴油机实现低温燃烧的主要方法是什么？
6. 汽车发动机燃烧方式的未来发展方向如何？

第九章　发动机的特性

本章是本书的重点之一，它有很强的实用价值。发动机经常在较大的负荷和转速范围内工作，仅了解某点或几点的性能指标和参数，往往是不够的，因而需要了解整个工作范围内的变化规律和发展趋势，这样才可能掌握发动机的工作能力、允许工作范围、最佳工作范围以及制造厂对发动机工况标定的规定。管理者对发动机的运用是否正确，是以发动机的特性为基础的。掌握发动机的特性，不仅对发动机研究设计制造者是重要的，对使用者、管理者来讲也是很重要的。学习本章的内容，不仅要掌握发动机的多种特性及其曲线的形状，还要掌握分析曲线的方法，并了解影响曲线的多种因素。本章的难点在于对曲线的分析及其实际应用。

第一节　发动机工况、性能指标与工作过程参数的关系

一、工况

发动机的运行情况简称为工况，它以功率 P_e（或转矩 T_{tq} 或平均有效压力 p_{me}）和转速 n 来表示。这些工况参数有下列关系：$P_e \propto T_{tq}n \propto p_{me}n$，它们必须与被发动机拖动的工作机械所要求的功率和转速相适应。只有发动机输出的转矩和工作机械消耗的转矩相等，发动机才能以一定转速按一定功率稳定运转。当工作机械的阻力矩、转速发生变化时，发动机的工况就会随之变化。

根据发动机的用途，其工况主要分为以下 4 类：

(1) 恒速工况　当 n = 常数，如发电机组中的发动机，其转速基本保持不变，功率 P_e 随负荷变化，称为恒速工况，又称为线工况，如图 9-1 中线 1 所示。

(2) 螺旋桨工况　作为船舶主机的柴油机按推进特性工作，柴油机功率与转速的立方成正比，即 $P_e = kn^3$，k 为比例常数，如图 9-1 中曲线 2 所示。

(3) 面工况　汽车在进行运输作业时，发动机的功率 P_e 和转速 n 都在很大的范围内变化。转矩取决于

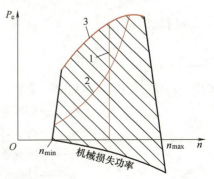

图 9-1　发动机各种工况

行驶阻力，即装载质量、车速和路面情况。转速取决于车速，它可以从最低稳定转速到最高转速，如图 9-1 中阴影区域所示，其上限曲线 3 是发动机在各种转速下所能输出的最大功率。

（4）点工况 发动机的转速 n 及功率 P_e 均近似不变，如发动机作为排灌动力。

对于拖拉机的发动机，为了保证耕作质量，要求其保持在某一转速工作，负荷则因土壤比阻不同而变化，工况近似恒速工况，$n =$ 常数。

二、发动机特性

发动机性能指标随着调整情况及运转工况变化而变化的关系称为发动机特性，用来表示特性的曲线称为特性曲线。其中，性能指标随着调整情况发生变化的关系称为调整特性，它包括柴油机供油提前角调整特性、汽油机点火提前角调整特性等；性能指标随着发动机工况发生变化的关系称为性能特性，它包括负荷特性、速度特性、万有特性和空转特性等，速度特性又包括外特性和部分速度特性。对于车用发动机，低速转矩特性是非常重要的。柴油机因装用形式不同的调速器而获得不同的调速特性。

三、发动机性能指标与工作过程参数的关系

发动机的有效指标 p_{me}、T_{tq}、P_e、b_e、B 与工作过程参数的关系如下：

平均有效压力

$$p_{me} = k \frac{\eta_i}{\alpha} \eta_v \eta_m \tag{9-1}$$

有效功率

$$P_e = k_1 \frac{\eta_i}{\alpha} \eta_v \eta_m n \tag{9-2}$$

有效转矩

$$T_{tq} = k_2 \frac{\eta_i}{\alpha} \eta_v \eta_m \tag{9-3}$$

燃油消耗率

$$b_e = k_3 \frac{1}{\eta_i \eta_m} \tag{9-4}$$

小时耗油量

$$B = k_4 \frac{\eta_v}{\alpha} n \tag{9-5}$$

式中 k，k_1，k_2，k_3，k_4——常数；
η_v——充量系数；
η_i——指示热效率；
η_m——机械效率；
α——过量空气系数；
n——转速。

在了解 p_{me}、T_{tq}、P_e、b_e、B 等指标随工况发生变化的情况之前，需要分析 η_v、η_i、η_m、α 随工况的变化。

四、发动机功率标定

发动机制造厂根据产品的用途特点，规定其在标准大气状况下输出的最大有效功率即标定功率 P_e 及其所对应的转速 n。

根据 GB/T 21404—2022，发动机功率可以分为持续功率、超负荷功率和油量限定功率。

1) 持续功率。在制造厂规定的正常维护保养周期内，在规定转速和规定环境状况下，按照制造厂规定进行维护保养，发动机能够持续输出的功率。

2) 超负荷功率。在规定的环境状况下，在按持续功率运行后，立即根据使用情况，以一定的使用持续时间和使用频次，按照每 12h 运行 1h 的运行条件，发动机可以发出的功率。

3) 油量限定功率。在发动机用途规定的时期内，在规定转速和规定环境状况下，限定发动机油量，使其功率不能再超出时所能发出的功率。

国家标准对发动机发出相应功率的持续时间、测定的大气状况、发动机所带附件及进、排气阻力等都有严格规定，对测量仪器的精度、主要参数测量精度也有规定。

第二节 发动机的负荷特性

在发动机转速不变时，其性能指标随负荷变化而变化的关系称为负荷特性，例如汽车以等速在阻力变化的道路上行驶。在此种情况下，节气门的位置必须经常改变以调整有效转矩，从而适应外界阻力矩的变化，保持发动机的转速不变。

特性曲线的横坐标为负荷，如功率 P_e、平均有效压力 p_{me}、转矩 T_{tq} 等，纵坐标为耗油量 B、燃油消耗率 b_e 或排气温度 T_r、噪声 dB(A)、烟度 R_b、机械效率 η_m 等。以功率 P_e 为横坐标，以燃油消耗率 b_e、耗油量 B 及排气温度 T_r 为纵坐标的 25Y-6100Q 型车用汽油机的负荷特性如图 9-2 所示。

一、汽油机的负荷特性

1. 定义

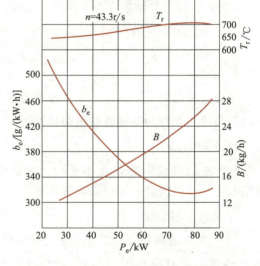

图 9-2 25Y-6100Q 型车用汽油机的负荷特性

当汽油机的转速保持不变时，逐渐改变节气门开度，同时调节测功机负荷，如改变水力测功机水量，以保持转速不变，耗油量 B 和燃油消耗率 b_e 随功率 P_e（或转矩 T_{tq}、平均有效压力 p_{me}）变化而变化的关系称为汽油机的负荷特性。

2. 测取方法

测取前，应将汽油机的点火提前角、过量空气系数按理想值调整，并使冷却液温度、润滑油温度保持在最佳值。调节测功机负荷,同时改变节气门开度,使汽油机的转速稳定在某一常数。测量各稳定工况下的燃油消耗率 b_e、耗油量 B 以及烟度、噪声、排气温度等参数值,获得汽油机的负荷特性。

3. 曲线形状分析

(1) 燃油消耗率 b_e 曲线 由式(9-4)可知 b_e 曲线的形状取决于 η_i、η_m 随负荷的变化趋势,如图9-3所示。

指示热效率 η_i 随着负荷的增加而增加,这是因为节气门开度增大,气缸内残余废气相对减少,可燃混合气燃烧速度增加,并且由于热损失减少,燃料汽化条件得以改善。当转速为一常数时,机械损失功率 P_m 变化不大,随节气门开度的增加,指示功率 P_i 增加,由公式 $\eta_m = 1 - P_m/P_i$ 可知,机械效率 η_m 随负荷的增加而提高。

发动机空转时,$P_i = P_m$,$\eta_m = 0$,因此 b_e 为 ∞,如图9-2所示。随着节气门开度的增大,η_i 和 η_m 均

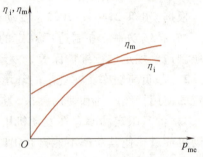

图9-3 汽油机的 η_i、η_m 随负荷的变化

上升,故燃油消耗率急速下降。在大负荷时需要浓混合气,此时 $\alpha = 0.85 \sim 0.95$,不完全燃烧加剧,因此,指示热效率下降,燃油消耗率上升。

(2) 耗油量 B 曲线状 根据耗油量的计算公式 $B = k_4 \eta_v n/\alpha$ 知,B 值取决于节气门开度和混合气成分。随着节气门开度的加大,混合气量增多,B 上升,到达全负荷时,$\alpha = 0.85 \sim 0.95$,混合气浓度变大,B 迅速增加。

二、柴油机的负荷特性

1. 定义

当柴油机保持某一转速不变,改变每循环供油量 Δb 时,B、b_e 随 P_e(或 T_{tq}、p_{me})变化而变化的关系称为柴油机的负荷特性,如图9-4所示。

2. 测取方法

与汽油机的测取方法基本相同,只是柴油机用改变循环供油量的方法来调节负荷。

3. 曲线形状分析

(1) 燃油消耗率 b_e 曲线 由式(9-4)可知 b_e 曲线的形状取决于 η_i、η_m 随负荷的变化趋势,如图9-5所示。随着负荷 p_{me} 增加,循环供油量增加,α 值减少,当 α 降至一定程度时,不完全燃烧加剧,使 η_i 降低。高负荷时 η_i 下降速度加快。η_m 随着负荷 p_{me} 的增加而增加。当柴油机空转时,机械效率 η_m 等于零,所以燃油消耗率 b_e 趋近于无穷大。随着负荷增加,η_m 上

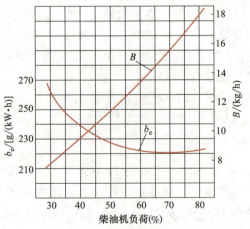

图9-4 6135Q型柴油机的负荷特性($n = 1900\text{r/min}$)

升速度比 η_i 下降速度快，故燃油消耗率 b_e 减小，直到 b_e 降至最低点后，负荷再增加，使得混合气过浓，燃烧恶化，η_i 下降较快，致使 b_e 升高，负荷增加到某点，排气出现碳烟，达到国家法规规定的烟度极限值，继续加大供油量已为公害，故不允许。

（2）耗油量 B 曲线　随着负荷的增加，循环供油量加大，耗油量增加，当接近碳烟极限时，燃烧更加恶化，耗油量 B 迅速增加。

涡轮增压柴油机负荷特性的特点是在低于40%标定负荷时，b_e 的变化规律与无增压者大致相同；当负荷超过50%以后与无增压者相比，随负荷增加，燃油消耗率和烟度在大负荷时变化缓慢。

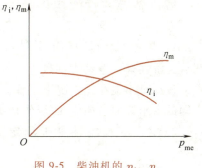

图 9-5　柴油机的 η_i、η_m 随负荷的变化趋势

三、汽油机和柴油机的负荷特性对比

将标定功率和转速接近的汽油机和柴油机的负荷特性进行对比，如图 9-6 所示。

1. 汽油机和柴油机的负荷特性的差异

1）汽油机的燃油消耗率普遍较高，且在从零负荷向小、中负荷段过渡时，燃油消耗率 b_e 仍维持在较高水平，燃油经济性明显较差。

2）汽油机排温较高，且与负荷关系较小。

3）汽油机的燃油消耗率 b_e 曲线弯曲度较大，而柴油机的燃油消耗率 b_e 曲线在小、中负荷段的线性较好。

总之，柴油机的经济性好，且经济工况范围宽。

2. 柴油机和汽油机的负荷特性差异的原因

汽油机和柴油机的机械效率变化类似，造成燃油消耗率差异的主要原因在于指示热效率的差异。

1）由于柴油机的压缩比高，同时过量空气系数 α 也比汽油机大，燃烧是在空气过量的情况下进行的，所以柴油机的指示热效率 η_i 比汽油机要高。因此，二者燃油消耗率有差值 Δb_e，汽油机与柴油机的最小有效燃油消耗率 b_{emin} 一般相差 15%~30%。

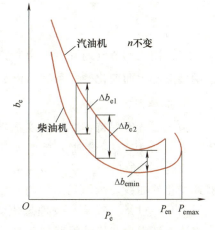

图 9-6　汽、柴油机负荷特性曲线的对比

2）从指示热效率 η_i 曲线的变化趋势，在转速不变时，柴油机进入气缸的空气量基本不随负荷大小而变化，每循环供油量则随负荷的增大而增大，这样过量空气系数 α 就随负荷的增大而减小。因此，在基本完全燃烧的情况下，指示热效率 η_i 在从零向小、中负荷增大过程中会先升高，到最高后随负荷的增大降低不大（没到碳烟极限）；汽油机在低负荷时，由于节气门开度小，残余废气系数较大，燃烧速率低，需采用浓混合气，加上负荷小时泵气损失大，导致指示热效率低；在接近满负荷时又采用加浓混合气导致指示热效率 η_i 也明显下降，汽油机只在中等负荷时油耗略低，总体上远高于柴油机，小、中负荷区尤甚。

四、负荷特性的实用性

1) 确定发动机的标定工况。负荷特性的燃油消耗率 b_e 曲线最低点称为最低耗油率点，此点经济性好，但动力性较差。负荷 p_{me} 增加到排气烟度急剧增加时，此点称为碳烟极限点，发动机不能在此工况下工作。所以发动机的标定功率应定在最低耗油率点和碳烟极限点之间的由坐标原点向 b_e 曲线作切线的切点时的功率。

2) 由于负荷特性易于测定，因此常用于发动机调试，改进设计时用来检验改进效果。

3) 作为发动机-发电机组的工作特性。

4) 根据不同转速的负荷特性可制取万有特性。

第三节 发动机的速度特性

发动机性能指标随转速变化的关系称为速度特性。

一、汽油机的速度特性

1. 定义

当汽油机的节气门开度一定时，其有效功率 P_e、有效转矩 T_{tq}、燃油消耗率 b_e 等性能指标随转速变化而变化的关系称为汽油机的速度特性。

2. 测取方法

节气门开度保持不变，改变测功机的负荷，在不同转速下测出各稳定工况的有效功率 P_e、有效转矩 T_{tq}、燃油消耗率 b_e、耗油量 B 的数值，并绘出 P_e、T_{tq}、b_e、B 等指标随转速变化的曲线。测取前，应将汽油机的点火提前角、过量空气系数按理想值调整，并确保冷却液温度和机油温度处于最佳值。

3. 速度特性的分类

速度特性包括外特性和部分速度特性。其中，外特性是指节气门全开时所测得的速度特性；部分速度特性是指节气门部分开启时所测得的速度特性。图 9-7 所示为汽油机的速度特性。

4. 外特性曲线

以 BJ-492Q 汽油机为例，其外特性如图 9-8 所示。

（1）有效转矩 T_{tq} 曲线 由式（9-3）可知，T_{tq} 随转速的变化取决于 $\eta_i \eta_v \eta_m / \alpha$ 随转速的变化。汽油机 η_i、η_v、η_m、P_m 随 n 的变

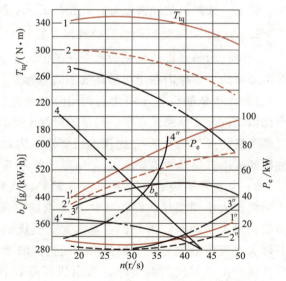

图 9-7 汽油机的速度特性

化趋势如图 9-9 所示,具体如下:

① 节气门开度固定,充量系数 η_v 在某一转速时最大,即在设计工况时 η_v 最高,低于或高于设计工况时 η_v 都低。

② 汽油机在某一转速时,指示热效率 η_i 有最高值。低转速时,燃烧室的空气涡流弱,火焰传播速度降低,可燃混合气燃烧放缓,加上气缸漏气多、散热快,导致 η_i 低。转速过高时,以曲轴转角计的燃烧延续时间长,燃烧效率低,导致 η_i 也降低,但其曲线变化平坦,对有效转矩 T_{tq} 的影响较小。

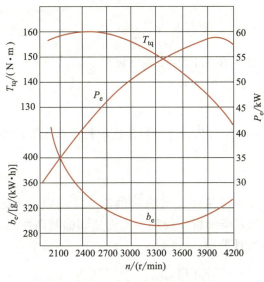

图 9-8　BJ-492Q 汽油机的外特性　　图 9-9　汽油机 η_i、η_m、η_v、P_m 随 n 的变化趋势

③ 当转速提高时,由于机械损失大,机械效率 η_m 降低。

在节气门开度一定时,α 值基本不随转速变化。

综上所述,转速由低逐渐升高,指示热效率 η_i、充量系数 η_v 均上升,虽然机械效率 η_m 略有下降,但总趋势是 T_{tq} 上升,到某一点取得最大值。随着转速继续上升,由于 η_i、η_m、η_v 均下降,有效转矩 T_{tq} 迅速下降,曲线较陡。

(2) 有效功率 P_e 曲线　由公式 $P_e = T_{tq}n/9550$ 可知,当转速提高时,初始转矩 T_{tq} 增加,导致 P_e 迅速上升,直至 T_{tq} 到达最大值后,P_e 上升变得较为平缓,当 $T_{tq}n$ 达到最大值时,P_e 即达到最大值。之后,即使转速继续增加,已抵不过 T_{tq} 的下降,因此 P_e 开始下降。

(3) 燃油消耗率 b_e 曲线　综合 η_i、η_m 的变化,b_e 在中间某一转速时最低。当转速高于此转速时,η_i、η_m 随转速上升同时下降,b_e 增加。当转速低于此转速,因 η_i 上升弥补不了 η_m 的下降,b_e 也上升,总之 b_e 曲线变化不大,较平坦。

外特性代表了汽油机的最高动力性能,它因试验条件不同,又分为以下两种:

1) 使用外特性,试验时发动机带全部附件,所输出的校正有效功率称为净功率。

2) 发动机仅带维持运转所需的附件(如不带风扇、气泵、空气滤清器等附件),其所输出的校正有效功率称为总功率。我国发动机特性数据多属于这一种。

5. 部分速度特性

汽车大部分时间是在部分负荷下工作的，因为节气门开度减小，节流损失增大，进气终了压力 p_a 下降，导致 η_v 降低，并且随着转速提高，η_v 下降迅速。因此，节气门开度越小，T_{tq} 随着转速降低得越快，最大转矩和最大功率及其所对应的转速也向低速方向移动，如图 9-7 所示。近年来，通过采用电控燃油喷射系统和可变配气系统等，可使汽油机的外特性按某种目的人为设计，以适应动力装置的需求。

二、柴油机的速度特性

1. 定义

喷油泵的油量调节机构（供油拉杆）位置固定，柴油机的性能指标 P_e、T_{tq}、B、b_e 等随转速变化而变化的关系称为柴油机的速度特性，如图 9-10 所示。

2. 测试方法

与汽油机的试验方法相似，注意在测试前将供油提前角、冷却液温度、机油温度等调整为最佳值。

3. 速度特性的分类

（1）**标定功率速度特性（外特性）** 该特性是在油量调节机构（供油拉杆）固定于标定功率循环供油量位置时所测得的速度特性。它代表柴油机在使用中允许达到的最高性能，如图 9-11 所示。所有柴油机均须作标定功率速度特性曲线。

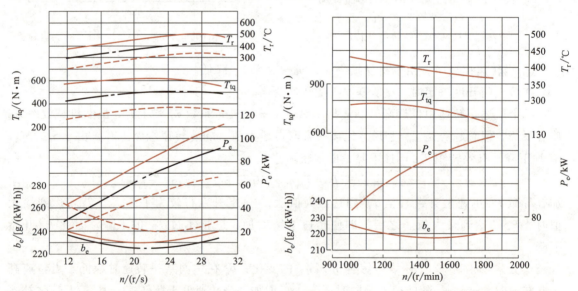

图 9-10 柴油机的速度特性　　图 9-11 WD615.T1-3A 柴油机全负荷速度特性曲线

（2）**部分速度特性** 在油量调节机构固定在小于标定功率循环供油量位置时测得的速度特性，称为部分速度特性，如图 9-10 所示。

4. 标定功率速度特性曲线

（1）**有效转矩 T_{tq} 曲线** 在柴油机中，每循环的充气量只能提供产生多大转矩的可能性，在各转速下能发出多大转矩主要取决于循环供油量 Δb，因此 Δb 随转速 n 变化的情况决定了转矩的变化趋势。

每循环加热量为

$$Q = \frac{\eta_v V_s \rho_0 h_\mu}{\alpha L_0}$$

其中，$\dfrac{\eta_v V_s \rho_0}{\alpha L_0}$ 为每循环的供油量，即

$$\Delta b = \frac{\eta_v V_s \rho_0}{\alpha L_0}$$

则式（9-3）可演变为

$$T_{tq} = k_2' \eta_i \eta_m \Delta b \tag{9-6}$$

其中，η_i、η_m、Δb 随转速的变化趋势如图 9-12 所示。

从该图中可以看出，Δb 随转速 n 的提高而增加。在某一转速下 η_v 较高，当低于或高于此转速时，η_v 均低于最大值。η_i 在某一转速下稍高，而后随转速上升而降低。其原因是随着 η_v 降低，Δb 增加，令 α 减小，燃烧恶化，不完全燃烧加重，导致 η_i 降低。转速过低时，由于空气涡流减弱，燃烧速度降低，燃烧不良及热损失增加，同样导致 η_i 降低。总之，η_i 曲线比较平坦。η_m 则随着转速的提高而降低。

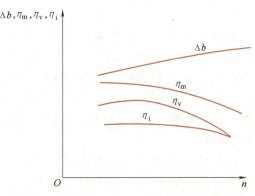

图 9-12　柴油机 η_i、η_m、Δb 随 n 的变化趋势

T_{tq} 曲线变化规律：转速由低向高变化时，开始由于 η_i 略有升高，Δb 增加，可以抵消 η_m 的降低，使 T_{tq} 略有上升的趋势，但较平坦。T_{tq} 超过最高点后，随着转速的提高，Δb 的上升已无法抵消 η_i、η_m 的下降，导致 T_{tq} 下降。汽油机在转速较高时，随着转速 n 上升，η_i、η_m 均下降，因此 T_{tq} 曲线下降较快；而柴油机随转速提高，尽管 η_i、η_m 也下降，但因 Δb 增加和 η_i 曲线比较平坦，所以 T_{tq} 曲线变化并不陡峭。

（2）燃油消耗率 b_e 曲线　由式（9-4）可知，随着转速升高，η_i 曲线呈现中间高、两端低，而 η_m 曲线逐渐降低，综合 η_i、η_m 随转速的变化趋势，b_e 曲线是在中间某一转速时达到最低点，但整条曲线变化并不大。

（3）功率 P_e 曲线　由公式 $P_e = T_{tq} n / 9550$ 可知，因为 T_{tq} 变化平坦，故 P_e 曲线形状取决于转速的变化，即 P_e 几乎与转速 n 成正比增加。

5. 增压柴油机速度特性

柴油机采用涡轮增压后，T_{tq} 和 P_e 均明显增加，而 b_e 略有下降。T_{tq} 和 P_e 的增加程度主要取决于增压比。T_{tq} 随 n 的变化趋势取决于涡轮增压器的性能及其与发动机的匹配，并与发动机供油系统的调整及其增压补偿系统有关。采用普通涡轮增压器按中等转速匹配时，因增压压力随 n 提高而增加，T_{tq} 曲线的峰值向高转速方向移动；采用带排气旁通阀的涡轮

增压器按低速匹配时，T_{tq} 曲线的峰值向低转速方向移动，T_{tq} 曲线形状是与自然吸气发动机差不多的形状；采用可变喷嘴增压器可以使发动机的 T_{tq} 曲线达到理想的丰满度。涡轮增压发动机 b_e 下降的原因是利用了排气能量，减小了泵气损失。

近年来，通过采用了电控燃油喷射和可变增压系统，可使发动机的外特性按某种目的人为设计。图 9-13 所示为重型电控增压中冷柴油机的外特性。设计者对最低转速对应转矩、最大转矩及其对应转速范围和标定工况点转矩进行了设计，以满足整车动力要求。排气温度曲线也是人为设计的，以避免高速区排气温度过高导致增压器损坏。

6. 部分速度特性

油门位置减小，循环供油量 Δb 也减小，但是 Δb 随着转速 n 的变化趋势与标定功率油门位置是相似的，也是随着转速 n 提高而上升，因此 T_{tq} 在部分速度特性时的曲线与外特性的 T_{tq} 曲线相平行，即 T_{tq} 随 n 变化不大。

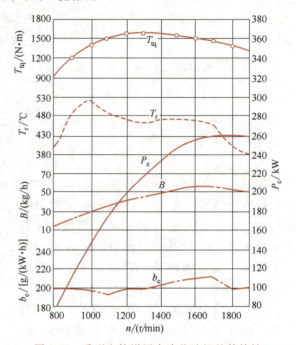

图 9-13　重型电控增压中冷柴油机的外特性

汽车发动机经常在部分负荷下工作，因此在进行发动机性能试验时，还应做标定功率的 90%、75%、50%、25% 的部分速度特性试验。

三、转矩特性

汽车、拖拉机经常会遇到像爬坡那样阻力突然增大的情况，为了减少换档次数，要求发动机的转矩随转速降低而增加。例如，当汽车爬坡时，若加速踏板已达到油量最大位置，但发动机输出的转矩仍不足，车速就要降低，因为此时要求有更大的转矩，以克服爬坡阻力。

1. 转矩储备系数和适应性系数

要想充分表明发动机的动力性能，除给出 P_e、n 外，还要同时考虑转矩特性，因而引出转矩储备系数 μ 和适应性系数 K 的概念，具体如下：

$$\mu = \frac{T_{tqmax} - T_{tqP}}{T_{tqP}} \times 100\% \tag{9-7}$$

$$K = \frac{T_{tqmax}}{T_{tqP}} \tag{9-8}$$

式中　T_{tqmax}——外特性曲线上的最大转矩（N·m）；

　　　T_{tqP}——标定工况下的转矩（N·m）。

μ、K 值大表明随着转速降低，T_{tq} 增加较快，在不换档时，汽车的爬坡能力、克服短期超载能力强。汽油机、柴油机的 μ、K 值范围如下：

汽油机 $\mu = 0.25 \sim 0.35$，$K = 1.25 \sim 1.35$；
柴油机 $\mu = 0.05 \sim 0.10$，$K = 1.05 \sim 1.25$。

2. 转速适应性系数 μ_n

转速适应性系数 μ_n 的计算公式如下：

$$\mu_n = \frac{n_P}{n_{Ttqmax}}$$

式中　n_P——标定转速；

n_{Ttqmax}——最大转矩对应的转速。

μ_n 的大小影响发动机克服阻力的潜力。μ_n 越大，n_{Ttqmax} 越低，在不换档情况下，发动机克服阻力的潜力越大。汽油机、柴油机的 μ_n 值范围如下：

汽油机 $\mu_n = 1.5 \sim 2.5$；柴油机 $\mu_n = 1.5 \sim 2.0$。

四、柴油机和汽油机的速度特性对比

1）柴油机在各负荷下速度特性的转矩曲线都比较平坦，在低、中负荷区，转矩随转速升高而增大，达到最大值后，平缓下降。汽油机转矩曲线先随着转速升高而上升，达到最大值后，随转速升高降低较快，节气门开度越小、负荷率越低，降低的斜率越大；随着节气门开度减小，最大功率和对应的转速降低。

2）汽油机外特性有效功率曲线的最大值一般在标定功率点；柴油机可以达到的有效功率最大值对应的转速很高，标定点由柴油机的用途决定，一般比最高转速低得多。

3）柴油机的燃油消耗率曲线在各种负荷的速度特性下都比较平坦，仅在两端略有翘起，经济区的转速范围很宽。汽油机燃油消耗率曲线的翘曲度随节气门开度减小而急剧增大，经济区的转速范围越来越窄。

五、速度特性的实用性

发动机的速度特性用途较多，例如：

1）标定功率速度特性曲线是确定发动机允许工作的最高负荷限制线。不管发动机拖动什么样的动力装置和在哪种转速下工作，允许发动机输出的功率均不可超出标定功率速度特性的限制。

2）用于分析发动机动力装置的匹配情况。

第四节　柴油机的调速特性

一、调速特性

为保证柴油机高转速时不飞车、怠速时不熄火，需要安装自动控制喷油量以稳定转速的调速器。调速器按功能可以分为两极式和全程式两种；按结构可以分为机械式、电子式、气动式和液压式四种。需要指出的是，根据第七章第五节中介绍的柴油机电控喷射系统内容，位置控制式电喷系统依靠电控单元控制油量调节滑套位置来自动控制喷油量，而时间控制式

电喷系统是由电控单元直接控制喷油电磁阀来控制喷油量的,不管是位置控制还是时间控制,其任一工况下喷油量的多少都需要通过台架试验进行标定并制成喷油量控制 MAP 存储在电控单元中。

在调速器起作用、喷油泵调速手柄位置固定时,柴油机的性能指标随转速的变化关系称为调速特性。调速特性的表达方式有两种,一种以 P_e 或 p_{me} 为横坐标,相当于负荷特性的形式,如图 9-14 所示;另一种以 n 为横坐标,相当于速度特性的形式,如图 9-15 所示。

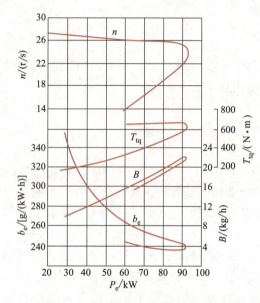

图 9-14　以负荷特性表达的调速特性

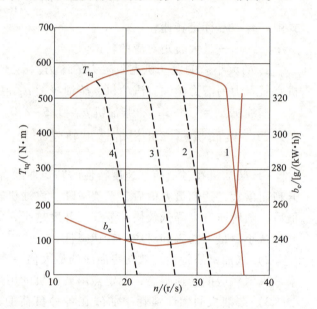

图 9-15　以速度特性表达的调速特性

1、2、3、4—调速特性

调速特性和外特性通常在一次试验中完成,其试验方法如下:柴油机运转正常后,首先通过调整调速器手柄位置和测功机负荷,将柴油机调整到标定工况,并固定调速手柄位置;然后卸去全部负荷,待发动机达到最高稳定空车转速之后,按标定功率的 50%、80%、90% 及 100% 依次增加负荷,测取每种工况下的各项指标;最后,增加测功机负荷,将发动机转速依次降至标定转速的 95%、90%、80%、70%、60%、50%,测取每种工况下的各项指标。试验时,应注意测出调速器开始起作用的转速和最大转矩及其转速。

调速特性曲线由调速器起作用的调速段和调速器不起作用的外特性段组成。柴油机在调速段工作时,即使外界阻力矩变化大,转速波动也很小。

工程机械、拖拉机用柴油机一般装有全程式调速器,它们经常在调速器起作用的转速范围内工作,因此调速特性是工程机械、拖拉机用柴油机的主要特性。

为了提高柴油机的转矩储备系数,常在调速器上设置校正装置。

汽车用柴油机安装两极式调速器,这种调速器只有在最低转速和最高转速下才起作用,保证外部负荷改变时转速的变化范围很小,能够稳定运转。在中间转速,调速器不起作用,外部负荷改变时,只能依靠驾驶人改变喷油泵齿条或拉杆位置,以保证发动机的转速不变。当外部负荷基本保持不变时,车速的改变也要靠驾驶人改变喷油泵或油量调节拉杆的位置。

两极式调速器在发动机工况改变时,由驾驶人直接操纵喷油泵齿条,达到新平衡点的加速度小、反应快,加速性能好,操纵方便,因此,除重型汽车外,一般汽车上常用两极式调速器。装有两极式调速器的柴油机的调速特性如图 9-16 所示,只有在最高转速和最低转速附近,柴油机的转矩曲线在调速器的作用下才能产生急剧变化,而在中间转速,调速器不起作用,转矩曲线按速度特性变化。

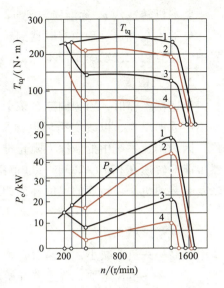

图 9-16 装有两极式调速器的柴油机的调速特性

1、2、3、4—调速器开始起作用的点

二、调速器的工作指标

1. 调速率

调速器工作好坏,通常用调速率来评定,调速率可以通过突变负荷试验测得。如图 9-17 所示,先让柴油机在标定工况下运转,然后突然卸去全部负荷,测得突卸负荷前后的转速。根据不同的测定条件,调速率分为瞬时调速率和稳定调速率。

(1) **瞬时调速率** δ_1　瞬时调速率是评定调速器过渡过程的指标。δ_1 表示过渡过程中转速波动的瞬时增长百分比,即

$$\delta_1 = \frac{n_2 - n_1}{n_P} \tag{9-9}$$

式中　n_2——负荷突变时的最大或最小瞬时转速(r/min);

　　　n_1——负荷突变前柴油机的转速(r/min);

　　　n_P——柴油机的标定转速(r/min)。

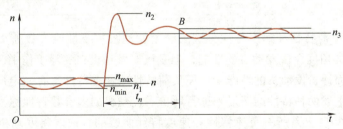

图 9-17　突卸负荷调速过程的转速变化

(2) **稳定调速率** δ_2

$$\delta_2 = \frac{n_3 - n_1}{n_P} \tag{9-10}$$

式中　n_3——负荷突变后的稳定转速(r/min)。

δ_2 表明柴油机实际运转时的转速波动相对于全负荷转速的变化范围。δ_2 大代表柴油机工作不稳定,转速波动大。

不同用途柴油机的瞬时调速率 δ_1、稳定调速率 δ_2 及过渡时间 t_n 如下:

1) 一般用途柴油机 $\delta_1 = 10\% \sim 12\%$,$t_n = 5 \sim 10s$,$\delta_2 = 8\% \sim 10\%$。

2) 发电用柴油机 $\delta_1 \leq 5\%$,$t_n = 3 \sim 5s$,$\delta_2 \leq 5\%$。

柴油机转速从 n_2 逐渐稳定到 n_3，所需的过渡时间 t_n 越短越好。

柴油机在调速过程中有时遇到转速忽高忽低的波动现象称为"游车"。游车是指过渡过程中转速有较大波动，工作不稳定。

2. 不灵敏度

调速器工作时，因为调速系统中有摩擦存在，所以不论柴油机负荷增加或减少，调速器均不会立即反应，以改变循环供油量，这就需要一定的力克服摩擦，才能移动油量调整机构，因为调速系统中的摩擦力阻止推力盘的运动。例如，柴油机转速为 2800r/min 时，调速器可能对转速在 2770~2830r/min 范围内的变动都不起作用，将这样两个起作用的极限转速之差与柴油机平均转速的比值称为调速器的不灵敏度 ε，即

$$\varepsilon = \frac{n_2' - n_1'}{n} = \frac{R}{E} \tag{9-11}$$

式中　n_2'——负荷减小，调速器开始起作用的转速（r/min）；

　　　n_1'——负荷增加，调速器开始起作用的转速（r/min）；

　　　R——调速器推力盘运动时所受的摩擦力（N）；

　　　E——调速器起作用时作用在推力盘上的推力（N）。

低速时，调速器推动力小，摩擦力增大，ε 显著增加。

通常规定，标定工况下 $\varepsilon = 1.2\% \sim 2\%$，最低转速下 $\varepsilon = 10\% \sim 13\%$。$\varepsilon$ 大表明柴油机工作不稳定，当 $E<R$ 时，调速器卡滞，会出现飞车现象。

第五节　发动机的万有特性

一、万有特性

虽然发动机的负荷特性和速度特性分别反映了发动机主要性能参数随负荷和转速变化的规律，可以从不同的角度评价发动机的性能，但是汽车发动机在实际工作中，转速、负荷都在不断变化，要想全面评价发动机的性能，单凭负荷特性或速度特性是有一定局限性的，因而需要一种能同时展示上述两种特性的图形来进行评价。发动机的多参数特性称为万有特性。

万有特性曲线实质上是所有负荷特性和速度特性曲线的合成。将发动机试验采集的主要参数绘制成等温（排气）线、等燃油消耗率线、等功率线、等转矩线、等 NO_x 排放线等的曲线图，可以用来表示发动机在整个工作范围内主要参数的相互关系，也可以确定发动机的经济工作区域，还可以确定某一排放污染物的最小值区域等。这个曲线图就是万有特性（全特性）曲线。

因为 $P_e = kp_{me}n$，所以等功率曲线为一组双曲线，将外特性中的 p_{me}（或 T_{tq}）曲线画在万有特性图上，构成上边界线。万有特性最内层的 b_e 低，越向外，b_e 值越高，一般希望最低燃油消耗率 b_{emin} 的区域越宽越好。对于车用发动机，希望经济区最好在万有特性的中间位置，从而使常用转速和负荷落在最经济区域内，并希望等 b_e 曲线沿横坐标方向伸长。对于工程机械用发动机，由于其转速变化范围小，负荷变化范围大，希望最经济区落在标定转速 n_P 附近，并沿纵坐标方向伸长。

二、等比油耗万有特性的特点

1. 汽油机等比油耗万有特性的特点

如图 9-18 所示，与柴油机相比，汽油机等比油耗万有特性具有以下特点：①b_{emin} 偏高，经济区域偏窄；②等 b_e 曲线在低速区向大负荷收敛，说明汽油机在低速低负荷的 b_e 随负荷的减小而急剧增大。在实际使用中，应尽量避免出现上述情况。

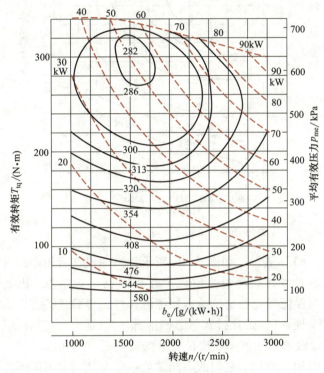

图 9-18 汽油机的等比油耗万有特性

汽油机的等 P_e 线随转速升高而斜穿等 b_e 线，转速越高，越费油，因而在实际使用中，当汽车等功率运行时，驾驶人应尽量使用高速档，以便节油；汽油机变负荷时，平均 b_e 偏高。

2. 柴油机等比油耗万有特性的特点

如图 9-19 所示，与汽油机相比，柴油机等比油耗万有特性具有以下特点：①b_{emin} 较低，经济区域较宽；②b_e 曲线在高、低转速时均不收敛，变化比较平坦。

柴油机相对汽车变速工况的适应性好；等 P_e 线向高转速延伸时，b_e 的变化不大，因此采用低速档时，柴油机的转矩和功率储备较大。在使用中，以柴油机为动力的汽车可以长时间使用低速档。因此，以柴油机为动力的汽车的实际动力因数比以汽油机为动力的汽车高。

三、排放特性

1. 汽油机的排放特性

图 9-20 所示为一台排量为 2L 的四气门进气道喷射车用汽油机的排放特性，各种排放都

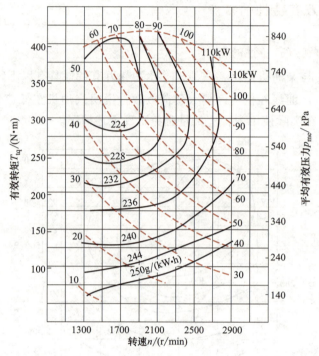

图 9-19 柴油机的等比油耗万有特性

以比排放量 [g/(kW·h)] 表示。如图 9-20a 所示，汽油机在常用的部分负荷区，为满足三效催化转化器高效工作的要求，将过量空气系数控制在 1.0 左右，因此 CO 的比排放量较低；在负荷很小时，为保证燃烧稳定，适当加浓混合气，导致 CO 的比排放量略有上升；当负荷超过全负荷的 95% 时，CO 的比排放量急剧上升。

如图 9-20b 所示，汽油机未燃 HC 比排放量的变化趋势与 CO 相似，都是中等负荷时较小，大负荷和小负荷时相对增加。它们的不同之处在于全负荷时 HC 排放增加不如 CO 严重；小负荷时，随着负荷减小，HC 排放的增加比 CO 快。

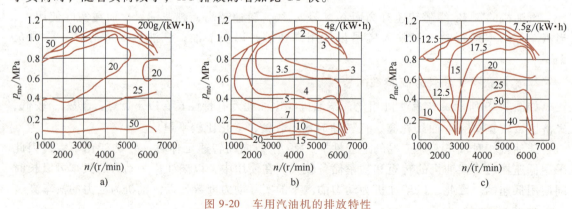

图 9-20 车用汽油机的排放特性
a) CO 排放特性　b) HC 排放特性　c) NO_x 排放特性

汽油机的 NO_x 排放特性与 CO、HC 截然不同。如图 9-20c 所示，在中等转速以上且转速不变时，NO_x 的比排放量随负荷增加而下降，当接近全负荷时下降更快；当负荷一定时，

NO_x 的比排放量随转速升高而增加。

根据车用汽油机排放特性可知,为使其排放较少的有害物,应使其尽可能在中等负荷下运行。

2. 柴油机的排放特性

图 9-21 所示为一台排量为 1.9L 的增压中冷直喷车用柴油机的排放特性。如图 9-21a 所示,柴油机在整个工况范围内的 CO 排放均很低,在大多数工况下的比排放量小于 5g/(kW·h)。与此对照,汽油机的 CO 比排放量一般为 20~100g/(kW·h),比柴油机大 10~20 倍。对于柴油机,CO 的比排放量也是在中速中负荷工况下最小;接近全负荷时,CO 的比排放量急剧增加;转速很低时,不完全燃烧产物 CO 较多;负荷很小时,单位功率的 CO 排放量增加。

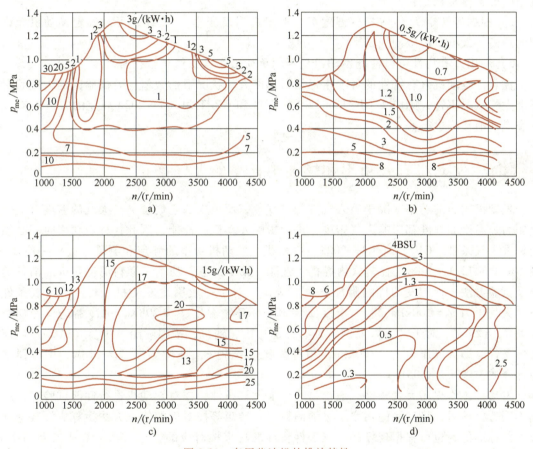

图 9-21　车用柴油机的排放特性
a) CO 排放特性　b) HC 排放特性　c) NO_x 排放特性　d) 滤纸烟度 R_b 排放特性

如图 9-21b 所示,柴油机的 HC 排放也比汽油机低很多。柴油机的 HC 比排放量基本随负荷的增大而下降,但绝对排放量不变。当负荷不变而转速变化时,HC 的比排放量变化不大。

如图 9-21c 所示,柴油机在中等偏大负荷时的 NO_x 排放量最大;负荷增加,NO_x 的比排放量不再增加,甚至减小;在中等负荷区,当负荷不变而将转速提高到中高速时,NO_x 的比

排放量不断增加，其绝对排放量增加更快；在小负荷区，NO_x 的比排放量不随转速变化，绝对排放量基本与转速成正比。

如图 9-21d 所示，当转速不变时，R_b 随负荷提高而增加；当负荷不变时，R_b 在某一转速下达到最小；在低速大负荷工况下，R_b 急剧上升，柴油机冒烟加重。

四、万有特性的实用意义

万有特性常用于以下方面：

1）无论选配发动机的用途如何，只要提供发动机的万有特性，并且知晓发动机准备拖动的工作机械的转速和负荷的运转规律，就可以进行选配工作，将表示被拖动的工作机械的转速和负荷的运转规律的特性曲线画在该柴油机的万有特性曲线图中，就可以判断发动机与其拖动的工作机械是否匹配。

2）根据等转矩 T_{tq}、等排气温度 T_r、等最高爆发压力 p_z 曲线，可以确定发动机允许使用的最高、最低负荷限制线。

3）利用万有特性可以检查发动机是否超负荷工作、工作是否正常。

注意，发动机万有特性的各项指标均指标准大气状况下的数值。若试验时的大气状况与标准大气状况不符，则应按 GB/T 6072.1—2008 和 GB/T 21404—2022 规定的方法对有效功率和燃油消耗率进行修正。

第六节　发动机有效功率和燃油消耗率的大气修正

发动机输出的功率取决于吸入气缸的空气量，而吸入的空气量又与大气的密度有关。大气压力、温度和湿度都影响大气密度，进而影响发动机的性能，因此，标定功率时，必须规定标准大气条件。GB/T 21404—2022《内燃机　发动机功率的确定和测量方法　一般要求》及 GB/T 6072.1—2008《往复式内燃机　性能　第 1 部分：功率、燃料消耗和机油消耗的标定及试验方法　通用发动机的附加要求》规定，对于一般用途发动机，其标准大气条件如下：大气压力 $p_0=100kPa$，相对湿度 $\varphi_0=30\%$，环境温度 $T_0=298K$，中冷器进口冷却介质温度 $T_{c0}=298K$。对于"无限航区"航行的船用主、辅机，按国际船级协会（IACS）规定的大气条件，即大气压力 $p_0=100kPa$，相对湿度 $\varphi_0=60\%$，环境温度 $T_0=318K$，中冷器进口冷却介质温度 $T_{c0}=305K$。

发动机工作现场大气条件一般都是非标准大气条件，在对发动机进行性能试验时，应根据不同考核项目，将实测的功率、燃油消耗率、转矩等按对应的修正方法换算成标准基准状况下的标准值，也可根据现场的大气条件将标准功率按对应的修正方法换算成实际功率值，并以此来调定发动机试验的运行工况点。

在我国，发动机有效功率和燃油消耗率的修正采用 GB/T 6072.1—2008 中的方法。

一、有效功率的修正

有效功率的修正公式为

$$P_e = \alpha P_{e0} \tag{9-12}$$

式中　P_e——有效功率；

P_{e0}——标准基准下的有效功率;

α——功率修正系数,其计算式为

$$\alpha = k - 0.7(1-k)\left(\frac{1}{\eta_m} - 1\right) \tag{9-13}$$

式中 k——指示功率比,其计算式为

$$k = \left(\frac{p - c\varphi_0 p_w}{p_0 - c\varphi_0 p_w}\right)^m \left(\frac{T_0}{T}\right)^n \left(\frac{T_{c0}}{T_c}\right)^q \tag{9-14}$$

式中 c——系数;

m,n,q——指数,其选取值见表9-1。

表9-1 用于计算指示功率比 k 的参数的选取

发动机形式	工作条件		系数	指数		
			c	m	n	q
压燃式发动机和双燃料发动机	非涡轮增压	功率受过量空气限制	1	1	0.75	0
		功率受热负荷限制	0	1	1	0
	涡轮增压	低速或中速四冲程发动机	0	0.7	2	0
	涡轮增压、中冷		0	0.7	1.2	1
点燃式发动机	自然吸气		1	1	0.5	0

二、燃油消耗率的修正

燃油消耗率的修正公式为

$$b_e = \frac{k}{\alpha} b_{e0} \tag{9-15}$$

三、饱和蒸汽压力的计算

式(9-14)中出现的 p_w(饱和蒸汽压力)是温度的单值函数,既可通过相关热力学图表查得,也可通过下列拟合计算式求得,即

$$p_w = 0.6133 + 4.123 \times 10^{-2} t + 1.628 \times 10^{-3} t^2 + 1.492 \times 10^{-5} t^3 + 5.773 \times 10^{-7} t^4$$

式中 t——温度(℃);

p_w——饱和蒸汽压力(kPa)。

此式的适用范围为 $t = 0 \sim 50$℃。

第七节 发动机与汽车性能的匹配

发动机作为汽车的动力源,其性能的好坏直接影响整车性能,但是发动机性能好,不代表汽车性能一定好。一辆性能好的汽车必须具备良好的动力传动系统,并与发动机性能良好匹配,在保证汽车动力性的前提下,将汽车常用的运行区选在发动机经济性最好,同时CO、HC、NO_x 及烟度排放最低的工况区。因此需要通过汽车动力传动系统的优化匹配,充分发挥发动机的性能,以保证整车性能达到最佳状态。

一、汽车发动机主要性能指标的选择

1. 发动机最大功率 P_{emax} 及其对应转速 n_P

发动机功率越大,汽车的动力性越好,但功率过大会使发动机功率的利用率降低,燃料经济性下降,动力传动系统的质量增加。因此,应合理选择发动机功率。

初步选择时,可参考同类型、同级别且动力性相近的汽车的比功率(发动机最大功率除以汽车总质量)进行 P_{emax} 的估算,比功率值可从表 9-2 中选取。此外,P_{emax} 也可根据要求的最高车速 v_{amax},按下式计算:

$$P_{emax} = \frac{1}{\eta_T}\left(\frac{m_a g f}{3600}v_{amax} + \frac{C_D A}{76140}v_{amax}^3\right) \tag{9-16}$$

式中 P_{emax} ——发动机最大功率(kW);

η_T ——传动系统的传动效率,装用单级主减速器驱动桥的 4×2 式汽车取 0.9;

m_a ——汽车总质量(kg);

g ——重力加速度(m/s²);

f ——滚动阻力系数,载货汽车取 0.02,矿用自卸车取 0.03,轿车等高速车辆需要考虑车速影响,取 $f = 0.0165 + 0.0001(v_a - 50)$;

v_{amax} ——最高车速(km/h);

C_D ——空气阻力系数,轿车取 0.4~0.6,客车取 0.6~0.7,货车取 0.8~1.0;

A ——汽车正面投影面积(m²),若无测量数据,可按前轮距 B_1、汽车总高 H、汽车总宽等尺寸近似计算:轿车 $A \approx 0.78BH$,载货汽车 $A \approx B_1 H$。

表 9-2 各类汽车的比功率取值范围

汽车类型				比功率/(kW/t)
轿车	微型	发动机排量/L	≤1.0	18~50
	普通级		>1.0~1.6	36~64
	中级		>1.6~2.5	43~68
	中高级		>2.5~4.0	50~72
	高级		>4.0	60~110
载货汽车	微型	总质量/t	≤1.8	14~33
	轻型		>1.8~6	15~21
	中型		>6~14	8.5~14
	重型		>14	7.5~13
矿用自卸汽车				5~7
客车	微型	汽车总长/m	≤3.5	—
	轻型		>3.5~7	15~23
	中型		>7~10	9~15
	大型		>10	9~15
	铰接式		—	7.2~10

按式（9-16）求出的 P_{emax} 应为发动机在装有全部附件下测定得到的最大有效功率或净输出功率，它比一般发动机外特性的最大功率值低 12%～20%。

在整车选型阶段，还应对发动机最大功率对应的转速 n_P 提出要求，因为它不仅影响发动机自身的技术指标和使用性能及寿命，也影响整车的性能（如 v_{amax}）、传动系统的使用寿命以及主减速比 i_0 的选择。

近年来，随着车速的提高，发动机转速也在不断提高，而提高发动机转速又是提高其功率、减小其质量的有效措施。但是提高转速会使活塞的平均速度及热负荷增加、曲柄连杆机构的惯性力增大而加剧磨损，导致使用寿命下降，并加大振动和噪声。因此，发动机转速的提高是有一定限度的。目前，轿车汽油机的 n_P 多为 4000～6000r/min；轻型货车汽油机的 n_P 多为 3800～5000r/min；中型货车汽油机的 n_P 多为 3200～4400r/min，其柴油机的 n_P 多为 2200～3400r/min；重型货车柴油机的 n_P 多为 1800～2600r/min；轿车和轻型客车、轻型货车的小型高速柴油机的 n_P 多为 3200～4200r/min。总之，应根据汽车与发动机的类型、最高车速、最大功率、选用的活塞平均速度 c_m、活塞行程 S、缸径、缸数、工艺水平等因素来合理地确定 n_P（$c_m = Sn_P/30$，单位为 m/s）。

2. 发动机最大转矩 T_{emax} 及其对应转速 n_{Ttqmax}

发动机的最大转矩 T_{emax} 及其相应转速 n_{Ttqmax} 对汽车的动力因数、加速性能及爬坡性能等动力特性均有直接影响，而转矩适应系数 $K = T_{tqmax}/T_{tqP}$，即最大转矩与最大功率下的转矩之比，标志着汽车行驶阻力增加时发动机沿着外特性曲线自动增加转矩的能力。由此可知，K 值大则换档次数可减少，从而降低油耗，这对经常行驶在山区道路的汽车来说是很适宜的。但是对于高速车，在发动机最大转矩相同的情况下，其转矩曲线更平一些（K 值小一些），汽车的高速动力性更好。因此，在汽车的选型阶段，就应针对所设计汽车的类型、用途、道路条件等情况合理选择发动机的 T_{emax}、n_{Ttqmax} 及 K。

当发动机的最大功率 P_{emax} 及对应转速 n_P 确定后，可按下式计算发动机的最大转矩 T_{tqmax}（N·m）：

$$T_{tqmax} = KT_{tqP} = 7019K \frac{P_{tqmax}}{n_P} \tag{9-17}$$

式中　K——发动机的转矩适应系数；

　　　T_{tqP}——最大功率时的转矩。

转速 n_{Ttqmax} 的选择原则是使 n_{Ttqmax} 与 n_P 保持适当关系。因为 n_{Ttqmax} 过于接近 n_P，会使直接档最低稳定车速偏高，导致在通过繁忙的交叉路口时换档次数变多，甚至需要增加变速器的档位数。因此，转速适应系数 n_P/n_{Ttqmax} 不宜小于 1.4，通常取 1.4～2.0，并由发动机设计保证。

3. 发动机适应性系数 Φ

转矩适应系数 K 与转速适应系数 μ_n 的乘积能表明发动机适应汽车行驶工况的程度，称为发动机适应性系数，即

$$\Phi = K\mu_n = \frac{T_{tqmax}}{T_{tqP}} \frac{n_P}{n_{Ttqmax}} \tag{9-18}$$

Φ 值越大，发动机的适应性越好。采用 Φ 值大的发动机可减少换档次数、减轻驾驶人

的压力、减小传动系统的磨损和降低油耗。通常汽油机的 Φ 为 1.4~2.4，柴油机的 Φ 为 1.6~2.6。

二、发动机与汽车传动装置的性能匹配

汽车在不同行驶条件下的驱动力要求不同，因而需要很宽的驱动力变化范围，只靠发动机本身不能获得汽车行驶所需的驱动力。

变速器的应用就是为了解决这个问题，它可以增大驱动转矩。但若选择过大的速比，会导致油耗及噪声等增加。由于往复式发动机的低速转矩偏小，需要通过变速多段化提高转矩，以满足理想驱动力曲线的要求。通常汽车加速性好，油耗就高；反之，使油耗低的变速比，汽车加速性能差。因此，缓解该矛盾的主要措施是变速比的多段化，由此实现发动机性能和变速比的最佳匹配。

1. 发动机性能与汽车性能之间的关系

（1）发动机转速与车速、传动比之间的关系 设车轮半径为 r（m），角速度为 ω（rad/s），则汽车水平移动的车速 v_a（km/h）为

$$v_a = 3.6 r\omega \tag{9-19}$$

当发动机转速为 n 时，其角速度 ω_e（rad/s）为

$$\omega_e = \frac{2\pi n}{60}$$

令变速器的速比为 i_K，主减速比为 i_0，则根据传动比（$i_t = i_K i_0$）的定义，有

$$\omega = \frac{\omega_e}{i_K i_0} = \frac{2\pi n}{60 i_K i_0} \tag{9-20}$$

将式（9-20）代入式（9-19），得

$$v_a = \frac{3.6\pi r n}{30 i_K i_0} = 0.377 \frac{rn}{i_K i_0}$$

即

$$n = 2.654 \frac{i_0}{r} i_K v_a \tag{9-21}$$

式（9-21）表示车速与发动机转速的关系，当传动比确定后，车速与发动机转速成正比。

（2）车速、牵引力与所需发动机功率之间的关系 汽车获得的牵引力 F_K 与发动机转矩 T_{tq} 之间的关系为

$$F_K = \frac{T_{tq} i_K i_0 \eta_T}{r} \tag{9-22}$$

式中　r——轮胎半径；

　　　η_T——汽车传动系统的机械效率，齿轮速比越大，转速越高，效率就越低。

将发动机输出功率与转矩之间的关系式 $P_e = T_{tq} n/9550$ 代入式（9-22），得

$$P_e = \frac{F_K n r}{9550 i_K i_0 \eta_T} \tag{9-23}$$

将式 (9-21) 代入式 (9-23)，得

$$P_e = 2.779 \frac{F_K v_a}{\eta_T} \times 10^{-4} \tag{9-24}$$

(3) 汽车百公里油耗 汽车的经济性常用百公里油耗，即每 100km 所消耗的燃料量 g_{100}（L/100km）来表示。根据此定义，得

$$g_{100} = \frac{100B}{\rho_f v_a} \tag{9-25}$$

式中　B——发动机小时耗油量（kg/h）;
　　　ρ_f——燃油密度（kg/L）。

根据 $B = P_e b_e / 1000$，$P_e = p_{me} i V_s n / 30\tau$ 以及式 (9-21)，对式 (9-25) 进行整理，可得

$$g_{100} = \frac{P_e b_e}{10 \rho_f v_a} = 0.00884 \frac{iV_s}{\rho_f \tau} \frac{i_K i_0 p_{me} b_e}{r} \tag{9-26}$$

式 (9-26) 表明，汽车的百公里油耗不仅与发动机排量（iV_s）、平均有效压力 p_{me} 及燃油消耗率 b_e 有关，还与传动比和轮胎半径有关。因此，有效匹配发动机性能与动力传动系统的参数，是改善整车经济性的主要途径。

2. 汽车万有特性及评价

对于汽车动力传动系统匹配的结果，常用汽车的万有特性来评价。而汽车的万有特性是在发动机万有特性的基础上，绘制各档位下的驱动功率平衡曲线、等百公里油耗线（使用油耗）以及车速与发动机转速的对应关系曲线等构成的。它能把发动机的万有特性和汽车的行驶特性相结合，比较全面地反映汽车的各项性能指标。

为了评价动力传动系统匹配的结果，在汽车万有特性曲线上画出由 $100\% b_{emin}$ 和 $110\% b_{emin}$ 曲线表示的发动机工作经济区，即在万有特性上，将各等功率下最低油耗点的连线（即 $\partial P_e / \partial n - \partial b_e / \partial n \approx 0$）作为 $100\% b_{emin}$ 曲线，而在各等功率线上，将相对最低油耗多 10% 的油耗点的连线作为 $110\% b_{emin}$ 曲线，由此构成发动机万有特性上的经济运行区（图 9-22）。

牵引功率曲线，即汽车实际运行曲线是在不同档位下根据汽车道路阻力曲线转化而成的。当汽车运行状态确定（如轮胎半径为 r、变速器速比 i_K、主减速比 i_0 一定）时，车速 v_a 与发动机转速 n 成线性关系。从整车经济性角度出发，一般要求超速档或直接档等常用档位下的道路阻力曲线尽可能接近 $100\% b_{emin}$ 曲线。

从汽车的发动机万有特性上，根据汽车的行驶条件，可以很方便地确定发动机的工作状态。例如，当车速为 80km/h、以 4 档行驶时，先从车速和发动机转速的对应关系曲线上确定发动机的转速（B 点），然后从该点引垂直线向上，在发动机万有特性中与该档位对应的牵引功率曲线相交于 B' 点，此交点即为当时发动机的工况点。这样可求得发动机当时的性能参数。当改变某档位的速比（如 4 档速比）时，在相同车速下对应的发动机转速不同（A 点），如图 9-22 所示，发动机的工况点由原来的 A 点转移到 A' 点，更接近经济区，因而可以改善整车经济性。适当减小主减速比 i_0 或略增加轮胎半径 r 也可以改善发动机的经济运行区。

在汽车万有特性上，一般在高速区 b_e 曲线比较稀疏，这表明燃油消耗率随转速的变化小，因此车用发动机转速的提高还有一定潜力。b_e 曲线密集的地区代表燃油消耗率随工况

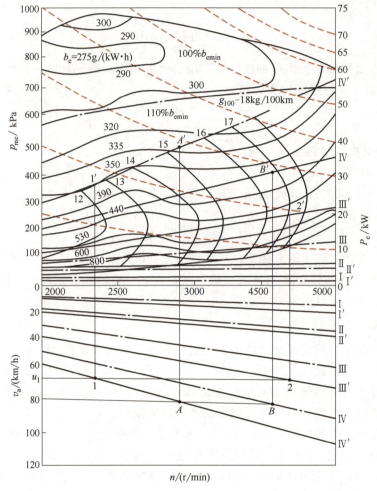

图 9-22 汽车万有特性示意图

的变化大,表明燃料系统的调节对这些地区比较敏感,单纯增加供油量,虽能使平均有效指示压力 p_{me} 有所增加,但会造成油耗及排气温度及排烟增加。

汽车与发动机的匹配情况,可通过将常用车速范围 $v_{a1} \sim v_{a2}$ 和常用档位下求得的发动机对应转速范围 $n_1 \sim n_2$(功率 $P_{e1} \sim P_{e2}$)标注在万有特性上来判断,从而确定改进节油的途径。降低油耗措施的关键是使汽车常用工况区尽可能接近发动机的经济运行区,如改变发动机性能、改善油耗区或改变传动比等。因此,节油措施与发动机和传动系统的匹配、道路情况及使用条件均有密切的关系。

当发动机转速一定时,高档位的百公里油耗低于低档位,而百公里油耗随车速增加而增加。因此,当汽车行驶时,一般使用高档位,在高档位不能满足行驶条件时,才换入低档位。中间各档速比的选定应考虑与发动机性能的匹配,只按等比数列原则选择各档速比,易导致匹配不佳。

3. 整车性能匹配方法

基本上每种车型都有自己常用的工况范围。因此,成熟的车辆应该针对其车型和常用工况,具有最佳底盘。在此基础上选择适合该车型的发动机,并对底盘参数和发动机性能进行优化匹配。综上所述,整车性能匹配的主要步骤如下:

(1) 常用工况的确定 每种车型都是根据市场需求开发制造的,因此,可以根据具体车型的用途和常用工况,确定其常用档位,并用常用车速由上述发动机性能与汽车性能之间的关系式确定对应的发动机使用工况。

(2) 制取汽车的万有特性 在已有发动机万有特性的基础上,根据汽车行驶原理,对已给定的底盘参数和车型参数,计算各档位下的行驶阻力随发动机转速的变化规律。通常在平坦路面上汽车稳定行驶的条件下,进行整车性能匹配计算。因此,在计算阻力或牵引力曲线时,只考虑轮胎的滚动阻力和空气阻力。这两种阻力常用的计算方法有两种,一种是根据经验值给定的不同车型的滚动阻力系数和空气阻力系数进行计算;另一种是通过整车滑行试验同时测量滚动阻力和空气阻力,但是需要专门的试验场地。

计算各档位下的牵引力或阻力后,可根据汽车牵引力-行驶阻力平衡公式计算该牵引力所对应的发动机转矩,即

$$F_K = F_f + F_i + F_w + F_j = \frac{T_{tq} i_K i_0 \eta_T}{r}$$

式中 F_f——汽车行驶的滚动阻力;
F_i——汽车上坡所受的坡道阻力;
F_w——汽车行驶受到的空气阻力;
F_j——汽车加速时受到的加速阻力。

由于发动机转矩与平均有效压力之间存在以下关系:

$$p_{me} = \frac{30 P_e \tau}{V_s i n} = 3.14 \frac{T_{tq} \tau}{i V_s} \times 10^{-3}$$

可以求出与该行驶阻力(牵引力)对应的平均有效压力,由此将各档位下的行驶阻力转化为与万有特性纵坐标同量纲的物理量,并绘制在发动机万有特性上,构成汽车的发动机万有特性(图 9-22)。图 9-23 所示为某车用柴油机与该车底盘参数匹配后,在不同档位下行驶时的经济性和排放特性,由此可以判断汽车常用工况下的经济性和排放水平,并提供改进的途径。

(3) 匹配结果评价与改进措施 匹配结果可从以下几方面进行评价。

1)经济性。由汽车万有特性可知,当车速一定时,尽可能用高档,有利于改善经济性,当高档不能满足行驶条件时,再换入低档。因此,当整车匹配以经济性为主时,要求常用档位(超速档或直接档)的道路阻力曲线尽量接近 100% b_{emin} 曲线或落在(100%~110%)b_{emin} 曲线范围内,并且以常用车速(如 100km/h)行驶时的百公里油耗尽量小。此百公里油耗是根据汽车的万有特性,由车速、档位及发动机转速之间的关系式(式 9-21),以及该档位下的行驶阻力曲线,确定对应的发动机工况点(p_{me}, n),并读取该工况下的发动机燃油消耗率 b_e 后,按式(9-26)进行计算得出的。

通过适当减小主减速比 i_0 或略微增加轮胎半径 r,可以改善百公里油耗,但相对一定的发动机输出转矩,牵引力减小或车轮惯性增加,对汽车的动力性不利。

2)动力性。整车动力性是各类车辆行驶性能中最基本、最重要的性能,可以从以下四方面对其进行评价。

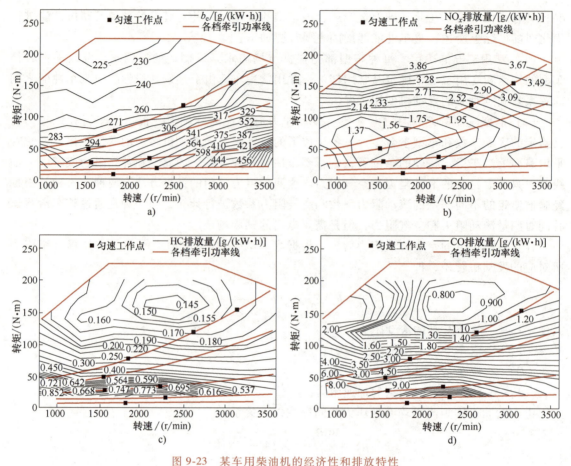

图9-23 某车用柴油机的经济性和排放特性
a) 经济性 b) NO_x 排放特性 c) HC排放特性 d) CO排放特性

① 汽车的最高车速。汽车的最高车速是在良好水平路面上以最高档行驶时,汽车所能达到的最高行驶速度。如图9-24所示,在最高档位下,驱动转矩(牵引功率)曲线与汽车行驶阻力曲线的交点所对应的车速就是汽车的最高车速。

② 汽车的加速时间。汽车的加速时间用原地起步加速时间和超车加速时间表示。原地起步加速时间可用车速从0升至100km/h的原地起步连续换档加速时间表示(图9-25),也可以根据实际情况分析加速到40km/h、60km/h、80km/h所需的时间。而超车加速时间可用汽车以直接档行驶从50km/h加速到90km/h所需的时间来表示(图9-26),也可以根据实际情况分析加速到60km/h、80km/h等速度所需的时间。汽车的加速能力与各档位

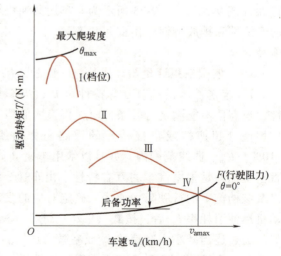

图9-24 汽车各档位的驱动转矩特性

下的后备功率有关。

③ 最大爬坡能力。最大爬坡能力用汽车满载时在良好路面上所能通过的最大坡度来表示。直接档最大爬坡度用来表示汽车的超载能力。

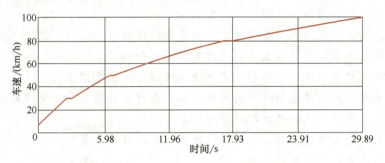

图 9-25　0～100km/h 的原地起步连续换档加速时间

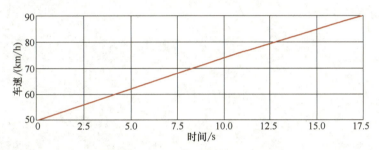

图 9-26　50～90km/h 直接档加速时间

④ 动力因素。为了比较不同种类、不同排量汽车的动力性，用单位汽车重量所能克服的道路阻力的能力作为汽车动力性的评价指标。如图 9-27 所示，动力因素 D 定义为

$$D = \frac{F_K - F_w}{m_a g}$$

式中　F_K——牵引力；
　　　F_w——汽车行驶时遇到的空气阻力；
　　　m_a——汽车总质量。

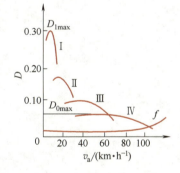

图 9-27　汽车的动力因素

通常汽油轿车直接档的 $D_0 = 0.10 \sim 0.18$，柴油轿车的 $D_0 = 0.07 \sim 0.12$；轻型汽油车的 $D_0 = 0.07 \sim 0.10$，轻型柴油车的 $D_0 = 0.05 \sim 0.08$；中重型柴油车的 $D_0 = 0.04 \sim 0.06$；轻型汽油客车的 $D_0 = 0.07 \sim 0.10$，轻型柴油客车的 $D_0 = 0.05 \sim 0.08$；大中型柴油客车的 $D_0 = 0.04 \sim 0.06$。

3）排放特性。如图 9-23 所示，根据 CO、HC 及 NO_x 排放特性表示的万有特性，可以判断常用档位和常用工况下的各种排放物的排放水平。同时，根据排放法规规定的试验工况，如 NEDC 循环工况，可以判断其所对应的稳定工况点的各项排放物的排放水平，由此预测其排放水平。

通过上述分析，可以判断性能匹配的结果及存在的问题，并针对实际问题提出改进措施。例如，进一步改进整车经济性的途径是合理调整各档位的速比或主减速比，在确定传动比的前提下改进发动机的性能等。

思考题

1. 试分析汽油机和柴油机负荷特性的区别。
2. 试分析汽油机和柴油机速度特性中转矩曲线的区别。
3. 表示发动机克服短期超载能力的指标有哪些?如何定义它们?
4. 车用柴油机与工程机械、拖拉机用柴油机的调速特性有何区别?
5. 为什么对发动机的性能指标进行大气修正?怎样修正功率和燃油消耗率?
6. 万有特性、负荷特性和速度特性有何实用意义?
7. 对汽车进行发动机选型时应如何确定发动机主要性能参数?
8. 发动机与汽车进行匹配的要点有哪些?

第十章 发动机的排放与噪声

发动机燃烧过程十分复杂，影响因素众多，产生的排气大多有毒有害。此外，发动机工作时还会产生较大的噪声，是汽车的主要噪声源之一。随着全球汽车保有量的持续高速增长，汽车排放污染与噪声已成为国际性问题，世界卫生组织甚至将汽车列为大气污染的重要来源之一。因此，发动机的排放和噪声水平已成为决定其能否作为汽车动力装置继续存在的重要问题。本章主要介绍发动机有害排放物的生成机理、排放法规及测试方法、控制方法、噪声产生的影响因素及降低噪声的措施。

第一节 排放物及危害

一、排放物的生成机理及影响因素

发动机燃料与空气完全燃烧后的产物的基本成分包括二氧化碳（CO_2）、水蒸气（H_2O）、剩余的氧气（O_2）和残留的氮气（N_2）等。从毒物学的观点看，这些物质是无害的，但是 CO_2 气体是造成大气温室效应的重要温室气体之一，因此有时也会将 CO_2 气体的排放列入有害成分之一并加以限制。

实际上，发动机的燃烧过程比较复杂，影响因素也有很多，由于种种原因，发动机燃料与空气常常难以达到完全燃烧的程度，在局部或者整个燃烧空间出现不完全燃烧是在所难免的。因此，发动机排气中一般含有不完全燃烧产物和燃烧中间产物，其中包括一氧化碳（CO）、碳氢化合物（HC）、氮氧化物（NO_x）、二氧化硫（SO_2）、颗粒物（PM）和醛类等。这些大部分是有毒的或者具有强烈的刺激性、臭味和致癌作用，是排气中的有害成分。下面就其生成机理及影响因素进行简要介绍。

1. CO 的形成

CO 是烃类燃料在燃烧过程中生成的主要中间产物。如果反应过程中的氧浓度、温度足够高，反应过程时间足够长，CO 就会氧化为 CO_2；反之，如果这三个条件不具备，就会造成 CO 排放。

对于采用均质混合气工作的汽油机而言，当 $\alpha<1$（A/F<14.8）时，由于缺氧导致燃料中的碳不能完全氧化成 CO_2，CO 生成量明显增加；当 $\alpha>1$ 时，理论上不应有 CO 产生，但实际上混合气混合不均匀造成局部缺氧区，从而局部燃烧不完全产生CO。另外，CO_2在高温时产生热离解反应会产生CO。还有，未燃碳氢化合物在排气过程中进行不完全氧化反应也会产生少量CO。

对于采用非均质混合气工作的柴油机而言，虽然在大多数工况下$\alpha>1.5$，但由于混合气不均匀，局部过浓区域将产生一定量的CO排放。当柴油机负荷很大（接近冒烟界限）时CO排放将较快增加；当负荷很小（混合气很稀）时，燃烧室内局部温度过低，使燃烧不充分而产生CO。总体来讲柴油机的CO排放比汽油机要低得多。

2. HC 的形成

HC是未燃的燃料、不完全燃烧或裂解反应的碳氢化合物及少量的氧化反应的中间产物（如醛、酮等）。在汽油机中，排气中的HC主要是由气缸壁和狭缝的熄火作用造成的。另外，当混合气过稀或过浓以及废气稀释严重、缸内温度过低时，可能引起火焰传播不完全甚至断火，导致HC增多；发动机缺火也会造成未燃HC排放量脉冲性急剧增加。在柴油机中，排气中的HC是因为混合气形成不良（如喷油质量不好、雾化不良）、燃烧组织不良、窜机油或过低温度（如柴油机怠速运转等）而产生的。

3. NO_x 的形成

发动机排放的NO_x主要是NO和NO_2。对于汽油机来说，在气缸高温下主要生成NO，它是在紧跟火焰前锋后的燃烧产物区内形成的，链反应机理如下：

$$O_2 = 2O$$
$$O+N_2 \rightleftharpoons NO+N$$
$$N+O_2 \rightleftharpoons NO+O$$

链反应开始是由氧原子触发的，而氧原子是在高温下由氧分子分解而来的。因此，高温是NO生成的重要条件。又因为NO的生成需要高温，所以高温下的滞留时间也是反应的重要条件，滞留时间长，则NO生成量增多。此外，氧的浓度和混合气成分也有很大影响，在α略大于1时，NO浓度最高，因为此时气缸温度高并有过剩的氧。当温度下降时，由于NO转回N_2和O_2的逆反应速度放缓，一旦NO生成后，在膨胀和排气过程中，其基本保持不变。当废气排入大气后，在低温（280~300K）条件下，NO在空气中缓慢氧化生成NO_2，即

$$2NO+O_2 = 2NO_2$$

综上所述，降低燃烧室最高温度、缩短高温时间、控制混合气浓度都能减少NO_x的生成。

对于柴油机而言，NO_x在其排气废气中占主导地位。根据前述NO_x生成条件，柴油机可以通过降低火焰高峰温度、缩短空气在高温中停留的时间、降低燃油和空气的混合速率等措施来减少NO_x的生成。

4. 微粒

汽油机排气中的微粒包括有机微粒（含碳烟）和硫酸盐，由于汽油机采用预混合燃烧方式，通常认为汽油机不产生有机微粒（将机油混入汽油中进行润滑的二冲程汽油机除外），但硫酸盐的生成量直接取决于汽油机的硫含量。由于柴油机采用扩散燃烧方式，其无法避免会产生微粒。

(1) 微粒的成分　柴油机微粒主要包括干碳烟DS、可溶性有机物SOF和硫酸盐三部分，见表10-1。其中，SOF又可根据来源不同分为未燃燃料和未燃机油两部分，两者所占比例随具体柴油机型号的不同而异，但普遍可认为其大致相等。

表 10-1　柴油机微粒的组成

成分	质量分布	成分	质量分布
干碳烟 DS (Dry Soot)	40%~50%	硫酸盐	5%~10%
可溶性有机物 SOF	35%~45%		

至于碳烟与微粒的关系，可以认为碳烟是微粒的组成之一。当柴油机在高负荷下工作时，碳烟在微粒中的比例升高，此比例在部分负荷条件下则会降低。

近年来，随着油气混合过程的改善和柴油高压喷射技术的采用，微粒和碳烟的总排放量呈现明显下降趋势，但 PM2.5 以下的粒度较小的微粒所占的比例增加。

（2）碳烟和微粒的生成与氧化

1）碳烟和微粒的生成过程。关于碳烟的生成机理，概括地说，它是烃类燃料在高温缺氧条件下裂解生成的。对于详细的机理，即从燃油分子到生成碳烟颗粒的整个过程中的化学动力学反应及物理变化过程却不是很清楚。一般认为，当燃油喷入高温空气中时，轻质烃很快蒸发汽化，而重质烃会以液态暂时存在。液态的重质烃在高温缺氧条件下会直接脱氢碳化，成为焦炭状的液相析出型碳粒，其粒度一般较大；已经蒸发汽化的轻质烃，则会经过不同的复杂途径，产生气相析出型碳粒，其粒度相对较小，如图 10-1 所示，具体过程如下：气相的燃油分子在高温

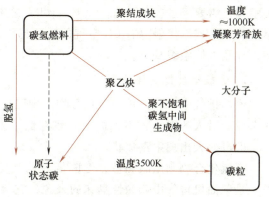

图 10-1　碳烟生成途径

缺氧条件下发生部分氧化和热裂解，生成各种不饱和烃类，如乙烯、乙炔及其较高的同系物和多环芳香烃，它们不断脱氢形成原子级的碳粒子，逐渐聚合成直径约为 2nm 的碳烟核心（碳核）；气相的烃和其他物质在碳核表面凝聚，加上碳核相互碰撞发生的凝聚，使碳核继续增大，成为直径 20~30nm 的碳烟基元；碳烟基元经过相互聚集形成直径小于 1μm 的球状或链状的多孔性聚合物；重馏分的未燃烃、硫酸盐及水分等在碳粒上吸附凝集，形成排气微粒。

2）碳烟和微粒的氧化。如图 10-2 所示，在整个燃烧过程中，碳烟要经历生成和氧化两

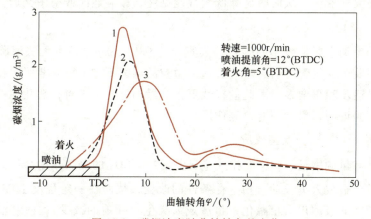

图 10-2　碳烟浓度随曲轴转角的变化

1—距副燃室壁面 2mm　2—距副燃室壁面 10mm　3—距副燃室壁面 15mm

个阶段，前期燃烧生成的碳烟，如果在后期能遇到足够的氧化氛围和高温，也会通过氧化反应缩小体积，甚至实现完全氧化，图中的曲线变化正好反映了这一过程。由此可以得到降低柴油机碳烟的指导思想之一，即燃烧前期应避免高温缺氧，以减少碳烟的生成，而燃烧后期应保证高温富氧和加强混合气扰流强度，以加速碳烟的氧化。

二、排放物危害

1. 一氧化碳（CO）

一氧化碳有很剧烈的毒性，人吸入后即在肺中与血液中的血红蛋白（Hb）相结合，形成碳氧血红蛋白（CO-Hb）。由于 CO 与血红蛋白的结合能力较 O_2 高 200~300 倍，吸入的 CO 会优先与血红蛋白相结合，造成血液的输氧能力下降，而 CO 一旦与血红蛋白结合就很难解离，需要经过较长的时间（12~14h）才能消除其毒害作用。因此，CO 的毒害作用有积累性质，人连续接触混有 CO 空气的时间越长，血液中积累的 CO-Hb 就越多，易造成低氧血症，导致人体组织缺氧。

2. 碳氢化合物（HC）

汽车排气中含有多种碳氢化合物，现已分析出的就有 200 余种。在这些碳氢化合物中，各个成分对人的影响各不相同。一般在低浓度下看不出直接的影响，当浓度达到万分之一时，即可使人出现中毒症状。

碳氢化合物刺激眼和鼻，会降低鼻的嗅觉机能。碳氢化合物的不完全燃烧产物构成醛类，是柴油机排气中刺激性臭味的来源，它会强烈刺激眼、呼吸器官、皮肤等，对植物也有害。一般在浓度达千万分之四时，人眼即可感受到刺激。

3. 氮氧化物（NO_x）

在汽车排出的氮氧化物中，一氧化氮（NO）占 95%，二氧化氮（NO_2）只占 3%~4%。但 NO 排入大气后会逐步转变为 NO_2。NO_2 有剧烈的毒性，长期暴露在低浓度下，会使人发生萎缩性病变，引起呼吸机能障碍。在 150×10^{-6}~200×10^{-6} 的浓度下，短时间可使人的肺脏纤维化。NO_2 刺激呼吸道可引起喘息、支气管炎、肺气肿。在一定浓度下，NO_2 由于对光的吸收作用能使大气着色，从而明显降低大气能见度，影响地面或空中交通。

4. 微粒——黑烟

汽车排出的黑烟主要是微小的碳粒，其直径为 0.5~1μm，根本无法滤除。人吸入后易积存于肺中，附着于支气管可引起哮喘。这种微粒的毒害不像 CO 中毒那样在复原后可完全消除影响，而是逐步积累增多，因此危害性更大。黑烟能妨害视野，恶化照明，引起交通事故。相关动物试验证明，黑烟还有致癌作用。

5. 二氧化碳（CO_2）的温室效应

随着汽车保有量的增长，CO_2 的排放量日益增加。CO_2 的隔热作用会导致全球变暖的温室效应。这一效应造成人类及动植物生存条件的改变，从而在一定程度上破坏了生态环境。如果该效应引起南北极冰川大量融化，将造成人类生存陆地的减少，直接危及人类的生存。因此，CO_2 的温室效应也是值得注意的问题。

第二节 排放污染物的机内、机外净化技术

发动机排放污染控制技术可分为三类：以改进发动机燃烧过程为核心的机内净化技术；在排气系统中采用化学或物理方法对已生成的有害排放物进行净化的排放后处理技术；控制曲轴箱和供油系统有害排放物的非排气污染控制技术，后两类统称为机外净化技术。

一、排放污染物的机内净化技术

1. 汽油机的机内净化技术

（1）**推迟点火时间（点火提前角）** 推迟点火提前角是简单易行、应用广泛的排放控制技术。汽油机推迟点火提前角，除因燃烧温度下降使 NO_x 的生成速度和生成量降低外，还会因后燃使 HC 的排放量同时降低。但推迟点火提前角降低排放的效果是有限的，在不使动力性和燃油消耗率明显恶化的前提下，NO_x 可降低 10%～30%。在实际应用中，应综合考虑排放特性、动力性及经济性来确定最佳点火提前角。

（2）**排气再循环 EGR**（Exhaust Gas Recirculation） 排气再循环也是一种被广泛应用的排放控制技术，但其仅对降低 NO_x 有效。排气再循环系统的工作原理如图 10-3 所示，一部分排气经 EGR 控制阀再次流回进气系统，不仅稀释了新鲜混合气中的氧浓度，导致燃烧速度降低，还使新鲜混合气的比热容提高，结果导致燃烧温度降低，从而可以抑制 NO_x 的生成。如图 10-4 所示，随着 EGR 率的增加，NO_x 排放量迅速下降。由于这是靠降低燃烧速度和燃烧温度实现的，结果导致全负荷时的最大功率下降，中等负荷时的燃油消耗率增大、HC 排放上升，以及小负荷特别是怠速时的燃烧不稳定甚至失火。为此，一般在汽油机大负荷、起动及暖机、怠速和小负荷时不使用 EGR，而其他工况的 EGR 率一般不超过 20%，由此可使 NO_x 的排放量降低 50%～70%。

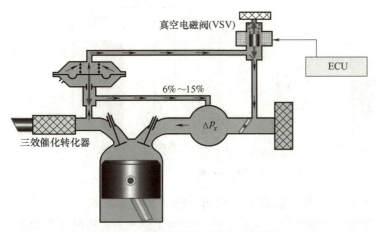

图 10-3 排气再循环系统的工作原理

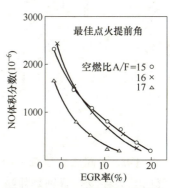

图 10-4 EGR 降低 NO_x 的效果

为了精确控制 EGR 率，应采用电子控制 EGR 阀系统。为了增强降低 NO_x 效果，可采用中冷 EGR。为了消除 EGR 对动力性和经济性的负面影响，往往同时采用一些快速燃烧和稳定燃烧的措施。如图 10-5 所示，通过采用进气涡流和双火花塞点火，使用 EGR 时的燃油消耗率不仅没有恶化，反而有所改善。

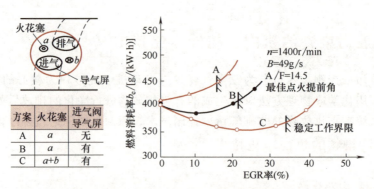

图 10-5 EGR 与其他措施合用的效果

A—仅采用 EGR B—EGR+增强进气涡流 C—EGR+增强进气涡流+双火花塞点火

实际上,EGR 的这种效果也可以通过不充分排气以增大滞留于气缸内的废气量,即增大残余废气系数来实现。与上述外部循环 EGR 相对应,这种方法称为内部 EGR。

(3)燃烧系统优化设计 由于电控燃油喷射加三效催化技术使汽油机的排放大大降低,从排放控制角度对汽油机燃烧室设计的要求明显低于柴油机,但不能忽视合理的燃烧室设计对控制汽油机排放的效果。紧凑的燃烧室形状可以使燃烧快速充分地进行,并减少淬熄效应,从而降低 CO 和 HC 的排放;改善缸内气流运动,不仅有助于加强油气混合,使燃烧快速充分地进行,还可以改善燃烧循环波动,而循环波动也是 HC 排放及动力性、经济性恶化的重要原因。

此外,减小活塞头部、火花塞和进排气门等处不参与燃烧的缝隙容积也是降低 HC 的有效方法。如图 10-6 所示,将原设计改为高位活塞环设计后,HC 排放降低了 20%。

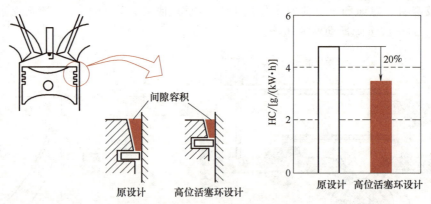

图 10-6 采用高位活塞环降低 HC 的效果

(4)提高点火能量 提高点火能量可以提高着火的可靠性,减少循环波动,扩大混合气的着火界限。特别是伴随汽油机燃烧稀薄化,无触点的高能电子点火系统得到了广泛的应用。提高点火能量的措施有增大火花塞极间电压(极间电压一般为 10~20kV,最高可达 35kV)、增大火花塞间隙(如由 0.8mm 增至 1.1mm)以及延长放电时间等。

(5)电控汽油喷射技术(EFI) 电控汽油喷射系统由于能够更精确、柔性地满足各工况的参数优化要求,更利于实现排放特性、燃油经济性和动力性的综合优化。此外,三效催化转化器与电控汽油喷射系统的组合,已成为当前和未来较长时期内汽油机排放控制主要采用的有效技术。

另外，可变进气系统、可变配气相位、可变排量、稀薄燃烧以及缸内直喷式燃烧等新技术，在改善汽油机动力性和经济性的同时，也从不同程度上改善了排放特性。

总之，汽油机的机内净化技术并不是很多、很复杂，这是因为汽油机目前主要用以闭环电喷加三效催化剂为核心的排放控制技术，从而可以大大降低对机内净化的要求，燃烧过程的组织仍可以动力性和经济性指标作为优化目标，而用燃烧以外的排气后处理技术来降低已生成的有害成分排放。

2. 柴油机的机内净化技术

与汽油机的排放控制相比，柴油机的排放控制难度更大，需要采取的有效对策和技术也更多。就燃烧过程来看，柴油机远比汽油机复杂得多，因而可用于控制有害物生成的燃烧特性参数也比汽油机丰富得多，这就使得寻求综合考虑排放、热效率等各种性能的理想燃烧放热规律成为柴油机排放控制的核心问题。为此，理想的喷油（喷雾）规律和混合气运动规律以及与之匹配的燃烧室形状是必需的。为使 NO_x 和微粒同时降低并保证有较高的热效率，柴油机应采用图 10-7 所示的燃烧过程控制思路，即由实线所示的传统燃烧过程转变为虚线所示的燃烧过程，可以简单概括为两点：抑制预混合燃烧以降低 NO_x 排放，促进扩散燃烧以降低微粒和改善热效率。这一思路贯穿于各种降低柴油机排放的控制技术之中。

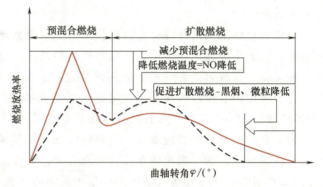

图 10-7　低排放柴油机燃烧过程控制思路

表 10-2 中有降低柴油机 NO_x 和微粒排放的对策技术，总体上可分为燃烧改善、燃料改善和排气后处理三类，前两类即为机内净化技术。其中，在燃烧改善的各项对策技术中，已实用化的如下：作为降低 NO_x 有效措施的推迟喷油时间（即减小喷油提前角）、EGR 以及改善喷油规律；作为降低碳烟和微粒排放有效措施的增压技术和高压喷射技术。诸如柴油机的均质混合燃烧等一些新型燃烧方法正在研究探索中。另外，随着改善燃烧造成的微粒排放明显下降，严格控制机油消耗量以降低微粒中由未燃机油带来的成分已变得非常重要。

表 10-2　降低车用柴油机排放的技术措施

分类	对策技术	实施方法	控制对象
燃烧改善	推迟喷油时间	—	NO_x
	EGR	EGR、中冷 EGR、内部 EGR	NO_x
	加水燃烧	进气喷水（水蒸气）、缸内喷水、乳化油	NO_x、PM
	燃烧室设计	各种燃烧室及设计参数优化、新型燃料方式	NO_x、PM
	喷油规律改进	喷油规律曲线形状、预喷射、多段喷射	PM
	高压喷射	电控高压油泵、共轨系统、泵喷嘴	PM
	进排气系统	进排气动态效应、可变进气涡流、多气门	PM
	增压	增压、增压中冷、可变涡轮喷嘴截面系统（VGS）	PM

(续)

分类	对策技术	实施方法	控制对象
燃料改善	降低含硫量 含氧燃料 合成燃料	含硫量：国Ⅲ柴油<350mg/kg；国Ⅳ柴油<50mg/kg；国Ⅴ、国Ⅵ柴油<10mg/kg。 醇类燃料、二甲醚（DME）	PM
排气后处理	后处理装置	氧化催化器（DOC）、微粒捕集器（DPF）、选择性催化还原器（SCR）、氨氧化催化器（ASC）	NO_x、PM
其他	降低机油消耗率	—	PM

需要指出的是，每种技术措施在降低某种排放成分时，往往效果有限，过度使用会带来另一种排放成分增加或发动机的动力性、经济性恶化，因而在实际应用中，经常同时采用几种技术措施。

另外，具体采用何种降低排放的技术措施应根据所要适应的排放法规来确定。为了满足重型柴油机国Ⅰ排放法规要求，一般可提高喷油压力至80MPa，优化喷油规律、燃烧室形状和气流运动，以改善混合气的形成和燃烧过程，同时采用推迟喷油时刻（喷油正时）等措施。为了满足国Ⅱ排放法规要求，可进一步提高喷油压力至90~100MPa，并采用进气增压（增压中冷）、EGR技术及降低机油消耗率等措施。

为了满足国Ⅲ排放法规要求，需要将喷油压力提高至120MPa，兼用进气增压中冷和高压共轨供油技术。为了满足国Ⅳ排放法规要求，需要采用高压共轨供油技术，并将喷油压力提高至160MPa。在采用进气增压中冷技术的同时，对柴油自身的品质也提出了更高的要求（柴油的含硫量由2000μg/g降低至50μg/g），并且需要对排气进行后处理，如采用SCR、DOC、DPF等。国Ⅴ是在国Ⅳ技术方案的基础上综合采用多种后处理技术（如DOC+DPF+SCR）才能达到的排放标准。

二、排放污染物的机外净化技术

20世纪70年代中期以前，发动机的排放控制主要采用以改善发动机燃烧过程为主的各种机内净化技术，随着排放法规的日益严格，人们开始考虑包括催化转化器在内的各种排气后处理技术。三效催化剂（Three Way Catalyst，TWC）的研制成功使汽车排放控制技术获得了突破性的进展，它使汽油车排放的CO、HC和NO_x同时降低90%以上，而各种柴油机排气后处理技术也在加紧研究开发中。

机外净化技术的分类及应用见表10-3。其中，排气后处理技术的应用现状因国别、法规和车型等差别较大，非排气污染处理技术已被国内外法规要求作为汽油车的必备装置。

表10-3 机外净化技术的分类及应用

分类			处理对象	国外应用现状
排气后处理	汽油机	热反应器	CO、HC	汽车已经不用，主要用于摩托车
		氧化催化器	CO、HC	轿车较少使用，重型汽车上有应用
		还原催化器	NO_x	已经很少使用
		三效催化器	CO、HC、NO_x	轿车和轻型车必备装置，应用最广泛
		稀燃催化器	稀燃条件下的 CO、HC、NO_x	开始少量应用，处于继续研究开发中

(续)

分类			处理对象	国外应用现状
排气后处理	柴油机	氧化催化器	CO、HC、SOF	成熟应用
		还原催化器	NO_x	成熟应用
		微粒捕集器	PM	成熟应用
		碳纤维吸附净化	NO_x	基础研究阶段
非排气污染处理	汽、柴油机	曲轴箱强制通风装置	HC	法规要求必备装置
	汽油机	燃油蒸发控制系统	HC	法规要求必备装置

1. 汽油机排气后处理技术

由表 10-3 可知，汽油机排气后处理技术主要包括热反应器、催化转化器，而催化转化器又可分为氧化型、还原型、氧化还原（三效）型以及稀燃型。

(1) 催化转化器的结构与工作原理 催化剂可以提高化学反应速度和降低反应的起始温度，但其本身不会在反应中消耗。催化转化器是目前各类排气后处理技术中应用非常广泛的技术。

1) 催化转化器的结构。催化转化器简称催化器，它由壳体、减振垫、载体和催化剂四部分组成，如图 10-8 所示。所谓催化剂是指涂层部分或是载体和涂层的合称。催化剂是整个催化转化器的核心部分，它决定了催化转化器的主要性能指标，因此在许多文献中并不严格区分催化剂和催化转化器的定义。

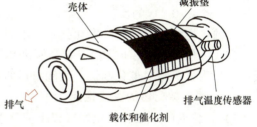

图 10-8 催化转化器的结构及组成

起催化作用的活性材料一般为铂（Pt）、铑（Rh）和钯（Pd）三种贵金属（每升催化剂中贵金属的含量为 0.5~3.0g），同时还有作为辅助催化剂的铈（Ce）、镧（La）、镨（Pr）和钕（Nd）等稀土材料。贵金属材料以极细的颗粒状态散布在以 $\gamma\text{-}Al_2O_3$ 为主的疏松的催化剂和氧化剂涂层表面，涂层则涂在作为催化剂骨架的蜂窝状陶瓷载体或金属载体上，如图 10-9 所示。目前，90% 的车用催化剂使用陶瓷载体。

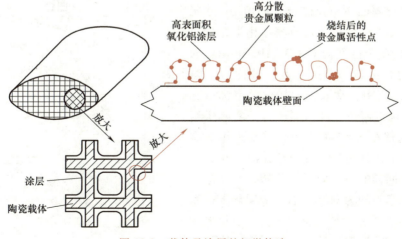

图 10-9 载体及涂层的细微构造

2)催化剂的分类及工作原理。按工作原理不同,催化剂可分为氧化型催化剂、还原型催化剂、三效催化剂和稀燃催化剂。目前已很少用单纯还原型的催化剂,稀燃催化剂将在后续内容中介绍,常用的氧化型催化剂和三效催化剂的主要反应分别如下:

氧化型催化剂(Oxidation Catalyst,OC)

$$2CO+O_2 = 2CO_2 \tag{10-1}$$

$$4HC+5O_2 = 4CO_2+2H_2O \tag{10-2}$$

$$2H_2+O_2 = 2H_2O \tag{10-3}$$

三效催化剂(Three Way Catalyst,TWC)

$$2CO+2NO = 2CO_2+N_2 \tag{10-4}$$

$$4HC+10NO = 4CO_2+2H_2O+5N_2 \tag{10-5}$$

$$2H_2+2NO = 2H_2O+N_2 \tag{10-6}$$

在氧化型催化剂中,CO 和 HC 与氧气进行氧化反应,生成无害的 CO_2 和 H_2O,但对 NO_x 基本无净化效果。而在三效催化剂中,当混合气浓度正好为化学计量比时,CO 和 HC 与 NO_x 互为氧化剂和还原剂,生成无害的 CO_2、H_2O 及 N_2,剩余的 CO 和 HC 则进行式(10-1)~式(10-3)的反应。三效催化剂这种巧妙的构思和显著的效果,使它成为当前以及未来汽油机主要使用的排气净化技术。不同贵金属成分对排气污染物的催化净化效果是不同的。在实际催化剂中,Pt 和 Pd 主要催化 CO 和 HC 的氧化反应,Rh 则用于催化 NO_x 的还原反应。但为了满足对催化剂综合性能指标的要求,三种贵金属成分往往是搭配使用的。

(2)催化转化器的主要性能

1)转化效率。催化转化器(以下简称催化器)的转化效率定义为

$$\eta_i = \frac{C(i)_1 - C(i)_2}{C(i)_1} \times 100\% \tag{10-7}$$

式中　η_i——排气污染物 i 在催化器中的转化效率;

　　　$C(i)_1$——排气污染物 i 在催化器入口处的浓度;

　　　$C(i)_2$——排气污染物 i 在催化器出口处的浓度。

2)空燃比特性。催化器转化效率随空燃比的变化称为催化器的空燃比特性,如图 10-10 所示。由该图可知,三效催化转化器在化学计量比($\alpha=1$)附近的狭窄区间内对 CO、HC 和 NO_x 的转化效率同时达到最高,这个区间被称为"窗口"。在实际应用中,常取三项转化效率都达到 80% 的区间来确定窗口宽度。为了保证实际供给的混合气浓度都在 $\alpha=1$ 的附近,需要采用具有反馈控制功能的闭环电控燃油供给系统。相关研究表明,对于同样的三效催化转化器,开环电控系统的净化效率平均为 60% 左右,而闭环电控系统的平均净化率可达 95%。窗口越宽,表示催化剂的实用性能越好,对电控系统控制精度的要求越低。

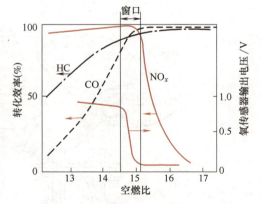

图 10-10　三效催化转化器的空燃比特性

3)起燃特性。催化器的转化效率与温度密切相关,催化器只有在达到一定温度以上才能开始工作,即起燃。三效催化转化器的起燃特性有两种评价方法,一种称为起燃温度特性(Light Off Temperature),如图10-11所示,它表示转化效率随催化器入口温度 t_i 的变化,将转化效率达到50%时对应的温度称为起燃温度 t_{50}。t_{50} 越低,催化器在汽车冷起动时越能迅速起燃,因此 t_{50} 是催化器活性的重要特征值。起燃温度特性是在化学实验室或发动机台架上测取的。另一种评价方法称为起燃时间特性(Light Off Time),它可以通过实车或发动机台架进行测定。控制车辆或发动机以一定的工况循环运转,将达到50%转化效率所需的时间称为起燃时间 t_{50}。

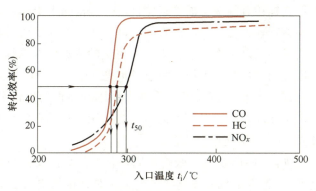

图10-11 三效催化转化器的起燃温度特性

起燃温度特性主要取决于催化剂配方,它评价的是催化剂的低温活性。而起燃时间特性除与催化剂配方有关外,在很大程度上取决于催化器总体的热惯性、绝热程度及流动传热过程,其评价试验结果与实车冷起动特性的关系更直接。

4)催化剂的耐久性。催化剂经长期使用后,其性能将发生劣化,此种现象称为失活或中毒。国外一般要求在新车用催化剂使用8万km后,整车排放仍能满足法规限值,近年来对催化剂的耐久性要求已提高到10万km,甚至16万km。国内外长期的研究开发经验表明,开发一种高活性的催化剂并不难,难的是使其具有高活性和较长的使用寿命。

影响催化剂寿命的因素见表10-4,包括高温失活、化学中毒、结焦与堵塞和机械损伤。化学中毒的来源主要是燃料和机油中的Pb、S和P,通过严格限制燃料和机油中的有害成分含量,可以将化学中毒控制到最小。而高温失活是目前汽车催化剂最主要的失活方式。

高温失活是一种复杂的物理化学过程。在高温条件下,散布均匀的细小贵金属颗粒和催化剂成分各自聚合成大颗粒,导致活性下降。在800℃以上,涂层中的 $\gamma\text{-}Al_2O_3$ 转化为 $\alpha\text{-}Al_2O_3$,导致催化剂的活性表面大大减少。在实际应用中,引起催化剂高温失活的原因如下:发动机失火使未燃混合气在催化剂中发生剧烈氧化放热反应;汽车连续高速大负荷运行时的长时间排气高温;为减少冷起动排放而紧靠发动机排气口安装催化器等。

表10-4 影响催化剂寿命的因素

高温失活	化学中毒	结焦与堵塞	机械损伤
1. 活性组成成分高温烧结 2. 涂层中的 $\gamma\text{-}Al_2O_3$ 转化为 $\alpha\text{-}Al_2O_3$ 3. 载体发生高温烧结	1. 中毒:不可逆吸附或发生表面反应(如P、S、Pb、Hg、Zn、Cu等) 2. 抑制:毒物的竞争,可逆吸附毒物,导致催化剂表面结构发生载体孔阻塞	含碳的沉积物(结焦)等	1. 热冲击 2. 物理性破碎

对催化剂的寿命评价,除实际装车道路考核外,国外广泛采用快速老化方法,可以在发动机台架上用数十至一百小时的快速老化试验模拟数万至十几万km的道路试验。催化器的

性能指标还有很多，如空速特性 SV（Space Velocity），即每小时流过催化剂的排气体积流量与催化剂容积之比，以及影响发动机排气背压的流动特性等。另外，在实际使用时，催化器是与发动机以及汽车组合成一个完整的排放控制系统来起作用的，因而催化器与各部件之间的匹配问题也是一个极为复杂的问题。

（3）NO_x 吸附还原催化剂　稀燃汽油机的大部分时间都是在大于理论空燃比的过稀状态下工作的，一般三效催化剂无法适用。目前已实用化并成功应用于缸内直喷式汽油机的主要是 NO_x 吸附还原催化剂。

如图 10-12 所示，吸附还原催化剂的活性成分是贵金属和碱土金属（或碱土金属和稀土金属）。当发动机在稀燃状态下工作时，排气中处于氧化状态，在贵金属（Pt）的催化作用下，NO 与 O_2 反应生成 NO_2，并以硝酸盐 MNO_3（M 代表金属）的形式被吸附在碱土金属表面，同时，CO 和 HC 经氧化反应变成 CO_2 和 H_2O 后排出催化器。当发动机在化学计量比或浓混合气状态下工作时，硝酸盐 MNO_3 分解析出的 NO_2、NO 与 CO、HC 及 H_2 反应，生成 CO_2、H_2O 和 N_2，同时使碱土金属得到再生。

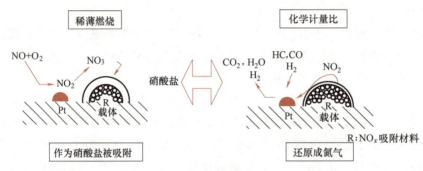

图 10-12　吸附还原催化剂的工作原理

R—碱土金属

为了保证催化剂能在稀浓交替的气氛中工作，同时不影响发动机的动力性和经济性，实际稀燃发动机可以每隔一定时间（如 50~60s）使空燃比短时间地由稀变浓一次，从而使催化剂再生。

2. 柴油机排气后处理技术

与汽油机一样，柴油机单靠改进燃烧等机内净化技术很难满足日益严格的排放法规要求，排气后处理技术已显现其重要性。柴油机排气后处理技术主要有以下三种：①氧化催化转化器，用于降低 SOF、HC 和 CO 的排放；②微粒捕集器，用于过滤和除去排气微粒；③NO_x 还原催化转化器，用于降低 NO_x 排放。

（1）氧化催化转化器　采用氧化催化剂的目的主要是降低微粒中的可溶性有机组分 SOF 中的大部分碳氢化合物，并使本来已不成问题的 HC 和 CO 排放进一步降低。此外，它对目前法规尚未限制的一些有害成分（如 PAH、乙醛等）以及柴油机排气臭味均有净化效果。

柴油中所含的硫燃烧后生成 SO_2，经催化器氧化后变为 SO_3，然后与排气中的水分化合生成硫酸盐。催化氧化效果越好，生成的硫酸盐越多，甚至达到平时的 8~9 倍，如图 10-13

所示。这不但抵消了 SOF 的减少,甚至使微粒排放上升。此外,硫也是催化剂中毒劣化的重要原因。因此,减少柴油中的硫含量就成了氧化催化转化器实用化的前提条件。

(2) 微粒捕集器 微粒捕集器也称为柴油机排气微粒滤清器(Diesel Particulate Filter,DPF),它是目前国际上最接近商品化的柴油机微粒后处理技术。一个好的微粒捕集器除了要有高的过滤效率,还应具有低的流通阻力,所用材料应耐高温并有较长的使用寿命,同时应尽可能减小自身体积。

DPF 的过滤材料可以用陶瓷蜂窝载体(如堇青石,$Mg_2Al_4Si_5O_{18}$)、陶瓷纤维编织物(如 Al_2O_3-B_2O_3-SiO_2)和金属纤维编织物(如 Cr-Ni 不锈钢),如图 10-14 所示。

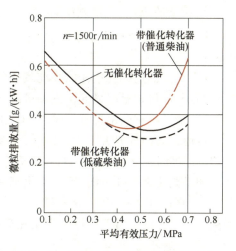

图 10-13 柴油机使用氧化催化剂的效果

另外,用金属蜂窝载体作为过滤材料的实例也有很多,甚至有用类似空气滤清器的纸滤芯作为过滤材料的。图 10-14a 所示的壁流式陶瓷载体微粒捕集器对微粒的过滤效率可达 60%~90%,是实用化可能性最大的一种。

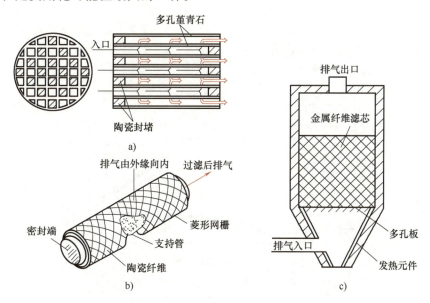

图 10-14 微粒捕集器的过滤材料
a) 陶瓷蜂窝载体 b) 陶瓷纤维编织物 c) 金属纤维编织物

通常 DPF 只是一种降低排气微粒的物理方法。随着过滤微粒的积存,过滤孔逐渐被堵塞,使排气背压增加,导致发动机的动力性和经济性恶化。因此,必须及时除去 DPF 中的微粒。除去 DPF 中积存微粒的过程称为再生,其方法可分为两类,即主动再生系统和被动再生系统。主动再生系统有喷油助燃再生系统、电加热再生系统、微波加热再生系统、红外加热再生系统和反吹再生系统;被动再生系统有大负荷再生、排气节流再生、催化再生和燃油添加剂再生。

3. 柴油机 NO_x 还原催化剂

针对柴油机开发还原催化剂是一项难度很大的研究工作，尚未达到实用阶段，主要原因如下：

1) 在柴油机排气这样的高度氧化氛围中进行 NO_x 还原反应，对催化剂性能要求极高。
2) 柴油机排温明显低于汽油机排温。
3) 柴油机排气中含有大量的 SO_x 和微粒，容易导致催化剂中毒。

目前，柴油机 NO_x 后处理方法主要有选择性非催化还原（SNCR）、选择性催化还原（SCR）、吸附催化还原（LNT）和等离子辅助催化还原等，SCR 是其中应用最多的一种。另外，如果能使微粒和 NO_x 互为氧化剂和还原剂，则有可能在同一催化床上同时除去 NO_x、PM（微粒）、CO 和 HC，这种"四元催化剂"将是最理想的柴油机排气净化方法。目前，围绕这一目标的大量基础性研究正在进行中。

三、重型柴油机后处理技术路线

后处理技术正式用于柴油机是从欧Ⅳ（国Ⅳ）排放阶段开始的，主要技术路线有 SCR 和 DPF 两种（图 10-15），各国因法规、油品和关注的性能指标（如油耗、PM、NO_x）等具体情况不同，采取的技术路线也不同。

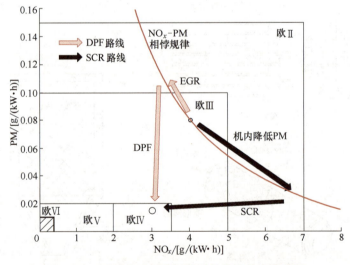

图 10-15 重型柴油机满足欧Ⅳ排放的技术路线图

采用 SCR 技术路线时，通过电控高压喷射和增压中冷等机内净化技术降低 PM 至法规要求，但由于 NO_x 与 PM 之间的相悖（trade-off）关系，NO_x 排放会显著增高（甚至高达80%），因而需要依靠高效的 SCR 后处理系统将 NO_x 降至欧Ⅳ标准水平。由于此时可以大部分取消机内控制 NO_x 的技术（如欧Ⅲ时用的推迟喷油和 EGR），其油耗比欧Ⅲ柴油机改善3%～5%。尿素水溶液的消耗量一般为欧Ⅳ柴油机油耗的 2%～5%，而欧洲的尿素水溶液价格只有柴油的三分之一，考虑尿素成本后的燃油费用节省效果是显著的。

采用 DPF 技术路线时，首先在机内用冷却 EGR 减少 NO_x 生成，此时 PM 会有明显升高，然后用 DPF 降低 PM 排放。如果发动机燃烧系统设计得好，利用高压喷射和增压中冷等技术降低 PM 至接近限值的程度，也可以用 DOC 替代 DPF 达到欧Ⅳ排放法规要求，但这种产业化的实例很少。采用 DPF 技术路线时后处理系统的复杂程度和成本低于 SCR 技术路线，但由于大量使用 EGR 及排气阻力升高，油耗比欧Ⅲ柴油机高 3%~5%。

另外，SCR 技术路线对柴油含硫量的要求较低，由于欧Ⅳ阶段的 SCR 系统可以不用前置 DOC，发动机可使用含硫量为 350μg/g 的柴油，而 DPF 技术路线一般要求使用含硫量低于 30μg/g 的柴油。在由欧Ⅳ法规提高到欧Ⅴ法规时，PM 限值未变，NO_x 由 3.5g/(kW·h) 降至 2.0g/(kW·h)，仅通过提高 SCR 转化效率（如加前置 DOC）而不对发动机进行大的改动就可达标，这也是 SCR 的一个优势。

考虑到以上 SCR 与 DPF 两种技术路线的特点，在油价高昂的欧洲，大部分厂家选择用 SCR 技术路线来应对欧Ⅳ排放法规；美国满足 2007 年法规要求的柴油车以 DPF 技术路线为主；日本为达到相似水平的法规（日本 2005 年法规）要求，会使用两种技术路线。在我国，为了满足国Ⅵ排放法规要求，各大发动机主机厂采用各自的技术路线，如潍柴采用的主要技术路线为 EGR+DOC+DPF+SCR 和 Hi SCR（高效选择性催化还原系统）两种路线，锡柴采用的技术路线主要是 EGR+DOC+DPF+SCR 路线，玉柴采取的主要技术路线是 EGR+DOC+DPF+SCR+ASC 路线。

四、非排气污染物控制技术

如前所述，在汽车排入大气的 HC 总量中，有 20% 来自曲轴箱窜气，有 20% 来自燃油系统蒸发（汽油机），其余 60% 来自排气管。因此，控制和消除非排气污染物是十分必要的。

1. 曲轴箱强制通风系统

闭式曲轴箱强制通风系统如图 10-16 所示。新鲜空气由空气滤清器进入曲轴箱与窜气混合后，经 PCV 阀进入进气管，与空气或油气混合气一起被吸入气缸烧掉。PCV 阀可随发动机运转状况自动调节吸入气缸的窜气量。在怠速和小负荷时，由于进气管真空度较高，阀体被吸至上方（进气管侧），阀口流通截面积减小，吸入气缸的窜气量减少，避免因混合气过稀而造成燃烧不稳定或失火；在加速和大负荷时，窜气量增多，进气管真空度变低，在弹簧作用下阀体下移，阀口流通截面积增大，大量窜气被吸入气缸烧掉。当发动机高速大负荷运

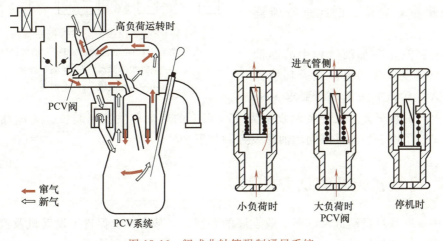

图 10-16 闭式曲轴箱强制通风系统

转且窜气量过多而不能被完全吸净时，部分窜气会从闭式通气口进入空气滤清器，最终被吸入进气管。

此外，PCV 阀能使曲轴箱内始终保持负压，因而可以减缓机油窜入燃烧室（窜机油）和通过密封面的渗漏。而窜入燃烧室的机油是排气中 HC 和微粒的重要成因。

2. 燃油蒸发控制系统

以汽油机为例，常用的燃油蒸发控制系统是活性炭罐式燃油蒸气吸附装置，其工作原理如图 10-17 所示。当发动机工作时，在进气管真空度作用下，控制阀开启，被活性炭吸附的燃油蒸气与从活性炭罐下部进入的空气一起被吸入进气管，最后进入气缸烧掉，同时活性炭得到再生，这一过程称为脱附过程。

活性炭是一种由石墨晶粒和无定形碳构成的微孔物质，由于其内部有大量的微孔（直径为 $10^{-10} \sim 10^{-8}$ m），因而具有很大的比表面积（$500 \sim 2000 m^2/g$），这就是活性炭吸附能力很强的原因。活性炭对物质吸附具有选择性，燃油蒸气通过活性炭时，其中的 HC 成分几乎完全被吸附，而空气基本不被吸附。

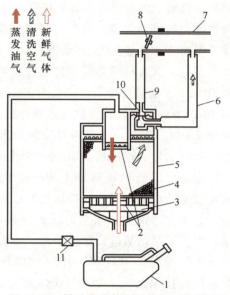

图 10-17 燃油蒸发控制系统的工作原理

1—汽油箱　2—滤网　3—过滤器
4—活性炭　5—炭罐　6—蒸气软管
7—进气管　8—节气门　9—真空软管
10—清洗控制阀　11—止回阀

现代车用汽油机中已开始应用电控燃油蒸发控制系统，其框图如图 10-18 所示。其中，电磁式清除阀 4 的开启时间和开度由电控单元 1 通过脉宽调制电流控制。泄漏检测泵 5 用来进行系统密封性的车载诊断，它是一个由电控单元 1 驱动的膜片泵。如果系统无泄漏，泄漏检测泵 5 将工作提高系统压力，使膜片脉动周期延长，直至超过规定值；如果系统有泄漏，则脉动周期始终不会超过规定值，以此进行泄漏诊断。

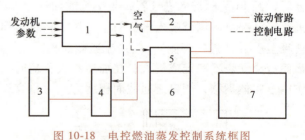

图 10-18 电控燃油蒸发控制系统框图

1—电控单元　2—空气滤清器　3—发动机进气歧管
4—电磁式清除阀　5—泄漏检测泵
6—活性炭罐　7—燃油箱

如何控制汽车在加油过程中的燃油蒸发问题也备受关注。美国国家环境保护局（EPA）颁布的法规中已要求 1998 年及以后生产的新车分阶段安装回收率为 95% 以上的燃油蒸发控制装置，美国加州已在许多燃油站安装了用于加油机械的燃油蒸发控制装置。

第三节　排放法规及测试方法

排放法规既是对发动机及汽车工业发展的限制，又从客观上促进了发动机及汽车技术的发展与进步。排放法规的核心内容实际包括两个，即排放限值和检测方法。

一、概述

1. 怠速法与工况法

从检测方法上划分，汽车排放污染物检测主要有怠速法和工况法两种。怠速法是测量汽车在怠速工况下排放污染物的一种方法，一般仅用于检测 CO 和 HC，测量仪器采用便携式排放分析仪。这种方法具有简便易行、测试装置价格便宜且便于携带以及试验时间短等优点，但测量精度较低，测量结果缺乏全面性和代表性。怠速法目前主要作为环保部门对在用车的排放进行监测以及汽车修理厂对车辆的排放性能进行简易评价的方法。

工况法将若干汽车常用工况和排放污染较重的工况组合成一个或若干测试循环，在试验时测取汽车在整个测试循环中的排放水平。与怠速法相比，工况法检测结果可以比较全面地反映汽车排放水平，一般用于新车的认证许可检测，但其试验设备的价格往往是怠速法的 100~200 倍。

2. 轻型车与重型车

针对轻型车和重型车，工况法采用不同的试验方法。对于轻型车和重型车的定义，各国并不完全统一，一般将总质量为 400~3500（4000）kg、乘员在 9 人以下的车辆定义为轻型车，为了与农用车区分，还规定其最高车速应在 50km/h 以上。总质量在 3500（4000）kg 以上的车辆则被定义为重型车。

轻型车的排放检测要求在底盘测功机上进行，被检车辆按规定的测试循环运转，其结果用单位行驶里程的排放质量（g/km）表示。

重型车的排放检测要求在发动机台架上进行，其结果用发动机的比排放量 [g/(kW·h)] 表示，因为能进行重型车试验的底盘测功机价格过于昂贵。

3. 排放限值

工况法检测的排放限值一般分为两类，即产品认证试验限值和产品一致性试验限值。产品认证试验是对新设计车型的认证试验，产品一致性试验是对批量生产车辆的试验，要求从成批生产的车辆中任意抽取一辆或若干辆进行试验。一般来说，产品认证试验限值严于产品一致性试验限值，但它们有合并的趋势。

二、排放法规

目前世界上的排放法规主要有三个体系，即美国、日本和欧洲体系，我国及其他国家基本是在参照欧洲法规的基础上制定本国排放法规的。

1. 轻型车排放法规

（1）美国排放法规 世界上最早的工况法排放法规于 1966 年在美国加利福尼亚州问世，它用七个工况组成一个测试循环（称为加州标准测试循环），并于 1968 年被美国联邦政府采纳作为联邦排放法规。1972 年，美国联邦政府开始采用美国城市标准测试循环 FTP-72（Federal Test Procedure），它是根据洛杉矶市早晨上班时间大量汽车实测行驶工况的统计获得的，也称为 LA-4C 冷起动工况测试循环。1975 年，FTP-72 被扩充为 FTP-75，并一直沿用至今。FTP-75 如图 10-19 所示，试验时要求被测车辆在 20~30℃ 的恒温条件下放置 12h 以上。整个测试循环分4段进行，即过渡（冷起动）段、稳定段、10min停车、重复过渡（热起动）段。在第1、2、4阶段收集排气，分别放入不同气袋里，将排放测量值分别乘以图中的加权系数，相加后除以总行驶距离，得到比排放量 g/mile［1g/mile=（1/1.60）g/km］。

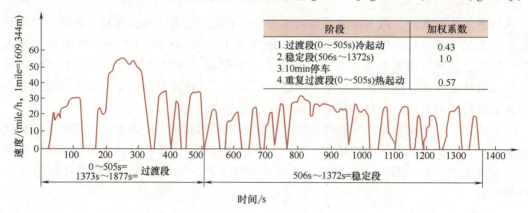

图 10-19 美国 FTP-75

测试距离≈17.9km　平均车速≈31.7km/h　最高车速：91.2km/h

图 10-20 所示为一辆总质量为 1200kg 的汽车在按 FTP-75 标准循环运行时，各工况点在一台 1.5L 汽油机万有特性图上的位置。由该图可以看出，FTP-75 的工况点主要分布在中低转速和部分负荷区域。如果对其他测试循环进行分析，也可以得到类似的分布。因此，美国 FTP-75 可根据具体车辆的工况点分布特性确定配套发动机的排放控制原则。从 2000 年起，测试车辆必须增加两个补充循环（SFTP），如图 10-21 所示，其中一个循环用于模拟高速急加减速工况（US06），另一个用于模拟使用空调情况（SC03）。

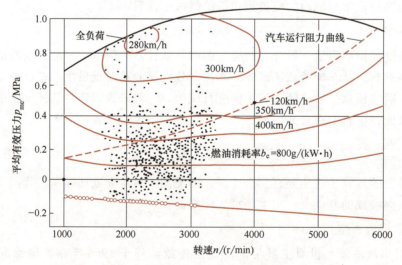

图 10-20　FTP-75 的工况点在汽油机万有特性图上的位置

美国联邦排放法规定义了不同阶段的轻型车标准：第一阶段（Tier1）标准从 1994 年到 1997 年逐步实施；第二阶段（Tier2）标准从 2004 年到 2009 年逐步实施；第三阶段（Tier3）标准从 2017 年到 2025 年分阶段实施。Tier2 标准将排放限值分为 11 个等级（Bin1～Bin11），Bin1 表示最清洁（零排放）汽车，Bin11 表示污染最严重的汽车。汽车制造商可以生产满足

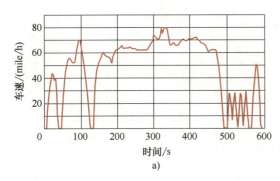
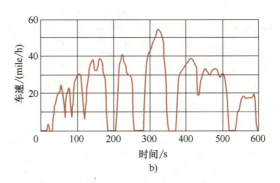

图 10-21 美国 SFTP
a) US06 循环　b) SC03 循环

任何 Bin 等级的汽车，但是任何一家制造商生产的所有汽车的 NO_x 平均排放必须满足平均的 Bin 等级（Bin5）目标。Tier2 标准对轿车、小型厢式车、轻型货车及 SUV 都采用同一限值，也不区分汽油车、柴油车或代用燃料汽车。目前美国最新的排放标准是更加严格的 Tier3 标准，其特点是按 NMOG（Non-Methane Organic Gas，非甲烷有机气体）与 NO_x 的总和进行排放限制，其平均排放限值是从 2017 年的 64mg/km 逐渐过渡到 2025 年的 31mg/km（SFTP 测试循环）。

加利福尼亚州是美国唯一被授权制定地方排放法规的州，其排放法规由本州的大气资源局（CARB）负责制定，通常比美国联邦排放法规更严格。其他州则可以选择实施美国联邦排放法规或加州排放法规。CARB 制定的第二阶段低排放汽车排放标准（LEV Ⅱ）的实施期限为 2004 年—2010 年，其中对车的质量低于 8500lb（3856kg，1lb＝0.45359237kg）的轻型货车和中型汽车进行了重新分类。LEV Ⅱ 对汽油车和柴油车采用同一限值，相比 LEV Ⅰ，它对 NO_x 和 PM 限值的要求更严，只有采用先进排放控制技术（如微粒滤清器和 NO_x 还原催化剂）的汽车才能满足这一标准。2017 年—2025 年，加州开始分阶段实行 LEV Ⅲ 加州排放标准，其限值与 Tier3 标准非常相近。

（2）欧洲排放法规　欧洲现行的轻型车排放测试循环（ECE-15＋EUDC）如图 10-22 所示，它由若干等加速、等减速、等速和怠速工况组成。该测试循环分为两部分，第一部分也称为城市工况（City Cycle），由重复 4 次的 15 工况（ECE-15）构成，它是在 1970 年模拟市内道路行驶状况时制定的；第二部分是于 1992 年增加的反映城郊高速公路行驶状况的城郊工况（Extra Urban Driving Cycle，EUDC），最高车速被提高到 120km/h（对于功率小于 30kW 的小型汽车可降为 90km/h）。

当前的欧洲（欧盟）乘用车排放标准见表 10-5。

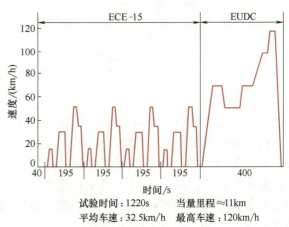

图 10-22 欧洲测试循环（ECE-15＋EUDC）

表 10-5 欧洲（欧盟）乘用车排放标准（M[①]类）

等级	实施日期	CO/(g/km)		THC/(g/km)		NMHC/(g/km)		NO$_x$/(g/km)		(HC+NO$_x$)/(g/km)		PM/(g/km)		PN[③]/(个/km)	
		CI	SI	CI	SI	CI	SI	CI	SI	CI	SI	CI	SI	CI	SI
欧Ⅰ	1992.07	2.72(3.16)		—		—		—		0.97(1.13)[④]		0.14(0.18)[④]		—	
欧Ⅱ	1996.01	1.0	2.2	—		—		—		0.7	0.5	0.08		—	
欧Ⅲ	2000.01	0.64	2.3	—	0.20	—		—	0.15	0.56		0.05		—	
欧Ⅳ	2005.01	0.5	1.0	—	0.10	—		0.25	0.08	0.30		0.025		—	
欧Ⅴ	2009.09	0.5	1.0	—		—	0.068	0.18	0.06	0.23		0.005	0.005[②]	6×10¹¹	
欧Ⅵ	2014.09	0.5	1.0	—	0.10	—	0.068	0.08	0.06	0.17		0.005	0.005[②]	6×10¹¹	

注：CI—柴油车；SI—汽油车；THC—总碳氢；NMHC—非甲烷碳氢化合物。
① 在欧Ⅴ之前，乘用车质量大于2500kg的，按轻型商用车 N_1-Ⅰ 进行形式论证。
② 仅用于缸内直喷汽油机。
③ 缸内直喷汽油机的PN数量限值于2014年9月前确定并在欧Ⅵ生效。
④ 括号限值用于产品一致性。

（3）日本排放法规 日本轻型车排放法规采用 10-15 工况测试循环，如图 10-23a 所示。2005 年的排放法规引入新的 JC08 工况测试循环（图 10-23b），并从 2011 年开始完全采用。10-15 工况测试循环类似新欧洲测试循环，其循环里程为 4.16km，其平均车速为 22.7km/h，持续时间为 660s。JC08 工况测试循环代表拥堵城市行驶工况，包括怠速和频繁的加、减速工况，持续时间为 1204s，循环里程为 8.171km，平均车速为 24.4km/h，最高车速为 81.6km/h，负荷率为 29.7%。测试循环进行两次，一次是冷起动，另一次是热起动。

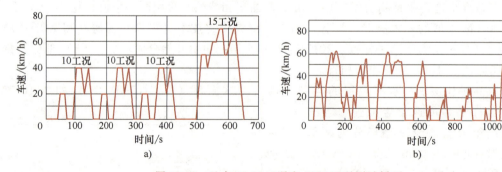

图 10-23 日本 10-15 工况和 JC08 工况测试循环
a) 10-15 工况 b) JC08 工况

（4）我国排放法规 我国最新排放法规的制定改变了以往等效转化欧洲排放标准的方式，而是邀请汽车行业全程参与编制，并充分吸取专家学者和企业界的意见和建议。在综合分析汇总了 8600 种国Ⅴ车型排放数据，并调查了 50 万辆轻型车行驶里程情况后，最终制定了新的排放法规，即 2020 年 7 月 1 日起实施的 GB 18352.6—2016《轻型汽车污染物排放限值及测量方法（中国第六阶段）》（国Ⅵ标准），原有的 GB 18352.5—2013（国Ⅴ标准）同时废止。

此次轻型车国Ⅵ标准采用分步实施的方式，设置国Ⅵa和国Ⅵb两个排放限值方案，分别于 2020 年和 2023 年分步实施，见表 10-6。

表 10-6 轻型车国Ⅵ标准的排放限值

车辆类别		测试质量(TM)/kg	限值						
			CO/(mg/km)	THC/(mg/km)	NMHC/(mg/km)	NO_x/(mg/km)	N_2O/(mg/km)	PM/(mg/km)	PN[①]/(个/km)
第一类车		全部	700(500)	100(50)	68(35)	60(35)	20	4.5(3.0)	$6.0×10^{11}$
第二类车	Ⅰ	TM≤1305	700(500)	100(50)	68(35)	60(35)	20	4.5(3.0)	$6.0×10^{11}$
	Ⅱ	1305<TM≤1760	880(630)	130(65)	90(45)	75(45)	25	4.5(3.0)	$6.0×10^{11}$
	Ⅲ	1760<TM	1000(740)	160(80)	108(55)	82(50)	30	4.5(3.0)	$6.0×10^{11}$

注：1. 国Ⅵ的 a、b 两个阶段的不同限值用括号区别，括号里为 b 阶段限值，未加括号的表明两阶段限值相同。
2. 汽油车和柴油车统一限值。

① 2020 年 7 月 1 日前，汽油车过渡限值为 $6.0×10^{12}$ 个/km。

我国排放法规的测试循环主要参照欧洲标准测试循环。例如，国Ⅳ和国Ⅴ采用了新欧洲测试循环（New European Driving Cycle，NEDC），它由 ECE-15 循环和 EUDC 循环两部分组成。而现行的轻型车国Ⅵ排放法规采用了世界统一轻型车测试循环（Worldwide harmonized Light vehicles Test Cycle，WLTC）。WLTC 由欧洲、日本和美国等地区及国家的专家共同制定，它根据功率质量比（发动机额定功率除以车辆整备质量，用 PMR 表示）将车辆分为 3 个级别并对应 6 种试验循环，见表 10-7。

表 10-7 WLTC

级别	功率质量比	最大设计车速	行驶循环
Class 1	PMR≤22	<70km/h	低速阶段+低速阶段
		≥70km/h	低速阶段+中速阶段
Class 2	22<PMR<34	<90km/h	低速阶段+中速阶段+低速阶段
		≥90km/h	低速阶段+中速阶段+高速阶段
Class 3	PMR≥34	<135km/h	低速阶段+中速阶段+高速阶段+低速阶段
		≥135km/h	低速阶段+中速阶段+高速阶段+额外高速阶段

WLTC 对于车辆的性能进行了充分的考虑，对不同 PMR 的车辆给予更合理的试验循环，客观反映了车辆实际行驶时的排放状况。它分为 WLTC-Class 1，WLTC-Class 2，WLTC-Class 3 三级，图 10-24 只列出了 6 种试验循环中的 3 种。

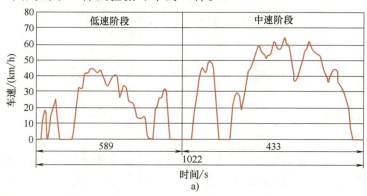

图 10-24 WLTC 测试的三种循环工况
a) Class 1 循环

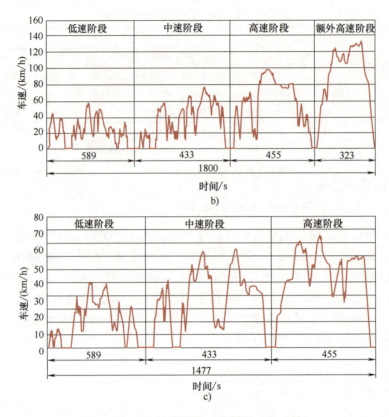

图 10-24　WLTC 测试的三种循环工况（续）
b) Class 2 循环　c) Class 3 循环

（5）各种排放法规的对比　美国、欧洲、日本轻型车排放测试循环的主要参数对比见表 10-8。从最高车速和平均车速来看，欧洲最高，日本最低；从总行驶距离和总循环时间来看，日本最短，这会使最难解决的冷起动排放所占的比例增大；从循环模式来看，欧洲和日本的测试循环由一系列等加减速和等速工况组成，相对简单，而 FTP-75 工况最复杂，速度变化大，操作较困难。

表 10-8　美国、欧洲、日本轻型车排放测试循环的主要参数对比

测试循环	FTP-75	ECE-15+EUDC	10-15 工况
总行驶距离/km	17.9	11	4.16
平均车速/(km/h)	31.7	32.5	22.7
最高车速/(km/h)	91.2	120(90)	70
总循环时间/s	1877	1220	660

2. 重型车排放法规

重型车排放法规因制定及使用的地区不同而不同。

（1）美国　美国联邦法规定义的重型车的整车质量为 8500lb（1lb=450g）以上，而加州法规定义的整车质量为 14000lb 以上。2000 年 12 月 21 日，美国 EPA 颁布了 2007 年及以后的重型车用柴油机排放标准，排放限值要求进一步提升，如 PM 为 0.01g/（马力·h）（1 马力·h=2.648MJ，1 马力=735.499W），NO_x 为 0.20g/（马力·h），非甲烷碳氢 NMHC

排放为 0.14g/(马力·h)。其中，PM 排放标准从 2007 年起完全实施；NO_x 和 NMHC 排放标准从 2007 年到 2010 年逐步实施。CARB 实际上从 2001 年 10 月就开始采用 2007 年的重型车排放标准。由于现有的美国联邦法规要求采用发动机台架测试进行重型柴油车的形式认证（整车质量低于 14000lb 的柴油车可以选择转鼓测试），排放标准限值用 g/(马力·h) 表示。

美国重型柴油车测试工况为瞬态 FTP 循环，相对转矩和相对转速的变化如图 10-25 所示。该循环由四段组成，第一段是纽约非高速（NYNF）段，代表频繁起停的城市行驶工况；第二段是洛杉矶非高速（LANF）段，代表城市拥堵但很少起停的行驶工况；第三段是洛杉矶高速（LAFY）段，模拟高速公路拥堵路况；第四段是重复第一段的纽约非高速（NYNF）段。循环平均负荷率为 20%~25%。进行两次循环测试，第二次循环测试是在第一次循环测试完成后 20min 再热起动完成。循环当量车速约为 30km/h，当量行驶里程为 10.3km（1200s 循环运行时间）。

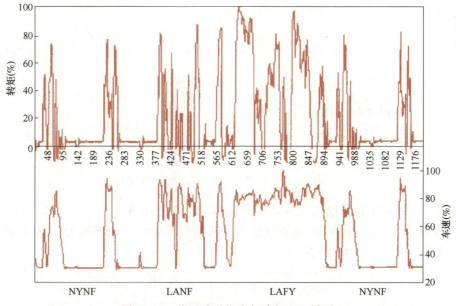

图 10-25　美国重型柴油车瞬态 FTP 循环

美国联邦法规和加州法规要求所有发动机制造商分别从 2005 年和 2007 年开始进行补充排放测试（SET）和工况区不超标（NTE）测试。SET 主要控制长途运输车辆在高速公路稳态行驶的排放，而 NTE 主要控制在用柴油车在实际道路行驶条件下的排放。

(2) 欧洲　欧洲（欧盟）重型车是指整车质量超过 3500kg 的柴油车或由火花点火式发动机（燃料为汽油、天然气和液化石油气等）驱动的车辆。从欧Ⅰ到欧Ⅱ排放标准，重型车用柴油机排放测试采用由 13 个工况组成的稳态测试循环（ECER-49）。从欧Ⅲ排放标准开始，这种测试循环被欧洲稳态循环（ESC）取代，并增加了负荷响应（ELR）循环，对带先进后处理装置的柴油机还要增加瞬态循环（ETC）。欧Ⅳ及之后排放标准要求柴油机全部采用 ESC、ELR 和 ETC 测试循环。对于火花点火式气体发动机，从欧Ⅲ排放标准开始就采用 ETC 循环。

如图 10-26 所示，ESC 的测试转速有 3 个，以发动机外特性曲线上功率为 50% 额定功率时对应的转速为 0，以高于额定转速且功率降至 70% 额定功率时对应的转速为 100% 转速，则 3 个测试转速 A、B 和 C 分别为该转速区间内的 25%、50% 和 75% 转速（图 10-26a）。在 A、B 和 C 转速下各取 4 个工况点，加上怠速工况，构成 13 个测试工况点。在稳态条件下（怠速工况 4min，其他工况 2min）测试各点的排放，分别乘以各自的加权系数（图 10-26b 中各点的百分数），求和后获得 ESC 排放结果。

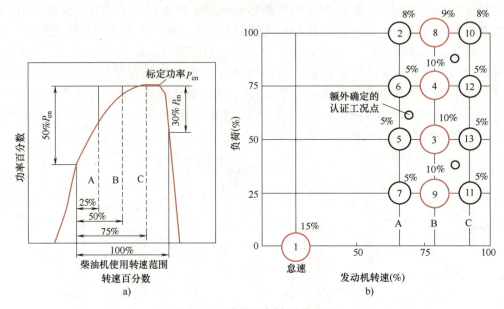

图 10-26　欧洲稳态循环（ESC）
a）测试转速选取　b）测试工况点及其加权系数

ELR 循环主要用于评价动态烟度特性。试验时，在上述 A、B、C 三个转速以及随机抽检转速 D 的条件下，从 10% 负荷开始突然将加速踏板踩到底，用不透光式烟度计测量此过程中的烟度最大值，如图 10-27 所示。

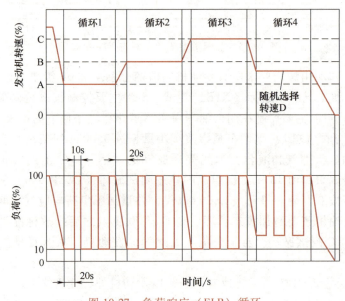

图 10-27　负荷响应（ELR）循环

ETC 主要用于评价瞬态工况的排放特性，它模拟的是重型柴油车的实际道路行驶状况，如图 10-28 所示。图 10-28a、b 分别表示发动机相对转速（转速 n 与额定转速 n_{rated} 之比）和相对转矩（转矩 T_{tq} 与最大转矩 T_{tqmax} 之比）随时间的变化。从图 10-28 中可以看出，ETC 测试中的发动机转速和转矩均快速变化，对发动机排放控制系统的瞬态工况控制特性要求较高。

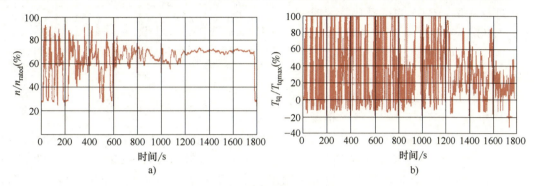

图 10-28　欧洲瞬态循环（ETC）

a）相对转速　b）相对转矩

随着环保呼声日益高涨，排放标准日趋严格，详见表 10-9。

表 10-9　欧洲重型车用柴油机排放限值

测试循环	排放物类别及单位	单位	排放阶段及实施年份					
			欧 I	欧 II	欧 III	欧 IV	欧 V	欧 VI
			1992 年	1996 年	2000 年	2005 年	2009 年	2014 年
ESC	CO	g/(kW·h)	4.50	4.40	2.10	1.50	1.50	1.50
	THC	g/(kW·h)	1.10	1.10	0.66	0.46	0.46	0.13
	NO_x	g/(kW·h)	8.00	7.00	5.00	3.50	2.00	0.40
	PM	g/(kW·h)	3.60	0.15	0.10	0.02	0.02	0 01
	NH_3	10^{-6}	—	—	—	25	25	10
	PN	个/km	—	—	—	—	—	—
	CO_2、FC	g/(kW·h)	—	—	—	—	—	—
	NO_2	g/(kW·h)	—	—	—	—	—	—
ETC	CO	g/(kW·h)	—	—	5.4	4.00	4.00	4.00
	THC	g/(kW·h)	—	—	—	—	—	0.16
	NMHC	g/(kW·h)	—	—	0.78	0.55	0.55	—
	CH_4	g/(kW·h)	—	—	1.60	1.10	1.10	—
	NO_x	g/(kW·h)	—	—	5.00	3.50	2.00	0.40
	PM	g/(kW·h)	—	—	0.16	0.03	0.03	0.01
	NH_3	10^{-6}	—	—	—	25	25	10
	PN	个/km	—	—	—	—	—	—
	CO_2、FC	g/(kW·h)	—	—	—	—	—	—
	非常规污染物	g/(kW·h)	—	—	—	—	—	—

（3）日本 日本从 2005 年开始对重型柴油车排放测试采用 JE05 瞬态循环（热起动），如图 10-29 所示，在 2005 年之前则采用稳态的 13 工况或 6 工况法进行测试。JE05 测试循环持续时间约为 1800s，平均车速为 26.94 km/h，最高车速为 88 km/h。如果用发动机台架进行测试，必须基于 JE05 循环工况转换为发动机转矩-转速-时间数据。

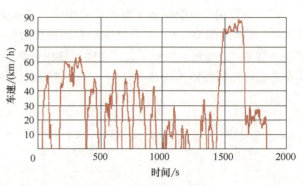

图 10-29　日本 JE05 瞬态循环

（4）中国 我国于 1983 年颁布了柴油车自由加速烟度排放标准，并于 1993 年对该标准进行了一次修订，加严了标准限值。之后，我国又于 2001 年颁布了柴油机工况法排放标准（GB 17691—2001），参照欧盟 91/542/EEC 指令制定了对压燃式发动机 CO、HC、NO_x 和颗粒物排放同时进行控制的污染物排放标准。2000 年执行国 Ⅰ 排放标准，2003 年执行国 Ⅱ 排放标准，测试工况为 R49。从 2005 年颁布的国 Ⅲ、国 Ⅳ 和国 Ⅴ 排放标准（GB 17691—2005）开始，采用 ESC、ETC 和 ELR 循环进行测试。表 10-10 和表 10-11 给出了以往中国重型车排放法规的限值和实施时间。

表 10-10　ESC 和 ELR 测试排放限值　　　[单位：g/(kW·h)]

标准等级	实施日期	测试循环	CO	HC	NO_x	PM	碳烟
国 Ⅰ	2000.09.01	R49	4.5	1.1	8.0	0.36	
国 Ⅱ	2003.09.01		4.0	1.1	7.0	0.15	
国 Ⅲ	2007.01.01	ESC、ELR	2.1	0.66	5.0	0.10,0.13①	0.8
国 Ⅳ	2010.01.01(带 OBD)		1.5	0.46	3.5	0.02	0.5
国 Ⅴ	2012.01.01(带 OBD)		1.5	0.46	2.0	0.02	0.5
EEV②			1.5	0.25	2.0	0.02	0.15

① 针对每缸排量小于 0.75L 和额定转速大于 3000r/min 的发动机。
② EEV 为环境友好车辆，其限值为非强制性要求，制造和使用满足该要求的汽车应受到鼓励。

表 10-11　ETC 测试排放限值　　　[单位：g/(kW·h)]

标准等级	实施日期	CO	NMHC①	$CH_4$②	NO_x	PM③
国 Ⅲ	2007.01.01	5.45	0.78	1.6	5.0	0.16,0.21④
国 Ⅳ	2010.01.01(带 OBD)	4.0	0.55	1.1	3.5	0.03
国 Ⅴ	2012.01.01(带 OBD)	4.0	0.55	1.1	2.0	0.03
EEV⑤		3.0	0.40	0.65	2.0	0.02

① NMHC 为非甲烷碳氢化合物。
② 仅针对 NG 发动机。
③ 不适用于第 Ⅲ、Ⅳ 和 Ⅴ 阶段的燃气发动机。
④ 针对每缸排量小于 0.75L 和额定转速大于 3000r/min 的发动机。
⑤ EEV 为环境友好车辆，其限值为非强制性要求，制造和使用满足该要求的汽车应受到鼓励。

国Ⅵ排放标准采用世界统一稳态测试循环（World Harmonized Steady-state Cycle，WHSC）和世界统一瞬态测试循环（World Harmonized Transient Cycle，WHTC）。

WHSC 与 ESC 都选择具有代表性的 13 个工况进行测试，但是在运行参数、排气温度等方面又有较大不同。图 10-30 所示为 ESC 和 WHSC 工况的分布比较。

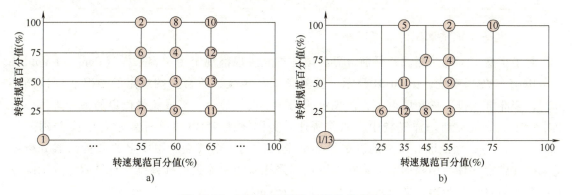

图 10-30　ESC 和 WHSC 工况的分布比较
a）ESC　b）WHSC

通过比较可以看出，ESC 的转速选择范围较窄，并且 3 个转速都是中高转速，在每个转速下分别进行低、中、高负荷的测试；而 WHSC 的转速范围明显更宽，并且低于 50% 最大净功率转速的低转速工况有 6 个，比例将近 50%，体现了对低转速工况的侧重。此外，WHSC 在工况转矩的设定上还避免了 ESC 每个转速平均排布转矩的做法，如对 25% 低速工况和 75% 高速工况，只是有选择地分别测量它们的低或高负荷，增强了工况的代表性。WHSC 的平均转速为 ESC 的 75%，平均转矩为 ESC 的 49%，平均功率为 ESC 的 36%，明显体现了对低速低负荷工况的侧重，这将导致排气温度的降低和排放污染物（尤其是 NO_x）的小幅度增加。

WHTC 与 ETC 都是在 1800s 逐秒变化的瞬态工况，但它们在工况的分配、平均排温等方面存在明显不同。在 ETC 的工况中，前 600s 为城市道路工况，600~1200s 为乡村道路工况，1200~1800s 为高速公路工况，各占全部工况的三分之一。而在 WHTC 的工况中，城市工况占 49.6%，郊区工况占 26%，高速工况占 24.3%。同时，WHTC 还要求分别进行冷起动与热起动测试，首先在不对发动机进行预热的情况下直接运行测试循环，检测冷起动条件下的排放变化，然后对发动机进行 10±1min 的热浸（Hot Soak），执行热起动条件下的测试循环，最终的测试结果按下式计算：

$$\text{WHTC 试验结果} = \frac{0.14 \times m_\text{cold} + 0.86 \times m_\text{hot}}{0.14 \times W_\text{act,cold} + 0.86 \times W_\text{act,hot}} \tag{10-8}$$

式中　m_cold——冷起动循环各排放物组分的质量（g/循环）；
　　　m_hot——热起动循环各排放物组分的质量（g/循环）；
　　　$W_\text{act,cold}$——冷起动循环的实际循环功（kW·h）；
　　　$W_\text{act,hot}$——热起动循环的实际循环功（kW·h）。

ETC 与 WHTC 在平均转速方面差别很小，但在平均转矩方面有明显不同。ETC 中的工况平均转矩较大，负荷较高，而 WHTC 的平均转矩明显较小，侧重低负荷工况，因而使

WHTC 的平均功率只有 ETC 的 62%，并且从排温来看，在大部分循环时间里，WHTC 的排温都低于 ETC，不利于 SCR 工作，导致 NO_x 排放偏高。因此，世界统一测试循环的引入要求发动机排放后处理系统具有更好的低温性能。

三、排放检测的取样系统

1. 轻型车工况法测试的取样系统

对于轻型车工况法测试，目前世界各国的排放法规都规定用定容采样（Constant Volume Sampling，CVS）系统，图 10-31 所示。被测车辆在转鼓试验台上按规定的工况法测试循环运转，全部排气排入稀释风道中，按规定的比率与空气混合，形成流量恒定的稀释排气，将其中一小部分收集到采样气袋中。如前所述，美国 FTP-75 测试循环要求各阶段分别采样（即 3 个气袋），而欧洲和日本的测试循环则全部采用 1 个气袋。用规定的分析仪器分析测量采样气袋中各种污染物的浓度，在乘以定容采样系统中流过的稀释排气总量后，分别除以测试循环的总行驶距离，即可得到比排放量（g/km）。

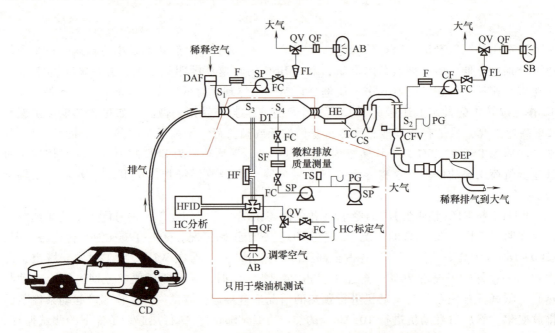

图 10-31 用于轻型车工况法测试的定容采样系统（CFV/CVS 系统）

CD—底盘测功机　AB—空气取样袋　CF—积累流量计　CFV—临界流文杜里管　CS—旋风分离器
DAF—稀释空气滤清器　DEP—稀释排气抽气泵　DT—稀释风道　F—滤清器　FC—流量控制器
FL—流量计　HE—换热器　HF—加热滤清器　PG—压力表　QF—快接管接头　QV—快速作用阀
$S_1 \sim S_4$—取样探头　SB—稀释排气取样袋　SF—测量微粒排放质量的取样滤清器
SP—取样泵　TC—温度控制器　TS—温度传感器

底盘测功机按吸收功率的方式可分为水力测功机和电力测功机，按转鼓个数可分为单鼓（1 鼓）和双鼓（2 鼓），其特点见表 10-12。目前，日本和欧洲各国以单鼓电力测功机为主流，而美国正在从双鼓水力测功机向单鼓电力测功机转变。

表 10-12 底盘测功机的分类和特点

分类	转鼓数量	惯性控制方式	特点
水力测功机	2鼓（轴）	机械惯性	小型、价格低 行驶阻力设定精度低
电力测功机	2鼓（轴） 1鼓（轴）	机械惯性 机械/电力并用型 电力惯性	大型、价格高 行驶阻力设定精度高 可进行反拖运转

2. 发动机台架测试的采样系统

在发动机台架上进行排放测试时，一般采用直接采样分析方法，即被测样气不经稀释直接进行分析。为了防止一些气体成分在常温下发生冷凝，必须对采样管等部分加热。在图 10-32 所示的加热采样系统中，用氢火焰离子分析仪 HFID 检测 HC 时，包括取样探头1、粗滤器2、逆向清扫系统3 和取样泵4 在内的取样系统都被加热并保持在150℃左右（汽油机）或 190℃以上（柴油机）。

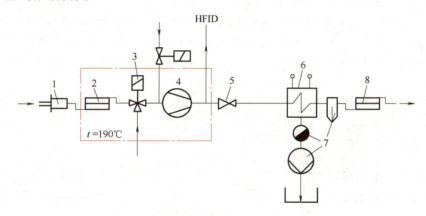

图 10-32　加热采样系统

1—取样探头　2—粗滤器　3—逆向清扫系统　4—取样泵
5—减压器　6—气样冷却器　7—冷凝液分离器　8—细滤器

四、有害气体成分分析

目前，用于汽车气体排放污染物分析的方法主要有三种，分别如下：①用不分光红外分析仪（Non-Dispersive Infrared Analyzer, NDIR）测量 CO 和 CO_2；②用氢火焰离子分析仪（Hydrogen Flame Ionization Detector, HFID）测量 HC；③用化学发光分析仪（Chemiluminescent Detector, CLD）测量 NO_x。世界各国在其工况法检测标准中都严格规定必须采用上述测试方法，但在怠速法检测标准中略有不同，可以用不分光红外法测量 CO、CO_2 和 HC。在试验研究中，对排气气体的成分和浓度分析可采用气相色谱仪（Gas Chromatography, GC）。上述分析方法及其原理在相关排放专著中均有详细介绍。

五、微粒及烟度的测量

柴油机排放的微粒和黑烟虽然是两个不同的测量指标，但两者有着密切的关系。如前所述，微粒是由碳烟、可溶性有机物 SOF 和硫酸盐构成的。由于中高负荷时碳烟所占比率很大，表征碳烟多少的排气烟度测量长期得到广泛应用。尽管排放法规中主要着眼于微粒排放限制，但因其设备复杂昂贵、测量烦琐而难以普及，目前主要用于排放法规检测试验。

1. 柴油机排气微粒的采集

微粒的采集系统可分为两种，即全流式稀释风道采样系统和分流式稀释风道采样系统。前者将全部排气引入稀释通道里，测量精度高，但整个系统的体积大、价格昂贵；后者仅将部分排气引入稀释风道中，因而系统体积较小。美国轻型车和重型车用柴油机排放法规以及欧洲轻型车排放法规规定用全流式稀释风道测量柴油机微粒排放。而在欧洲重型车用柴油机排放法规及我国2000年以后的排放法规中，全流式和分流式两种类型都允许使用。

图10-33所示为分流式微粒采集系统示意图，该系统装有排放法规所规定的定容采样装置CVS。在CVS抽气泵的作用下，环境空气经空气滤清器以恒定容积流量进入稀释风道。发动机排出的废气进入稀释风道，与空气混合形成稀释样气，稀释比一般为8~10，温度控制在50℃左右。这种稀释方法模拟由汽车排气管排出的废气在实际环境空气中的稀释情况，可以防止HC的凝结。在距排气管入口处10倍稀释风道直径的地方，稀释样气在微粒取样泵的抽吸下以一定的流速流过微粒收集滤纸（一般为直径等于0.47μm的聚四氟乙烯树脂滤纸），使微粒过滤到滤纸上。为了保证试验精度，微粒采样系统往往并联设置两套。

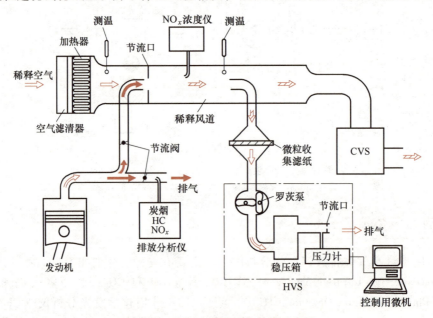

图10-33 分流式微粒采集系统示意图

用微克级精密天平称得滤纸在收集前后的质量差，就可以得到微粒的质量，并根据需要计算出单位行驶里程的比排放量g/km（对于整车试验）或单位功的比排放量g/(kW·h)（对于柴油机试验）。

2. 微粒成分的分析

在研究工作中，经常要对微粒的成分进行分析，以确定其产生的原因，常用以下方法：①将SOF从微粒中分解出来的索格利特（SE）萃取法；②将可挥发部分（VOC）从微粒中分解出来的热解质量分析法（TG）；③用二甲基丙酮溶液或水分解出硫酸盐。可挥发部分（VOC）与可溶性有机成分（SOF）的区别在于SOF中只有高沸点的HC，而VOC中还包括硫酸盐。

通过液相色谱仪对分解出的SOF可以做进一步的详细分析，以弄清各种HC的来源。一般认为，低于C_{19}的HC来自燃油，高于C_{20}的HC则来自机油。如果将色谱仪与质谱仪连用（色质联机分析GC-Ms），则可对复杂有机物进行更详细的分析。

3. 烟度的测量

烟度的测量方法主要有两类，其中一类是根据收集黑烟的滤纸表面对光的反射率来测量烟度，即滤纸法或反射法；另一类是根据光从排气中透射的程度来确定烟度，即透光法或消光法。

（1）博世（Bosch）烟度计 最早问世的博世烟度计是目前使用相当广泛的一种烟度计，它主要由定容采样泵和检测仪两部分组成。首先由定容采样泵从排气中抽取一定容积的样气（一般为330mL），当样气通过滤纸时，其中的碳烟被收集到滤纸上；然后利用图10-34所示的检测仪测量滤纸黑度。当光源的光线射向滤纸时，一部分光线被滤纸上的碳烟吸收，另一部分光线被反射到环形光电管上并产生光电流。光电流的大小反映了滤纸反射率的大小，滤纸黑度越高，代表其反射率越低。检测结果以波许烟度单位（BSU）表示，0为无污染滤纸的黑度，10为全黑滤纸的黑度。

博世烟度计结构简单、使用方便，可用于碳烟的质量测量，但不能用于变工况下的瞬态测量，也不能测量蓝烟和白烟。

（2）冯布兰德（Von Brand）烟度计 冯布兰德烟度计也是一种滤纸式烟度计，与博世烟度计的不同之处在于它采用带状纸滤纸，可以自动进行送纸、抽气、过滤碳烟、检测滤纸黑度及清洗等测试过程，因而可以实现烟度的连续和自动测量。

（3）哈特里奇（Hartridge）烟度计 哈特里奇烟度计是一种典型的透光式烟度计，其基本结构如图10-35所示。测量前，将转换手柄5转至校正位置（光源1和光电池4位于图中虚线所示位置），鼓风机7将干净的空气引入校正管，对烟度计进行零点校正。之后，将转换手柄5转至测量位置（光源1和光电池4位于图中实线所示位置），让被测排气连续不断地流过排气测试管3，光电检测单元即可连续测出排放气体对光源发射光的透光度（或衰减率）。测出透光度，即可知道消光度和消光系数。一般用消光系数K作为透光式烟度计的检测量。

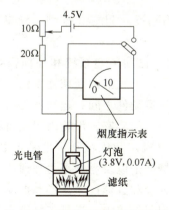

图10-34 博世烟度计的检测仪

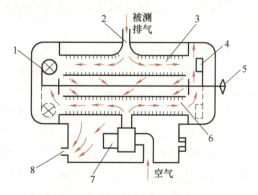

图10-35 哈特里奇烟度计的基本结构

1—光源 2—排气入口 3—排气测试管 4—光电池
5—转换手柄 6—空气校正器 7—鼓风机 8—排气出口

哈特里奇烟度计可以进行连续测量，以研究柴油机的瞬态碳烟排放特性并按排放法规要求测量加速烟度。这种方法不仅能测量黑烟的烟度，也能测量排气中含水蒸气和油雾等成分的烟气，如汽车冷起动时的白烟或窜机油时的蓝烟。黑烟、蓝烟和白烟都属于可见排放污染物。我国2000年以后实施的新法规对可见排放污染物的测量方法和限值提出了新要求。

美国EPA还推荐使用另外一种透光式烟度计——PHS烟度计，它与哈特里奇烟度计的测量原理基本相同。两者的主要区别是PHS烟度计将全部排气导入测量系统，而哈特里奇烟度计仅将部分排气导入测量系统。

4. 曲轴箱排放物和蒸发排放物的测量

现代发动机不允许出现曲轴箱排放物。对此，既可在常用工况下测量曲轴箱内的压力，不得超过当时的大气压力，也可用气袋测量曲轴箱唯一通气孔处的漏气情况，不得有任何漏气。

蒸发排放物可以用收集法测量，即用活性炭罐收集燃油系统与大气连接界面处的蒸发燃油量。随着汽油车蒸发排放物的减少，收集法已被更精确的密闭室法（Sealed Housing for Evaporative Determination，SHED）所代替。该方法把装有汽油机的汽车放置在密闭室内，经规定的测试程序后，用HFID测定室内HC含量的增量，即可算出汽车的HC总蒸发量。

第四节　柴油机的噪声

不同频率和强度的声音无规则地组合在一起就是噪声。噪声对人和环境均有影响，如影响人们休息，降低工作效率，损伤听觉。因此，噪声被看作社会公害之一，称为噪声污染。有关国际标准规定，城市住宅噪声的容许声级白天为42dB，夜间为37dB。

随着汽车保有量的日益增多，车辆的噪声已成为城市的主要噪声源，占城市环境噪声的30%~50%，而其最终源头就是发动机。因此，了解发动机噪声的来源、成因是相当有意义的。

一、噪声概述

噪声是由振动产生的，振动取决于激振力特性和激振系统的结构响应特性。发动机噪声的产生机理为激振力（燃烧、机械）→结构响应（结构刚度、阻尼、振型、频率）→辐射噪声。

发动机的噪声源按发生机理大致可分为内部激振力、振动传递系统和外部辐射源三部分。内部激振力有燃烧激振力和机械激振力两种，前者是由于气缸内周期性变化的气体压力引起的，它主要由燃烧过程的燃烧压力决定；后者是由于运动件之间、运动件与固定件之间周期性变化的机械压力产生的，如活塞撞击气缸，进、排气门落座，齿轮因扭振而相互冲击等。燃烧和机械运动是相互关联、不可分割的，因此燃烧噪声和机械噪声也是难以分开的，燃烧噪声会影响机械噪声。由可燃混合气燃烧产生的燃烧冲击以及燃气压力和惯性力一起使活塞与气缸壁之间产生周期性的撞击，从而引起缸盖、缸套和缸体产生变形和振动。这种振动不仅使机体表面辐射出噪声，也将通过各种途径传递到气缸盖罩、进排气歧管、齿轮盖和油底壳等。这些零件以各自的固有频率振动，最终由发动机各表面振动辐射出噪声。因此，要想降低发动机噪声，必须采取减小激振力、降低传递途径的传递率和其他减振措施。

1. 发动机噪声限值

GB/T 14097—2018《往复式内燃机噪声限值》按发动机噪声大小，将发动机划分为 4 个等级，其中噪声最低为 1 级噪声发动机（Engine Noise Grade 1，ENG1），噪声最高为 4 级噪声发动机（Engine Noise Grade 4，ENG4）。所有运转工况的声功率级测定值均小于或等于其对应的 1 级声功率级限值的发动机被划分为 ENG1 发动机；所有运转工况的声功率级测定值均小于或等于其对应的 2 级声功率级限值，且至少 1 个工况的声功率级测定值大于其对应的 1 级声功率级限值的发动机被划分为 ENG2 发动机；所有运转工况的声功率级测定值均小于或等于其对应的 3 级声功率级限值，且至少 1 个工况的声功率级测定值大于其对应的 2 级声功率级限值的发动机被划分为 ENG3 发动机；至少 1 个工况的声功率级测定值大于其对应的 3 级声功率级限值的发动机被划分为 ENG4 发动机。

各噪声等级发动机的 A 计权声功率级限值 L_{WGN} 由下式求得：

$$L_{WGN} = 10\lg\left[\left(\frac{P_e}{P_{e0}}\right)^{\alpha}\left(\frac{n_P}{n_{P0}}\right)^{\beta}\right] + 10\lg\left(\frac{n}{n_0}\right)^{\gamma} + C + 3(N-1) \tag{10-9}$$

式中　P_e——发动机额定功率（kW）（基准值：$P_{e0}=1$kW）；

　　　n_P——发动机额定功率对应转速（r/min）（基准值：$n_{P0}=1$r/min）；

　　　n——各测试工况发动机转速（r/min）（基准值：$n_0=1$r/min）；

　　　α、β、γ——指数，见表 10-13；

　　　C——常数（dB），见表 10-13；

　　　N——噪声等级的序数（1 级，$N=1$；2 级，$N=2$；3 级，$N=3$）。

噪声测量工况对于车用发动机规定按外特性工况运转，优先选用稳态转速工况，转速间隔按 400r/min、200r/min、100r/min、50r/min、25r/min 数系选择，运转工况的数目至少为 6 个，最好在 10 个以上。测量时，对发动机特定声源的处理及指数、常数的取值见表 10-13。

表 10-13　发动机特定声源的处理及指数、常数的取值

发动机类型	气缸数	冷却方式	特定声源的声学处理规定			指数			常数
			燃烧空气进口噪声	排气出口噪声	冷却风扇或鼓风机噪声	α	β	γ	C/dB
火花点燃式	多缸	水冷	不包含	不包含	不包含	0.75	-1.75	3.5	28.5
压燃式	多缸	水冷	不包含	不包含	不包含	0.75	-1.75	2.5	67.5

2. 发动机噪声源的分类

发动机噪声的来源主要有机械噪声、燃烧噪声、电磁异响和空气动力异响。

在一般情况下，只对燃烧噪声和机械噪声进行分析研究。在消声室内进行试验时，拆除风扇，进气从室外经大型消声器引入，排气也引出室外，并经消声处理，从而排除了气体动力噪声对发动机噪声的干扰。根据特殊要求，可以额外进行进排气噪声和风扇噪声等方面的试验研究工作。

二、影响机械噪声的主要因素

影响燃烧噪声的主要因素在第六章第一节中已有介绍，这里仅介绍影响机械噪声的主要因素。

发动机的机械噪声随转速的提高而迅速增强。随着发动机的高速化和噪声控制法规的不断强化，要想进一步降低发动机的噪声，主要的困难将是降低机械噪声。

发动机的机械噪声是由运动件互相撞击产生的，其中占主导地位的是由活塞、连杆、曲轴等大运动部件撞击气缸体产生的噪声，尤其以活塞对气缸壁的敲击影响最大。仅次于主要运动件的噪声源还有配气机构、齿轮系统及喷油泵等附件。

1. 活塞敲击噪声

活塞对气缸壁的敲击往往是发动机最强的机械噪声源。影响活塞敲击噪声的因素较多，如活塞间隙、活塞销孔偏移、活塞高度、活塞环数、缸套厚度、润滑条件、发动机转速和气缸直径等，现仅就活塞间隙、活塞销孔偏移和缸套厚度进行如下讨论。

相关试验证明，在活塞和气缸壁之间的间隙减小后，由于敲击强度降低，缸套及机体的振动也随之降低，因而可以降低活塞敲击噪声，如图 10-36 所示。在实际应用中，为了减小活塞间隙，应采取适当措施，以避免拉缸现象发生。

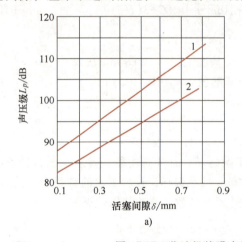
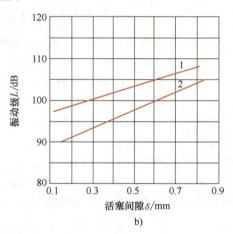

图 10-36 柴油机的噪声及振动随活塞冷态间隙的变化

a) 噪声　b) 振动

1—105mm 缸径单缸机　2—85mm 缸径单缸机

对活塞销孔进行偏移也可以降低活塞敲击噪声。应当注意的是，活塞销孔的偏移方向必须朝向主推力面。实践证明，当向相反方向偏移时，噪声非但不能降低，反而略有升高。活塞销孔偏移的效果与发动机转速有关。转速升高，效果相对减小，当转速超过某一定值时，几乎没有任何效果。

活塞敲击噪声主要是经过缸套传递的。因此，缸套的自振频率对活塞敲击噪声有显著影响，见表 10-14。由该表可知，缸套厚度增加时，自振频率提高，振动速度降低。图 10-37 所示为柴油机的振动及噪声随缸套厚度的变化情况。从中可以看到，缸套厚度增加 1 倍，可使柴油机噪声降低 3dB。

表 10-14 缸套厚度对振动的影响

缸套厚度/mm	自振频率/Hz	振动速度/(cm/s)	缸套厚度/mm	自振频率/Hz	振动速度/(cm/s)
3	1100	0.15	10	1450	0.05
5	1300	0.10	5（带加强筋）	1500	0.05

2. 配气机构噪声

由于存在气门间隙，在气门打开或关闭的瞬间，挺柱与推杆、推杆与摇臂以及摇臂与气门杆接触点上不可避免地会产生撞击；而在气门落座时，气门与气门座之间也会发生撞击。由于配气机构本身是一个弹性系统，在上述周期性撞击力的作用下产生振动，甚至在高速时造成气门跳动，这种跳动又进一步增加了上述撞击的次数和强度。这就是配气机构噪声产生的根源。

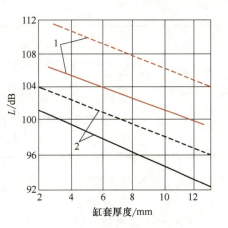

图 10-37　柴油机的振动及噪声随缸套厚度的变化情况

1—120mm 缸径单缸机　2—85mm 缸径单缸机
——噪声级　- - - 振动级

3. 齿轮噪声

齿轮传动的特点是轮齿的交替啮合，在啮合处存在滚动与滑动，不可避免地会产生齿与齿之间的撞击和摩擦，从而使齿轮本体及齿本身产生振动并产生噪声。

影响齿轮噪声的因素主要有齿轮圆周速度、齿轮的结构型式和尺寸、齿轮的材料和制造质量等。

4. 喷油泵的噪声

柴油机燃料供给系统的噪声主要是由喷油泵及高压油管的外表面产生的。喷油泵的噪声是柴油机主要的机械噪声之一。

喷油泵的噪声是由周期变化的柱塞上部的燃油压力、高压油管内的燃油压力和往复运动零件的惯性力产生的。喷油泵的泵体在这些力的作用下发生复杂的变形，使其外表面发生振动，辐射出噪声。

喷油泵噪声的强度及频谱特性与转速、泵内燃油的压力、供油量及喷油泵自身结构有关。为了降低喷油泵的噪声，应根据具体情况，采取不同的措施，如提高泵体的刚度、采用特种金属或塑性材料，甚至覆盖隔声罩盖等。

三、降低噪声的措施

降低噪声的主要措施见表 10-15。

表 10-15　降低噪声的主要措施

类别	内容	具体措施举例
激振源	控制燃烧，减小燃烧爆发压力	1. 提高缸内温度； 2. 延迟喷油； 3. 改变燃烧系统形式
	减小惯性力	1. 控制活塞平均速度； 2. 减小活塞等往复运动零件的质量； 3. 完全平衡
	减小激振力	1. 减少活塞撞击声（如减小气缸间隙、改进活塞等）； 2. 减少曲轴扭转振动； 3. 减小主轴承弯曲应力（如提高主轴承刚度、采用低刚度主轴承座等）； 4. 减少齿轮冲击噪声（如减小间隙等）

(续)

类别	内容	具体措施举例
变形、振动	使负荷均匀分散,加强机体等零件刚度	1. 改进机件设计; 2. 将缸盖和机体铸成一体; 3. 给气缸罩、油底壳、齿轮室盖加筋
隔声、防振	加隔声罩、涂层、防振支承及其他	1. 在机体侧壁加装罩盖,用双层油底壳; 2. 涂敷减振材料; 3. 进排气歧管采用防振支承; 4. 起动电机与机体间填充吸声材料

四、噪声的测量

噪声的主要测量项目为噪声级和噪声频谱,有时还需要测量指向性特征。噪声测量仪器由传声器、分析仪、记录仪三部分组成。常用的分析仪有声级计、频谱分析仪、实时频谱分析仪,记录仪有声级记录仪、数据处理器等。

1. 发动机的安装及测量工况

现行国家标准 GB/T 14097—2018《往复式内燃机 噪声限值》对噪声测量时发动机的安装和测量工况均有详细的规定,下面对其进行具体介绍。

(1) **发动机的安装要求** 测试用发动机必须安装在实验室的混凝土或沥青地面上,尽可能居中,使噪声按半球面辐射。当需要进行室外测量时,应保证环境条件不影响发动机的噪声源与传声器之间声音的传播,不增加背景噪声级,以满足声学测试环境的要求。

发动机应按正常使用情况决定是否采用与之配套的减振器。当不采用减振器而引起台架、基础振动辐射噪声时,可将其作为附加噪声处理,应使其影响减至最小。

由发动机台架试验所需的变速器和测功设备产生的噪声可作为附加噪声进行处理。为使其影响减至最小,允许采用低传声率、高密度材料作隔声处理。其他辅助装置应尽可能安置在测试环境之外,或在测试环境中作声学隔离。

在进行发动机台架试验时,对于主要附件产生的噪声是否属于测试要求的发动机整机噪声范围,应根据发动机实际使用中该附件是否贴近安装于发动机上的原则,并参考表10-16列出的规定来决定。此外,在进行进、排气噪声测量时,应安装与发动机配套使用的空气滤清器和排气消声器。

表 10-16 发动机主要附件噪声的规定

排气噪声		进气噪声	增压器扫气泵噪声	风扇噪声			空压机机械噪声	喷油泵化油器噪声	隔声罩屏障噪声
多缸机	单缸机			风冷机	水冷机	凝气冷机			
否	是	是	是	是	否	是	是	是	是

(2) **噪声的测量工况要求** 测量噪声时,发动机应在标定转速、标定功率工况下稳定运转。当需要测量其他稳定工况下的噪声时,应在测试报告中附加说明。

2. 噪声的测量方法

在对发动机噪声进行现场测量时,不同测量方法及各种因素会影响噪声测量结果的精度。为了提高测量的精确度,GB/T 14097—2018《往复式内燃机 噪声限值》对噪声测试的方法也给出了详细的规定,以消除不同因素的影响。发动机噪声测量又分为整机噪声测量和进、排气噪声测量及其他噪声测量,下面分别加以介绍。

(1) 整机噪声测量 一般所说的发动机噪声,是指发动机装有规定附件时的整机噪声,但对多缸机不包括排气噪声。测定时,需要用管道把排气引到室外或远处,并将其噪声作为背景噪声进行处理。

1) 测量场所。为了精确测量和研究噪声情况,最好是在下述专业声学实验室中进行。

① 全消声室。全消声室示意图如图10-38所示,其有内外两重墙壁,内壁的六面均铺有用吸音材料制成的尖劈,内室整个支承在许多弹簧上。这样不仅使室内声音全无反射,也能很好地隔绝来自外界的噪声及振动,因而是理想的声学实验室。在室内形成的自由声场,其

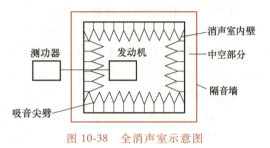

图10-38 全消声室示意图

噪声级衰减度与距离成逆平方律的对数关系,即距离增加一倍,声压级衰减6dB。这是检验是否存在自由声场的方法。

② 半消声室。除地面是全反射外(如采用水磨石地面),其余五个面均由吸音材料构成,与全消声室相同。半消声室造价较低,使用也方便。

③ 全反射室。全反射室也称为混响室,其所有壁面都是坚硬光滑的反射面,并将室内制成不规则形状,目的是取得更好的声反射效果,使声场中各点的声能密度相同。

建造上述专业声学实验室需要花费相当高的费用,对于一般企业和单位往往不易实现。因此,也可在具有平坦地面的室外开阔场地或符合规定条件的普通发动机台架实验室内进行噪声测量。

2) 测量表面和测量点布置。为了确定测量表面和测量点位置,可以略去辐射噪声不大的发动机凸出部分,将机器本体形状简化为矩形体作为基准体,并以距此基准体 d 距离的假想五面体的各面(不计底面)作为测量表面(图10-39)。测量表面积 S (m^2) 按下列公式计算:

$$S = 4(ab+bc+ca) \tag{10-10}$$

式中 $a = L_1/2 + d$,$b = L_2/2 + d$,$c = L_3 + d$;

L_1、L_2、L_3——基准体的长、宽、高(m);

d——测量点与基准体之间的距离(m)。

测量点与基准体间的距离 d 一般选用1.0m。测量点应均匀布置在测量表面上,这样能比较正确地反映整机的噪声情况。当背景噪声较高、房间混响较大时,可适当减小距离 d,但不要小于0.5m。

测量点的数量和位置根据发动机外形尺寸(或基准体的大小)和噪声辐射的空间均匀而定,测量点布置在机器四周和顶部。例如,当基准体长度 $L_1<2m$ 时,按工程法要求应布置9个测量点,而按简易法要求可布置5个测量点,如图10-39所示。

3) 测量。被测发动机应在规定工况下稳定运转。测量用传声器应正对发动机噪声源方向,即使声波入射角与标定传声器用入射角相同。声级计或其他测试仪器须用"慢"时间计权特征。根据测量要求,选择测试仪器的A声级、倍频带或1/3频带声压计。在每个测

量点位置上布置传声器进行测量,每次测量的观察时间不少于4s,对中心频率在160Hz以下的频带,观察时间应不少于30s,取观察时间内的平均指示值为测量值。

当观察时间内的声压级指示值摆动大于3dB,即发动机辐射非稳态噪声时,应使用具有较长时间常数的模拟仪器或数字式积分声级计进行测量。

在发动机运转测量的前后,应在发动机不运转时做背景噪声测量。

4)测试环境的修正。当发动机台架实验室的测试环境偏离理想测试环境时,须对测量结果进行修正。环境修正值K_2与A/S有关,其中A为测试环境的吸声量,S为测量表面积。

工程法要求$A/S>6$,则环境修正值$K_2<2.2dB$;准工程法要求$A/S>4$,则环境修正值$K_2<3.0dB$;简易法要求$A/S>1$,则环境修正值$K_2<7dB$。

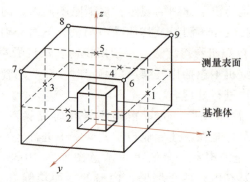
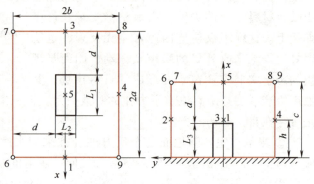

图10-39 基准体$L_1<2m$时的测量点位置($h=1/2c$)

1~9—工程法测量点编号　1~5—简易法测量点编号

由此可以看出,工程法的要求最严格,准工程法次之,简易法要求最低。

5)背景噪声的修正。背景噪声是指被测发动机完全停止发声时,周围环境的噪声。背景噪声会造成误差,因此必须进行修正,具体如下:

① 当测量点噪声的测量值与相应测量点的背景噪声的测量值之差大于10dB时,可不考虑背景噪声的影响。

② 当测量点噪声的测量值与相应测量点的背景噪声的测量值之差小于10dB时,应按表10-17进行背景噪声修正。

表10-17 背景噪声的修正　　　　　　　　　　（单位:dB)

发动机运转时噪声声压级与背景噪声声压级之差		<3	3	4	5	6	7	8	9	10	>10
从发动机运转时的噪声声压级中减去修正值K_1	工程法或准工程法	测量无效				1	1	1	0.5	0.5	0
	简易法	测量无效	3	2	2	1	1	1	0.5	0.5	0

此外,在进行发动机噪声测量时,在每个测量点位置上,要求风速应小于6m/s,否则不能进行测试。当风速大于1m/s时,传声器应使用防风罩。

(2)进、排气噪声及其他噪声的测量　在不带消声器的情况下,进、排气噪声是发动机最强的噪声源,一般作为单独项目进行测量。

对于进气噪声,可将传声器放在距进气口中心轴向1m处。至于排气噪声,其测量点可选在与管口成 45°的方向上，距管口 0.5~1m 处，但测量点到排气管口的距离应大于 3 倍的管口直径。传声器的承压面要朝向管口，但不要直冲气流。在测量排气噪声时，应将发动机噪声和进气噪声等作为背景噪声处理，并采取隔音或远离的措施。

若要了解发动机噪声对环境的污染，也可把测量点选在距该噪声源 5m、10m、50m 或需要了解的地点。对于街道上行驶的汽车、拖拉机等机动车辆，一般取距离车体中心线 7.5m、高出地面 1.2m 处为测量点进行测量。

为了测定发动机局部表面或某一部件的噪声，识别主要噪声源，可用以下方法：

1) 屏蔽法。用较厚的吸音材料将发动机整个表面覆盖起来，仅将欲测定的部分裸露或制成可开闭的"窗口"。若用铅板覆盖在发动机表面，下面衬以玻璃纤维等吸音材料，其隔声量可达 10~20dB。

2) 声导管法。声导管由一段开口的钢制导管、锥形吸声体、探管和耦连腔等组成（图 10-40）。测量时，将导管开口对准被测辐射表面，并保持很小的间隙，传声器则安置在耦连腔内，从而可以消除近场测量法中环境噪声的干扰，但要对测得的数据进行修正。

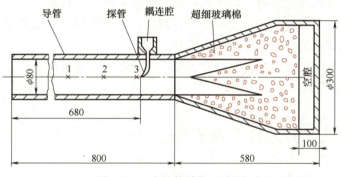

图 10-40　声导管结构示意图

思考题

1. 简述排放物的分类及危害。
2. 简述发动机排放物的处理措施。
3. 简述发动机噪声源的分类。
4. 简述降低噪声的措施。
5. 简述三种有害气体的形成机理。
6. 简述影响燃烧噪声的因素。
7. 简述混合气浓度对发动机排放的影响。
8. 简述有害气体的检测方法。

第十一章 发动机试验

发动机试验是考核发动机的动力性、经济性和工作可靠性以及检查整机和零部件的制造质量、可靠性和耐磨性等不可缺少的手段,也是研究、设计、制造新型发动机的一个重要环节。为了严格控制试验条件并按国家标准进行测试,应尽量模拟发动机在实际使用条件下的各种工况,发动机试验通常在试验台架上进行。

本章主要介绍发动机试验的种类及有关标准、功率与燃油消耗量的测量、发动机台架试验等内容。

第一节 发动机试验的种类及有关标准

一、发动机试验的种类

汽车发动机试验一般可分为常规试验和单项专题性研究试验两类。常规试验一般可分为性能试验和可靠性试验。对于发动机的常规试验,根据不同的对象,又可分为定型、验证和抽查三种类型。

性能试验适用于新设计或经过重大改进的发动机定型试验、转厂生产的发动机验证试验以及现生产的发动机抽查试验。性能试验是对汽车发动机在试验台架上进行全面的性能测定,以考察其动力性、经济性及其他重要性能等是否达到要求。

可靠性试验适用于新设计或重大改进的发动机定型试验、转厂生产的发动机验证试验。其目的是在台架上使发动机受到较大的实际交变机械负荷及热负荷,并提高单位时间内的交变次数,以期在较短的时间内考验发动机的可靠性。现生产的发动机抽查试验,是根据生产的批量,每隔一定时间抽取一定数量的发动机进行性能试验和可靠性试验,以考核发动机制造工艺的稳定情况。

单项专题性研究试验是为了研究改进发动机的性能所做的专题试验,如新理论的探讨、新结构型式的确定、新测试方法的论证及新材料新工艺的应用等,都须通过单项专题性试验予以证实、认定,以便推广应用。

在以上试验中,除了单项专题性研究试验可参照国家标准自行拟定试验规范和方法,不用完全按照国家统一标准进行，其他各类试验都应按照国家颁布的各种发动机试验标准进行。

二、发动机试验的有关标准

不同国家都制定了相应的发动机试验标准，这些标准通常都是按照发动机种类和用途分类制定的。我国制定的汽车发动机现行试验标准有《汽车发动机性能试验方法》（GB/T 18297—2001）、《汽车发动机可靠性试验方法》（GB/T 19055—2003）及《汽车发动机定型试验规程》（QC/T 526—2013），上述标准对性能试验、可靠性试验和现生产的发动机抽查试验等有关事项，如功率标定、性能试验项目、可靠性耐久性试验规范、出厂试验内容、测试设备方法和精度等都有较详细的规定。

第二节　功率与燃油消耗率的测量

一、试验台简介

发动机在试验台上进行的试验称为台架试验。试验台要保证试验条件达到标准要求，并能迅速、准确地测录发动机各项工作参数。

图 11-1 所示为发动机试验台架简图。试验台由基础、底板和支架组成。由于发动机试验时有较大的振动和旋转力矩，试验台用防振混凝土制作基础。基础上固定有安装发动机用的铸铁底板和前后支架。为了保证发动机能迅速拆装和对中，前后支架在底板上的位置和高度均做成可调的。

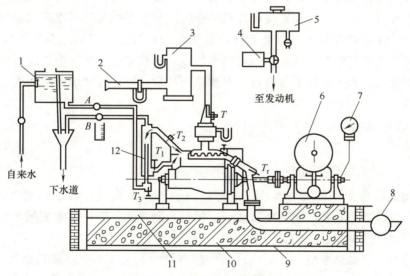

图 11-1　发动机试验台架简图

1—冷却水箱　2—空气流量计　3—稳压筒　4—油量测量装置　5—燃油箱　6—测功器
7—转速表　8—消声器　9—垫层　10—基础　11—底板　12—混合水箱

发动机曲轴与测功机转子轴用联轴器连接。通过测功机和转速表所测读数，可以计算被测发动机的功率。为了保证发动机工作时的冷却液温度正常，设有专门可调水量的冷却系统。冷却液出水温度控制系统能自动保持出水温度正常，使出水温度达到规定的试验要求（80±5℃）。燃油由燃油箱通过油量测量装置供给发动机的燃料供给系统。为了排出发动机的有害排放物、减少室内噪声，应有保证室内通风、消声的装置。

试验台安装的设备和仪器大致分为三类：基本设备、监测仪器、特殊设备。

（1）**基本设备** 它包括测功机、转速表、油量测量装置。

（2）**监测仪器** 它包括冷却液温度计、机油温度计、机油压力计、排气温度指示器、气压计、室内温度计及湿度计等。

（3）**特殊设备** 它包括缸压传感器、空气流量计、冷却液流量计、废气分析仪、烟度计、声级计及测振仪等。

目前，台架试验越来越多地采用自动控制系统，如 AVL 公司的 PUMA 系统、申克公司的 X-MOT 系统、西门子公司的 CATS 系统。它们都是产品化的计算机控制测试系统，对试验台架进行控制和数据采集，并将相关数据发送给用户网络系统的上位计算机系统，自动完成主要参数监控、试验结果显示、曲线拟合、测量点配置等工作，提高了测量的精度和速度。

在稳定工况下，现代化的发动机试验台架的计算机数字控制系统已实现了相当精确的运行特性的协调，但是在不稳定工况下，其潜能在过去还没有得到充分利用，从而制约了对发动机动态特性的研究。随着计算机技术的发展，从 20 世纪 80 年代后期起，国外一些发动机测试设备制造公司通过研究开发，研制出带有高精度自动控制系统的发动机动态试验台架，如申克公司的"DYNAS-DC"系统、AVL 公司的"PUMA-ISAC"系列及西门子公司的"CATS"系列。这些计算机控制的动态试验台架的系统组成部分都具有足够高的响应速度和很小的非线性失真，可模拟汽车行驶时发动机所处的动态工况并对各种参数进行测量，也可利用计算机程序对发动机进行预置设计方案的运转控制，并把与汽车道路试验相同的负荷加载到发动机上，还可直接在试验台架上进行数据处理或通过网络向上位计算机传送试验数据。这样就可以在没有整车的情况下，对汽车的传动系统进行优化匹配，或当确定汽车传动系统和汽车主要的、相关的技术参数后，对被选用的发动机进行性能匹配和优化，或选用更合适的发动机。

二、功率的测量

1. 示功图、指示功率的测定

测录发动机示功图的实质是测录气缸中随曲轴转角（或气缸容积）变化的瞬时压力。示功图的测定是发动机重要的测试项目之一。借助所制取的发动机某种工况下的示功图，可确定该工况下发动机的指示功率。

缸压常用由石英晶体制成的压电式压力传感器测量，由于石英晶体的压电常数比较小，在测量缸压时，传感器先将缸压的物理量转换为电荷量，经电荷放大器放大和信号处理后，由信号采集系统进行采集，并由显示记录装置进行显示。由于测量时传感器产生的电荷量很小，采用的电荷放大器对输入阻抗的要求非常高（达到 $10^{14}\Omega$ 量级），并要求电缆、接头等都具有非常高的绝缘性，这样才不至于泄漏传感器产生的微弱电荷。

压电晶体传感器的结构型式主要包括有水套冷却和无水套冷却两种（图 11-2a、b），带冷却水套的传感器在发动机缸盖上安装打孔时可不穿过缸盖水套，无漏水隐患，由于传感器自带水套进行冷却，工作环境温度能得到保证，但需要外接冷却水循环系统；不带冷却水套的传感器一般为了进行有效冷却，需要在安装时打孔穿过缸盖水套，此时一般要加装过渡套来密封水套，并将传感器安装在过渡套内（图11-3），这样既能防止缸盖漏水，也有利于传感器的冷却。此外，还有传感器和火花塞制成一体的结构，但需要根据指定的火花塞来专门定制，由于无须在缸盖上加工安装孔，安装非常方便（图11-2c），但其缺点是传感器不能通用、热负荷高，可靠性也不如前两种。

   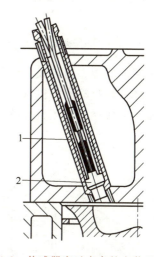

a)   b)   c)

图 11-2 压电晶体传感器的结构型式
a）有水套冷却 b）无水套冷却 c）与火花塞制成一体

图 11-3 传感器穿过水套的安装示意图
1—过渡套 2—压电晶体传感器

2. 有效功率的测量

有效功率是发动机重要的性能参数之一，在发动机试验中大都需要测量有效功率。发动机有效功率的测量属于间接测量，即测量发动机的输出转矩和转速后，由公式 $P_e = T_{tq}n/9550$ 求得。

发动机在台架试验中大都用测功机来测量发动机输出的转矩，此时测功机作为负载，并实现对测定工况的调节。常用的测功机有水力测功机、直流电力测功机和电涡流测功机三种。

（1）水力测功机

1）水力测功机的结构与工作原理。我国第一代水力测功机主要是传统的销钉式和闸套式示功器。第二代水力测功机吸收了第一代测功机的特点，采用国际上流行的体积小、转动惯量小、吸收功率大的蜗壳结构。图11-4所示为PSI-22型水力测功机的外形示意图。

测功机由制动器和测力机构两部分组成。PSI-22型水力测功机的制动器结构如图11-5所示，转子12由滚动轴承支承于左右轴承外壳10上。外壳13可来回摆动，并与测力机构（图中未画出）通过一制动臂相连。转子12和定子11组成偶件，工作时发动机通过万向节4使转子与定子产生相对运动。有一定压力的水通过进水管进入转子与定子形成的蜗壳室内，由于转子旋转产生的离心力及转子蜗壳的作用，在侧壳与转子之间形成强烈的水涡流，通过水与外壳的摩擦，外壳摆动。控制排水阀的开度可以调节水层厚度，水层越厚，水与转

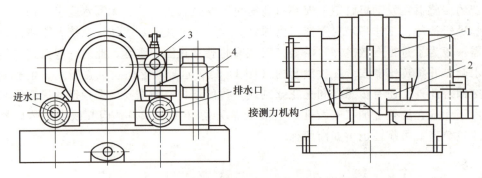

图 11-4 PSI-22 型水力测功机的外形示意图

1—机体部件 2—进排水部件 3—自动调节装置部件 4—拉压力传感器部件

子和外壳的摩擦力矩越大,吸收的功越多,外壳摆动的角度就越大,测力机构的读数随之增加。这样发动机输出的机械能被水吸收变为热能并将转矩传递到外壳上,通过外壳上的制动臂将制动力传递给拉压力传感器,由电子显示装置显示制动力的大小。

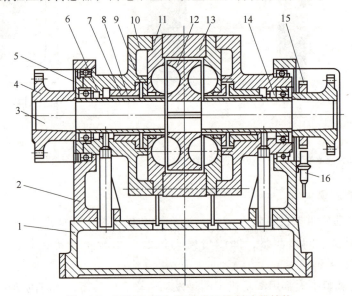

图 11-5 PSI-22 型水力测功机的制动器结构

1—底座 2—左右轴承座 3—转子轴 4—万向节 5—密封组件 6—骨架油封 7—轴套 8、9—双金属轴套 10—左右轴承外壳 11—定子 12—转子 13—外壳 14—封水圈 15—测速齿轮 16—测速传感器

2)水力测功机的特性。测功机特性是指测功机吸收的功率或转矩随转速变化的关系。它是选购合适的水力测功机的依据。PSI-22 型水力测功机的特性曲线如图 11-6 所示。

OA——最大功率线。它是转速的三次方曲线,表示不同转速在满水层时能吸收的功率。水力测功机轴上的转矩与转速的平方成正比。显然,在 OA 段上以 A 点工作时转子承受的转矩最大,A 点表示转矩已达到转子转矩强度所允许的限值转矩。

AB——最大转矩线。它表示在极限转矩下,通过增加转速而增加吸收的功率。此时需要相应减小测功机的水层厚度。

BC——额定功率线。它表示受测功机排水温度限制的功率。水力测功机吸收的功率越大，其排水温度越高，测功机的最高排水温度不得超过70℃。否则，水层中会产生气泡，导致测功机指针不稳定，BC 段的水层厚度会进一步减小。

CD——最大允许转速线。如果转速继续加大，旋转部件的离心惯性力过大，可能会造成损坏。

DO——空载特性线。它表示测功机中没有水时，空转所吸收的功率。这部分功率用于克服转动的空气阻力和转子轴承的摩擦阻力。

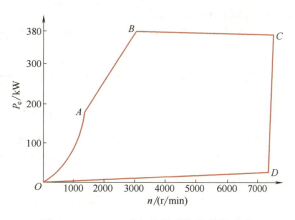

图 11-6　PSI-22 型水力测功机的特性曲线

曲线 $OABCDO$ 所包围的面积是测功机的工作范围。若被测发动机的功率曲线在所选测功机的特性曲线范围内，则可进行试验。不同型号的水力测功机有不同的特性范围，应根据被测发动机与测功机的匹配情况，选用合适的水力测功机。

水力测功机的缺点是测量精度低，不能进行反拖试验，以及试验中的能量不能回收。但它具有价格便宜、结构简单、操作简便、便于维修、体积小等优点，因而得到广泛应用。

（2）直流电力测功机

1）直流电力测功机的结构及工作原理。直流电力测功机大都制成图 11-7 所示的平衡电机式结构，主要由平衡电机、测力机构、交流机组、励磁机组、负载电阻等组成。直流电机的转子 1 由发动机带动并在定子（外壳）4 磁场中旋转。定子（外壳）4 支承在与转子轴同心的滚动轴承上，可自由摆动。外壳与测力机构相连，根据外壳摆动角度的大小，测力机构指示力矩数值。

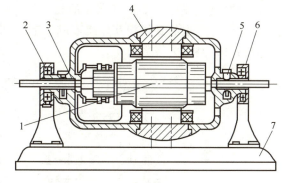

图 11-7　平衡电机式结构

1—转子　2、6—滚动轴承　3、5—滑动轴承
4—定子（外壳）　7—基座

发动机带动转子在定子磁场中旋转时，转子线圈切割磁力线产生感应电流。感应电流的磁场与定子磁场相互作用产生方向相反的电磁力矩，定子受到的电磁力矩与转子旋转方向相同，与发动机加于转子的转矩大小相等。因此，根据定子摆动角度，测力机构可反映发动机输出功率的大小。在一定转速下，改变定子磁场强度及负载电阻，即可调节负荷大小。

平衡电机既可作为发电机运行，吸收发动机转矩，也可加一换向机构作为电动机运行以拖动发动机，从而测量发动机的摩擦功率和机械损失，还可用于起动、磨合。

交流机组由交流异步电机和直流电机组成。当平衡电机作为发电机运行时，其产生的直流电由交流机组变成三相交流电输入电网；当平衡电机作为电动机运行时，交流机组又把三相交流电变成直流电送入平衡电机的电枢中。

励磁机组是小型交流机组，它供给平衡电机及交流机组励磁电流以产生磁场。

平衡式电力测功机结构复杂、价格高，但它能回收电能、反拖发动机，并且工作灵敏、

2) 直流电力测功机的特性。测功电机所吸收的功率与定子磁场强度的平方及转速的平方成正比,与负荷电阻成反比。图11-8所示为电力测功机的特性曲线。

OA——最大励磁电流时所能吸收的功率线。

AB——转子所能承受最大转矩时的功率线。

BC——电枢所产生的电流不能超过允许限值及其对应的最大功率线。

CD——转子绕组所能承受的离心力及其对应的最高转速线。

DO——励磁电流为零时吸收的功率线。

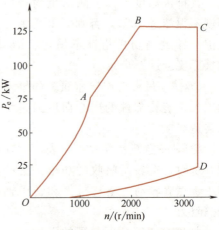

图11-8 电力测功机的特性曲线

(3) 电涡流测功机

1) 电涡流测功机的结构与工作原理。电涡流测功机由电涡流制动器、测力机构及控制柜组成,其工作原理简图如图11-9所示。转子盘为圆周上加工有齿槽的钢齿轮,定子包括摆动壳体、涡流环(摆动体)、励磁绕组。当给励磁绕组中通以直流电时,立即产生通过外壳、涡流环、空气隙和转子盘的磁力线。发动机带动转子盘旋转,由于转子盘外周涡流槽的存在,会在空气隙处产生密度交变的磁力线,因而在涡流环内产生感应电动势并形成电涡流。此电流与产生的磁场相互作用形成一定的电磁力矩,从而使涡流环偏转一定角度,通过测力机构可以测出力矩数值。

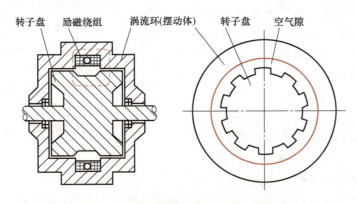

图11-9 电涡流测功机工作原理简图

调节励磁电流的大小,即可调节电涡流强度,从而调节吸收负荷的能力。涡流制动器把吸收的功率转换成热能,靠冷却液的流动把这些热量带走,以保证正常运行。

电涡流测功机操作简便、结构紧凑、运转平稳、精度较高,有很宽的转速范围和功率范围,但不能反拖发动机,能量也不能回收,价格较高。随着发动机测试技术的发展,该测功机也已得到广泛应用。

2) 电涡流测功机的特性。电涡流测功机的特性曲线如图11-10所示。

OA——达到额定吸收功率之前所能吸收的最大功率线。

AB——允许吸收的最大功率线(额定率)。

BC——允许的最高转速线。

CO——空转吸收功率线，即励磁电流为零时的吸收功率线。

OD——达到额定功率前的最大转矩曲线。

DE——允许的最大转矩曲线。

n_0——达到额定吸收功率时的转速。

曲线 *OABCO* 所包围的面积就是测功机所能吸收的功率范围。因此，凡是特性曲线落在该范围内的发动机都能被测试。选用测功机，必须先根据发动机的特性曲线按以上原则进行，其次还要考虑测量范围的合理选择，以保证测量精度。图 11-10 中的曲线Ⅰ、

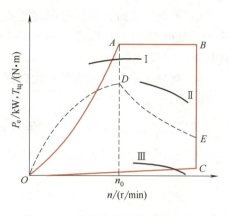

图 11-10　电涡流测功机的特性曲线

Ⅱ、Ⅲ是三种不同发动机的特性曲线，其中曲线Ⅱ发动机的选用是正确的，曲线Ⅰ、Ⅲ发动机的选用是不合适的，测功机无法对其进行测试。

三、燃油消耗率的测量

燃油消耗率是发动机的重要特性参数之一。在发动机实验室中，通过测定发动机的燃油消耗量，可以根据相关公式计算得到发动机的燃油消耗率。油耗仪是测量发动机燃油消耗量的装置，也称为燃油流量计。它有不同的类型和结构，适用于不同的目的和要求。燃油消耗量的测量方法按测量原理可分为容积法和质量法两种。

1. 容积法

容积法通过测量消耗一定容积 V_T 的燃料所需的时间 t，按下式计算燃油消耗率：

$$B = 3.6 \frac{V_T \rho_f}{t} \quad (11\text{-}1)$$

$$b_e = \frac{B}{P_e} \times 1000 \quad (11\text{-}2)$$

式中　V_T——消耗的燃料容积（mL）；

　　　ρ_f——燃油密度（g/mL）；

　　　t——消耗容积为 V_T 的燃油所用的时间（s）；

　　　B——小时耗油量（kg/h）；

　　　P_e——发动机的有效功率（kW）；

　　　b_e——燃油消耗率[g/(kW·h)]。

图 11-11 所示为容积法测量燃油消耗量的装置示意图。燃油从油箱 1 经开关 2、滤清器 3 到三通阀 4，向发动机供油并可向量瓶 5 充油。测量时的操作步骤如下：

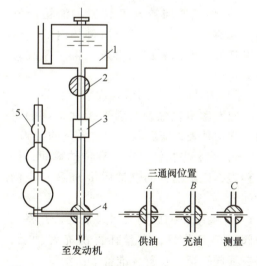

图 11-11　容积法测量燃油消耗量的装置示意图

1—油箱　2—开关　3—滤清器　4—三通阀　5—量瓶

1）打开油箱开关，将三通阀置于 *A* 位置，发动机由油箱直接供油。

2）测量前，将三通阀置于 *B* 位置，油箱同时向发动机和量瓶供油。

3）测量开始时，将三通阀转至 C 位置，发动机直接由量瓶供油。记录燃油流过所选圆球（一般由 50mL、100mL、200mL 三种串联在一起）上、下刻线间容积 V_T 所用的时间 t，同时测量功率 P_e。

4）测量完毕，将三通阀再次转回 B 位置，向量瓶再次充油，准备下次测量。

2. 质量法

质量法通过测量消耗一定质量 m 的燃油所需的时间 t，按下式计算燃油消耗率：

$$B = 3.6 \frac{m}{t} \tag{11-3}$$

$$b_e = \frac{B}{P_e} \times 1000 \tag{11-4}$$

式中　m——消耗的燃料质量（g）；
　　　t——消耗质量为 m 的燃油所用的时间（s）；
　　　B——小时耗油量（kg/h）；
　　　P_e——发动机的有效功率（kW）；
　　　b_e——燃油消耗率 [g/(kW·h)]。

图 11-12 所示为质量法测量燃油消耗量的装置示意图。燃油从油箱 1 经开关 2、滤清器 3 向发动机供油并向量杯 5 充油，量杯放在天平 6 上。测量时的操作步骤如下：

1）打开油箱开关，将三通阀置于 A 位置，由油箱向发动机直接供油。

2）将三通阀转至 B 位置，油箱向发动机供油并向量杯充油。当量杯内的燃油比天平另一端的砝码稍重后，将三通阀转至 A 位置。

3）测量时，将三通阀置于 C 位置，由量杯向发动机供油，在天平指针指零的瞬间，起动秒表，随后取下一定质量的砝码。

4）当天平指针再次到零位的瞬间，停止秒表，记录消耗的燃油质量 m 和相应的时间 t。

5）将取下的砝码放回天平上，并将三通阀置于 B 位置，在量杯再次充好油后，将三通阀转至 A 位置，准备下次测量。

为了保证测量精度，减轻测试人员的劳动强度，实现远距离操作，发展了数字式自动油耗测量仪，这种油耗仪只要预先设定量杯容积或砝码质量，就能自动进行

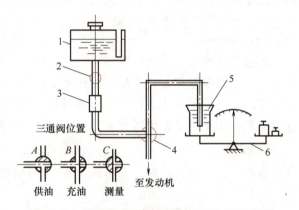

图 11-12　质量法测量燃油消耗量的装置示意图
1—油箱　2—开关　3—滤清器
4—三通阀　5—量杯　6—天平

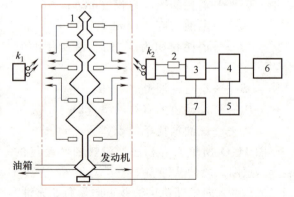

图 11-13　容积式数字油耗仪的工作原理简图
1—光源　2—整形放大　3—触发器　4—门电路
5—脉冲发生器　6—计数器　7—量程选择开关
k_1—电光源　k_2—光电管

准备、充油、测量等操作，并以数字显示消耗时间及燃油容积或质量，经计算就可以得出燃油消耗率。图 11-13 所示为容积式数字油耗仪的工作原理简图。在细颈刻线的一侧有电光源，另一侧有光电管，每对光源与光电管置于同一水平面上，若细颈管充满燃油，光源的光穿过细颈管时，由于燃油对光线的折射作用，光不能照到光电管上；当细颈管中无油时，光可穿过细颈管照到光电管上，使光电管通电，并通过电路控制电动三通阀和计数器工作，实现时间和耗油量的自动显示。

四、转速的测量

发动机试验时用转速表测量转速。转速表按工作原理分为电子数字式、电气式和机械式三种形式。

1. 电子数字式转速表

电子数字式转速表有固定式及手持式两种。

固定式电子转速表由传感器和指示仪两部分组成。传感器是一个脉冲发生器，它可以是磁电式或光电式的。例如，磁电式传感器由一个齿盘及一个电磁捡拾器组成。齿盘是固定在测功机主轴上带有 60 个齿的盘（或齿轮），电磁捡拾器靠近齿盘固定。发动机带动测功机主轴每旋转一周，电磁捡拾器内的线圈就产生 60 次感应电脉冲，这个信号会被送到指示仪表（相当于一个频率计加时间开关）。通常每秒取样一次，1s 取得的脉冲数等于发动机每分钟转速，用 4 位数字显示，这种转速表的精度为 ± 1 r/min。

手持式电子转速表分为接触式和非接触式两种。接触式的用橡胶轴头与发动机轴端接触，表内装有光电传感器；非接触式的须在使用前预先在旋转轴或盘上粘贴白色反光纸条，仪器前端装有照射灯光和感受反光的光电管。轴每旋转一次，向光电管发送一个脉冲信号，累计运算得到转速。

电子数字式转速表具有测量准确、使用方便、有转速信号输出及易于实现自动控制等优点，近年来已被广泛应用。

2. 电气式转速表

电气式转速表主要有发电机式和脉冲式两种。发电机式转速表制成直流或交流发电机结构，利用感应电压与转速成正比的原理进行测量。脉冲式转速表利用转速与频率成正比的原理，制成一种多级的发电机结构，通过感应电压的频率进行测量。

五、流量的测量

在发动机性能试验中，需要测量空气消耗量、燃油消耗量和活塞漏气量；在发动机热平衡及水泵、机油泵性能试验中，需要测量冷却液、机油的流量；在发动机排气污染物试验中，有时还要测量排气或稀释排气的流量。因此，流量测量是发动机试验中需要经常进行的一项重要内容。下面主要介绍空气流量的测量。

测量空气流量最常用的装置是节流式流量计。节流元件常用标准孔板或标准喷嘴，结构型式不同，但都是利用流体节流原理来测量流量的。图 11-14 所示为节流式流量计的工作原理简图。气体流过装有孔板的管道时，由于孔板上圆孔的节流，使气体的流速增加，静压力降低，在孔板前后产生压差，测量此压差（由 U 形管压力计测出），就可计算出气体流量的大小。当气体流量增加时，流速随之增大，压差也变大，所测气体流量增加。

节流式流量计结构简单、使用寿命长，但需要装用稳压箱，以减少气流的脉动。

旋涡流量计是另一种测量空气流量的装置。它的工作原理是利用流体振荡原理，通过测量流体流经管道时的旋涡频率，计算气体流量。旋涡流量计不用稳压箱，流量测量范围大、精度较高，几乎不受温度、压力、密度、成分变化的影响，目前应用较多。例如 YF100 型旋涡流量计，它的工作原理是在流体中插入一个柱状物（旋涡发生体），在柱状物两侧交替产生有规则的旋涡（图 11-15），这种旋涡被称为卡门旋涡。卡门旋涡的释放频率与流体的流速及柱状物的宽度有关，并且释放频率与流速成正比，因此，通过测量卡门旋涡释放频率，就可以算出瞬时流量。旋涡流量计的旋涡释放频率是根据旋涡交替作用于旋涡发生体上的应力通过其内部的压电元件测出的。

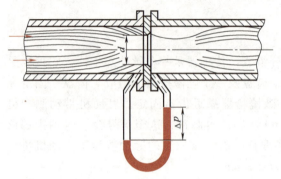

图 11-14　节流式流量计的工作原理简图

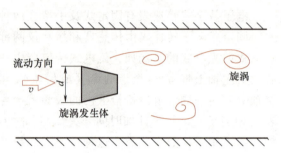

图 11-15　旋涡流量计的工作原理简图

第三节　发动机其他参数测量

除了前文提及的测量参数，发动机试验中还需要测量机械损失功率、空燃比及各缸工作的均匀性，由于第一章第四节中已对机械损失的测量方法做过介绍，这里只介绍各缸工作均匀性试验和空燃比的测定。

一、各缸工作均匀性试验

发动机在进行定型和验证试验时需要进行各缸工作均匀性试验，以评价发动机的燃料经济性、爆燃及排放等性能。汽油机各缸均匀性试验需要进行压缩压力及各缸废气的测定，而柴油机需要进行单缸熄火功率的测定。

1. 汽油机各缸均匀性试验

（1）压缩压力的测定　测定压缩压力的目的是评定汽油机各缸进气分配的均匀性。试验时，先切断油路，将剩余燃油烧尽，再切断点火电源，用电力测功机拖动发动机。节气门全开时，在额定转速下，仅拆下一个气缸的火花塞，其他气缸的火花塞则装好，测量该气缸的最大压缩压力，其他气缸同样操作。降低转速，进行同样的测量，直到最低转速。注意适当分布 10 个以上的测量点。

试验中主要测量的项目有进气状态、转速及各缸实测气缸压缩压力，并绘制气缸压缩压力曲线（气缸压缩压力随发动机转速变化的关系）。

（2）各缸废气的测定　测定各缸废气的目的是评定汽油机各缸混合气分配的均匀性。试验时，保证节气门全开，从最低转速开始，测量各缸排气中的 CO 浓度（或空燃比），逐渐增加转速进行同样测量，直至额定转速。注意适当分布 8 个以上测量点。

试验中主要测量的项目有进气状态、各缸 CO 浓度（或空燃比）、转矩、燃料消耗量及汽油馏程，并可绘制汽油机各缸混合气分配均匀性曲线（CO 浓度随发动机转速变化的关系）。

2. 柴油机各缸均匀性试验

测定柴油机单缸熄火功率的目的是评定非增压柴油机各缸工作的均匀性。

试验时，保证油门全开，在额定转速下进行测量，先使第一缸熄火，调整测功机使转速恢复，进行测量，然后用相同方法进行其他各缸的测量。

试验中主要测量的项目有进气状态、转速、转矩及单缸熄火后的发动机转矩。计算各缸的实测近似指示功率（发动机实测功率与单缸熄火后的发动机实测功率之差）、柴油机工作不均匀系数（单缸指示功率的最大差值与单缸平均指示功率的百分比）。

二、空燃比的测定

空燃比的测定方法大致有以下 4 种。

（1）分别测量空气流量和燃油消耗量，据此来确定空燃比　这种方法对于进排气门重叠角小、短路逸出的空气量少的发动机能获得较为准确的结果，但它一般只用于稳态测定，也不能求得多缸发动机每个气缸的实际空燃比。

（2）导热系数法　发动机排出废气的成分随空燃比的变化而变化，其导热系数也随之变化，如图 11-16 所示，若测出废气与空气的导热系数之差，即可求出空燃比。

图 11-17 所示为一种能根据废气导热能力指示空燃比的测量仪，它是由两个阻值随温度变化的铂电阻和两个阻值不随温度变化的电阻构成的惠斯登电桥。A 室为对比室，G 室为测量室，P 为排气通道，与取样器相连。

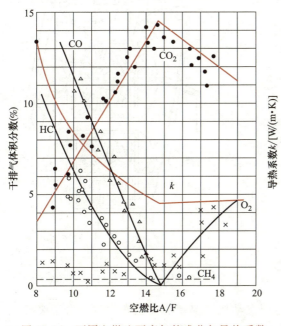

图 11-16　不同空燃比下废气的成分与导热系数

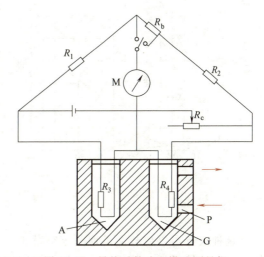

图 11-17　导热系数式空燃比测量仪

该测量仪的原理是利用铂电阻 R_3 与 R_4 的阻值变化来指示空燃比。惠斯登电桥由一恒压源供电，电阻被此恒压源加热。其温度取决于导热能力，也取决于腔体中气体的导热系数。A 室内充入空气，一台鼓风机经 G 室抽吸气体。测量开始时，先将纯净空气送入 G 室，并将指示仪调到零位；然后使仪器与插在发动机排气管里的取样器相连，废气流经 G 室时，由于导热系数的变化，电阻 R_4 的温度发生变化，从而改变了阻值，使该电桥的平衡被破坏，电桥测量仪器指针偏转，表 M 就有一个指示值，其刻度如果是按照对应的空燃比的数值标刻的，就可以直接读出空燃比数值。由于气体的导热系数与温度密切相关，用一种恒温调节器使整个测量设备保持恒定的温度。此外，为了消除水蒸气对废气导热能力的影响，可加装一个冷却器以凝结水蒸气。

利用导热系数的测量仪，其指示的响应滞后几十秒，因此不适于测量瞬态空燃比。此外，由图 11-16 可以看出，这种仪器所能测量的空燃比在 15 以下。

（3）密度法 由于发动机排出的废气成分几乎只与空燃比有关，其废气的密度也随之发生变化。因此，如果能测定发动机废气的密度，就可以求出空燃比。不同空燃比下废气密度与空燃比的关系如图 11-18 所示。

劳塔叶轮式比密度计能够测量废气对空气的相对比密度，其结构如图 11-19 所示。电动机以一定转速带动两个鼓风轮转动，其中一个吸入废气试样，另一个吸入大气，它们分别吹动旁边的叶轮。由于仪器的结构能保证空气与废气是在相同温度和压力下吸入仪器的，这两个叶轮所产生转矩的大小只与空气或废气的密度有关。根据此转矩就可以测出废气试样与空气的相对密度。如果将这两个叶轮的转矩作用于杠杆上，并用连杆把两个杠杆连接起来，指针就能在刻度盘上指出密度比。如果在刻度盘上直接标出空燃比的刻度，就可以直接读出空燃比的大小。

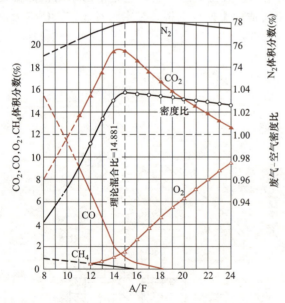

图 11-18 不同空燃比下废气密度与空燃比的关系

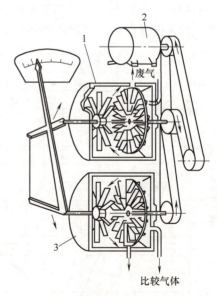

图 11-19 劳塔叶轮式比密度计的结构
1—废气室 2—电动机 3—比较气室

这种仪器可以比较简单地测定空燃比。但当发动机工况突然发生变化时，由于废气室内的换气和叶轮的惯性等原因，叶轮的转速需要一定的时间才能稳定到新的数值，因而存在滞后性。此外,这种仪器还随着取样废气温度及比较空气温度的变化而产生指示误差。

(4) 废气分析法 空燃比也可以由废气成分的分析确定。废气成分的测量方法可参考本书第十章第三节。当废气的成分测定后,可以根据图 11-18 由各种废气成分的体积分数来确定空燃比。为了简化测量内容和计算,经常提出一些假设。假设在废气中只存在主要的几种气体而忽略其他微量气体,在这样的前提下进行测量和计算,可以大大简化整个测定工作。

近年来,废气分析仪器发展迅速,根据排出废气成分确定空燃比的方法得到了广泛应用。例如,用比较常见的五气分析仪,可以测出废气中 CO、CO_2、HC、NO_x 和 O_2 的体积分数,从而求出空燃比。这些仪器在一定精度范围内的响应快、操作简单、效率高,是上述方法不能比拟的。

第四节 发动机台架试验

任何试验工作,一般都要经历试验前的准备、试验过程和试验结果的整理三个阶段。各阶段的内容视试验目的、性质和规模而定。

一、试验前的准备

为了提高试验质量,缩短试验时间,达到预期目的,必须做好试验前的准备工作。

(1) 制定试验大纲 制定试验大纲时,首先应明确试验目的,在此基础上试验大纲应着重论述以下三个关键问题:

1) 提出试验内容及评定指标。
2) 确定试验方法、设备、仪表和试验日期。
3) 商定试验的组织和安排,包括试验条件如何组合、试验的次序和进行的次数等。

(2) 发动机、仪器设备的准备工作 对于试验发动机,要检查其零部件是否合格、装配是否正确,以及各油路、水路等是否通畅和有无异响。对于新发动机,要进行磨合运转,磨合后应进行预调试验,将影响性能的各种因素调整到最佳状态。

按照 GB/T 18297—2001《汽车发动机性能试验方法》中"对仪表精度及测量部位的要求",根据试验目的确定必需的仪器,并对仪器进行校准检查和具体安装布置,加工必要的附件。

(3) 试验中应注意的问题 各试验项目内容和方式虽然不同,除了需要遵守 GB/T 18297—2001 所规定的一般条件,还应注意以下问题:

1) 连续试验时,需要定时按规定的工况检查发动机性能指标,以判断其技术状况是否良好。
2) 比较性试验应在较短时间内完成,以免由于环境状态变化而引起误差。
3) 必须在工况稳定时测取试验数据。所谓稳定工况,是指发动机达到稳定的热状态,一般根据出水温度、机油温度、排气温度进行判断。
4) 每种试验工况的全部参数应同时测量,而每个参数应至少相继测取 2 次。
5) 通常每条试验曲线应至少取 8 个均匀分布的试验点,在难以判断曲线形状和趋向处,应增加中间点。

6）必要时，可在试验中绘制监督曲线，即绘制主要原始数据与试验中选定的变化参数之间的关系曲线。

7）应及时记录试验中发生的各种异常现象。

（4）安全措施准备 进行发动机试验具有一定的危险性，为了保证安全，在试验过程中不得超过试验大纲规定的允许最大负荷、最高转速、最大压力等极限值。若在试验过程中出现异常现象，须立刻停机并记录现象、分析原因。此外，应尽量在台架室外进行试验操作，并至少安排两位试验人员同时在场。

二、试验相关的主要操作规程

1. 试验前的操作规程

1）检查发动机安装是否正确、有无松动现象（如排气管）。

2）检查燃油系统连接的可靠性及有无泄漏问题、电路系统连接是否正确。

3）发动机的机油液面应在正确位置且不得有泄漏现象。

4）所有流动设施（如测功机冷却水）应已打开。

5）预先打开火警系统。

6）通风系统在发动机起动前打开，用于净化实验室内的易燃蒸气。

7）检查实验室从控制台到试验间通道有无障碍，在试验时设置禁止随意进入标志。

8）检查发动机试验操作系统是否正常等。

2. 试验中的操作规程

1）检查机油压力是否达到规定值。

2）当发动机达到稳定怠速时，在实验室内快速检查发动机周围是否安全，特别要观察发动机燃油和机油有无泄漏，并要注意听有无异常噪声。

3）检查发动机内外循环水系统有无漏水现象。

4）检查试验台的测试紧急关闭系统，确保其安全可靠。

5）重新起动发动机，进行发动机试验。

3. 试验后的操作规程

1）继续维持实验室冷却系统的运转和通风一段时间。

2）按规定关闭发动机电源。

3）执行数据的保存、转换等。

4）关闭实验室冷却系统、通风系统、燃油系统、供电系统。

三、发动机台架试验方法

发动机的性能试验项目在 GB/T 18297—2001《汽车发动机性能试验方法》中有详细的介绍。发动机在性能试验中所带的附件也要遵照此标准的规定。试验条件的控制须遵守表 11-1 列出的"试验一般条件"的要求，对于一些具体试验，还要遵守一些特殊要求。下面就一些主要试验进行说明。

表 11-1 试验一般条件

燃料及机油	采用制造厂规定的牌号,柴油中不得有消烟添加剂
磨合	按制造厂规定的磨合规范进行磨合
冷却液出口温度	按制造厂的规定或控制在 80℃±5℃,风冷发动机的散热片等温度按制造厂的规定
机油温度	按制造厂的规定或控制在 85℃±5℃,必要时减少温度允差
柴油温度	控制在 40℃±5℃
排气背压	按制造厂的规定或低于 6.7kPa
发动机的吹拂	若发动机不带风扇,所有试验均可设置外加风扇或相应装置向发动机吹拂
发动机的调整	在进行定型、验证及抽查三种类型试验时,除特殊情况外,不另行调整
测量数据的条件	待发动机转速、转矩及排气温度稳定 1min 后,方可进行各种参数的测量,并且转速、转矩及燃料消耗量三者应同时测量,测量燃料消耗时间应大于 20s

GB/T 18297—2001 中规定了十项发动机一般性能试验,包括功率试验、负荷特性试验、万有特性试验、机械损失功率试验、起动试验、怠速试验、压燃机调速特性试验、各缸工作均匀性试验、机油消耗量试验及活塞漏气量试验。下面对发动机的一些主要性能台架试验进行简要介绍。

1. 负荷特性试验

负荷特性是在发动机转速保持不变的条件下,发动机主要性能参数——小时耗油量 B 和燃油消耗率 b_e 随发动机负荷(功率、转矩或油门开度)的改变而变化的关系。

负荷特性试验的目的是评定发动机在规定转速、不同负荷时的经济性和排放性能。它主要表明在同一转速下,不同负荷的燃油消耗率 b_e 随功率 P_e 变化的关系。对于额定转速,可以通过负荷特性曲线找出发动机所能达到的额定功率和额定点的燃油消耗率,从而判断功率标定的合理性;而在其他转速下,可以通过负荷特性曲线找到发动机各工况中的最低燃油消耗率 b_{emin},这是评价不同发动机经济性的一个重要指标。

(1) 负荷特性的试验方法

1) 发动机起动后,先稍加负荷,使发动机逐步达到规定的稳定热状态(表 11-1),再开始试验。

2) 选取负荷特性试验的转速,一般情况是选择最大功率点的转速和最大转矩点的转速以及常用车速对应的发动机转速。

3) 为了使测得的负荷特性曲线的点分布均匀,应适当分布 8 个以上的测量点,发动机的试验转速,一般应为发动机 50%~80% 的额定转速,其中应含常用转速和转速 2000r/min 的工况点。必要时,转速范围可上、下扩展,直至额定转速。通常可分为以下三种情况:

① 发动机转速保持不变,从小负荷开始,逐步加大油门进行测量,直至油门全开。适当分布 8 个以上测量点,应包括转速为 2000r/min、平均有效压力为 200kPa 的工况点。测量不同功率下的燃油消耗率和小时耗油量,其曲线如图 11-20 所示。它可用来评价发动机的燃油经济性,必要时应测定排放值,以评定发动机的排放性能,这种方法多用于柴油机试验。

② 在油门保持不变的条件下进行试验,即所谓部分速度特性,多用于汽油机试验。

③ 根据计算或道路试验获得的使用特性数据进行试验,它代表汽车的使用工况,用于

评价汽车的燃油经济特性，具有实用意义。此外，还可以通过测定发动机的排放值，评定其排放性能。

4) 试验时保持发动机确定的转速是关键。确保试验点的实际转速与规定转速的误差不超过1%。试验从零负荷开始，根据选好的点逐渐增加油门开度或增大供油量，改变负荷直至最大负荷，即节气门全开或齿条位置最大。

5) 按要求绘制负荷特性曲线。

（2）测量项目及数据 在对发动机进行负荷特性试验时，对于每个工况，测量发动机的进气状态、转速、转矩、燃油消耗量、燃油消耗率、点火或喷油提前角、空燃比和燃料牌号等，并按需测量发动机的各种排放量。

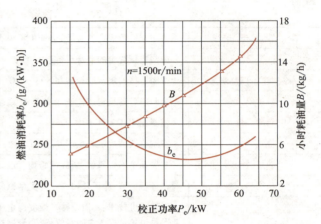

图 11-20　负荷特性曲线

（3）负荷特性曲线的绘制 负荷特性曲线的横坐标可以是功率 P_e、平均有效压力 p_{me} 或者油门开度（%）。当将多个转速的负荷特性曲线画在同一张坐标图上时（图 11-21a），以功率 P_e 为横坐标，则各条曲线按转速由低到高的顺序，从左到右依次排开，这有利于观察、分析。若以平均有效压力 p_{me}（图 11-21b）或油门开度（%）为横坐标，则各曲线处于同一区段，上下略有差别。后一种曲线簇图，既有利于万有特性曲线图的制取（以转速 n 为横坐标，以平均有效压力 p_{me} 为纵坐标），也便于比较各转速负荷特性曲线的差异。

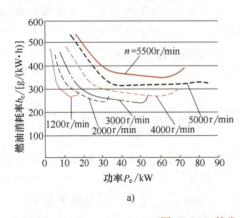
a)

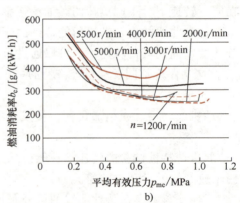
b)

图 11-21　某发动机负荷特性曲线

2. 万有特性试验

万有特性试验的目的是在不同转速、不同负荷下，评定发动机在车用状态下的经济性和排放特性。在发动机参数匹配过程中，通过参数匹配，使最佳性能区域落在最常用的工况范围内，是发动机性能匹配的重要原则之一。

万有特性曲线没有独特的试验方法，它是由多条负荷特性曲线或速度特性曲线的数据绘制而成的，经过坐标转换，最终绘制在一张图上，俗称"负荷特性法"或"速度特性法"。为了使绘图准确，一般采用的曲线数应不少于10条，曲线越多，绘制的万有特性越准确。

在发动机工作转速范围内适当选定 8 个以上的转速，按照负荷特性试验方法，在选定的转速下进行负荷特性试验。

广泛应用的万有特性曲线以转速 n 为横坐标，以平均有效压力 p_{me} 为纵坐标，在图上画出许多等耗油率曲线和等功率曲线。根据需要，还可在万有特性曲线上绘出等节气门开度线、等排放线、等过量空气系数线等。其具体制取方法如下：

1）制取不同转速下的负荷特性曲线。将发动机依次保持在不同的转速（n_1，n_2，n_3，…）下稳定运转，分别制取各转速下的负荷特性曲线，即可得到一组负荷特性曲线簇，如图 11-22 所示。

为了使图面清晰、准确且便于作图，可将图 11-22 中的各条曲线用不同的记号描点，或以相同的比例尺分开画在两张坐标图上。

2）作等耗油率 b_e 曲线。从图 11-22 所示的纵坐标上，选择不同的耗油率点 b_{e1}，b_{e2}，b_{e3}，…，如 b_e 为 255，260，265，…，分别作与横坐标 P_e 平行的直线，则每条直线上各点的 b_e 均相等；它们分别与不同转速下的 b_e-P_e 曲线有 12 个交点，各交点对应不同的值。之后，将各交点对应的转速和功率值转换到以 n 为横坐标、以 p_{me} 为纵坐标的坐标轴内，将不同转速下耗油率相等的点连接起来，即可得到图 9-19 中实线所示的等耗油率曲线。

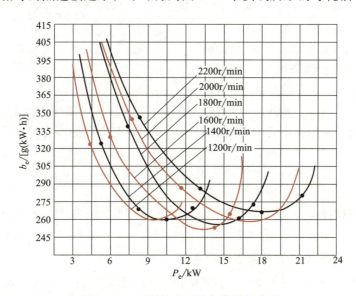

图 11-22 不同转速下的负荷特性曲线

需要说明的是，本来在万有特性图上，左边的纵坐标为平均有效压力 p_{me}，若负荷特性曲线的横坐标不用 P_e 表示，而改用平均有效压力 p_{me} 表示，在绘制等耗油率曲线时，就不需要换算，可以直接用图 11-23 所示的作图法转换得到。但是由于负荷特性试验，是以测功机读数为测量点的，并且在不同转速下的负荷特性试验中，一般选取的测量点的测功机读数相同，即 p_{me} 值相等。在负荷特性曲线簇上，各耗油率相近的点显得十分拥挤，反而使作图不方便。因此，负荷特性曲线通常的画法仍以 P_e 为横坐标，然后换算成 p_{me}，并分别描点，这样更方便和准确。这一点从图 11-22 和图 11-23 中可以很明显看出。

将功率 P_e（kW）换算成平均有效压力 p_{me}（kPa）的公式如下：

$$p_{me} = \frac{300\tau P_e}{V_h i n} \times 10^2 \quad (11\text{-}5)$$

式中 τ——发动机冲程数;

V_h——单气缸容积(L);

n——发动机转速(r/min);

i——发动机的气缸数。

3)作等功率曲线。

① 根据不同转速下的负荷特性中的功率范围,分别取功率为 P_{e1}, P_{e2}, P_{e3}, …,以及试验中所用的转速为 n_1, n_2, n_3, …,由式(11-5)求出在各种转速下,不同功率时的 p_{me}。

② 在万有特性图上,已知横坐标为转速,纵坐标为平均有效压力或计算所得的功率 P_e,分别将某一直行中(同一功率、不同转速下)所对应的 p_{me} 值标出,将上述各点连接起来,即为等功率曲线。

③ 按上述方法,得到各 P_e 值的等功率曲线。如图 9-19 中虚线所示。

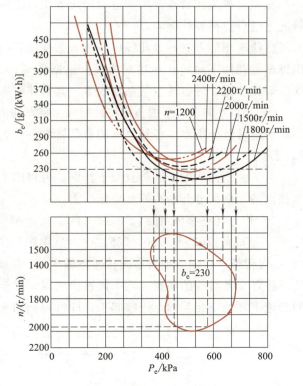

图 11-23 万有特性作图法

4)其他曲线。在万有特性图上,除上述各曲线外,根据需要,还可将全负荷特性中的 T_e-n 曲线、调速特性中的 p_{me}-n 曲线、排气温度线等以相同的坐标画在万有特性曲线中,从而得到完整的万有特性曲线,以便综合分析柴油机的性能。

万有特性图也可以用软件辅助绘图法进行制作,如 Excel, Origin, Matlab 及各种数据处理软件。鉴于本书篇幅有限,这里不再赘述。

由于计算机测试技术及计算技术的应用,也可采用数值计算方法对大量的试验数据进行回归及等值线的插值运算,从而直接得到万有特性。

3. 柴油机的调速特性试验及调速率测定

该试验的目的是评定柴油机的稳定调速率,适用于非电控的柱塞泵燃油喷射车用柴油机。由于调速时的转速变化范围小,调速特性试验曲线近似于负荷特性曲线,试验方法也大致相同。

调速特性试验可与外特性试验相结合。试验时,先卸除全部负荷,确保油门全开,使发动机达到最高空转转速,然后逐渐增加负荷,使转速逐渐下降,直至最大转矩转速附近。选取 10 个以上测量点,使较多的点分布在转折区。

试验中需要测量的项目有柴油机的进气状态、转速、转矩、调速器开始起作用的转速及最高稳定空转转速。根据所得数据计算稳定调速率,绘制调速特性曲线。

四、试验结果的整理

试验结果的整理工作是整个试验工作的最后一个重要环节,只有对测得的大量数据进行认真科学的整理，才能揭示试验对象本身固有的规律，以便于指导工作。试验结果的整理包括试验数据的误差分析，发动机各性能参数的计算，有效功率、转矩和有效燃油消耗率等参数的标准进气状态校正，以及试验曲线的绘制和建立经验公式等内容。

1. 数据处理

在试验整理阶段，试验数据的处理是非常重要的一项内容。要求对测量所得的一系列数据进行深入的分析，以便找到各参数之间的关系，甚至用数学解析方法，导出各参数之间的函数关系。

试验数据的处理通常分静态数据（不随时间变化的数据）处理和动态数据（随时间变化的数据）处理。汽车发动机教学试验的数据处理常采用静态数据处理。静态数据处理一般采用三种方法，即数字表格法、图示法和经验公式法。

（1）数字表格法　数字表格法就是用表格来表示函数的方法，在工程技术中应用较多。测量所得的一系列数据都先制成表格，再进行其他处理。

（2）图示法　图示法表达的是根据试验结果作出的尽可能反映真实情况的曲线。通过作图可以非常直观地看出试验数据变化的趋势、特征及函数的变化规律，如递增或递减、有无周期性变化规律，以及是否存在最大值与最小值等。在作图过程中，在认真分析试验数据的基础上，要注意坐标的选择、分度和数据描点等问题，以便使试验曲线能正确地反映其真实关系。图示法能非常直观地表达试验数据的函数变化关系，但不能进行数学分析。

（3）经验公式法　经验公式法就是利用回归分析的方法确定测试数据间的函数类型及其参数，即建立与试验曲线对应的公式。经验公式法不仅简洁扼要，还可以对公式进行必要的数学运算，以研究自变量与因变量之间的函数关系。

动态数据的处理要比静态复杂，其步骤一般包括数据准备、数据检验及数据分析，详细信息可参阅相关专著及文献。

2. 试验报告

试验报告是对试验过程总结的最好体现，质量高的试验报告不仅能对当前试验进行有效总结，还可为日后相关研究积累有效素材。因此，试验报告的有效编写，具有非常重要的意义。

一般来说，试验报告主要包括以下内容：

1）试验报告封面。封面上应写有试验单位名称、报告名称、编号、校对、审核、批准、日期及报告编号。

2）试验任务来源（立项依据）。表明试验是新产品设计验证试验、新机型匹配标定试验，还是为了提高某种产品可靠性、适应性所需进行的相关试验等。

3）试验目的。试验报告需要对本次试验的具体目标进行描述。例如，本次试验目的是考核发动机进气管改进后其性能的变化状况，以及是否达到预期效果，或改进发动机某个零件后，对其整机可靠性是否有影响等。

4）试验时间、地点及试验参加人员。试验报告需要对试验时间、地点及试验参加人员进行注明。

5）试验对象。试验报告需要对试验对象的主要技术参数及结构特点进行描述。

6）试验条件描述。具体包括环境温度（气温、气压、温度等）、试验环境、测试工况等。

7）试验手段。描述试验所用仪器设备主要的功能及技术参数，测试系统仪器的选配，以及传感器标定及精度等。

8）试验方法。简要介绍试验方法依据，描述试验方法及过程。

9）试验数据处理方法及结果分析。简要介绍试验数据采取何种处理方法、试验数据处理结果分析及误差范围；综合分析试验结果，在此基础上对其进行评价，并提出存在的问题和改进意见等。

10）附录。包括典型试验记录曲线、数据处理结果表、试验规律曲线及工况照片等。

第五节 发动机台架实验室

发动机试验是在发动机台架实验室内进行的。发动机台架实验室一般包含实验间和控制间两部分，实验室内的试验系统主要由试验测试系统和实验室环境系统两部分组成。试验测试系统包括对发动机进行加载与测量的装置——测功机，以及保证发动机运行的燃料供应系统、空气供给系统、冷却系统、控制系统和数据采集系统；实验室环境系统主要包括通风系统、发动机进排气系统、消声与隔声系统，以保证发动机在所需的正常环境中运行，避免室内外噪声和排放物的污染。试验系统的控制部分及操作界面放在实验室的控制间内。图11-24所示为发动机实验室布置简图。

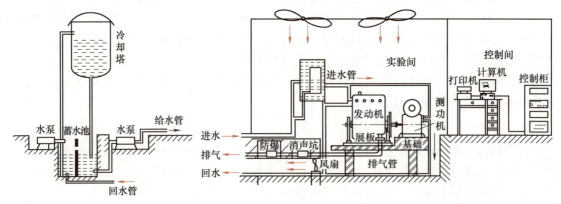

图 11-24 发动机实验室布置简图

为了保证试验系统的正常工作，发动机实验室的设计是非常重要的，这是因为发动机实验室很复杂，集机器、仪器和辅助设备于一体，它们必须作为一个整体来运行。

一、发动机试验台架的布置安装

发动机与测功机及倒拖电机连接组成的试验台架如图11-25所示。为了便于操作、使用、维护保养和保留校正机构的安装位置，以及发动机的拆装、搬运、供水和冷却水的排放，台架四周应留有足够空间。中央测控系统应与发动机试验台架隔室布置，两室之间安装玻璃墙，以便于监视发动机试验台架运行，使操作者不受噪声污染，降低劳动强度。

另外，水路控制部分应便于冷却水控制操作和监控。由于在台架试验时发动机的运转会产生较大的振动，测功机和发动机试验台架安装基础的设计好坏，将对试验质量产生很大影响。在设计台架基础时，应考虑以下几方面内容：

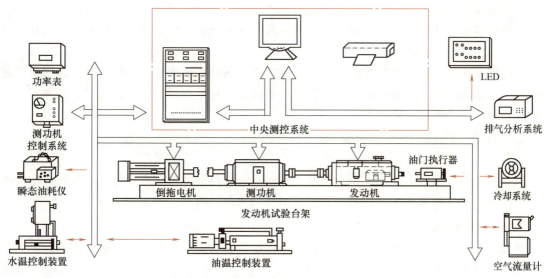

图 11-25 汽车发动机测试系统的组成

1）台架基础应有足够的质量，以使试验台架的振动降至最低限度。根据经验，每千瓦的额定功率所需的基础质量推荐值为 40～120kg。发动机缸数越多，运转越平稳，可取偏小值，反之应取偏大值。

2）台架基础及其上的结构件应具有足够的刚度，否则将在强烈振动下产生挠性变形。特别要注意结构件的谐振频率应避开发动机运行时产生的振动频率。

3）应采取有效的隔振措施，减少试验台架振动能量向外界传递。简单的方法是在混凝土基础下面垫一层黄沙并在其四周增加隔振沟。更好的方法是在基础下设置橡胶减振器，如图 11-26 所示。

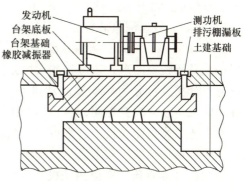

图 11-26 发动机试验台架示意图

试验台架的底座一般采用整体铸铁，要求水平安装精度优于 1/1000，并可靠地紧固在底座上。由于试验用发动机需要经常拆装，安装发动机支架应便于发动机安装时能可靠、准确、迅速地定位与拆装，对于经常需要变换发动机机型的试验台架，通常在其底座上沿轴向设置若干 T 形槽，并采用可调发动机支架。

发动机与测功机不得采用刚性连接，测功机出厂时已配置弹性圆柱销半联轴器，发动机与测功机连接的半联轴器必须满足动平衡精度的要求。为了保证测功机和发动机良好对中，一般要求同轴度在 $\phi0.2mm$ 以内。连接完成后，必须安装防护罩，以确保安全。

二、发动机试验台架的供水

为了测量冷却水的流量，易于控制冷却水的温度，使用冷却水外循环系统，即由专用的冷却水箱通过混合水箱向发动机供应冷却水。通过混合水箱进水阀门控制冷却水进入的容量，从而控制发动机的冷却温度。需要测量冷却水的流量时，通过打开排水阀门使水流入量

筒来测量冷却水的重量。

测功机吸收被试机的输出功率，将其全部转化成热能损耗，为此必须供给测功机足够的冷却水，确保其正常连续工作。

测功机所配置的流量控制器，必须可靠地安装在测功机进水法兰前的水管上，用来监控冷却水压。测功机没有供水或在工作过程中断水时，电控系统得到信号，使其无法加载，以保护测功机不至于因断水而烧毁。

三、发动机试验台架测试系统

发动机试验台架测试系统由测功机及其控制系统、数据采集与处理系统、试验台架控制系统、冷却系统，以及排气分析系统、燃油消耗测量系统组成，参见图11-25。

1. 加载与测量装置——测功机

发动机台架试验中需要检测发动机的各种性能参数和特性曲线。检测的前提是保证发动机在所需工况下正常运行，为此要给被测发动机加上模拟的负载，控制并吸收其输出的能量，通过转矩及转速的测量计算发动机输出功率。用于发动机试验的加载与测量装置称为测功机，它主要包括以下三部分：

1）加载装置，用于吸收发动机功率。

2）负载调控装置，用来改变测功机的制动负载特性并与被测发动机的动力输出特性相匹配，以形成所需测试工况。

3）扭矩、转速测量装置，通过转矩、转速获得功率值。

（1）测功机的种类及结构原理 发动机将其输出的机械能传送给测功机，根据吸收原动机的能量所转换的形式，可将测功机分为水力型、电涡流型和电力型三类；若按扭矩测定方法进行分类，可分为摆动型测功机和传动型测功机（扭矩测量装置也称为扭矩传感器，装在发动机与制动装置之间，与传动轴同轴）。

在上述三类型测功机中，水力型及电涡流型测功机是将所吸收的能量转变为热能，由冷却水带走。被加热的冷却水通过冷却塔冷却后，继续循环使用，以保证测功机的可靠运行；电力测功机（如直流、交流测功机）则将吸收的能量转变为电能并反馈到电网中加以利用。对于应用于稳态测试的测功机，大都将其外壳制成可自由摆动（浮动）的形式，工作时直接测量外壳所承受的反作用力来确定扭矩。

在进行发动机动态测试时，由于动态响应要求很高，通常用装在传动轴上的扭矩传感器直接测定发动机输出轴的扭转变形来确定扭矩。

（2）测功机选型的基本要求 选用测功机时应注意以下要求：

1）工作范围。对于某一测功机，它的工作范围是已知的，因此必须保证使试验发动机的外特性全部落在所选测功机的工作范围之内。尤其是在测量低速大转矩发动机时，测功机应具有良好的低速制动特性，其固有特性曲线以陡直走向为好。

2）测量精度。测功机的测量精度应符合测量要求。在满足上述工作范围的条件下，应优先选用满量程标定值最小的测功机，也就是说，使测量尽可能接近满量程，通常应使发动机的最大功率与测功机的最大吸收功率之比不低于3∶4，以获得较好的测量准确度。

3）响应速度。测功机的响应速度通常与测功机的外形尺寸有关，外形尺寸小的，其转子部件的转动惯量也小,响应快。另外,测功机的测力机构及其选用的力传感器的动态特性要好,动态误差要小,这样才能迅速、准确地反映被测发动机的性能。

此外,测功机应在全部工作转速和负荷范围内稳定运转,平顺精细地调节负荷,并且操作简单、安全可靠。

(3) 测功机、发动机机组安装 试验台架基础及其上固定的刚性底板用于安装测功机和发动机。由于发动机工作时振动很大,因此试验台架的基础设计、减振/隔振设计、测功机与发动机的连接及安装都是非常重要的。安装质量将对试验质量和测试精度产生很大影响。

1)测功机与发动机的安装。在紧固测功机地脚螺栓前,须用水平仪校正测功机在两个互相垂直方向的水平度,其安装精度一般为 1/1000,以保证测功机的灵敏度和正确性;发动机的支架固定在底座上,支架一般需要 3~4 个。固定发动机的支架与发动机之间有弹性减振块。被试发动机经常变换时,最好将发动机安装在三个自由度均可变位的附件支架上,以使安装和调整更方便。

对于用于出厂试验的发动机试验台架,由于被试发动机的品种较少,结构相似,连接相似,并且要求安装效率,目前企业一般采用试验小车,即将完成装配的发动机先安装在试验小车上,然后推到试验台,实现快速连接,从而提高安装、试验效率。

发动机安装油门执行器时,应确保发动机调速手柄行程在油门执行器行程之内。如果发动机采用电子油门或电信号,则发动机试验台控制系统应有模拟电子油门系统。

2)测功机与发动机的连接。发动机与测功机的连接件一般采用万向联轴器或弹性联轴器。发动机与测功机连接后,要进行找正工作,以保证旋转轴的同轴度,一般要求同轴度在 $\phi 0.2mm$ 以内。无论采用哪种连接方式,都要尽可能减小作用于测功机上的附加力矩和轴向力,以免引起发热或发生设备、人身事故,导致无法正常试验。为了保证安全,通常在靠近测功机端加装一辅助支座,在发动机与测功机的联轴器处加装安全罩,以防机件飞出伤人,如图 11-27 所示。

图 11-27 发动机与测功机连接图

联轴器的选择原则:可靠、安全、轴系匹配(防止轴系扭振)。

(4) 测功机的校正 在发动机进行试验过程中,测功机主要测量转矩和转速。为了保证测量的准确性,测功机安装完毕后或在特定使用前应进行严格的校正,校准周期可根据使用条件、重要程度及其自身的稳定性而定，一般不超过1年。测功机校正装置主要包括：一套臂杆和一套相当于测功机满量程的牛顿砝码。

关于测功机校正方法，用户在购买测功机时，厂家均配有相关说明书，用户只需按说明书具体要求进行相关操作。

2. 数据采集与处理系统

发动机进行试验时，数据采集系统的任务是完成试验台架实时数据的采集、记录、处理和输出，以反映发动机现场运行特性。试验需要测量的参数有很多，如发动机的功率、转矩、转速、燃油消耗量和燃油消耗率、燃油温度、机油压力和温度、进气压力和温度、排气温度和压力、冷却水的进出口温度等。发动机试验台架数据采集系统结构示意图如图11-28所示。

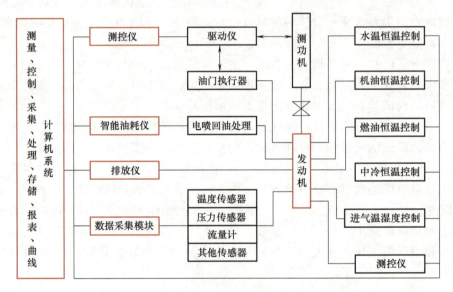

图11-28 发动机试验台架数据采集系统结构示意图

发动机试验时待测的众多参数大部分是通过各种类型的传感器实时测量的，但有些参数属于间接测量，需要根据直接测量的参数和公式换算得出。先进的测试系统一般都提供数据的后处理功能，可按用户要求提供所需数据的最终处理结果，并以表格和曲线等形式表示。

在汽车发动机试验中，有很多非电物理量（简称非电量），非电量的电测系统是最常用的采集系统，它利用电或电子技术的先进手段对各种非电量进行测量。一般都是把被测非电量先转换为电量，然后经电子仪器予以放大、记录及数据处理。典型的非电量采集系统示意图如图11-29所示。

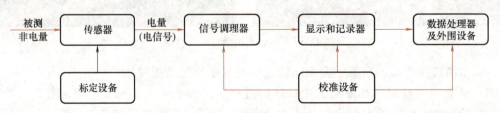

图11-29 非电量采集系统示意图

非电量测试系统主要包括以下几种。

(1) 传感器 传感器能够将输入的被测非电量转换为电信号。

(2) 信号调理器 信号调理器能够将传感器输出的电信号变换成传输不失真且便于记录、处理的电信号，如信号源的阻抗变换，信号的放大、衰减与波形变换，以及信号滤波、多路信号切换等。

(3) 显示和记录器 显示和记录器能够显示和记录信号调理器输出的信号。它显示必要的数据变化图形，供直接观察分析，或将其保存，供后续仪器分析、处理。

(4) 数据处理器 数据处理器能够将记录的信号按测试目的与要求提取有用信息，通过专用计算机进行分析、处理，如概率统计分析、相关分析、功率谱分析和传递特性分析等。

除此之外，非电量测试系统还包括完成数据采集所需的计算机硬件和软件。为了保证采集系统的准确性，还有标定和校准等系统附加设备。测试前要对传感器及测试系统确定其输入与输出物理量转换关系的标定曲线，并利用一种较高精确度的参考仪器进行校准，以确定整个测试系统的精度。

3. 试验台架控制系统

发动机试验台架控制系统是完成各类发动机常规性能试验、测量和数据处理的计算机系统。可自动或手动进行发动机测试，并在两种控制方式之间平稳切换。

控制系统的功能：对发动机油门和测功机负载调节装置实施控制，以便于对发动机进行各种试验；通过控制燃料消耗仪，实现对发动机燃料消耗量的自动测量；对发动机冷却系统和机油温度实施恒温控制；在测试过程中对发动机实施监控和报警保护，如超速、低油温，以及水温、油温、油压过高和负载过大等。

控制系统的核心是一个能独立工作的计算机系统。工作时，系统首先根据试验类型（功率特性、负荷特性、调速特性、工况法试验等）确定当前的控制方式，如恒转速、恒转矩等；然后由被测试的工况计算理想的油门位置和理想的测功机负载调节装置位置，并结合当前传感器的反馈信号不断测量实际工况与理想工况之间的偏差，通过 PID 算法，计算实际的发动机油门位置和测功机负载调节装置的位置，并驱动它们向理想值方向调整；最后通过数字量 I/O 和模拟量 A/D 接口卡，采集转矩、转速、燃油消耗量等参数，并将数据送至显示器进行显示。

4. 冷却系统

在进行发动机试验时，试验台架有专门的冷却系统，它包括水箱、加温器和温度控制器等零部件。

冷却水系统主要用于冷却以下部分：试验台架、测功机、发动机冷却系统、燃料及机油。

此外，它还可用于保持稳定液面（水力测功机）及清洗等。

冷却系统一般有以下两种形式：

(1) 内循环式冷却系统 该系统能模拟实际装车情况，由发动机的水泵将热水送入散热器，散热器前方有冷却风扇，模拟汽车行驶时的迎面风。这种封闭冷却系统适用于小、中功率发动机。

（2）外循环式冷却系统 该系统适用于中、高功率发动机。一般来说，实验室所有发动机台架共用一个外循环式冷却系统，其线路如图 11-30 所示。

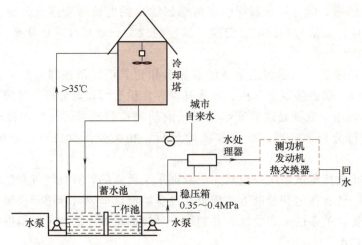

图 11-30 发动机实验室外循环式冷却系统线路示意图

试验用水量很大，冷却系统都应采用循环方式，以便节约用水。因此，实验室都有一个位于地下的蓄水池，其水位应低于测功机的底面。蓄水池的容量取决于实验室的试验台架数及设计功率、测功机形式、台架试验的频率及冷却塔的容量。通过手动或自动调节方式，将城市自来水补充到蓄水池中，以保持稳定的蓄水池水位。当冷却水温度过高时，通过水泵将部分水送至冷却塔进行冷却。由于发动机试验台架使用的测功机需要稳压（通常压力为 350~400kPa）以保持水位不变，增加稳压阀进行调节。此外，加压后的冷却水还要用于燃料、水冷发动机和发动机机油的冷却，由于冷却温度不同，通常应配置热交换器。所有试验台架的废水经回流水管流回蓄水池。

整个冷却系统的水泵和阀门都应能自动控制与调节。水管的布置应尽量安排在试验台架下方的地下室。由于试验台架是弹性的，与它相连的水管应尽量考虑使用柔性连接管。此外，冷却水还要进行水的软化处理。

四、实验室环境系统

1. 通风系统

为了把实验间内发动机辐射的热量和泄漏的废气排出室外，以保持控制间内空气的温度及废气浓度在规定的范围内，需要使用通风系统。

实验间内的气流组织有以下两种方式：

（1）上送下排式 该方式有利于发动机泄漏的废气和烟尘直接被吸入地下室排出室外，减少废气对内部的污染。

（2）下送上排式 该方式使进入室内的空气直接冷却发动机，可得到较好的冷却效果，并且通风系统简单、投资较少。

由于发动机台架实验室的热源——发动机的散热量多，变化也大，要想精确确定散热量比较困难。同时，由于发动机排放的有害气体会对环境和人体产生影响，这也对发动机台架实验室的通风设计提出了更高的要求。在设计中，若通风量选得过大，则会增加制造成本和运行费用，但若通风量不足，则会影响试验的正常运行。

2. 发动机进、排气系统

(1) **发动机进气**　在一般情况下，发动机的进气可直接采用实验间的空气，也可以采用专用空气源供给系统。专用空气源供给方式有两种，其中一种是采用直接管道法获取室外新鲜空气，但要考虑流通截面积是否允许，还要考虑进气滤清和消声；另一种是采用进气调节系统供气，通过该系统来调节进气状况（温度、湿度和压力），并保证进气的洁净度。若将进气调整为标准状态，则不必进行大气修正，也提供了进行一些环境模拟试验的可能。若使用专用气源，则需要保证送气量能够满足试验发动机的进气要求。

根据 GB/T 18297—2001《汽车发动机性能试验方法》规定的发动机进气状况的要求，最佳进气条件应接近标准状况。目前，国内已有产品能满足恒压、恒温、恒湿的进气要求，可以大大减少校正误差。

(2) **发动机排气**　为了减小发动机的排气背压，实验间的排气管直径要大于发动机的排气管直径。废气应排到室外排气坑内进行消声、防爆及一些过滤处理。有时为了模拟整车的实际使用状况，要用节气门等节流装置改变背压。

3. 实验室消声与隔声系统

发动机的噪声已成为环境污染的重要来源之一。常规实验室一般只是在其墙壁周围装用吸声材料。此外，为了降低控制间的噪声，位于控制台前方的观察窗采用双层、加厚、高强度的玻璃。双层玻璃不仅起到隔声的作用，也能保证试验人员的安全，因为发动机试验时，实验间有可能会飞出碎片击毁单薄的观察窗。

通常用于发动机噪声试验和开发研究的实验室，必须经过特别的消声处理，以降低背景噪声。

若有特殊需求，可建设专用的消声室。发动机消声室有两类，其中一类是用于发动机整机试验的大型消声室；另一类为消声器试验用的小型消声系统。前者的成本很高，一般只在大型企业和专业研究机构中使用。

4. 燃料供给系统

燃料供给系统是发动机台架实验室的重要组成部分，根据发动机功率的大小、试验台架的数量、试验负荷度等选取油箱的容量；根据发动机试验所需的油品种类确定油箱的数量。合理的配置是提高试验效率的保证，同时也提高了发动机台架实验室的安全性。

5. 安全系统

因为发动机台架实验室比较复杂，不安全因素众多，因此安全至关重要。不安全因素主要有易燃易爆气体和燃料、各种电器、起吊设备、高速旋转的零部件、湿滑的地面等。对此，安全系统应有易燃易爆气体传感器，通风、监控和报警系统，消防系统，干粉灭火器，触电保护系统，以及高速旋转件防护系统等。

上述试验系统设计的基本原则是要从试验对象、试验目的和要求出发，达到技术上合理、经济上节约的效果。

发动机台架实验室的通风系统、进排气系统设计需要考虑诸多因素，如热量的来源、流出、损失等，可参阅相关专题资料。

思考题

1. 用示功器制取发动机某种工况下示功图的原理是什么？
2. 用水力测功机、直流电力测功机、电涡流测功机测量发动机功率和转矩的原理分别是什么？
3. 水力测功机、电力测功机、电涡流测功机的特性曲线各由哪几部分组成？如何选择测功机？
4. 如何测量燃油消耗量并计算燃油消耗率？
5. 简述发动机机械效率及各缸工作均匀性的测量方法。
6. 发动机主要需要做哪些性能试验？

参 考 文 献

[1] 王建昕,王志. 高效清洁车用汽油机燃烧的研究进展 [J]. 汽车安全与节能学报,2010,1(3):167-178.

[2] 尧命发,刘海峰. 均质压燃与低温燃烧的燃烧技术研究进展与展望 [J]. 汽车工程学报,2012,2(2):79-90.

[3] LV X C,HAN D,HUANG Z. Fuel design and management for the control of advanced compression ignition combustion modes [J]. Progress in Engery and Combustion Science,2011,37(6):741-783.

[4] 马青峻,王志,王建昕,等. 基于缸内分段直喷和负气门重叠角汽油机的 HCCI 燃烧 [J]. 燃烧科学与技术,2006,12(2):110-114.

[5] 相吉泽英二. 采用 MK 燃烧概念开发的小型直喷式柴油机 [J]. 小型内燃机,1999,28(1):25-30.

[6] 王建昕,帅石金. 汽车发动机原理 [M]. 北京:清华大学出版社,2011.

[7] 杨彬彬. 燃料特性和燃烧模式对柴油机低温燃烧影响的研究 [D]. 天津:天津大学,2013.

[8] 马帅营,尧命发,童来会,等. 汽油/柴油双燃料高比例预混压燃燃烧与排放的试验 [J]. 内燃机学报,2012,30(1):1-8.

[9] 姚春德. 内燃机先进技术与原理 [M]. 天津:天津大学出版社,2010.

[10] 黎苏,李明海. 内燃机原理 [M]. 北京:中国水利水电出版社,2010.

[11] 周龙保. 内燃机学 [M]. 3 版. 北京:机械工业出版社,2011.

[12] 郑尊清,尧命发,赵令猛,等. 两级涡轮增压对轻型柴油机性能影响的试验研究 [J]. 小型内燃机与摩托车,2011,40(3):17-22.

[13] 雷基林,申立中,毕玉华,等. 柴油机螺旋气道结构参数对其流动特性的影响 [J]. 内燃机工程,2012,33(5):87-92.

[14] 王涛,姚章涛,杨宁,等. 柴油机排放控制及后处理技术综述 [J]. 重型汽车,2012(4):10-12.